滕州年鉴

TENG ZHOU YEAR BOOK

2017

滕州市人民政府 主办
滕州市地方史志办公室 编

天津出版传媒集团
天津古籍出版社

滕州市地图

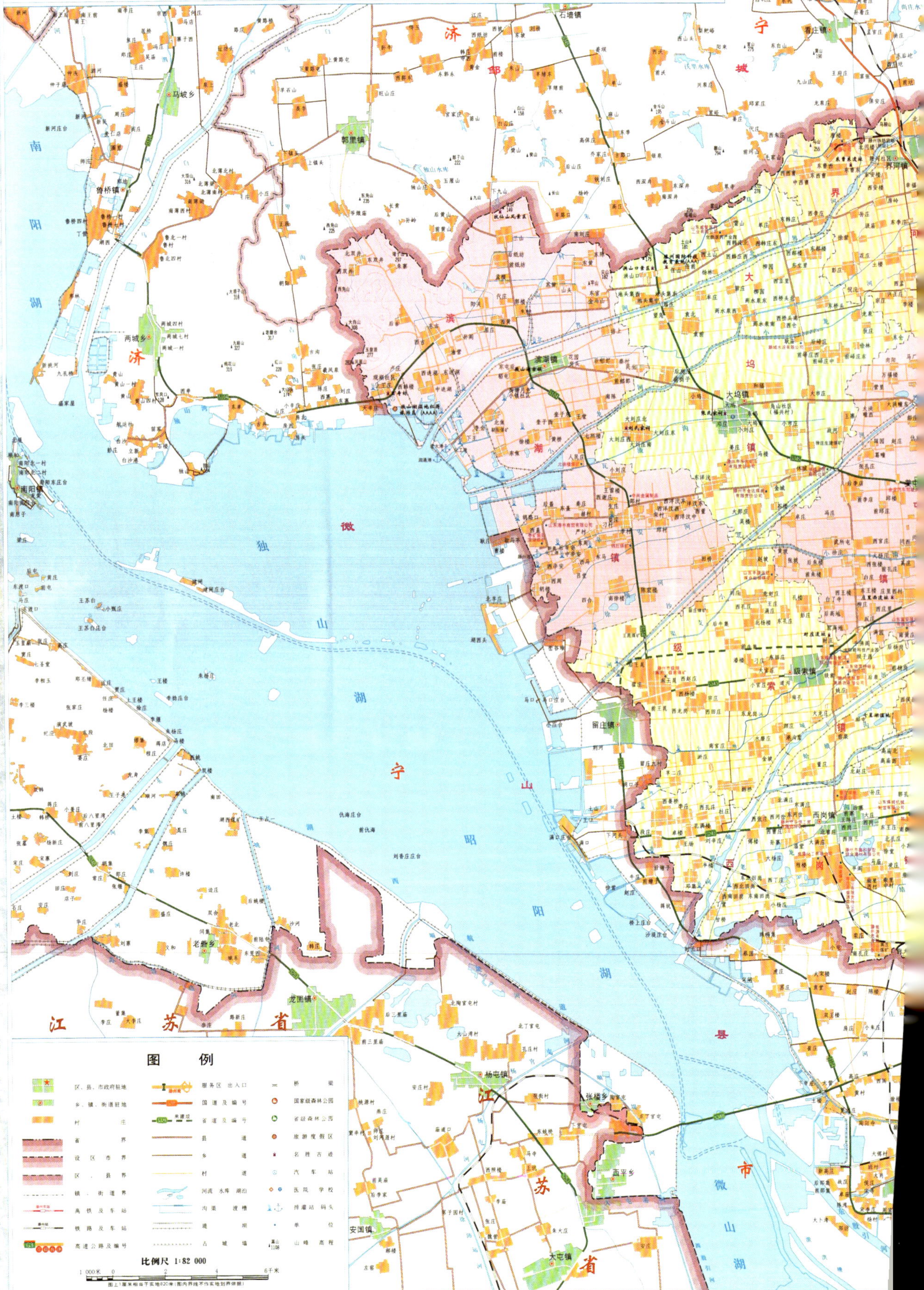

统一书号：1280754·538　2014年2月第1版　2014年2月第1次印刷　印数：0001-3000　定价：20.00元　覆膜：58.00元　丝绢：200.00元
鲁SG(2013)190号

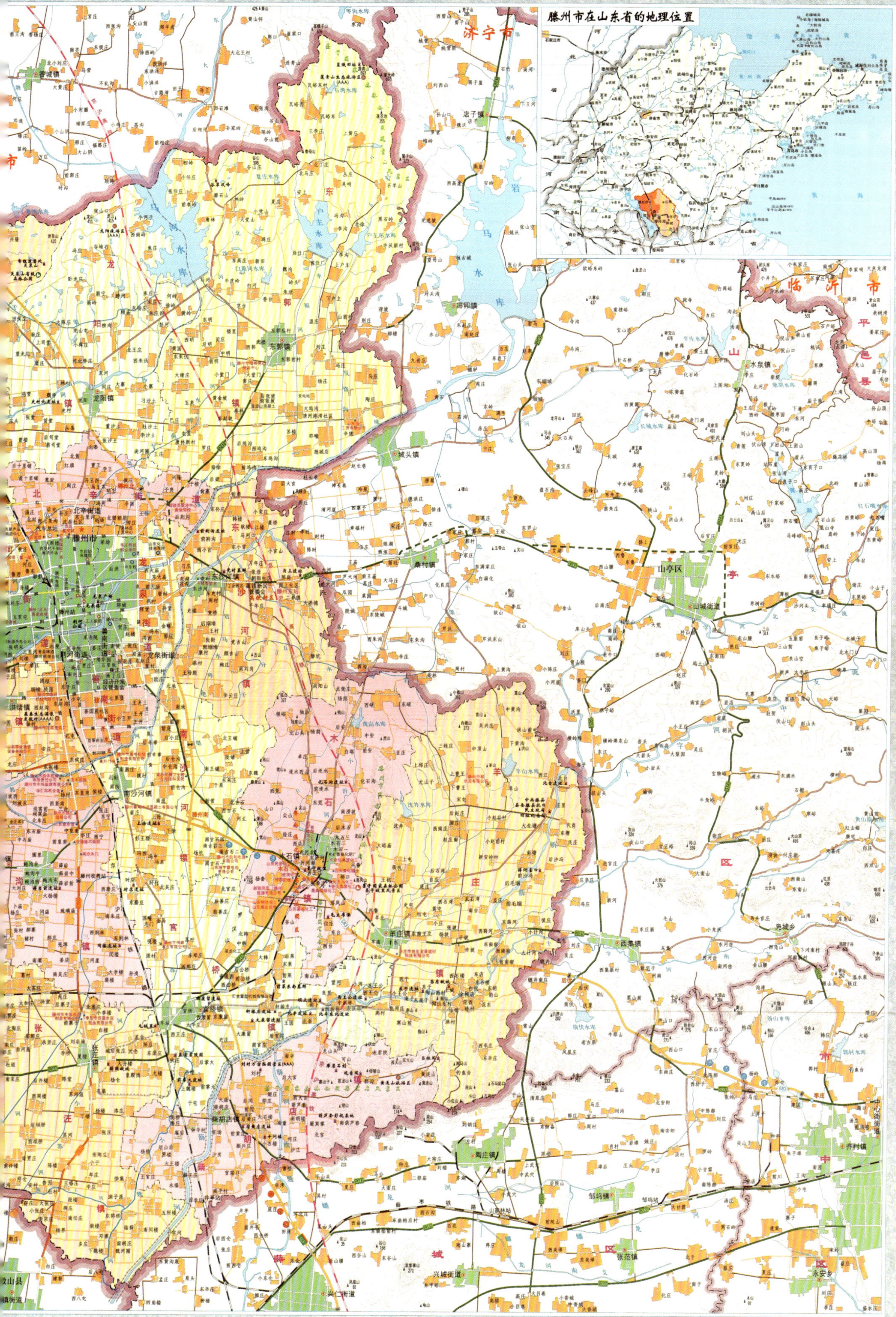

策划·主编：张国柱　副主编：方玉新　苗文　编辑：张辉　苗沛霖　孙玉铭　徐红静　计算机制图：张晨晨　滕州市国土资源局组编　山东省地图院编制　山东省地图出版社出版·印刷·发行
电话：0531-88930993　邮编：250014
地址：济南市二环东路6090号

2016 年 4 月 24 日，山东省委常委、常务副省长孙伟到滕州调研新型城镇化建设、棚户区改造、教育等工作

2016年6月15日，山东省副省长张务锋（前排右三）到兖矿鲁南化工有限公司观摩鲁南危险化学品重特大事故应急救援演练

2016 年 8 月 10 日，山东省副省长、省公安厅党委书记、厅长孙立成（前排右二）到滕州调研公安工作开展情况

2016 年 10 月 11 日，枣庄市委书记、市人大常委会主任李同道（前排右二）到滕州调研机床产业技术创新情况

2016 年 2 月 16 日，枣庄市委副书记、市长李峰（右四）到滕州调研企业生产

2017年4月6日，市委书记邵士官（中）调研重点项目进展情况

2017年10月21日，市委副书记、市长刘文强（中）现场指导鲁南物流工作

2017年9月20日，市人大常委会主任李健（前排左二）督导“两学一做”学习教育“千名干部下基层社情民意大调研”活动开展情况

2017 年 7 月 25 日，市政协主席宗大全（中）视察重点提案办理工作情况

滕州市地方史志编纂委员会
滕州市年鉴编辑委员会

名誉主任　邵士官

主　　任　刘文强

副主任　刘　新

委　　员　龙琳洲　邢　军　李　维　杨根宝　赵曰国
闫培楷　殷　涛　朱瑞国　徐兴伟　梁西诚
孙作怀　梁　刚　牛广林　张宗端　王传伟
翟传虎　王印德　刘金山　魏　超　刘春雨
朱绍邦　朱秋原　张玉法　贾福军　孟祥磊
杨修常　杨其朝　刘书巨　赵逢柏

《滕州年鉴》（2017）编审人员

顾　　问　王巍波　张　涛（枣庄市史志办）

主　　审　刘　新

副主审　邢　军　徐兴伟

主　　编　赵逢柏

编　　辑　徐承伟　李　明　王洪波　朱广亚

编　　务　李亚文　张　涛

编 辑 说 明

一、《滕州年鉴》是滕州市人民政府主办的综合性地方年鉴。旨在全面、客观、翔实地载录滕州市政治、经济、文化、社会诸方面的基本面貌和发展情况，为各级领导提供决策依据，为社会各界和海外人士了解和研究滕州提供基本资料。

二、《滕州年鉴》的编纂，坚持以马克思列宁主义、毛泽东思想、邓小平理论、“三个代表”重要思想、科学发展观、习近平新时代中国特色社会主义思想为指导，紧紧围绕滕州市委、市政府的中心工作，全面客观地反映滕州各级、各部门的主要工作和取得的重大成就。力求做到观点正确、框架科学、资料翔实、记述准确、编写规范、特色鲜明，突出时效性，讲求实用性。

三、《滕州年鉴》(2017卷)主要记述2016年滕州市经济社会发展情况。为反映事物发展全貌，增强年鉴时效性，部分资料适当上溯或下延。

四、《滕州年鉴》(2017卷)采用分类编辑法，以栏目、分目、条目组成框架结构的主体部分。在少数分目中，增加子分目层次，标题用楷体区分。全书条目标题统一用黑体加【】表示。全书前有目录，后有索引，检索系统完备。

五、《滕州年鉴》(2017卷)主体内容设21个栏目:(1)特载;(2)大事记;(3)滕州概况;(4)政党政务;(5)人民团体;(6)政法军事;(7)财政税务;(8)经济监督管理;(9)城乡建设环境保护;(10)工业;(11)农业;(12)交通运输和信息业;(13)商务旅游;(14)开发区建设;(15)金融;(16)教育科学;(17)文化体育;(18)社会生活;(19)镇(街)概况;(20)人物;(21)附录。

六、书内所刊载内容和数据，分别由市直各有关部门、各镇街和省、枣庄市及外地驻滕单位提供，并经各单位领导审阅。载入人物资料经权威部门审定。由于资料来源、统计口径等方面的原因，市直各经济部门和各镇街文内采用的数据，即使同一项目也可能不尽一致，读者采用时请予注意，以市统计部门公布的统计数据为准。

七、《滕州年鉴》编辑工作，在市委、市政府及市年鉴编辑委员会的正确领导下，在枣庄市史志办的具体指导下，依靠各部门和镇街撰稿人共同完成，并得到市直各部门和镇街党委、政府的大力支持，在此谨表示衷心感谢。由于编者水平所限，本册年鉴的纰漏与不足在所难免，敬请广大读者批评指正。

目　录

特　载

大事记

滕州概况

政党　政务

人民团体

法治　军事

财政　税务

经济监督管理

城乡建设　环境保护

工　业

农　业

交通运输和信息业

商务　旅游

开发区建设

金　融

教育　科学

文化　体育

社会生活

镇（街）概况

人　物

附　录

彩色插页

索　引

特　　载

Tezai

实干兴业　发展富民
加快建设宜居宜业富裕美丽文明新滕州

——在中国共产党滕州市第十三次代表大会上的报告

邵士官

（2017 年 1 月 16 日）

各位代表、同志们：

现在，我代表中国共产党滕州市第十二届委员会向大会作报告，请予审议。

过去五年工作回顾

五年来，面对经济持续下行的严峻考验，市委团结带领全市广大党员干部群众，凝心聚力，攻坚克难，圆满完成了市第十二次党代会确定的目标任务。

转型发展步伐加快。经济总量迈上新台阶。2016 年，预计全市生产总值实现 1035 亿元，地方财政收入达到 69 亿元，分别是 2011 年的 1.4 倍、1.7 倍。我市在全国县域经济基本竞争力百强县中位次稳中有进。产业结构持续优化，三次产业比例由 2011 年的 8.5∶53∶38.5 调整到 2016 年底的 7.1∶49.4∶43.5。农业发展硕果累累。适度规模经营面积达到57%，农民合作社发展到1970家，农业综合机械化水平显著提升，圆满完成国家现代农业示范区改革与建设试点任务。工业转型成效显著。2016年，全市规模以上工业企业发展到455家，新三板挂牌企业2家，国家级高新技术企业发展到53家，高新技术产业产值占规模以上工业总产值的比重稳步提高，我市被工信部列入全国产业集群区域品牌建设试点地区。服务业规模层次明显提升。限上企业发展到303家，2016年服务业增加值达到450亿元，是2011年的1.6倍。红星美凯龙、大润发等知名品牌落户滕州，A级以上景区达到18家，过亿元专业市场发展到47处。

发展后劲日益增强。累计实际利用市外资金2227亿元，境外资金2.6亿美元，落户世界500强、中国500强企业17家。累计实施过亿元重点项目290个，联泓新材料、烟厂易地技改、中国玻璃城、红荷专用汽车、光大环保能源发电等186个过亿元重点项目建成投产，瑞达聚丁烯、中材锂膜、今缘春酒业等项目扎实推进。承担的15项国家和省级改革试点任务顺利完成。庄里水库、南水北调调蓄水库、枣菏高速等重大项目落地实施。滕州经济开发区在136家省级经济开发区中位列第五，被推荐创建国家级经济技术开发区。

城乡面貌变化明显。累计实施城建项目565个，完成投资435亿元，城市框架区面积发展到70平方公里，常住人口城镇化率达到58%。累计实施棚改项目22个，回迁上房率达到96%。高铁新区总投资296亿元的26个项目顺利推进。美丽乡村建设及城乡公交、环卫、供水等六个一体化扎实推进，建成上善公园、弘道公园等公园绿地28处，城区绿化覆盖率达到37.6%，成功创建国家园林城市、全国绿化模范市。

生态建设成效显著。淘汰关停瑞达焦化等高耗能企业28家，取缔城区燃煤锅炉273台，万元GDP能耗累计下降22%，主要污染物减排提前完成任务目标，2016年空气优良天数达到213天。7处污水处理厂投入使用，水污染防治通过国家迎淮核查验收，主要河流水质稳定保持在三类水质标准。积极争创国家森林城市，森林覆盖率达到30%，我市被评为全国林下经济发展示范县。

群众得到更多实惠。坚持每年办好一批惠民实事，五年累计民生支出256亿元，占财政支出的65.9%。企业人员退休金和城乡低保水平逐年提升，城镇居民和农村居民人均可支配收入分别是2011年的1.6倍、1.7倍。居民养老、医疗保障城乡一体制度全面建立。累计新增城镇就业9.6万人，农村劳动力转移就业20万人。脱贫攻坚取得阶段性成效。教师工资实现县级统筹，成功创建全国义务教育发展基本均衡县。卫生和计生工作进一步加强，被评为全国计生优质服务先进单位和全国妇幼健康示范县。公共文化服务体系不断完善，村居文化大院实现全覆盖，832集大型动漫《小小鲁班》在央视开播；成功举办两届微山湖湿地国际马拉松比赛，承办国家级、省级体育赛事33项。平安滕州建设扎实推进，社会保持和谐稳定。人民武装、国土、物价、审计、统计、爱国卫生、红十字、信息化、老龄等各项事业取得新成绩。

党的建设全面加强。认真落实全面从严治党主体责任和监督责任，深入开展党的群众路线教育实践活动、“三严三实”专题教育、“两学一做”学习教育，各级领导班子和干部队伍素质明显提升。深化薄弱村提升“双百双带”工程，“第一书记”成为基层党建和精准脱贫工作生力军。积极推行城市社区区域化党建，率先成立社区大党委，党的基层执政基础得到有效加强。坚持好干部标准，探索实行“二次考察”制度，严格干部选用程序，市镇换届顺利进行。严格执行中央八项规定精神，“四风”问题得到有效整治，反腐倡廉深入推进，党风、政风和社会风气持续好转。人大、政协依法履职能力明显提高，爱国统一战线发展壮大，工青妇等群团组织作用有效发挥，形成了心齐气顺、风正劲足的政治局面。

五年来的实践告诉我们，无论发展形势如何变化，只有牢牢抓住发展第一要务不动摇，民生改善才有保障，和谐稳定才有基础，社会文明才有根基；无论经济环境如何复杂，只要我们坚决贯彻五大发展理念和中央、省市委决策部署，坚定发展信心，积极应对，主动作为，就能够始终牢牢掌握发展主动权；无论困难挑战如何艰巨，只要我们心往一处想，劲往一处使，再大的困难也挡不住我们前进的脚步；无论社会发展如何变迁，只要我们始终不渝加强党的领导，紧紧依靠人民，充分激发广大党员干部群众的热情活力，就一定能够汇聚起加快滕州发展的强大合力。

奋斗凝聚汗水，成绩来之不易。过去五年成绩的取得，是省委、省政府和枣庄市委、市政府正确领导的结果，是全市党员干部和人民群众共同奋斗的结果，是历届市委、市政府打下良好基础以及老同志关心支持的结果，也是各民主党派、工商联、无党派及各界人士、人民团体、驻滕单位和在外工作的老乡共同支持参与的结果。在此，我代表中国共产党滕州市第十二届委员会，向所有为滕州改革发展做出突出贡献的各级各部门和社会各界人士，表示衷心的感谢，致以崇高的敬意！

在肯定成绩、总结经验的同时，我们清醒地认识到，经济社会发展还有不少薄弱环节和制约因素：综合经济实力还不够强，人均占有依然偏低；经济结构还不够优化，新兴产业规模偏小，经济外向度不高；城镇化发展步伐还不够快，镇域经济发展不平衡，城乡统筹发展任务依然艰巨；节能减排形势依然严峻；促进就业、改善民生任务繁重，影响社会和谐稳定的因素依然存在；严细实的干部作风还未全面形成，全面从严治党存在薄弱环节，等等。对此，我们必须高度重视，坚持问题导向，一个一个攻克，一项一项解决，决不让矛盾累积，决不让困难阻挡，决不让发展放缓，努力用发展实绩回报全市人民的厚望和重托！

今后五年的指导思想和奋斗目标

今后五年，是我市全面建成小康社会的决胜阶段，也是转型跨越的关键时期。新时期、新阶段，我们面临着三个根本性、全局性的重大考验：在经济增速换挡动能转换的新常态下，如何加快产业转型实现优势增创的考验。在新常态下，我市与各地一样，面临用地空间受限、融资难度加大、环境容量收窄等难题，由于人均占有偏低、产业偏重，还面临着经济总量、发展质量、人均均量“三量齐升”的重任，经济、社会、生态“三重转型”的考验。能否破解难题，全面加快产业转型步伐，使经济发展步入增长更平稳、动力更多元、前景更稳定的新阶段，这是我们面临的重大挑战。在城市竞争日趋激烈的大格局下，如何加快城市内涵式增长提升城市竞争力的考验。未来五年，我市进入城镇化较快发展的重要时期，城市发展将转向规模扩张和质量提升并重阶段。如何探索出一条行之有效的发展路径，提升城市功能、品质、综合承载能力，加快建设更加宜居宜业的现代城市，提升城市竞争力，这是人民交给我们的重大使命。在推进新一轮改革发展的大背景下，如何抢抓机遇进一步做实做强经济实力的考验。从宏观看，中央提出五大发展理念，作出经济保持中高速增长、加快供给侧结构性改革的决策部署，为我们加快发展指明了方向；省委、省政府深入实施西部经济隆起带战略，枣庄市委、市政府提出实施县域经济三年提升计划，推动县域经济发展，这些都将给我们提供更多倾斜和支持。从我市看，一批重大基础设施和重大产业项目相继落地实施，转型发展基础更加牢固，形成了我市加快发展的新优势。牢牢抓住这些机会和条件，实现更好发展，是时代赋予我们的重大任务。

今后五年工作的指导思想是：全面贯彻党的十八大和十八届三中、四中、五中、六中全会精神，深入学习贯彻习近平总书记系列重要讲话精神，牢固树立五大发展理念，始终坚持发展第一要务，突出实干兴业、发展富民，突出创新驱动、招商引资，着力推动工业经济、城市经济、农业经济、生态经济、民生经济转型发展，着力推进全面建成小康社会和全面从严治党，努力走在全省县域经济发展前列，加快建设宜居宜业富裕美丽文明新滕州。

主要预期目标是：综合实力显著增强，经济保持较快增长，提前实现经济总量和城乡居民人均收入比2010年翻一番，城乡居民收入增幅超过地区生产总值增幅，农村居民收入增幅超过城镇居民收入增幅。到2021年，生产总值、财政收入、固定资产投资、城乡居民人均可支配收入实现显著增长。

根据上述奋斗目标，今后一个时期，我市发展总体定位是：

——打造更加安定和谐的宜居滕州。全面完成省级新型城镇化综合试点、中等城市试点、“多规合一”试点任务，管廊城市、海绵城市、智慧城市建设取得明显成效，功能更加完善，管理更加规范，城乡更加和谐，城市综合承载力和吸引力明显增强。

——打造更加富有活力的宜业滕州。重要领域和关键环节改革顺利推进，行政效能不断优化，创新创业活力充分释放，工业主导产业迈向中高端，服务业比重持续提升，农业现代化步伐明显加快，优势产业的集聚效应和引领效应更加凸显，就业空间显著扩大。

——打造更加普惠共享的富裕滕州。顺应群众对物质富裕、精神富有美好生活新期待，努力增加群众收入，发展优质均衡公共服务，更高水平增进民生福祉，全面完成脱贫攻坚任务，使发展成果更多更公平惠及全体人民，向实现人民共同富裕目标稳步迈进。

——打造更加绿色生态的美丽滕州。生态建设深入推进，人居环境更加优化，空气、水、土壤污染治理取得明显成效，生态修复取得重大进展，成功创建国家生态园林城市和国家森林城市，天蓝、地绿、水清、气爽的美丽滕州全面呈现。

——打造更加开放包容的文明滕州。全面从严治党要求落实更加到位，党的领导核心作用充分发挥，政治生态更加清明。优秀传统文化大力传承弘扬，依法治市全面推进，社会主义核心价值观更加深入人心，向上向善、文明有礼、诚信互助的社会风尚更加浓厚，努力争创全国文明城市。

各位代表，同志们，滕州发展的接力棒已经交到我们手上，我们责无旁贷、义无反顾，必须坚定信心、振奋精神、勇于担当，以永不满足、永不懈怠、永不停步的精神状态，干在当下、成在实处，万众一心走好新“长征路”，聚精会神谱写滕州发展新篇章。

今后五年的重点工作任务

实现未来五年的奋斗目标，必须立足全局、抓住关键、突出重点，聚焦“工业、城市、农业、生态、民生”五大经济转型发展，全力推动滕州改革发展勇立潮头、走在前列。

（一）突出发展工业经济，着力做实做强经济实力。没有工业的崛起，就不可能有发展的领先。要始终坚持工业强市不动摇，按照“全力抓项目、关键抓技改、突出增实力”的思路，持续推动工业经济规模、质量、效益同步提升。

坚持招商引资、项目建设、园区升级一体推进。实行招商引资、项目建设、园区升级统筹谋划、同步推进，探索实施“工业地产筑巢、创新基地孵化、项目园区集聚、产业链条拓展”新模式，引导全市上下围绕项目转、盯着项目干，持续为经济发展积蓄后劲、增添动力。狠抓招商引资。坚持内资外资并重、引资引智并举，优化招商方式，发挥企业主体作用，策划包装重点产业项目，推动以企招商、以商招商、产业链招商。鼓励骨干企业拉长链条，吸引聚集配套项目，提高产品本地配套率。优化招商队伍，配强招商人员，瞄准重点地区、重点企业、重要线索，开展精准招商，着力招引创新型、成长型、补链型、税源型项目。优化招商服务，加快建立项目信息共享平台，建立项目联动评审机制，提高招商项目质量和落地建设效率。每个镇街、经济主管部门每年至少引进落地一个投资过5000万元的工业项目或先进物流业、新兴服务业项目。做优园区平台。发挥开发区龙头作用，全面加快创建国家级开发区步伐。加快基础设施改造，完善服务配套，增强承载能力。优化产业布局，加快盘活低效闲置土地，提升土地利用效益。改革体制机制，建立项目统筹、利益分享、税收分成机制，大力发展“飞地经济”，引导镇街、部门向园区引进项目，释放园区发展活力。狠抓项目落地。优化项目建设管理，对重点项目实行“一个项目、一名市级领导、一个责任单位、一抓到底”的工作机制，真包实靠，强力落实。力争每年抓好100个重点项目的建设推进。

做强做优主导产业。深入实施“265”产业培育工程，推动产业集群实力壮大、品质提升、结构优化，精心培育滕州制造品牌。打造两大千亿产业集群。煤化工产业要优化鲁南高科技化工园区、西岗化工园区功能，发挥联泓、鲁化、盛隆、新能凤凰、瑞达聚丁烯等龙头企业带动作用，重点加快中科院滕州新材料技术创新与产业化基地建设，持续拉长产业链，提升产业效益。机械机床产业要支持鲁机、威达、三合、腾达、智航动力等企业，抓好关键部件研发，培植新优势，带动产业向自动化、智能化、精密化转型。做强六大百亿板块。玻璃深加工产业要发挥金晶玻璃的龙头带动及中国玻璃城平台作用，优化建设运营机制，突出特色，完善服务，推动产业向高端发展。食品轻工产业要支持滕州卷烟厂、今缘春、百麦奇等企业扩能生产，增加品牌，提高档次，提升效益，增强产品市场竞争力。家居装饰产业要依托鑫迪、美华等企业，抓好生产提升、技术创新、链条整合、品牌创建，不断提高市场占有水平。纺织服装产业要鼓励恒仁纺纱、艾贝姆服饰等企业，抓好产品上下游延伸，提升发展水平。儿童用品产业要加快推进产业园规划建设，积极引进国内外知名企业，促进产业提档升级。支持万宝、小阿龙等企业不断壮大实力。汽车配套产业要推进东方钢帘线、红荷汽车、吉田橡胶、腾拖集团等项目建设，提升配套生产能力。培育五大新兴产业。生物医药产业要完善大坞生物医药产业园基础设施配套，提升承载能力，深化产学研合作，加大新产品研发力度，加快企业进驻，促进产业集聚。新材料产业要加快推进中材锂膜及北玻院复合材料等项目建设，促进产业快速发展。新能源产业要依托中科蓝天、光普太阳能、耀国光热等企业，引进先进适用技术，尽快形成规模优势。电子信息产业要鼓励箭波通信、恒瑞磁电、嘉诺电子等企业，加强科技研发，提升产品核心竞争力。节能环保产业要依托光大环保能源发电、鲁南渤瑞、扬子化工等企业，促进资源转化利用，带动产业发展水平全面提升。

突出企业技改抓创新。发挥改革先导性作用，把中央、省市部署的改革任务抓细抓实抓出成效，扎实推进国企国资改革，提高资源配置效率，激发市场活力。牢固树立“抓技改就是抓创新”的理念，大力实施企业技改振兴计划，引导支持企业加大技改投入。围绕优化工艺抓技改，重点抓好联泓新材料、鲁化多喷嘴气化炉、益康药物制剂等技改项目，提升产品品质和企业效益。围绕技术研发抓技改，加强产学研合作，深化与中科院、北京航空航天大学、北京理工大学等高校院所合作，加快企业技术中心、重点实验室、工程技术中心等创新平台建设，推动更多科研成果在滕州落地生根、开花结果。围绕品牌培育抓技改，鼓励企业参与标准制定和品牌创建，努力培育更多中国驰名商标、山东名牌产品、山东省著名商标和省长、市长质量奖。围绕壮大企业规模实力抓技改，实施企业梯次培育工程，完善政策激励机制，支持企业实施技改扩能，加快形成“个转企、小升规、规改股、股上市”梯次发展格局，力争每年至少培育个转企样板100家。努力推动联泓、鑫迪、腾达、雄狮、威智、威达等企业加快上市步伐，力争2—3年实现主板上市。

提高双向开放水平。坚持内外贸并重，积极融入“一带一路”、西部经济隆起带等区域开发，加大内引外联、吸引外资和先进技术力度，持续拓展对外开放的广度和深度。着力优化产品出口结构和外贸主体结构，支持跨境电子商务等新型贸易方式和外贸综合服务企业发展，增强企业拓展国际市场能力；优化内陆直通关服务，完善国际贸易摩擦预警和应对机制，促进外贸优进优出、稳健增长；支持企业“走出去”，通过项目承包、跨国并购、境外投资等方式，推动更多企业“扬帆出海”。大力发展会展经济、总部经济，聚人气、引智力，聚资本、激活力。

打造一流营商环境。深入推进行政审批制度改革和政府职能转变，深化简政放权，改革优化服务，营造便捷高效政务环境。鼓励金融机构加大信贷投放，支持实体经济发展，解决企业融资困难。健全社会信用体系，加速推进政务诚信、商务诚信和社会诚信建设，完善守信激励和失信惩戒机制，让诚信者处处受益，让失信者寸步难行。深化领导干部帮扶企业制度，引导各级干部经常深入企业，传送政策、解决难题，构建“亲清”新型政商关系。

（二）实出发展城市经济，着力建设宜居宜业城市。发展城市经济是实现产城融合、促进群众安居乐业的重要举措，也是现阶段我市推进新型城镇化的主要任务。要牢固树立经营城市理念，把城市经济贯穿于城市规划、建设、管理和发展全过程，突出风貌特色，优化规划布局，提升城市功能品味，走内涵式增长发展道路。

夯实城市经济发展基础。着眼实现生产空间集约、生活空间适宜、生态空间秀美的目标，提升城市规划建设管理水平。优化城市发展布局。发挥规划引领控制作用，积极推进“镇改街”，进一步拉开城市框架，做大城市规模。在东部，加快规划建设贯通南北主干道路，高标准协调实施京台高速城区段改造提升工程，打造风光秀丽的城市交通景观主轴；推进荆河东路、青啤大道、解放东路向东延伸；在西部，打通振兴路，抓好真爱商城三期、清水湾公园、铁路货场搬迁等项目建设，打造优美宜居环境；在北部，提升基础，打通路网，做优环境，推进改造，完善形象，打造独具特色的政务服务中心区；在中部，稳步推进城市更新，合理控制人口，让城市更加畅通和谐；抓好南部开发区生产性、生活性服务业配套，优化服务功能，实现产城融合。完善城市承载功能。以30年不大修为目标，持续加大投入，科学有序安排城市基础设施新建和改造计划。加强与周边地区交通连接线建设，重点抓好枣菏高速、省道345枣滕段改造、滕州新港等工程建设，尽快开通滕州至枣庄新城快速公交，吸引周边区县群众来滕州观光旅游、投资置业，为打造交通引领型城市经济夯实基础。优化城市路网结构，改造提升主次干道，抓好跨荆河桥梁改造建设，打通断头路，方便市民出行。完善学校、医院、农贸市场等配套设施，加强城市慢行系统、景观式立体停车场及地下空间规划建设，推进城区天然气管网、供热设施、供水管网提升工程，让群众生活更加舒适便利。加快推进智慧城市、管廊城市、海绵城市建设，努力做优城市功能。提升城市治理水平，坚持法治化、精细化，强力推进人本城管，全面推行网格化管理和机械清扫、主次干道定时洒水全覆盖，下决心解决小区卫生、物业管理、停车难等问题，打造整洁有序、舒适宜居城市环境。

努力构筑多元城市业态。坚持生产性、生活性服务业并重，推动城市业态高端化、品质化、多元化发展。推进二三产深度融合。围绕我市主导产业，做大做强工业设计、商贸会展、外贸服务等新兴服务业，实现二、三产业融合发展。完善金融服务体系，加大金融机构招引力度，积极发展新型金融服务中心，不断释放金融业服务地方经济的虹吸效应和乘数效应。改造提升商贸物流业。立足滕州专业市场、商贸物流产业基础，准确把握发展速度、规模、质量和效益的关系，优化布局，引进战略投资者、新业态，提升商贸业活力。充分发挥交通区位优势，积极招引现代物流企业，发展具有较强带动能力的物流园区。整合滕州城市特色元素，打造具有滕州印记的特色街区，形成城市经济发展新的增长极。繁荣发展社区服务业。以服务居民为目标，大力推行党支部为核心的“四位一体”社区治理模式，不断提升社区管理水平；努力发展社区菜店、便利店、餐厅等社区经济，打造便民型社区经济网络。盘活闲置楼宇，整合创业孵化基地、电商服务平台等各类创业就业实体，向楼宇要产出、要效益。持续发展房地产经济。珍惜城市存量土地，优化土地出让条件，提升房地产开发品质，积累酿造城市发展的历史韵味。加快建筑业发展，推进连云山建筑产业现代化PC工厂等项目建设，培养高精尖型能工巧匠，造就一支带有滕州地方文化特色和乡土情怀的工匠队伍，进一步提升建筑之乡的实力、活力和竞争力。优化商品房供给结构，积极发展工业地产、商业地产和公寓地产，提升房地产开发对城市经济的涵养水平和支撑拉动能力。稳妥有序推进老旧小区、棚户区改造，引导棚改货币化安置、现房回购安置，打通商品房与政策性住房转换通道，促进房地产健康发展和市民家庭财富稳定增长。大力发展旅游经济。加快推进微山湖湿地公园5A级景区创建工作，努力打造闻名全国的旅游目的地。挖掘整合滕国故城、薛国故城、北辛文化遗址等宝贵历史资源，依托“一塔六馆”及相关历史街区，规划建设高水平的历史文化游览区，为发展旅游城市夯实基础。积极推进莲青山、龙山龙湖综合开发，努力打造新型青山秀水景区。改进墨子森林公园、上善公园等景区建设运营方式，增强吸引力和承载力。鼓励发展乡村旅游新业态，每个镇每年都要因地制宜建设2—3个美丽乡村，加快“美丽资源”向“美丽经济”转变。要内引外联，加大宣传推介力度，优化游客出行线路，扩大“墨子鲁班故里、湿地红荷之都”知名度和影响力。

坚持文化引领发展。树立打造县域文化软实力、培育核心竞争力的城市发展理念，推动城市文化聚向化发展。发挥滕州优秀历史文化涵养作用，抓好社会主义核心价值观培育，不断提升全社会文明程度。加快文化馆、图书馆等公共文化设施建设，开展善国大讲堂、“书香家庭”评选等特色文化活动，努力建设“书香滕州”。发挥墨子等历史文化名人影响带动作用，突出科圣故里主题，高标准抓好城市设计，打造科技创新城市文化新形象、新坐标，为我市产业转型和城市发展提供强大智力支持和文化推动；积极举办职工技能比武、产品研发竞赛等活动，以科技倡树文化新风。突出鲁班文化特色，有序改造优化城市空间布局、城市色彩和建筑立面，打造独具特色的城市风貌，彰显城市文化特色，努力办好墨子、鲁班文化节。充分挖掘濒临微山湖、山水相映、河湖相连的生态文化元素，加快推进秀美荆河等项目建设，做活水文章；围绕争创国家生态园林城市，持续推进公园、绿地建设，增加城市景观乔木、常绿乔木和本地乔木栽植数量，丰富造型，打造景观，按城市规划面积的1/3为目标，提升城区绿地率，努力建设绿色生态之城，展示滕州独特的生态文化特色，让滕州成为本地人生活舒心、外地人向往难忘的城市。

扎实推进高铁新区建设。坚持基础先行，深化与中铁置业、山东高速路桥集团的合作，抓好道路、桥梁等基础设施建设，尽快提升新区承载能力。以起步区为重点，加快完善公共配套设施，为项目进入、开发建设创造条件。坚持规划引领，加大项目招引力度，一个项目一个项目地研究、服务、落地、运营，厚植高铁新区发展优势。加快推进墨子湖等项目建设，努力提升高铁新区绿化水平，建设生态型绿色新区。

（三）突出发展农业经济，着力夯实全面小康根基。农业是全面建成小康社会的基础。加快推进农业供给侧结构性改革，尽快实现产业规模化、生产标准化、生活田园化，让乡亲们过上舒心幸福的好日子。

积极推进农业规模化。大力推进以所有权、承包权、经营权分离为核心的农村土地产权制度改革，推动土地向新型经营主体集中。抓好丰泽、正德康城、龙振等现代农业示范园，扶持盈泰、恒仁等农业龙头企业，推动农业“接二连三”融合发展，不断提高土地产出效益。到2021年，新发展市级以上农业龙头企业50家，规模经营面积提高到70%。

大力发展特色品牌农业。着眼于“一招鲜，吃遍天”，积极推进农业特色挖掘、品牌打造，提高农产品附加值。重点做大柴胡店梨园、羊庄大樱桃、大坞有机核桃等特色园区建设规模，拉长特色农产品产业链。做大做强滕州马铃薯、龙阳绿萝卜等品牌农产品，鼓励发展土豆加工业，打造富有地域特色、具有高附加值和较强市场竞争力的地理标志品牌产品、老字号产品。积极争创国家农产品质量安全示范县、全国渔业健康养殖示范县，全力培育“厚道滕州人、放心农产品”绿色品牌。

加快农民进城入镇。扎实推进集体建设用地、宅基地确权颁证工作，深入推进农村集体产权制度改革，积极推进农村信用互助合作，加大农民住房财产权抵押贷款试点工作力度，让农村“沉睡资产”变为“流动资本”，增加农民财产性收入，提高农民带资进城能力。深化农村户籍制度改革，认真落实就业、教育、医疗、住房、养老等配套政策，放开一切条件，有序推进农村人口市民化，让进城农民进得来、住得下、干得顺、过得好。

做大做强镇域经济。充分依托自身优势，因地制宜，加大项目建设力度，确保各镇街每年至少新上3个项目。加快西岗省级新生小城市发展，推进滨湖、微山湖古镇一体融合发展，大力提升级索中心镇规模水平，努力发展龙泉董村花卉小镇、鲍沟工艺玻璃、东郭商贸小镇、界河风情小镇等特色小镇，着力打造一批富有活力魅力的产业强镇、旅游名镇、特色小镇。对镇街实行精准帮扶，逐步壮大镇街经济实力。加快城市基础设施向农村延伸，巩固提升城乡道路、公交、供水、环卫、燃气、污水处理六个一体化水平。到2021年，基本实现城乡公交、农村道路“户户通”、农村无害化卫生厕所三个全覆盖，城乡集中供水率达到90%以上。

（四）突出发展生态经济，着力增创绿色发展新优势。生态是资源，更是竞争力。牢固树立“绿水青山就是金山银山”的理念，把经济发展与生态建设有机统一起来，推动产业发展生态化、生态建设产业化，努力培育新一轮发展的绿色竞争力。

高标准发展生态产业。大力发展绿色、低碳、循环经济，实施“工业绿动力”计划，积极推进清洁型煤生产和煤炭清洁利用项目，变单纯原煤生产为输出高附加值精煤、电力、热力、油料等产品。积极引进、发展城市建设需要的透水材料、节能材料生产项目，积极建设透水道路、广场，增强城市水源涵养功能。大力发展林业经济和生态观光产业，打造一批高质量湿地公园、森林公园、地质公园，把生态资源变成生态资本，实现“绿起来”“富起来”。

大力度推进环境治理。坚持零容忍、出重拳，坚决打好大气、水、土壤污染防治持久战。重点抓好工业废气、燃煤锅炉、建筑施工、道路扬尘、餐饮油烟、秸秆焚烧、机动车尾气治理，持续改善空气质量。加快化工企业“进区入园”，全面落实“河长制”和黑臭水体治理，持续高标准提升境内河流水质，实现河道清洁、河水清澈、河岸优美。高质量推进马河、户主水库等地表水厂建设，加强对荆泉、羊庄水源地保护，确保城乡供水安全。加强土壤环境综合监管，严格控制农业面源污染，把良好的生态环境转化为吸引高端人才、新兴产业、项目资金的“磁场”。

全方位建设生态城乡。大力开展生态修复、植树护绿，多栽树、不挖山，慎砍树、不填湖，积极创建国家森林城市。实施绿色城镇、绿色乡村、绿色交通干线、绿色青山“四绿”工程，倡导群众开展庭院绿化、阳台绿化、屋顶绿化，减少热岛效应；对城市树龄20年以上树木和古树名木，实行登记或挂牌保护制度，促进形成生态历史；到2021年，新增成片造林面积8万亩，森林覆盖率达到33.5%以上。下力气推进水土保持、破损山体治理和采煤塌陷地治理，加快推进人工湿地和水质净化工程建设。完成化工园区卫生防护距离内的村庄搬迁，构筑生态安全屏障，打造“绿色滕州”。

（五）突出发展民生经济，着力增强群众获得感。牢固树立“抓民生就是抓发展”的理念，在发展中保障民生，在保障民生中加快发展，让发展更有温度、幸福更有质感。

努力增加群众收入。坚持把富民作为最大的民生实事，多渠道、多方式提高群众收入，让老百姓过上更好生活。突出创业富民。用足用活创业扶持政策，创新创业形式载体，优化创业环境，努力让想创业者能创业、会创业者创成业、善创业者创大业；规范民间融资服务平台建设，畅通民间资本支持实体经济通道，助推民营经济大发展。突出就业惠民。上项目、办企业、干事情，始终坚持增加税收、增加就业的目标导向不动摇。坚持以高质量就业促增收，健全就业服务体系，多层次开发就业岗位，加强就业技能培训，提升群众就业本领；健全职工工资水平正常增长和支付保障机制，不断提高居民工资性收入。健全城乡统一的社会保障体系，完善最低生活保障和社会救助制度，提高农村五保供养水平。坚决打好脱贫攻坚战，建立长效脱贫机制，确保到2018年底全面完成整体脱贫目标，使低收入困难群体同全市人民一道迈入小康社会。

大力优化公共服务供给。着眼于群众多元化消费需求，积极推进民生领域改革，优化供给结构，提升服务质量。坚持教育优先发展，优化城市中小学布局，加快新增学校建设，增建公办幼儿园，大力实施农村中小学“全面改薄”工程，全力解决城镇中小学“大班额”问题；推进高中教育、职业教育创新发展，加快山东化工技师学院新校区、山东理工职业学院滕州校区建设，积极引进建设国际学校、双语学校、专业教育培训机构，吸引周边区县优质生源到滕州就学。积极应对人口老龄化，发展康复疗养结合的健康养老产业。加强卫生计生工作，鼓励市直医院与基层医疗机构定向合作，扎实推进中心人民医院分院、中医院升级改建和工人医院扩建，加强重大疾病防控，推进基本公共卫生计生服务均等化；抓住二胎生育政策带来的机遇，加快发展儿童服务产业。创建国家食品安全城市，保障“舌尖上的安全”。加快推进奥林匹克中心游泳馆等工程建设，繁荣发展健身产业，广泛开展全民健身活动，建设健康滕州。

营造和谐稳定社会环境。加强和创新社会治理，抓好市镇村三级社会管理综合服务体系规范化建设，完善社会矛盾排查预警和调处化解综合机制，最大限度把各类矛盾化解在镇村和企业，解决在萌芽状态。扎实推进法治建设，建立健全党政一体法律顾问制度，广泛开展“七五”普法宣传，深入推进法治惠民工程，更好满足经济社会发展和人民群众的法律服务需求。加快平安滕州建设，强化安全生产监管，抓好社会治安防控体系建设，做好信访维稳工作，确保社会和谐稳定。

坚定不移推进全面从严治党

实现未来五年奋斗目标，关键在党。全市各级党组织要切实担负起党要管党、从严治党的责任，深入贯彻党的十八届六中全会精神，不断提升党建科学化水平，加强和改善党对经济工作的领导，为滕州经济社会发展提供坚强保证。

加强思想政治建设。把理想信念教育作为首要任务，坚持不懈抓好理论武装，深入学习习近平总书记系列重要讲话精神和治国理政新理念新思想新战略，不断强化政治意识、大局意识、核心意识、看齐意识，始终在思想上政治上行动上同以习近平同志为核心的党中央保持高度一致。严格执行民主集中制，认真落实民主生活会、“三会一课”等制度，全面加强和规范党内政治生活。严格落实意识形态工作责任制，发出好声音，传播正能量，为改革发展营造良好舆论氛围。强化干部教育培训，加强和改进党委（党组）中心组学习，提高党员干部政治素质和专业水平。

建设高素质干部人才队伍。坚持党管干部原则，牢牢把握好干部标准，坚持正确用人导向，坚决及时地把政治坚定、为民服务、勤政务实、敢于担当、清正廉洁的干部发现出来、使用起来，倡导靠实招展示能力，靠实绩成就进步，看基础、看发展、看潜力评价干部，以贡献作为使用干部重要依据。加强年轻干部、女干部、党外干部培养选拔工作，不断优化干部队伍结构。紧扣想干事、敢干事、干成事目标导向，严格落实“三个区分开来”的要求，宽容干部在工作中的失误，旗帜鲜明为敢于担当的干部担当、为敢于负责的干部负责，最大限度调动干部干事创业的积极性，切实打造忠诚、干净、担当的干部队伍。坚持党管人才原则，深入实施“滕州英才”计划，主动对接国家“千人计划”“万人计划”，广泛吸引汇聚优秀人才，为滕州各项事业发展提供有力人才支撑。

筑牢基层党组织战斗堡垒。牢固树立向一线倾斜、大抓基层工作理念，全面落实基层党建责任制，加大支部书记培养、选拔、管理、使用力度，努力提高村居干部政治、经济待遇，打造一支过硬的支部书记队伍，着力建强基层党支部。加大企业党建工作力度，抓好基层组织薄弱村帮扶转化，加强村居“两委”班子建设，切实增强基层组织战斗力、凝聚力。强化激励措施，全面深化村居班子“四定双诺三挂钩”年度目标管理制度，调动村居干部干事创业积极性。以增强党章意识为抓手，全面提高党员素质，克服党员混同一般群众现象发生，更好发挥党员先锋模范作用。

坚持不懈深化作风建设。只有时刻保持良好精神状态和真抓实干的工作作风，才能切实担当起加快滕州发展的历史重任。要始终坚持群众路线，倡树调查研究之风，问政于民、问计于民、问需于民，严禁闭门作决策、想当然干事情、脱离实际瞎折腾。大力倡树实干之风，雷厉风行、立说立行，抓铁有痕、踏石留印，对看准的事情抓一件成一件，决不搞“半拉子”工程、形象工程，杜绝当“甩手掌柜”，着力整治“当官做老爷”、只说不练浮漂行为。大力倡树较真之风，凡事不马虎，对市委定下的事情，说了算、当真干，以钉钉子精神，以锲而不舍的韧劲，狠抓招商引资和项目建设，确保通过五年努力，切实形成好项目铺天盖地的良好发展局面。

深入推进反腐倡廉建设。持之以恒严格执行中央八项规定精神和省市委十项规定，深入推进党风廉政建设和反腐败工作，坚决查处侵害群众利益的腐败行为，切实把纪律规矩立起来、挺起来、管到位。充分运用好监督执纪“四种形态”，严格党内监督，强化巡察工作，推进巡察监督和审计监督全覆盖。注重运用典型案例警示干部，不断夯实廉洁从政的思想道德基础。始终保持惩治腐败高压态势，加大案件查办力度，着力构建不敢腐、不能腐、不想腐的长效机制，努力营造风清气正的政治生态。

团结凝聚力量，同心铸就辉煌。要充分发挥市委总揽全局、协调各方作用。完善人民代表大会制度和工作机制，支持政府科学依法执政，推进协商民主制度化发展，发挥人大、政府、政协职能作用。巩固和发展最广泛的爱国统一战线，全面贯彻党的民族、宗教、对台和侨务政策，进一步发挥民主党派、工商联、无党派人士的作用。一如既往做好老干部工作。加强党管武装，推进军民深度融合发展。支持工青妇及老龄、红十字、残联等群团组织积极作为，最大限度团结方方面面的力量，形成众志成城推动滕州经济社会事业发展的良好局面。

同志们，担当成就伟业，实干创造未来。人民对美好生活的向往就是我们的奋斗目标。让我们更加紧密地团结在以习近平同志为核心的党中央周围，团结带领全市广大党员干部群众，不忘初心、继续前进，聚心聚力、真抓实干，努力走在全省县域经济发展前列，为加快建设宜居宜业富裕美丽文明新滕州而努力奋斗！

政　府　工　作　报　告

——2017 年 1 月 21 日在滕州市第十八届人民代表大会第一次会议上

代市长　刘文强

各位代表：

现在，我代表市人民政府，向大会报告工作，请予审议，并请市政协委员和其他列席会议的同志提出意见。

一、过去五年政府工作回顾

过去的五年，是滕州发展进程中极不平凡的五年，也是应对严峻挑战、经受重大考验、取得显著成绩的五年。五年来，面对错综复杂的宏观经济环境和艰巨繁重的改革发展任务，在市委的正确领导下，在市人大、市政协的监督支持下，我们紧紧团结和依靠全市人民，牢牢把握稳中求进工作总基调，主动适应经济发展新常态，全力以赴稳增长、调结构、促改革、惠民生，攻坚克难、开拓进取，圆满完成了市十七届人大历次会议确定的目标任务，顺利开启了“十三五”宏伟规划，经济社会发展取得了新的成就。

（一）综合实力持续提升。2016 年，预计全市生产总值实现 1035 亿元，是 2011 年的 1.4 倍；地方财政收入完成 69 亿元，是 2011 年的 1.7 倍；固定资产投资完成 656 亿元，是 2011 年的 2.1 倍；社会消费品零售总额达到 400 亿元，是 2011 年的 1.8 倍；城镇居民、农村居民人均可支配收入分别达到 30605 元、13985 元，分别是 2011 年的 1.6 倍、1.7 倍。我市在全国县域经济基本竞争力百强县中位次稳中有进。

（二）产业结构更趋优化。五年累计利用市外资金 2227 亿元，落户世界 500 强、中国 500 强企业 17 家；实施过亿元重点项目 290 个，186 个项目建成投产。预计三次产业比例由 2011 年的 8.5∶53∶38.5 调整到 7.1∶49.4∶43.5。

工业转型步伐加快。2016 年，规模以上工业企业发展到 455 家。煤化工、机械机床产业主营业务收入预计分别实现 570 亿元、660 亿元。联想控股滕州化工基地一期投产运营，瑞达化工聚丁烯项目填补国内空白。建成全国唯一设在县级的国家机床质检中心，机床产值数控化率达到45%，被评为全国机床产业集群区域品牌建设试点地区。玻璃深加工、食品加工产业主营业务收入突破百亿，预计分别达到112亿元、106亿元。生物医药产业主营业务收入突破50亿元，预计达到61亿元。玻璃精深加工基地入选国家火炬特色产业基地，被认定为中国制镜业基地。中材锂膜项目一期顺利实施，建成后将成为全国最大的锂膜材料生产基地。滕州人才创新驱动中心暨科技创新创业基地建成使用，北理工鲁南研究院、枣庄北航机床创新研究院挂牌成立。国家级高新技术企业发展到53家，高新技术产业产值占规模以上工业总产值比重达到24.8%。累计实施过千万元技改项目486个、技术创新项目1251个。省级企业技术中心达到29家，院士工作站7家，国家级博士后科研工作站2家。引入国家"千人计划"专家团队2个，推荐入选国家"万人计划"专家2人、省"泰山学者"和"泰山产业领军人才"7人。中国驰名商标达到10件、山东省著名商标23件、山东名牌产品52件。2家企业在"新三板"挂牌。我市被评为国家知识产权强县、全省小微企业创业创新示范基地。滕州经济开发区在全省136家省级经济开发区中列第5位，被推荐创建国家级经济技术开发区。

服务业质量明显提升。2016年，限上企业发展到303家，预计服务业增加值达到450亿元，建筑业产值实现200亿元。省级服务业综合改革试点扎实推进。微山湖湿地景区被评为中国十大生态旅游景区，A级以上景区达到18处，获评全省首批首个优秀旅游城市。先后引进红星美凯龙、大润发等知名品牌，真爱商城一期、嘉誉干杂海货市场扩建等项目建成运营，过亿元专业批发市场发展到47处，现代物流企业发展到48家，货运总量连续四年位居全国县级第一。累计引进电商企业200余家，发展特色网店3500余家。银行业金融机构发展到12家、保险机构36家、证券公司2家。

现代农业稳步发展。完成国家现代农业示范区改革与建设试点任务。粮食产量稳步提升，"三品一标"认证达到196个。累计实施重点水利工程和农业综合开发项目105项，扩大改善灌溉面积32.3万亩，被评为全国高标准农田水利建设示范县。农业综合机械化水平达到89%。完成农村土地承包经营权、集体土地所有权和宅基地确权登记，在全省率先开展农村房屋抵押贷款。建成为农服务中心16处，农民专业合作社发展到1970家，适度规模经营面积占比达到57%。我市被评为全省畜产品质量安全示范县，列入省首批蔬菜目标价格保险试点县，农民专业合作社信用互助"四四八"模式在全省推广。

（三）城乡建设统筹推进。累计实施城建项目565个，完成投资435亿元，城市框架区面积发展到70平方公里，常住人口城镇化率达到58%。我市被列入省新型城镇化综合试点、省"多规合一"试点、省地下空间规划建设和管理试点。累计建设上善公园、弘道公园等公园绿地、街头游园28处，城区绿化覆盖率达到37.6%，成功创建国家园林城市、全国绿化模范市。新建改建道路67条、桥梁8座，升级改造背街小巷45条，公共自行车系统建成使用。综合整治老旧小区53

个。实施棚改项目22个，回迁上房率达到96%。高铁新区总投资296亿元的26个项目顺利推进。圆满完成庄里水库征地拆迁，移民安置区建设进展顺利。城乡公交、供水、环卫等六个一体化扎实推进，更新新能源公交车818辆，镇街公交覆盖率达到90%；完成羊庄水源地扩容和马河水库应急水厂建设，日增城市供水能力6万方；城乡环卫一体化实现全覆盖。实施小城镇 开发330万平方米，改造农村危房2960户、无害化厕所4万户，建成新型农村社区29个、省级美丽乡村380个。

（四）生态环境逐步改善。淘汰关停瑞达焦化等高耗能企业28家，万元GDP能耗累计下降22%，主要污染物减排提前完成任务目标。7处污水处理厂投入使用，建成17个片区2万亩人工湿地，水污染防治通过国家迎准核查验收，主要河流水质稳定保持在三类水质标准。对11家企业实施脱硫脱硝和除尘再提高工程，取缔城区燃煤锅炉273台，淘汰注销黄标车1.56万辆。全部关闭露天开采矿山，综合治理水土流失38平方公里。新增成片造林18.6万亩，森林覆盖率达到30%。我市被评为全国林下经济发展示范县。

（五）民生事业协调发展。坚持每年办好一批惠民实事，五年累计民生支出256亿元，占财政支出的65.9%。城乡一体的居民养老、医疗保障制度全面建立，企业人员退休金和城乡低保水平逐年提升，老年人高龄补贴及时落实。累计新增城镇就业9.6万人，农村劳动力转移就业20万人。脱贫攻坚取得阶段性成效，我市被确定为全省金融扶贫试点县。累计改造农村中小学131处、城区中小学12处，镇街教师工资实现县级统筹，成功创建全国义务教育发展基本均衡县。公立医院改革扎实推进，全面二孩政策顺利实施，获评新一轮全国计划生育优质服务先进单位、全国首批妇幼健康示范县。村居文化大院、农家书屋实现全覆盖，连续举办墨子文化节、鲁班文化节、墨子鲁班国际学术研讨会，大型动漫《小小鲁班》在央视播出。成功举办两届微山湖湿地马拉松比赛，承办国家级、省级赛事33项。我市被评为全国全民健身活动先进县、全国科普示范市、全国民族团结进步模范集体、首批省级食品药品安全示范县。平安滕州、法治滕州建设扎实推进。统计、气象、粮食、史志、档案、妇女儿童、外事侨务、应急管理、邮政通信、人民防空、国防动员、人民武装、预备役、防震减灾、爱国卫生、红十字会、残疾人工作等各项社会事业都取得了新成绩。

（六）政府效能不断提高。深入开展党的群众路线教育实践活动、“三严三实”专题教育和“两学一做”学习教育，党员干部作风形象全面提升。强化行政监察、审计监督，廉洁勤政建设取得新成效。稳步推进公务用车制度改革，“三公”经费大幅压减。构建“四张清单一个平台”，政务服务中心建成启用，实现“三集中、三到位”。完成国家和省级改革试点15项，“放管服”改革、扩权强镇改革扎实推进，综合行政执法体制改革试点经验在全省推广。累计办理人大代表建议396件、政协提案1337件。深化政务信息公开，认真办好市长公开电话、市长信箱，群众满意度进一步提升。

各位代表，历尽天华成此景，人间万事出艰辛。历经五年的砥砺奋进和不懈努力，勤劳智慧的滕州人民，用激情与实干、坚守与执着、奋斗与拼搏，创造了滕州经验，成就了滕州事业，书写了滕州发展史上的精彩篇章！这些成绩的取得，得益于市委的坚强领导，离不开市人大、市政协的监督支持，饱含着全市人民的心血和汗水。在此，我代表市人民政府，向辛勤工作在各条战线上的广大干部群众，向人大代表、政协委员、离退休老同志，向关心支持滕州发展的社会各界人士，表示衷心的感谢和崇高的敬意！

二、未来五年的指导思想和奋斗目标

未来五年，是全面建成小康社会的决胜阶段，也是滕州转型跨越的关键时期。挑战与机遇并存，压力和动力同在。我们要更加科学地研判宏观形势。世界经济仍处于缓慢复苏进程中，我国经济运行缓中趋稳、稳中向好的基本面没有变。中央经济工作会议提出稳中求进工作总基调，深化供给侧结构性改革，推进“三去一降一补”，成为当前和今后一个时期经济工作的主线和首要任务。中央继续实施积极的财政政策和稳健的货币政策，着力振兴实体经济，将进一步集聚发展新动能，激发发展新活力。我们要更加清醒地认识困难问题。我市综合经济实力还不够强，人均占有依然偏低；经济结构还不够优化，新兴产业规模偏小，经济外向度不高；城镇化发展步伐还不够快，镇域经济发展不平衡，城乡统筹发展任务依然艰巨；收支矛盾突出，促进就业、改善民生任务繁重。问题就是工作方向、不足就是努力空间，必须坚持问题导向，着力在补齐短板上下功夫。我们要更加准确地把握机遇优势。随着国家“一带一路”、省西部经济隆起带发展战略和枣庄县域经济发展三年提升计划深入实施，更多发展红利将持续释放。我市交通区位优越，产业门类齐全，具有较强的承载力和吸引力。近年来实施的一批重点产业项目相继投产达效，庄里水库、南水北调调蓄水库、枣菏高速等重大基础设施项目陆续落地实施，为滕州未来发展奠定了基础、积蓄了力量。只要我们保持战略定力，坚定发展信心，对事关长远发展的大事，持之以恒紧抓不放；对影响制约发展的难事，坚韧不拔予以破解；对群众关心关注的民生实事，千方百计办成办好，就一定能够走好新的“长征路”，就一定能够创造富民强市新辉煌！

根据市十三次党代会精神，今后五年工作的指导思想是：全面贯彻党的十八大和十八届三中、四中、五中、六中全会精神，深入学习贯彻习近平总书记系列重要讲话精神，牢固树立五大发展理念，始终坚持发展第一要务，突出实干兴业、发展富民，突出创新驱动、招商引资，着力推动工业经济、城市经济、农业经济、生态经济、民生经济转型发展，着力推进全面建成小康社会和全面从严治党，努力走在全省县域经济发展前列，加快建设宜居宜业富裕美丽文明新滕州。

主要预期目标是：综合实力显著增强，经济保持较快增长，提前实现经济总量和城乡居民人均收入比2010年翻一番，城乡居民收入增幅超过地区生产总值增幅，农村居民收入增幅超过城镇居民收入增幅。到2021年，生产总值、财政收入、固定资产投资、城乡居民人均可支配收入实现显著增长。总的发展定位是：

——打造更加安定和谐的宜居滕州。全面完成省级新型城镇化综合试点、中等城市试点、“多规合一”试点任务，管廊城市、海绵城市、智慧城市建设取得明显成效，功能更加完善，管理更加规范，城乡更加和谐，城市综合承载力和吸引力明显增强。

——打造更加富有活力的宜业滕州。重要领域和关键环节改革顺利推进，行政效能不断优化，创新创业活力充分释放，工业主导产业迈向中高端，服务业比重持续提升，农业现代化步伐明显加快，优势产业的集聚效应和引领效应更加凸显，就业空间显著扩大。

——打造更加普惠共享的富裕滕州。顺应群众对物质富裕、精神富有美好生活新期待，努力增加群众收入，发展优质均衡公共服务，更高水平增进民生福祉，全面完成脱贫攻坚任务，使发展成果更多更公平惠及全体人民，向实现人民共同富裕目标稳步迈进。

——打造更加绿色生态的美丽滕州。生态建设深入推进，人居环境更加优化，空气、水、土壤污染治理取得明显成效，生态修复取得重大进展，成功创建国家生态园林城市和国家森林城市，天蓝、地绿、水清、气爽的美丽滕州全面呈现。

——打造更加开放包容的文明滕州。优秀传统文化大力传承弘扬，依法治市全面推进，社会主义核心价值观更加深入人心，向上向善、文明有礼、诚信互助的社会风尚更加浓厚，努力争创全国文明城市。

各位代表，滕州的发展已站在新的历史起点上，把未来五年宏伟蓝图变为现实，离不开全市170万人民的齐心协力、团结实干。我们将凝聚各方的智慧和力量，勇往直前，奋力争先，努力实现全面建成小康社会目标，竭尽全力向全市人民交上一份满意的答卷！

三、二〇一七年的目标任务和主要工作

今年是新一届政府的开局之年，是推进供给侧结构性改革的深化之年，也是实施“十三五”规划的重要一年。根据全市经济工作会议精神，今年经济社会发展的主要预期目标是：全市生产总值增长7%左右；地方财政收入增长3.5%左右；固定资产投资增长11%左右；社会消费品零售总额增长11%左右；城镇居民人均可支配收入增长7.5%左右；农村居民人均可支配收入增长8.5%左右。城镇登记失业率控制在3.1%以内；万元GDP能耗下降3.7%，确保经济发展质量不断提升。重点在六个方面实现新突破。

（一）聚焦转型升级，着力在振兴实体经济上求突破。坚持工业强市不动摇，强实体、兴产业，提品质、增效益，全力抓项目、关键抓技改，推进三次产业融合发展，构建彰显滕州特色、充满创新活力、富有核心竞争力的现代产业体系。

一是全面提升工业质量效益。深入开展工业提质增效“五大行动”，力争规模以上工业主营业务收入增长6%、利税增长5%。开展产业培植行动。围绕构建“265”产业格局，拉长产业链条、完善产业配套、壮大产业集群，推动产业向中高端迈进。打造两大千亿产业集群。煤化工产业，着力加强与联想控股、枣矿集团、兖矿集团等大企业集团战略合作，支持联泓新材料公司与中科院

共建新材料技术创新与产业化基地；确保联泓甲醇制烯烃装置及系统配套技改、新能凤凰甲醇扩能技改、中峰化学醋酸酯一期、鲁化森萱二氧戊环等项目建成投产；加快鲁南化工技改、盛隆化工焦炉煤气发电等项目建设；推进辰龙化工与奥克集团战略合作，抓好奥卓化学高端聚氨酯胶粘剂等科研成果转化，推动煤化工向高端攀升。机械机床产业，推进鲁南机床与国机集团、普鲁特与北理工、万户数控与北航合作开发高端产品；确保威达工业机器人关键部件智能制造、腾拖大中型农业装备制造等项目建成投产；鼓励山森数控等企业做专做精，完善产业配套体系；发挥国家机床质检中心技术支撑作用，加强与北理工、北航等高校开展实验室共建和技术合作，带动机械机床向精密智能转型。力争煤化工、机械机床产业主营业务收入分别实现600亿元、700亿元。做强六大百亿板块。玻璃深加工、食品轻工、家居装饰、纺织服装、儿童用品、汽车配套等产业，以做优产品、扩大规模、提升档次为重点。支持滕州卷烟厂扩能生产；今缘春生态酿酒园一期竣工投产；抓好中国玻璃城二期、恒仁工贸针织生产线、艾贝姆婴幼儿服装加工、尚品家居配饰、万宝童车生产线改造等项目建设，力争玻璃深加工、食品轻工产业主营业务收入均突破120亿元。培育五大新兴产业。支持中材新材料产业园建设，加快推进中材锂膜项目；支持辰阳数控与中材科技北玻院合作，实施复合材料技术转化；支持华能线缆与国投矿业合作重组，促进军民两用特种线缆提质扩能。加快田陈富源2×35万千瓦煤矸石综合利用、华杰豪医疗器械生产、威智手性原料药升级改造、益康固体药物制剂、箭波通信高精度半导体激光器、连云山PC工厂等项目建设，培育一批新兴产业龙头企业，力争生物医药、新材料、新能源、电子信息、节能环保五大新兴产业主营业务收入突破200亿元。开展企业培育行动。实施“62131”企业梯次培育工程，建立“个转企、小升规、规改股、股上市”企业梯次培育机制，鼓励大众创业、万众创新，确保全年新增个体工商户6000户以上、小微企业2000家以上、规模以上工业企业10家以上，完成股份制改造企业30家以上，1家企业实现上市。积极引导骨干企业“二次创业”，通过兼并重组、上市融资、战略合作等方式，壮大规模实力，打造一批主业突出、核心竞争力强的企业集团，力争年主营业务收入过10亿元的企业达到12家。开展技改创新行动。实施企业技改振兴计划，引导支持企业加强技术改造、科技创新，推进产品提档升级，全年实施重点技改项目100个，完成技术创新项目200个。新培育枣庄市级以上企业技术中心5家，新增国家高新技术企业4家，高新技术产业产值占规模以上工业总产值的比重增加1个百分点。健全“双创”中心运行机制，孵化高科技企业5家以上，嫁接企业转型升级项目3个以上，实现与浙大合作建设高端装备产业创新中心。培育“两化”融合企业30家，创建智能车间4个，推动“滕州制造”向“滕州智造”转变。开展品牌创建行动。树立质量第一的理念，引导企业发扬“工匠精神”，打造“百年老店”，增强产品竞争力。新培育中国驰名商标1件，山东省著名商标和名牌产品8件，省长、市长质量奖2件，争创全国知名品牌创建示范区。完成省玻璃质检中心认定评审，争创国家玻璃质检中心，争取加入国家玻璃标准委员会。筹建省童车童床质检中心。争创更多“滕州标准”，抢占行业发展制高点。开展人才兴市行动。实施“滕州英才”计划，主动对接国家“千人计划”和省“泰山学者”工程，引进培养各类高层次人才30人以上。加强企业家培育，培训企业家200人次、中层管理人员800人次。倡导企业家精神，开展“十大优秀企业家”评选表彰活动，营造企业家有作为、有地位、受尊重的社会氛围。

二是全面提升服务业规模档次。重点抓好98个投资过5000万元服务业重点项目建设，推动服务业向专业化拓展、向高品质迈进。做优全域旅游业。围绕创建国家全域旅游示范区，编制规划、整合资源，推进旅游与教育、文化、体育等产业融合发展，实现由景点旅游向全域旅游转变。加快推进微山湖湿地景区创建国家5A级景区，办好第十四届中国（滕州）微山湖湿地红荷节，打造闻名全国的旅游目的地。抓好龙泉董村花汇小镇、级索七星湖湿地公园、界河鲁班湿地公园、西岗“槐王”公园等乡村旅游建设。策划包装二日游、三日游精品线路，完善旅游标识系统，强化宣传促销，规范管理服务，提升“墨子鲁班故里·湿地红荷之都”知名度。做强传统服务业。编制专业市场发展规划，合理布局市场业态，避免重复建设、无序竞争。加快金源建材装饰大世界二期、真爱商城三期、汽车4S园等项目建设。大润发超市、居然之家、百地茂商城开业运营。培植华孚物流、国运物流、供销物流等龙头企业，推进滕州新港、枣庄港西岗作业区等项目建设，打造区域性物流中心。做大现代服务业。加快推进与阿里巴巴战略合作，建成阿里巴巴农村淘宝服务中心，发展村居淘宝服务站120个。支持鲁华、嘉誉等电商创业园建设，培植通康科技等骨干企业，力争新增电商企业100家。争创省级电子商务示范市。大力发展会展经济、总部经济，加快发展健康养老服务、服务外包、家政服务等新兴业态。做靓特色文化业。完成滕国故城、前掌大遗址保护规划编制，抓好北辛文化遗址一期、薛国故城二期、官桥汉墓群遗址等文物保护与开发工程。传承弘扬墨子鲁班优秀文化，办好第三届鲁班文化节。壮大鲁班天工木艺、华瀚工艺品等骨干文化企业，培育葫芦套影视等文化产业基地，打造接官巷等特色文化街区。实施墨子纪念馆、墨砚馆等升级改造，完成新博物馆建设，依托“一塔六馆”丰富龙泉广场历史文化游览区内涵，叫响滕州文化品牌。

三是全面提升农业现代化水平。以农业供给侧结构性改革为主线，把增加绿色优质农产品供给放在突出位置，狠抓农产品标准化生产、质量安全、品牌创建，促进农业增效、农民增收。培育壮大农业新型经营主体。大力发展现代都市农业，着力打造“四大现代农业产业园”，以正德康城为中心，沿红荷路两侧建设设施农业产业园；以龙振庄园为中心，建设现代农业综合示范园；以秀美荆河为纽带，建设金庄农场、润明葡萄园等家庭农场精品园；以界河镇马铃薯核心区为重点，建设滕州马铃薯创新产业园。支持盈泰集团、恒仁工贸等农业龙头企业加快发展。重点培育鲜润果蔬、好丽农马铃薯等10大规范专业合作社，源丰、弥香园等10大家庭农场，年内新培育农民专业合作社180家、家庭农场80家。抓好姜屯万竹园、羊庄宋屯樱桃园、柴胡店万亩梨园、龙阳锦天牡丹园、西岗亿佳田园等休闲观光、特色采摘园建设。调优农业产业结构。优化产业布局，规划建设优质粮食、绿色果蔬、健康养殖、加工流通“四大功能区”，粮食面积稳定在160万亩，马铃薯稳定在65万亩，发展各类果树8000亩、良种苗木繁育基地6000亩，建设滨湖省级渔业园区，争创全国渔业健康养殖示范县。推进农业标准化建设，建成果菜标准园15处、标准化畜禽养殖示范场10处，发展无公害、绿色、有机农产品基地20万亩，实现“菜篮子”产品标准化生产全覆盖。办好第九届中国（滕州）马铃薯节，鼓励发展马铃薯加工业，支持春藤黑盖猪申报国家地理标志产品，新认证“三品一标”20个，打造“厚道滕州人、放心农产品”绿色品牌，争创国家农产品质量安全示范县。强化农业支持保障。抓好粮食安全工作，实施千亿斤粮食和农业综合开发项目，建设高标准农田5万亩。启动马铃薯主产区土壤改良修复示范工程，推广测土配方施肥、农业节水节肥技术，建设肥水一体化示范基地5万亩；加快全国农田水利项目县建设，新增高效节水灌溉面积1.95万亩。推进农机农艺融合发展，农业综合机械化水平达到90%。新建为农服务中心5处，培育新型职业农民1万人以上。完善农田电网设施，实现农田“井井通”。完成第三次全国农业普查。深化农村综合改革。继续推进农村产权制度改革，全面完成确权颁证，完善农村产权交易平台。完成农村集体产权股份制改革试点100个，新增适度规模经营面积5万亩。加强农村集体“三资”管理，完成扶持村级集体经济发展试点任务。推进农民住房财产权抵押贷款、政策性农业保险试点，稳妥开展农村信用互助合作试点，新认定试点合作社6家，支持返乡下乡人员创业创新。深化滨湖行政管理体制改革，完成西岗、级索、东沙河3个镇扩权强镇改革试点。

（二）聚焦对外开放，着力在激活发展动能上求突破。深入实施大开放、大招商、大发展战略，坚持园区建设、重点项目和招商引资一体推进，围绕项目转、盯紧项目干，确保落地建设一批大项目、好项目。

一是狠抓园区载体建设。完善园区规划，加强规划衔接，引导各园区合理分工、错位发展。滕州经济开发区，以创建国家级经济开发区为目标，加快体制机制改革。发挥企业国有资产经营公司作用，建立市场化投资开发机制，完善基础设施；实施“筑巢引凤”，年内引进过10亿元项目1个、过5亿元项目3个；实施“腾笼换鸟”，妥善处置“僵尸企业”，盘活利用闲置土地500亩以上。做好鲁南高科技化工园、枣庄（西岗）循环经济产业园、大坞生物医药产业园审核认定，完成化工企业“三评级一评价”，加快化工企业“进区入园”。鲍沟玻璃、级索新能源、张汪煤电等特色园区，立足自身定位，着力引进相关项目，形成产业集聚。大力发展“飞地经济”，建立项目统筹、利益分享、税收分成机制，真正把各类园区搭建成项目共引、共建、共享新平台，打造成区域经济发展新引擎。

二是狠抓重点项目建设。实施重点项目100个，总投资656亿元，年度完成投资219亿元。紧盯国家投资导向，做好项目筛选包装，建立项目储备库，争取更多项目列入国家和省市计划。实行“一个项目、一名市级领导、一个责任单位、一抓到底”的项目推进机制，提高帮包效能。完善项目手续代办制和跟踪服务制，设立审批“绿色通道”，确保重点项目推进快、见效早。

三是狠抓招商引资。实行专业招商，配强招商人员，建立招商小分队，瞄准重点区域、重点产业，紧盯国内外500强、央企国企和行业领军企业，开展上门招商、以商招商。实行联合招商，发挥好园区平台作用，按照地域相近、产业相关的原则，打破镇域界限，分区域组成招商队，协同招商、共引项目。实行引才招商，坚持“引资、引技、引智”并举，实现招引一名领军人才，带来一个创业团队，落地一批产业化项目。每个镇街每年至少新上3个项目，其中每个镇街、经济主管部门至少引进一个投资过5000万元的工业项目或先进物流业、新兴服务业项目。力争全年引进固定资产投资过5000万元项目130个以上。建立招商项目联审评估和落地推进制度，成立专门工作小组，专项负责招商项目前期工作，确保新引进项目质量高、落地快。

四是狠抓外经外贸工作。坚持“走出去”与“请进来”并重，下大气力扩大对外开放水平。搭建综合外贸服务平台，用好阿里巴巴一达通，培育跨境电商，争取设立“海外仓”。培植腾达不锈钢、三合机械等出口骨干企业，夯实外贸增长基础。实施“外贸回归”工程，开展零业绩企业“唤醒行动”，新增进出口备案登记企业30家，力争完成进出口总额5.2亿美元、实际利用外资2500万美元。支持雄狮装饰、三维钢结构等企业“走出去”承揽境外工程，鼓励威达重工、辛化硅胶等企业开展境外投资合作，助推企业“扬帆出海”。

五是狠抓营商环境建设。深化“放管服”改革，落实“四张清单”制度，抓好行政审批省市互联互通，实现“互联网+政务服务”全覆盖。推行投资项目备案管理，推进“五证合一、一照一码”，降低创业准入制度性成本。引导金融机构加大信贷投放，支持实体经济发展。整治“红顶中介”，清理不合理收费。健全社会信用体系，推行“一网一榜一机制”，让诚信者处处受益，让失信者寸步难行。构建“亲”“清”新型政商关系，多为企业“雪中送炭”，真心实意支持企业发展。

（三）聚焦城乡统筹，着力在提升城市品质上求突破。坚持“精心规划、精品建设、精细管理”，优化城市布局，完善城镇体系，提升综合承载能力，实现城市内涵式发展，打造宜居宜业的幸福之城、文明之城。

一是坚持城市建设精品化。突出规划引领，强化规划执行，严格规划监管，全年编制各类规划22项。完善城市功能。坚持交通优先，打通城区断头路，启动荆河路和青啤大道东延工程，实现新老城区互联互通。实施跨荆河桥梁改造，推进振兴南路全线贯通、科圣北路北延等20余条道路新建、续建工程。升级改造老旧小区10个、背街小巷20条，新建改造天然气管网78公里，加快供热、供排水等配套建设，完善综合服务功能。塑造城市特色。实施中轴线区域景观、清水湾公园一期、城市新空间等城市绿化工程，推行楼宇绿化、墙体绿化、庭院绿化，新增绿化面积60万平方米。推进“一河两岸”生态治理工程，清淤疏浚荆河城区段，改造提升两岸景观，形成“一河清水、两岸绿色”的景观长廊，展示独特生态魅力。开展城市设计，优化城市空间布局、城市色彩和建筑立面。珍惜城市存量土地，严格出让条件，推行简装房、精装房，推广装配式建筑，引导房地产开发向精品化、生态化转变。挖掘历史文化元素，创意设计城市家具，凸显墨子鲁班文化，酿造城市特色韵味。推进高铁新区建设。坚持基础先行，深化与中铁置业、山东高速合作，以起步区为重点，完善公共配套，抓好道路、桥梁和墨子湖建设。坚持产业为本，加大项目招引力度，扶持童车童床优势传统产业做大做强，加快山东化工技师学院新校区、北大附属滕州实验学校等项目建设，培植发展新优势。

二是坚持棚户区改造区域化。抓住国家棚改政策机遇，推动棚改由碎片化向区域化转变、由城区向园区延伸。在城区，重点实施通盛路至红荷路3平方公里区域综合开发，启动冯河等村庄搬迁整合，抓好道路、学校、公园等配套建设，打造具有现代特色的政务服务中心区。抓好程堂、鲁机等棚户区续建工程，年内回迁上房4000套。实行分类施策，盘活闲置楼宇，妥善解决历史遗留问题。在园区，启动木石一期5个村庄搬迁，高标准规划建设新型农村示范社区凤翔小镇，实施西岗8个村庄搬迁，实现新型城镇化与工业现代化互动融合发展。稳妥推进滨湖、高铁新区村庄搬迁整合，释放更大发展空间。

三是坚持城市管理精细化。突出以人为本，加快数字城管建设，推行网格化管理和“门前三包”责任制，实现城市管理系统化、规范化、常态化。让城市更畅通。实施城市交通支路畅通工程，增强背街小巷交通功能，活化微循环，提高道路通行能力。优化城市公共交通布局，完善公共自行车系统，提升城市公共交通水平。规范出租车和二轮车管理，加强交通秩序整治。让城市更整洁。积极推进垃圾分类收集和资源化综合利用，新建公厕9座，实现城区主次干道机械清扫、定时洒水全覆盖。抓好市政设施和园林绿化管护，规范清理户外广告牌，新建便民信息栏50处。完善市场化运作模式，巩固提升城乡环卫一体化成果，开展好高速铁路、高速公路两侧等重点区域环境整治。让城市更有序。开展城市违法建设专项治理，年内完成60%的治理任务。开展“物业管理提升年”活动，理顺管理体制，加强行业监管，实施小区配套用房、电梯管理、卫生保洁、二次供水、车位建设管理、违法违规行为查处等六大专项整治，提升物业管理水平。清理取缔马路市场、占道经营、流动经营，发展便利店等社区经济，完善便民型社区服务网络，让群众生活更加舒适便利。

四是坚持城乡交通网络化。以创建全国交通运输示范县为目标，积极构建对外通达、对内通畅的现代化交通网络。加快枣菏高速滕州段建设，弥补东西交通干线短板。实施省道345枣滕段改造，推进枣滕BRT快速公交建设，新建换乘中心1处，加快与枣庄新城互融发展步伐。协调争取京台高速城区段改造提升工程，贯通南北主干道路，努力破除主城区与高铁新区融合发展的屏障。完成农村“户户通”硬化路1100公里，更新新能源公交车160部，实施城区至界河、张汪、柴胡店3个方向5条线路公交化改造，实现城乡公交全覆盖。

五是坚持镇域发展特色化。发挥优势，因地制宜，主攻特色产业和基础设施建设，引进一批功能型、配套型、服务型项目，打造特色产业小镇、旅游风情小镇、历史文化小镇。加快西岗省级新生小城市发展，推进滨湖微山湖湿地古镇省级特色小镇建设，提升级索中心镇规模水平，培育发展鲍沟工艺玻璃小镇、界河风情小镇、龙阳山水田园小镇、东郭商贸小镇等特色小镇。抓好官桥、姜屯、大坞等历史文化名镇和羊庄东辛庄、龙阳卧龙庄、滨湖东古村、姜屯东滕城等传统村落保护与发展。启动新一轮美丽乡村创建，统筹做好改电、改房、改水、改厨、改厕，升级改造标准化用电村268个，改造无害化厕所5万户，建成美丽乡村100个。加快城市基础设施向农村延伸，巩固提升城乡道路、公交、供水、环卫、燃气、污水处理六个一体化水平。深化农村户籍制度改革，落实就业、教育、医疗、住房、养老等配套政策，放开一切条件，有序推进农村人口市民化，让进城农民进得来、住得下、干得顺、过得好。

*（四）聚焦生态建设，着力在推进绿色发展上求突破。*顺应群众对良好生态环境的期盼，突出寻源治污、精准治污、铁腕治污，坚决打好环境治理攻坚战，让新一轮发展拥有更多的绿色竞争力。

一是实施节能降耗工程。强化能源和水资源消耗、建设用地总量和强度“双控”。实施“工业绿动力”计划，鼓励煤炭清洁高效利用，推进太阳能集热系统在工业领域应用，清理取缔“土小”企业，淘汰落后工艺设备，实施节能改造项目20个。抓好光大环保能源发电、扬子化工、鲁南渤瑞等项目运营管理，促进垃圾资源化利用、工业固体废物变废为宝。

二是实施空气清洁工程。实施鲁南化工、新能凤凰等13家企业超低排放改造。完成17台10蒸吨及以上燃煤锅炉改造提升，加快取缔镇驻地燃煤锅炉。开展道路扬尘、建筑施工、餐饮油烟、露天储煤场和机动车尾气专项治理，实行秸秆全年禁烧，最大限度缓解雾霾带来的“呼吸之痛”。

三是实施水质清澈工程。改造提升城区污水管网和污水处理厂，确保城区污水集中处理率达到93%以上。完善鲍沟、大坞、级索园区污水处理系统，实现污水集中处理。推广地埋式污水处理站、氧化塘等治污设施，改善农村水环境。服务好庄里水库建设，完成移民回迁安置。编制水源地保护规划，加强荆泉、羊庄水源地保护。实施马河水库、户主水库扩容工程，提高供水保障能力。推进工业供水综合水价改革，完成南水北调工程沿线工业企业水源置换。落实“河长制”，启动城市黑臭水体治理，建设小渭河等7处人工湿地，让“水清河美、鱼翔浅底”的愿景变为现实。

四是实施绿化提升工程。以创建国家森林城市为抓手，实施绿色城镇、绿色乡村、绿色青山、绿色交通干线“四绿”工程，新建森林镇街4个、森林村居30个。推进山丘、水系、平原等六大森林体系建设，持续抓好莲青山、龙山、灵泉山、黄连山等山体绿化，改造墨子国家森林公园，新增农田林网1.6万亩，成片造林2万亩，森林覆盖率达到31%。对城市树龄20年以上树木和古树名木，实行登记挂牌保护，让绿色装点生活，形成乡愁记忆、生态历史。

五是实施生态治理工程。完成永久基本农田划定，严格保护耕地。实施土地综合治理，盘活农村存量建设用地，新增耕地2000亩，治理水土流失6平方公里，扩大改善灌溉面积4万亩。控制农业面源污染，改善土壤环境质量。抓好高铁沿线7个破损山体治理，加强湿地生态修复、采煤塌陷地治理，努力让滕州的山和水焕发勃勃生机。

（五）聚焦社会治理，着力在增进民生福祉上求突破。始终坚持以人民为中心的发展理念，更加注重社会公平正义和管理创新，让人民群众成为幸福城市的建设者和共享者。

一是打赢脱贫攻坚战。建立最严格的脱贫攻坚目标考核制和问责制，统筹抓好专项扶贫、行业扶贫、社会扶贫，深入实施“八大增收脱贫工程”，发挥第一书记生力军作用，确保1042名贫困人口如期脱贫。建立完善扶贫开发捐赠平台，巩固脱贫成果，防止脱贫人口重新返贫。

二是织密公共服务网。着力解决好城镇中小学大班额，实施20处城镇中小学和17处农村中小学、幼儿园建设，新建校舍54万平方米。统筹教师资源，推行中小学教师县管校聘，积极稳妥推进校长职级制改革和枣庄科技职业学院综合改革。优化计划生育服务，加强重大疾病防控，推进基本公共卫生服务均等化。启动市中心人民医院分院、工人医院改扩建、龙泉社区卫生服务中心建设，妇幼保健院新院建成使用，支持中医医院实施“H型高血压与脑卒中防控惠民工程”。完成全民健身中心游泳馆建设，提档升级100个村居体育健身设施。启动市档案馆新馆建设，完善文化馆、图书馆等公共文化服务设施，建设村居综合性文化服务中心300个，完成送戏下乡1000场次以上，倡导全民阅读，打造“书香滕州”。

三是健全社会保障网。实施全民参保登记计划，健全城乡一体的养老和医保制度，实现城镇职工社保扩面8000人。规范提升城乡低保、大病救助、慈善救助、残疾人保障、老年人优待等制度。完善基本住房保障体系，扩大住房公积金覆盖面。加快省级社区治理暨养老服务创新实验区建设，完成老年服务中心、社会福利院、儿童福利院、救助站“四位一体”的养老综合服务中心主体工程建设，建成医养融合型养老机构2处、日间照料中心5处，规划建设农村幸福院20处。新建妇女儿童家园9处、留守儿童活动站4处。开展创业就业培训1.2万人，帮扶困难群体创业就业600人，实现城镇新增就业和农村劳动力转移就业4.5万人。

四是筑牢社会安全网。推行以党支部为核心的“五位一体”社区治理模式，不断提升社区管理水平。认真落实民族宗教政策，促进民族团结。开展“最美滕州人”评选活动，实施移风易俗“百村示范工程”，扎实推进全国文明城市创建。加快“智慧滕州”建设，推进“智慧树”“滕城一卡通”工程，中国移动滕州大数据中心、智慧滕州运营服务中心投入使用。抓好综合检验检测平台建设，建成食品药品远程监管系统，争创国家食品安全示范市。推进平安滕州建设，实施警务助理工程，创新一体化社会治安防控。加快镇级消防站点建设，深化安全生产网格化管理，完善矛盾纠纷多元化解机制，确保人民安居乐业、社会安定有序。

繁荣发展各项社会事业，统筹抓好气象、史志、外事侨务、广播电视、邮政通信、人民武装、预备役、人民防空、机关事务、烟草专卖、防震减灾、工农关系等各项工作。

（六）聚焦财税金融，着力在增强保障能力上求突破。牢固树立“围绕财源抓经济，围绕财力抓财政”的理念，精心做好“生财、聚财、用财、理财”文章，构建既有实力又有活力的财税金融体系。

一是强化财源培植。适应“营改增”财税改革新要求，把工业作为财源培植的着力点，更大力度引进实施一批工业项目，培植壮大一批工业企业，形成支柱财源。用活用好财政政策，发挥中小企业公共服务平台、还贷周转金、“助保贷”和投资担保作用，支持企业调整产品结构，培植新兴财源。依托专业市场优势，引进更多企业来滕就地加工制造，增加地方税源。整合零星分散的专项扶持资金，探索建立政府股权投资引导基金，优先支持创新成长型企业加快发展。

二是深化财税改革。完善全口径政府预算体系，强化预算绩效管理，严格预算执行，压减一般性支出，提高财政资金使用效益。健全财政资金问效机制，加强政府采购和财政投资评审，严格财政监督检查，坚持“花钱必问效、无效必问责”。开展发票摇奖活动，推进国地税联合办税，深化社会综合治税。统筹把握加强征管与涵养税源、企业减负与履行义务的关系，定期公布企业纳税百强榜，引导企业依法诚信纳税。强化考核激励，列支专项经费，支持对上争跑项目。完善市镇两级财政体制，建立镇街财政增长正向奖励机制，提高基层保障能力，鼓励镇街抓财源、上项目，助推镇域经济持续健康发展。

三是完善投融资体制。加快构建以管资本为主的国资监管体制机制，实现国有资产保值增值。探索组建国有资本投资运营公司，推进城市国有资产经营公司由单一融资向资本经营转变。支持辰龙集团深化改革，建立完善现代企业制度，加快转型发展。推进建设领域国有企业优化重组，培育龙头、打造品牌，走出滕州、走向全国。拓宽融资渠道，推广运用PPP模式，广泛吸纳社会资本。加强与国开行、农发行等政策性银行合作，开展棚户区改造、教育大班额等项目低成本融资。深化投融资管理改革，建立“借、用、还”一体化良性运作机制，防范政府债务风险。大力引进新的金融机构，日照银行开业运营，新设立注册资本金5亿元以上的融资担保机构1家，新引进证券机构1家。

各位代表，人民对美好生活的向往就是我们的奋斗目标。今年，我们将集中力量办好20件惠民实事。坚持想群众之所想，急群众之所急，解群众之所困，从群众最需要的地方做起，从群众最不满意的地方改起，一件接着一件办，一年接着一年干，努力让老百姓的生活一年更比一年好！

四、切实加强政府自身建设

新的形势和任务，对新一届政府提出了新的更高要求。我们将义不容辞地肩负起历史使命和神圣职责，始终把科学发展作为首要任务，把尊法守法作为根本准则，把尽职担当作为责任使命，把坚守底线作为基本要求，对人民负责、为人民服务、让人民满意。

坚持科学理政。适应新常态，学习新知识，建设学习型政府，不断增强引领和推动发展的能力。严格落实政府议事规则，坚持民主集中制，完善“三重一大”事项集体决策机制，确保行政决策的民主性、科学性。树立务实发展鲜明导向，坚持不懈打基础、利长远，坚决不搞形式主义、不做表面文章、不玩数字游戏，坚决不搞劳民伤财的“形象工程”，用扎扎实实的工作、实实在在的成效赢得群众的信任和支持。

坚持依法行政。实施“七五”普法和“六五”依法治市，强化法治思维，建设法治政府。健全法律顾问制度，严格按照法定权限和法定程序秉公用权、履行职责。主动接受市人大及其常委会的法律监督和市政协的民主监督，提高人大代表建议和政协提案办理质量。认真办好市长公开电话、市长信箱，及时回应关切，解决实际问题。创新政务信息公开方式，充分利用官方微博、微信、政务网站等媒体，讲好“滕州故事”，传递“滕州声音”，提振“滕州信心”。

坚持高效施政。秉持“干在当下、成在实处”的理念，对形成的决策、议定的事项，说了算、定了干、干必成，绝不“放空炮”。坚持目标导向和问题导向相统一，锤炼担当精神，胸怀大局、敢字为先，遇到矛盾不绕、面对困难不躲、解决问题不拖。健全激励和容错纠错机制，旗帜鲜明地为担当者担当、为负责者负责、为改革创新者撑腰鼓劲，让广大干部想干事、敢干事、能干事、干成事。

坚持廉洁治政。加强廉政勤政建设，持之以恒守规矩，驰而不息改作风。严格落实党风廉政建设“一岗双责”，加强对重点领域、关键环节、重要岗位的监察和审计，严肃查办各类违纪违法案件。强化效能问责，坚决整肃庸政、懒政、怠政行为，做到有权必有责、有责必担当、失责必问责，全力打造为民、务实、清廉政府。

各位代表！百舸争流，破浪者领航；千帆竞发，奋勇者当先。让我们在中共滕州市委的坚强领导下，以更新的举措、更实的作风、更大的作为，不忘初心、继续前进，谱写无愧于时代、无愧于历史、无愧于人民的绚丽篇章，为加快建设宜居宜业富裕美丽文明新滕州而努力奋斗！

大 事 记

Dashiji

2016年1月至12月

1月

4日

全市经济工作会议召开。会议总结全市2015年经济工作，分析当前面临的形势和发展机遇，部署2016年经济工作。枣庄市委常委、滕州市委书记董沂峰出席并讲话，市委副书记、市长远义彬主持。

7日

召开动员会议，启动综合行政执法体制改革试点工作，组建滕州市综合行政执法局，市委副书记、市长远义彬在动员会上讲话。

▲滕州市城市步行和自行车交通系统示范项目通过省住建厅组织的专家组验收。

10日

羊庄水源供水扩容工程竣工。

11日

11～14日，滕州市政协十四届五次会议在滕州剧院隆重召开。会议听取枣庄市委常委、滕州市委书记董沂峰重要讲话，审议并通过滕州市政协常委会工作报告和提案工作报告，听取并讨论滕州市政府工作报告及其他报告，选举高广胜为市政协副主席，表彰政协工作先进单位和个人。

12日

12～14日，滕州市第十七届人民代表大会第五次会议在滕州剧院召开。会议听取和审议滕州市政府工作报告、滕州市人大常委会工作报告、滕州市人民法院工作报告、滕州市人民检察院工作报告；审议并批准滕州市国民经济和社会发展第十三个五年总体规划纲要、滕州市2015年国民经济和社会发展计划执行情况与2016年计划报告、滕州市2015年预算执行情况与2016年预算报告；并对上述报告分别做出决议。会议表彰滕州市十七届优秀人大代表。大会共收到代表议案、建议81件。

21日

第六届全国年货购物节暨第四届滕州年货博览会在洪绪镇龙园古镇开幕。副市长朱晏辰出席开幕式。

27日

滕州市召开万达广场项目规划汇报会。枣庄市委常委、市委书记董沂峰，万达集团发展中心副总经理梅霖和华东区副总经理吴连峰出席汇报会。

28日

滕州高铁新区举行六合社区等五个项目建设动员会议暨凤凰乐园试营业仪式。枣庄市委常委、滕州市委书记董沂峰出席会议。

本月

滕州市被省国土资源厅授予“山东省第二届国土资源节约集约模范县（市、区）”。

▲滕州市被国家住建部命名为国家园林城市，这是该市获得的首张“国字号”名片。

▲滕州市被省委宣传部授予2014至2015年度“四德”工程建设示范县（市、区）称号。

▲滕州国防科技教育基地成为全市首处省级爱国主义教育基地。

2月

1日

山东高速建设集团总工程师姜振亭来滕，调研日照至菏泽高速公路滕州段路线方案相关事宜。滕州市政府市长远义彬及微山县副县长程尚超陪同调研。

2日

公共自行车二期项目开始施工，共设置站点45个1500个桩位，投入公共自行车1000辆。

4日

中共滕州市综合行政执法局党委、滕州市综合行政执法局正式挂牌。

14日

市民公园项目建设破土动工。

16日

全市综合表彰大会召开。市领导董沂峰、远义彬、杨位明、李健出席会议。远义彬主持会议。

18日

省高级人民法院院长白泉民到市人民法院调研审判管理、信息化建设等工作。枣庄市委书记、市人大常委会主任李同道，枣庄市人大常委会第一副主任孙欣亮，枣庄市委常委、滕州市委书记董沂峰，枣庄市委常委、政法委书记于玉，枣庄市中级人民法院院长惠从冰陪同调研。

19日

“科学健身·幸福生活”2016年“贺新春、闹元宵”滕州市首届武术展演活动在市体育中心体育馆举行。

本月

微山湖湿地红荷风景区通过省国土资源厅专家组验收，被正式命名为省级地质公园，并顺利揭碑开园。

▲滕州市荣获2015年“全国农村基层团建示范县”称号。

▲滕州市入选“国家全域旅游示范区”创建单位名单。

3月

5日

第三届全市道德模范暨最美滕州人颁奖典礼在滕州剧院举行。市领导董沂峰、远义彬、杨位明、李健出席活动。

8日

滕州市政府与北京建筑工程研究院建设减水剂项目合作、辰龙能源集团与北京建筑工程研究院投资合作签约仪式举行。北京建工集团总工、北京建筑工程研究院有限责任公司董事长冯跃，北京建筑工程研究院院长张然、书记仝为民，市领导董沂峰、远义彬、杨位明、李健出席签约仪式。

19日

山东省电线电缆标准化技术委员会成立揭牌仪式在滕州市举行。

26日

中材锂膜有限公司一期项目开工仪式举行。枣庄、滕州两级市领导李峰、孙欣亮、霍媛媛、

朱国伟、远义彬、杨位明、李健，以及中国中材集团有限公司董事、总经理、中国中材股份有限公司董事会副主席李新华，中材科技股份有限公司董事长薛忠民，中材科技股份有限公司总裁、中材锂膜有限公司董事长刘颖等出席开工仪式。

29日

由市委、市政府主办，市纪委、市委组织部承办的第十三期滕州大讲堂在滕州剧院举行，中央纪委宣传部原副部长、中国纪检监察报社原社长李本刚作题为《坚持把纪律和规矩挺在前面》专题报告。市领导董沂峰、远义彬、杨位明、李健出席报告会。

本月

滕州市被全国绿化委员评为“全国绿化模范市”。

4月

7日

枣庄市委常委、滕州市委书记董沂峰会见澳大利亚南澳大利亚州SACE理事会总执行官尼尔·麦高恩，南澳州SACE理事会课程总监安东尼奥·墨丘里奥一行，并就进一步深化SACE国际教育合作等事宜进行洽谈。

8日

澳大利亚南澳洲甘比尔山市经贸推介会在滕州市举行。澳大利亚南澳洲甘比尔山市市长安德鲁·李，市领导董沂峰、远义彬出席会议。

24日

省委常委、常务副省长孙伟带领调研组来滕，检查了解滕州市新型城镇化建设、棚户区改造、教育等工作情况。枣庄、滕州两级市领导李同道、李峰、孙欣亮、董沂峰、石爱作、远义彬陪同调研。

29日

枣庄市2016年离退休干部健身益智系列运动会开幕仪式

在滕举行。

本月

滕州市被住建部评为全国农村生活污水处理示范县（区、市）。

5 月

7 ～ 14 日

枣庄市委常委、滕州市委书记董沂峰带领市经贸代表团赴台湾开展经贸洽谈交流活动。

17 日

北京理工大学机械与车辆学院副院长刘检华带领考察组一行来滕，考察滕州市机床装备产业发展情况。市委副书记、市长远义彬陪同考察。

25 日

全国供销合作总社党组成员、理事会副主任邹天敬带领调研组一行来滕，调研供销社综合改革试点工作。枣庄、滕州两级市领导李峰、董沂峰、霍媛媛陪同调研。

28 日

市游泳训练中心建成使用。

本月

“滕州玻璃精深加工基地”入选国家科技部 2016 年第一批 10 家国家级火炬特色产业基地名单。

▲国家卫计委表彰首批 100 个“国家级妇幼健康优质服务示范县（市、区）”，滕州市成为山东省获此荣誉的 5 个县（市、区）之一。

▲阿里研究院公布“2015 年中国电子商务百佳县”榜单，其中滕州市入选“2015 年中国快递服务五十佳县”，位列第 30 位。

6 月

3 日

全市 2015 年度人口和计划

生育责任目标奖惩兑现暨卫生和计划生育工作会议召开。市领导董沂峰、远义彬、杨位明、李健出席会议。市委副书记、市长远义彬主持会议。

6 日

全市“公共安全与突发事件应对”专题讲座举行，国家安全生产监督管理局原党组成员、副局长，现任国务院参事、国家减灾委专家委副主任、国务院应急管理专家组组长闪淳昌作题为《公共安全与突发事件应对》专题报告。枣庄市委常委、滕州市委书记董沂峰主持，市领导杨位明、李健出席报告会。

▲山东华杰豪医疗器械有限公司项目签约暨建设启动会议召开。市委副书记、市长远义彬出席会议并讲话。

7 日

山东雄狮装饰股份有限公司在全国中小企业股份转让系统正式挂牌（股票代码 837022），成为继“三维钢构”后的全市第二家“新三板”挂牌企业。市委副书记、市长远义彬，山东雄狮装饰股份有限公司董事长王永胜出席挂牌仪式。远义彬致辞。

8日

江苏舜天国际集团机械进出口有限公司副总经理郭灏舟带领考察组一行来滕，考察工业对外依存度、外采数额、银行国际结算能力等工作情况，并就相关合作事宜进行洽谈。枣庄市委常委、滕州市委书记董沂峰陪同考察。

15日

山东省副省长张务锋在省政府办公厅副主任周鲁霞的陪同下，来滕观摩鲁南危险化学品应急救援演练，并出席“安全生产月”宣传咨询日启动仪式。枣庄、滕州两级市领导李峰、董沂峰参加活动。

16日

以省卫生计生委监察专员张丽艳为领队、聊城市爱卫办主任袁浩然为组长的创建国家卫生城市省级技术评估组一行来滕，对创建国家卫生城市进行现场技术评估。市委、市政府举行创建国家卫生城市工作汇报会。市领导董沂峰、杨位明、李健出席会议。

25日

全市公务用车制度改革工作会议召开。市委副书记、市长远义彬出席会议。

26日

市委副书记、市长远义彬带领市招商代表团赴冀、京考察中国宏泰产业市镇发展公司和北京恒创医药集团，与企业高层洽谈相关合作事宜。

29日

由枣庄市政府主办的2016枣庄·北京招商洽谈会在北京举行。滕州市签约合同项目3个，总投资49.5亿元；签约协议项目5个，总投资111亿元。枣庄、滕州两级市领导李峰、张兵、远义彬、朱国伟以及有关企业负责人出席洽谈会。

本月

滕州市振兴玻璃产业创业园（中国玻璃城创业园）成功入选山东省第二批智慧园区建设试点。也是滕州市首个入选的省级智慧园区。

7月

4日

枣庄市委常委、滕州市委书记董沂峰赴廊坊市和北京市，与中国宏泰产业市镇发展有限公司高层就相关合作事宜进行洽谈。

6日

滕州市政府与华洮（上海）通用航空有限公司战略合作签约仪式举行。北京空军某部政委王正顺，中和世纪贸易发展中心总裁卢明昌，滕州市委副书记、市长远义彬出席签约仪式。远义彬在签约仪式上致辞。

7日

滕州高铁新区六合社区综合设计、128奥特莱斯生态城规划、凤凰湖湖库融合方案汇报会议召开。市委书记董沂峰，市委副书记、市长远义彬出席汇报会。

9 日

第十一届国际墨子鲁班学术研讨会暨第六届墨子文化节在滕州宾馆隆重开幕。中国墨子学会名誉会长、省人大常委会原副主任王玉玺，中国墨子学会会长、山东大学党委书记李守信，省政府副秘书长李娥，省委宣传部副部长王红勇，中国孔子基金会理事长、秘书长王大千，省社科联原党组书记、中国墨子学会顾问林兆义，枣庄学院党委书记、中国墨子学会副会长胡小林，山东大学副校长、中国墨子学会常务副会长胡金焱，枣庄、滕州两级市领导李峰、董沂峰、霍媛媛、远义彬、杨位明、李健，以及市四大家领导班子其他成员等出席活动。本届研讨会暨墨子文化节以“墨家思想的创造性转化与中国传统文化的复兴”为主题，兼论“墨子思想与当今世界和平发展”及“弘扬鲁班工匠精神的时代意义”；策划举办九项主题活动；邀请海内外专家学者120余人参会；收到论文101篇，其中，墨学研究论文81篇，鲁班研究论文20篇。

13 日

滕州市召开海峡御景项目、龙湖休闲度假旅游养老一体化项目汇报会。枣庄市委常委、滕州市委书记董沂峰，中华两岸连锁经营者协会理事长、两岸经营者俱乐部主席王国安等出席。

18 日

枣庄市委常委、滕州市委书记董沂峰会见日本日中经济贸易中心会长村山敦、守口门真市日中友好协会会长原正和一行，并就开展经贸合作进行友好洽谈。

30 日

国家“千人计划”专家滕州行活动启动仪式暨项目推介会在滕州市举行。专家团团长彭秀东等12位国家“千人计划”特聘专家出席会议，枣庄市委常委、滕州市委书记董沂峰出席会议并致辞。

本月

中国城市竞争力研究会发布“2016中国县域综合竞争力百强排行榜”，滕州市跃居第19位，比上年上升2个位次；在山东省入围的20个县（市）中列第4位，比上年上升1个位次。

8 月

2 日

中铁置业集团有限公司党委书记郑勇，文化部中国玉文化研究会会长侯彦成，国家文物局原副局长张柏等一行来滕考察，并就相关合作事宜进行洽谈。市委副书记、市长远义彬陪同活动。

▲全市坚持“严格、严审、严控”原则，开展公务用车制度改革工作。实际参改车辆1299辆，改革后保留658辆，取消车辆已于6月30日停驶封存，改革节支率达到10.34%。

7 日

中国汉画学会第五届理事会第二次会议在滕开幕。中国汉画学会会长、国家博物馆副馆长陈履生，枣庄市委常委、滕州市委书记董沂峰出席开幕仪式并致辞。

8日

第十三届中国（滕州）微山湖湿地红荷节在微山湖湿地红荷风景区开幕。本届红荷节坚持节俭、务实、惠民原则，以“中国梦·红荷情”为主题，突出文化引领、市场主导、群众参与宗旨，通过开展山东省第一届“红荷杯”微山湖湿地摄影大赛、枣庄市首届“印象红荷．百印咏荷”篆刻展、央视大型儿童旅行剧《神奇之旅—畅想微山湖》开机仪式、“诗歌王子”陈昂新书发布会、《甄嬛传》摄制组走进湿地采风、旅游嘉年华、运河文化论坛、中国玻璃行业高峰论坛等特色主题活动，叫响“墨子鲁班故里、湿地红荷之都”文化旅游品牌。

10日

副省长、省公安厅党委书记、厅长孙立成来滕调研公安工作开展情况。枣庄、滕州两级市领导李峰、董沂峰、于玉、远义彬陪同调研。

12日

2016年东亚合作社高端论坛暨国际农业农村合作经济学会2016年大会在滕州召开。农业部农村经济体制与经营管理司司长张红宇和专业合作处处长刘涛，青岛农业大学党委书记李宝笃，全国人大农业与农村委员会法案室副处长尤小龙，山东省农业厅副巡视员于永德，枣庄市委常委、滕州市委书记董沂峰出席会议。

18日

山东省质监局正式批复批准在滕州市建设山东省童车童床产品质量监督检验中心。

19日

滕州市十七届人大常委会第三十七次会议召开。会议任命刘文强为滕州市人民政府副市长、代理市长。

23日

省人大常委会委员、农业与农村委主任委员战树毅带领省人大执法检查组一行来滕，检查《山东省南水北调条例》贯彻落实情况。枣庄、滕州两级市领导董沂峰、秦元祥、霍媛媛杨位明参加活动。

26日

滕州通航产业园工作进展和规划内容汇报交流会议召开。北京空军某部政委王正顺，华洮（上海）通用航空有限公司董事长吴涛，枣庄市委常委、滕州市委书记董沂峰，市委副书记、代市长刘文强出席会议。刘文强主持会议并讲话。

29日

全市城乡公交一体化西部区域通车，标志着西部区域城乡公交实现全覆盖。市领导董沂峰、刘文强、杨位明、李健出席通车仪式。

本月

滕州市被省农业厅、省旅游发展委员会评为全省休闲农业与乡村旅游示范县，成为枣庄唯一获此殊荣的市（区）。

▲滕州·北京教育资源战

略合作启动仪式举行。

9月

23日

全市“走遍滕州——第一书记系列实践专题活动”第一期“走进大坞产业园——第一书记产业金融专题实践培训（中信证券）”举办。

26日

龙山胜境风景区开园、旅游扶贫项目运营暨首届滕州“大健康龙山行”启动仪式在龙阳镇龙山胜境风景区举行。

27日

滕州市人民政府与北京理工大学《共建北京理工大学鲁南研究院协议》签约仪式在滕州举行。北京理工大学党委书记赵长禄和党委常委、常务副校长杨宾，枣庄、滕州两级市领导李同道、李峰、董沂峰、王常胜、刘文强、杨位明、李健出席签约仪式。

▲滕州市正式启动2016年度“最美滕州人”评选活动。

▲滕州市不动产登记中心在市政务服务中心正式启用运行。

本月

滕州烈士陵园被民政部公布为第六批国家级烈士纪念设施。

▲工业和信息化部直属研究机构中国信息通信研究院发布2016中国工业百强县（市）排行榜，滕州市位居第35位。

10月

1日

高铁新区养德公园正式向市民开放。

10日

滕州市政府与枣庄市盐务局枣庄盐业市场经营管理一体化协议签约仪式举行。省盐务局党委书记、局长孙树声，枣庄市副市长霍媛媛，滕州市委副书记、代市长刘文强出席签约仪式。刘文强在仪式上致辞。

11日

省委常委、省纪委书记李法泉就贯彻落实中央纪委和省纪委全会精神，特别是践行监督执纪“四种形态”、强化问责工作来滕调研，并在滕州主持召开部分市县纪委书记座谈会。枣庄、滕州两级市领导李同道、董沂峰、王玉波陪同调研。

14日

全市镇领导班子换届工作会议召开。市领导董沂峰、刘文强、杨位明、李健出席会议。刘文强主持会议。

15～16日

全市科学发展现场观摩会举行。观摩并评测各镇街科学发展重点项目建设情况。市领导董沂峰、刘文强、杨位明、李健参加观摩。

17日

市民公园揭幕剪彩仪式举行。市领导董沂峰、刘文强、杨位明、李健共同为市民公园揭幕。

25日

枣庄市委常委、滕州市委书记董沂峰，市委副书记、代市长刘文强会见山东中烟公司党组书记、总经理韩林一行，并就相关合作事宜进行洽谈。

27日

省旅游发展委员会副主任孙树娥带领调研组一行来滕，调研“鲁风运河”旅游品牌整合营销工作。枣庄市委常委、滕州市委书记董沂峰陪同调研。

▲由枣庄市政府主办的2016枣庄·长三角地区招商周项目签约仪式在杭州举行。滕州市签约项目9个，总投资49.8亿元。枣庄、滕州两级市领导李峰、张兵、刘文强出席签约仪式。

29日

全市第三次农业普查宣传工作会议召开。

本月

在第四届全国医药园区产业发展大会上，滕州市生物医药产业园被评为“十佳最具投资价值医药产业园区”。

▲滕州市入选第三批全国产业集群区域品牌建设试点地区（机床产业）。

▲市柳琴戏研究保护中心申报的名家传戏项目，入选文化部2016年中华优秀传统艺术传承发展计划戏曲扶持项目“名家传戏——当代戏曲名家收徒传艺工程”

11月

3日

滕州高铁新区规划馆、低碳馆设计方案汇报会召开。市领导董沂峰、刘文强出席会议。

10日

枣矿集团董事长满慎刚和香港首长宝佳集团有限公司董事总经理杨开宇一行来滕洽谈相关合作事宜。市领导董沂峰、刘文强、杨位明、李健陪同活动。

15日

龙泉塔修缮与保护工程总结会暨北辛遗址保护与整治工程开工动员会召开。市领导董沂峰、刘文强、杨位明、李健出席会议，中国人民解放军中部战区装备部某部主任、著名书画家孙开桐应邀出席会议。

▲滕州市召开会议，动员和部署省道345枣济线枣庄至滕州段工程（滕州段）建设工作。

16日

荆河公园东大门区域改造工程揭牌仪式举行。

▲市公务用车管理中心揭牌仪式举行。

18日

枣庄市“关爱明天、普法先行”青少年普法教育暨创建全国“零犯罪学校”、全市青少年普法教育示范乡镇（街道）“双创”活动现场会在滕举行。

▲墨子纪念馆、墨砚馆升级改造规划设计汇报会召开。

▲省道345枣济线工程滕州段全面启动。

22日

枣庄市委副书记、市长李峰来滕调研工业经济运行及企业安全生产工作。市领导董沂峰、刘文强陪同调研。

29 日

滕州市召开日照（岚山）至菏泽高速公路（滕州段）工程建设动员会议。

30 日

居然之家滕州项目在济南成功签约。

本月

市柳琴戏研究保护中心申报的柳琴小戏《父女赶船》以总分第一名的成绩入选 2016 年度山东地方戏振兴与京剧保护扶持工程小戏项目。

▲“滕州马铃薯”获省首批知名农产品区域公用品牌，“北大仓面粉”获知名企业产品品牌。

▲第十二届中国中小城市科学发展指数研究成果暨“2016 全国综合实力百强县市”“2016 全国综合实力百强区”“2016 综合实力千强镇”榜单发布。滕州市位居中小城市综合实力百强县市第 25 位、“2016 年度中国最具投资潜力中小城市百强县市”第 24 位、“2016 年度中国中小城市创新创业（双创）百强县市”第 31 位和“2016 中国中小城市新型城镇化质量百强县市”第 45 位，成为全省最具投资潜力和创新创业活力的县市之一。

12 月

1 日

滕州市旋转接头行业协会成立揭牌仪式举行。

7 日

山东省人民检察院党组书记、检察长吴鹏飞带领参加全省检察机关全面加强基层检察院建设现场工作会议与会人员来滕，调研检察院基层基础建设工作。枣庄、滕州两级市领导李同道、董沂峰、于玉陪同调研。

12 日

滕州市召开全市领导干部会议，传达省委、枣庄市委关于滕州市委主要负责同志职务调整的决定。枣庄市委常委、组织部部长、市委统战部部长王常胜宣布省委、枣庄市委决定：邵士官同志任中共滕州市委书记、市委党校校长；免去董沂峰同志的中共滕州市委书记、市委党校校长职务。

▲国务院安委会成员、专家咨询委员会主任王德学带领调研组一行，在副省长张务锋的陪同下来滕，调研滕州市安全生产工作开展情况。枣庄、滕州两级市领导李峰、石爱作、邵士官、刘文强陪同调研。

▲全国供销合作总社党组书记、理事会主任王侠带领调研组一行，在副省长赵润田的陪同下来滕，调研供销社综合改革试点工作进展情况。枣庄、滕州两级市领导李峰、霍媛媛、刘文强陪同调研。

13 日

枣庄市人大常委会第一副主任孙欣亮，枣庄市人大常委会副主任刘振学带领驻枣全国、省人大代表一行来滕，集中视察交通工作开展情况。枣庄、滕州市两级市领导石爱作、邵士官、刘文强陪同视察。

18日

山东春藤食品有限公司肉联厂竣工暨启动仪式举行。

19日

省关工委常务副主任郭兆信、副主任王维新带领调研组一行来滕，调研滕州市关心下一代工作开展情况。枣庄、滕州两级市领导王常胜、邵士官陪同调研。

23日

滕州市跆拳道协会成立大会暨第一次会员代表大会召开，审议通过《滕州市跆拳道协会章程》，选举产生协会首届主席、副主席、秘书长。

24日

省交通运输厅道路运输局局长胡斌带领调研组一行来滕，调研城乡公交一体化建设工作。市领导邵士官、刘文强陪同调研。

25日

市委书记邵士官，市委副书记、代市长刘文强会见中铁置业集团有限公司党委书记郑勇一行，就相关合作事宜进行洽谈。

26日

枣庄市安委会安全生产目标责任考核组来滕，考核2016年度安全生产目标责任完成情况。市领导邵士官、刘文强参加活动。

▲山东政务服务网滕州网上政务大厅已上线试运行，34个具有行政许可职能的市直部门单位299项行政许可事项实行网上申办。

28～29日

中国科学院院长、党组书记白春礼，联想控股董事长柳传志一行，在山东省政协副主席翟鲁宁、省科技厅副厅长于书良的陪同下来滕，考察煤化工产业发展情况，并就在滕州市建立中科院煤化工产业化基地进行专题调研。中国科学院副院长张亚平、秘书长邓麦村，国科控股董事长吴乐斌及中科院相关院 所、企业负责人，联想控股高级副总裁宁旻，联泓集团董事长郑月明参加调研。枣庄、滕州两级市领导李同道、李峰、杨建国、邵士官、刘文强、杨位明、李健陪同调研。

29日

滕州创业大学暨枣庄科技职业学院创新创业学院成立揭牌仪式举行。

本月

微山湖湿地红荷风景区被省质量技术监督局授予2016年度山东省服务名牌。

▲国家发改委、工信部、财政部、人社部等十部委联合下发《关于同意河北省阜城县等116个县（市、区）结合新型城镇化开展支持农民工等人员返乡创业试点的通知》，滕州市被列入全国第二批农民工等人员返乡创业试点地区。

▲滕州鲁班湿地公园总体

规划通过省林业厅组织的专家组评审，晋升为省级湿地公园。

▲滕州市荣获“2014至2016年全国计划生育优质服务先进单位”称号。

▲滕州市威达重工股份有限公司的王亮等4名高技能人才入选2016年度齐鲁首席技师。

滕州概况

Tezhougaikuang

地情概要

【地理位置】 滕州市位于山东省南部，地处北纬34°50′至35°17′和东经116°49′至117°24′之间。东邻山亭区，南临薛城区，西濒微山湖、与微山县相连，北靠孔孟之乡、和邹城市接壤。市境东西45公里，南北46公里，面积1495平方公里。

【建置沿革】 秦始皇统一六国后，废分封置郡县，于今滕境置滕县、薛县。滕，作为县名始见于史册。汉初，高祖析小邾置蕃县，隶属豫州刺史部鲁国。汉武帝时改滕县为公邱县。东汉时，公邱县属豫州刺史部沛国。汉献帝建安三年（198年），分东海郡，于昌虑县置昌虑郡，不久又改为昌虑县，其他县照旧。三国时，滕境各县属魏，魏沿袭秦制。西晋仍袭汉制。蕃县、薛县、公邱县都属豫州部鲁郡。晋惠帝元康年间，将蕃县、薛县改属徐州部彭城国，将东海郡的昌虑县改为属徐州部兰陵郡。晋安帝义熙五年（409年），晋克复青、徐，撤销薛县、戚县，将其地划入蕃县，属兖州部。南北朝时，北魏太安三年（457年）撤公邱县，置阳平县属兖州部鲁郡。北魏孝昌二年（526年），于徐州部始置蕃郡，领蕃城（即蕃县）、永兴（今薛城区临城镇）、永福（今江苏省徐州市铜山县崮岘）3县，郡治蕃城。东魏元象二年（539年）撤销蕃郡，并入彭城郡。东魏武定五年（547年）又置蕃郡。复置薛县。隋初，开皇六年（586年），改蕃县为滕县。开皇十六年（596年），升滕县为滕郡，郡治滕县；不久又将滕郡改为滕县，县治在蕃县故城，属徐州部彭城郡。滕县，作为县级行政区的名称，从此沿用至1988年4月底。那时县境，东南至抱犊崮，南到今徐州市贾汪，西过微山湖，北与邹县接壤，东北至城前，大致包括今天的滕州市、微山县、山亭区、薛城区以及峄城区、台儿庄区、铜山县、邹城市的部分地区。滕县的境域从隋至民国大体未变。唐代滕县属河南道徐州。元和年间，县城东移二里筑新城（今滕州城的旧城区）。五代因之。北宋兼置滕阳郡。金大定二十二年（1182年），金置滕阳州。大定二十四年（1184年）改为滕州，辖滕、沛、邹县和陶阳镇，属山东西路。元因之。明洪武二年（1369年）废除滕州，滕县隶属山东布政使司济宁府。洪武十八年（1385年）升兖州为府，降济宁为州，滕县改属兖州府。清沿明制。

民国地方政区分省、道、县三级。1913年滕县属岱南道。1915年滕县改属山东省济宁道。1927 年，废道，存省、县两级。1932 年，行政院规定省以下设行政督察专员公署。1936 年，滕县属第一区行政督察专员公署（驻济宁），为一等县。抗日战争期间，属第一行政督察区。1947 年春，滕县属徐兖绥靖区，8 月调整山东行政区划，滕县属鲁西南第一行政督察区。1948 年 7 月，人民解放军第二次解放滕县，国民党县政府溃散。

日军侵占滕县后，利用汉奸组成治安维持会，1938 年 8 月建伪滕县公署，日军派顾问控制。1939 年 4 月伪山东省公署将山东划分为四道，滕县属鲁西道。1940 年 7 月，又将四道改为十道，县分一、二、三等，滕县属兖济道，为一等县。1944 年，滕县改属兖州道。1945 年 8 月，日本投降，伪滕县公署随之瓦解。

自 1938 年 3 月日军侵占滕县后，全县人民在中国共产党的领导下，开辟农村抗日根据地，建立抗日民主政权，在县境内和邻县间，先后建立了几个县级政权（有的名为办事处）。因此，政区的隶属、名称、区域变动也较为频繁。1939 年 2 月，中国共产党滕县委员会于大赵庄成立，8 月，以津浦铁路线为界分为滕东、滕西县委。1940 年 7 月，滕西县委撤销。1941 年 7 月，滕东县委改为滕峄边工委。抗战前期，县境各抗日民主政权隶属中共山东分局第一区党委鲁南区。1941 年，滕境属鲁南行政区。1943 年 9 月，滕境属鲁南行政区第二专属区。1944 年 4 月，中共滕县县委、县政府在东庄里成立；7 月，设临城县；8 月，设凫山县。1945 年 8 月，滕县、凫山县、临城县隶属鲁南行署第二专员公署。1946 年 1 月，滕县改为麓水县，4 月，将双山县改为麓水县，恢复滕县；撤销凫山县，原滕县沿湖地区归属滕县，官桥以南归属临城县。此时，滕县属鲁南区行政公署第一专署，1948 年 9 月，滕县属鲁中南行政公署第四专署，临城县属第五专署。1949 年 7 月，滕县属尼山专署。

1949 年 10 月 1 日，中华人民共和国成立。建国之后，滕县属鲁中南行政公署尼山专员公署。1950 年，尼山专区和台枣专区合并改为滕县专区（驻滕县），辖滕县、临城县、凫山县、平邑县、白彦县、邹县、曲阜县、滋阳县、济宁县、济宁市、丰县、沛县、华山县、铜北县、峄县等。1953 年 9 月，滕县专区和湖西专区合并为济宁专区（驻济宁），辖滕县、薛城、凫山等县。同时，撤白彦县，将其所辖原属滕县的徐庄等 5 个区划归滕县；建立微山县，将滕县所辖湖域划入微山

微山湖古镇雪景

县。1956年3月，撤薛城县、凫山县，将其所辖部分地区划入滕县；12月，山东省调整县的等级，滕县由甲等县升为特等县。1960年3月，将滕县临城公社的164个自然村划归枣庄市。1979年1月1日，滕县改属枣庄市。1983年11月，枣庄市齐村区改为山亭区，将滕县东部的店子、冯卯、辛庄、徐庄、辛召、山亭、桑村、城头8个公社划归枣庄市山亭区。

1987年底，滕县辖22个乡镇（7个乡15个镇）；1988年3月经国务院批准滕县改为滕州市；2016年底，滕州市辖21个镇、街道。

【行政区划】 滕县行政区划，明代之前不详。明初，县下设乡，乡下置社，全县划分为6乡59社。英宗正统年间（1436～1449年），增加到9乡87社。9乡是滕城、使相、安乐、礼教、柏山、迎仙、义河、明理、安仁。清初，政区未变。清康熙十一年（1672年），改用保甲法，用八卦名统领72保：乾统5保，坎统5保，艮统7保，震统5保，巽统9保，离统22保，坤统7保，兑统12保。康熙二十七年（1688年），将八卦名称改为仁、义、礼、智、孝、悌、忠、信。宣统年间，全县设武城、虺坛、梁城、郑城、长城、昌虑、管鲍、坞泉、休城、杨城、汉宫、公邱、薛城、临城、微湖等15个乡，但未及实施清朝灭亡。

民国初年，沿袭清制。1918年改社为区，全县为72个区1652个村。1931年，全县并为9个区。1934年，滕县为一等县，仍为9个区，下辖219个乡46个镇。1936年，改划为11个区75个乡2个镇。1938年3月，日军侵占滕县后，国民党滕县政府转移到滕西沿湖一带，辖区有名无实。同年8月建伪县公署，下设区、乡。1941年，划分为9个区、81个乡镇、1758个村庄。1944年，改为10个区、81个乡镇。抗日战争期间，在中国共产党的领导下，为开辟农村抗日根据地，滕县先后或同时在局部地区建立了抗日民主政权，时间有长有短，辖区时大时小。1944年4月，滕县抗日民主政府辖滕东7个区。解放战争期间，为适应作战需要，设灵活性的联防，或临时沿用旧的区划，因此，区、乡的体制、区划极不稳定。抗战胜利后，根据新县制划为5个区1个特别区。1946年，改为9个区76个乡5个镇。1947年3月，保留1个区（九区）、74个乡、6个镇；6月，改为2个区43个乡镇；9月，设3个区、3个督察区、1个示范镇。1948年，改为37个乡镇668保、9295甲，乡镇以地名命名，保甲以数为序。是年7月，人民解放军第二次解放县城，

美丽新农村

国民党县政府瓦解。

1949年10月1日，中华人民共和国建立。是年，滕县辖11个区、135个乡镇、604个村。

1950年，各区名称以地名命名，共有11个区为城区。

1953年9月，撤销白彦县，有5个区归属滕县，调整后的区划以数字排序。

1955年9月，将全县16个区，改按地名称呼，即城关、羊庄、桑村、城头、官桥、东郭、界河、大彦、鲁寨、沙河、王开、山亭、冯卯、辛庄、辛召、徐庄等区。

1956年3月，凫山、薛城同时撤销，两县部分地区划归滕县；同时，将微山县两个乡划归滕县。因此，对原区划做较大调整。撤销城头区、辛召区、大彦区；将城头区分别并入东郭区、桑村区；把辛召区分别并入辛庄区、山亭区；把大彦区的一部分并入鲁寨区，大彦区的另一部分和原薛城二区合并为鲍沟区。经撤并调整之后，全县为20个区、288个乡、1962个村，面积2218平方公里。9月扩大乡，12月建镇；调整后，全县区划分为19个区、2个直辖镇、72个乡。

1957年4月，调整区划，改为15个区、2个直辖镇、103个乡。

1958年秋，撤乡镇建18个人民公社，同时撤销4个办事处。是年冬，将驩城、殷庄两个公社69个自然村划归微山县，将邹县39个自然村分别划入滕县的界河、东郭两公社。1959年秋，调整为22个公社。1960年3月，将临城公社164个自然村划归枣庄市。1962年，调整为29个公社、1275个大队。1965年，将城关公社分为城关镇和城郊公社，此时，全县计30个公社（镇）。1966年5月，30个公社（镇）调整为19个区（镇），下辖168个公社。1968年12月20日，撤销区（镇）、小公社，恢复1965年的30个公社（镇）。1982年5月，夏庄、辛庄、金庄人民公社分别更名为党山、水泉、洪绪人民公社。1983年11月21日，将滕县东部的店子、冯卯、水泉、辛召、城头、桑村、山亭、徐庄公社划归枣庄市山亭区，其余22个公社区划不变。1984年3月31日，全县22个公社改为8个镇14个乡，即：城关、界河、东郭、大坞、级索、西岗、木石、官桥镇；龙阳、党山、岗头、望冢、峄庄、姜屯、城郊、东沙河、洪绪、鲍沟、南沙河、羊庄、张汪、柴胡店乡。11月28日，又将岗头、姜屯、南沙河、鲍沟、张汪、羊庄、柴胡店7个乡改为镇。全县为15个镇、7个乡。1985年2月，全县生产大队改为村民委员会，生产队改为村民小组。

1987年，滕县辖15个镇7个乡，1207个村民委员会（以下简称村委会）。全县有1229个自然村、299719户、1226765人。1991年11月，东沙河、洪绪、望冢、龙阳4个乡改为镇，2000年3月，峄庄乡改为镇，全市辖2个乡、20个镇、140个管理区（办事处）、1245个行政村（居）民委员会。2000年6月，撤销城关镇，成立荆河、龙山办事处。2001年2月，将党山乡与东郭镇合并为东郭镇，峄庄镇与大坞镇合并为大坞镇，望庄镇与岗头镇合并为滨湖镇；2001年6月，将龙山、荆河两个街道和城郊乡合并，将南沙河、姜屯、东沙河、洪绪镇的部分村庄纳入城区，按照东、西、北、南四个方位，设立龙泉、荆河、北辛、善南4个街道。

滕州市行政区划一览表（2016 年）

镇、街	居委会个数（个）	村委会个数（个）	村、居委会名称					
龙泉街道	51	-	黄山桥	府前东	宗鲁门	春秋阁	塔　寺	杏　坛
			安　居	泰山庙	荆　东	岗子东	岗子西	润　泽
			钱　庄	善　国	荆　善	善　文	跻云桥	南　秦
			银钟里	通盛花园	贵和佳苑	龙泉苑	滨江花苑	樱花苑
			阳光城	南侯庄	前　洪	后　洪	郳　城	梁　场
			贺　庄	赵　楼	张　庄	双　庙	东赵庄	任　村
			欧庄里	董　村	冯　东	冯　西	郭　庄	金　疃
			孙　堂	夏　庄	程　堂	巩　村	唐　村	前大庙
			东大庙	西大庙	刁　庄			
荆河街道	63	-	马　号	北门里	南门里	南门外	幸福园	奎　文
			大　同	平　等	新兴南	安　乐	公　园	荆　南
			东寺院	城　南	东南园	西南园	金　城	金　华
			通　衢	辛　庄	平行路	曹　庄	程　庄	魏　庄
			荆　庄	西　潭	馍馍庄	蕃　阳	郭　彭	金　平
			振　兴	魏　园	问天阁	西　城	金　州	德　馨
			铁　西	滕　都	书　院	西寺院	杜　墁	三里河
			刘　楼	张明东	张明西	五里屯	张　刘	王　楼
			俞　庄	小河圈	韩　桥	孙　楼	朱　楼	前十里岗
			后十里岗	西十里岗	东　倪	西　倪	何　庄	袁　庄
			柳　楼	鲁　东	鲁　西			
北辛街道	60	-	杏花村	北　平	东北坛	西北坛	金　坛	新兴北
			杏　西	杏　东	大同北	教　场	新　生	接　官
			赵　东	赵　西	北关村	北　楼	双　坛	文　庙
			新　华	善　北	华　孚	丽　都	解放街	新华南
			科圣园	嘉　誉	杏　腾	汤　庄	北　刘	前　辛
			后　屯	孙　庄	东七里沟	西七里沟	周　楼	沈　庄
			岳　庄	冯　河	赵　场	侉　庄	小　岗	王　任
			于　岗	后荆沟	俞　寨	于　楼	兴　隆	侯　王
			明　王	李　王	马王东	马王西	曹　五	北　秦
			北　黄	红　旗	周　王	黄　安	前十里铺	后十里铺
善南街道	19	-	荆善南苑	贾　庄	五里坡	王　庄	张北庄	鞠　庄
			南丁庄	高　庄	南刘庄	小　屯	王开一	王开二
			王开三	小王开	七里堡	十里铺	十里铺二	刘　屯
			张　场					

续表

镇、街	居委会个数（个）	村委会个数（个）	村、居委会名称
东沙河镇	–	40	东沙河村　党村　单村　磨坑村　大养德村　二养德村 东史村　党桥村　周村　陈岗村　朝阳村　张洼村 史楼村　后堌堆村　王村　万年庄村　小宫山村　姜桥村 张街村　郭堌堆村　康村　江楼村　耿楼村　小宋庄村 蔡村　王母殿村　步云庄村　前梁村　韩楼村　东孙庄村 南刘岗村　鲍庄村　颜吉山村　马河口村　东小宫村　西小宫村 党吉山村　千年庄村　向阳山村　前荆沟村
洪绪镇	–	34	白龙湾村　金庄村　玉楼村　龙庄村　安庄村　东张楼村 光明村　杜康村　徐庄村　东侯庄村　孔屯村　杨园村 大巩庄村　沙官庄村　新丰村　轴村　东赵沟村　西赵沟村 郝洼村　杜场村　西侯庄村　团结村　堌堆村　唐庄村 南苗庄村　吕庄村　甘庄村　任于庄村　幸福坝村　后洪绪村 苗桥村　北陈楼村　大颜楼村　前洪绪村
南沙河镇	–	38	南街村　北街村　南高庄村　南古石二村　南古石三村　南古石四村 魏村　前辛章村　后辛章村　杨杭村　冯庄西村　冯庄中村 前房村　后房村　南池村　冯庄东村　彭王楼村　崔庄村 北池村　北王铺村　上营村　上徐村　下徐村　新营村 南王铺村　陡铺村　东魏村　南岗村　前仓沟村　中仓沟村 东朱庄村　于泉村　北古石村　后仓沟村　后小庄村　南古石一村 西古石村　河汇村
大坞镇	–	65	大坞村　大坞南村　东坞村　袁南村　袁北村　望皃村 小刘村　邓庄村　小坞村　牟庄村　池头集东村　池头集中村 两水泉东村　两水泉南村　两水泉西村　池头集西村　洪山口村　任山村 苗庄村　柳园村　西仓村　任前村　西土山村　雷山村 耿庙村　和福村　大市庄村　西韩庄东村　西韩庄北村　西韩庄西村 小市庄村　王寨村　战河村　东韩庄村　单庄村　西桥头南村 福兴村　休城村　马楼村　西桥头北村　东桥头村　后峄庄村 金城村　石楼村　大邵庄村　前峄庄东村　前峄庄中村　前峄庄西村 吴楼村　东洋汶村　姜庄村　东郝楼村　西郝楼村　东立里村 大刘庄东村　大刘庄南村　大刘庄西村　西立里村　龙泉村　狄庄村 大刘庄北村　后岗子村　前岗子村　俭林村　东仓村

续表

镇、街	居委会个数（个）	村委会个数（个）	村、居委会名称
滨湖镇	-	90	田桥村 西董村 西洋汶西村 花园村 岗头村 东屯前村 西洋汶中村 西洋汶东村 邱　村 东屯后村 西屯村 稻屯村 宋　村 邵　村 小刘庄村 王堂村 南陈庄村 前郁郎村 王雷村 西谢庄 生庄村 后郁郎村 秦　村 民生村 望庄村 刁　村 严　村 坊上村 东官庄村 金马山村 李　村 东马村 西马村 山头村 苏坡村 东黄庄村 陈宏楼村 南徐楼村 四合村 东陈庄村 三山村 前纸坊村 吕堂村 西周村 胡楼村 后纸坊村 孟楼村 郭楼村 后辛安村 中辛安村 西辛安村 代庄村 朱　村 西黄庄村 东周村 赫　村 秦庄村 屈庄村 阳关村 孙阁村 东盖村 西盖村 后盖村 渔营村 后古村 东古民族村 胡路口村 东焦村 西焦村 西古村 朱寨村 北双井村 北焦村 李仓村 下王庄村 西双井村 东双井村 东迭湖村 徐楼村 黄桥村 人民庄村 中迭湖村 西迭湖村 卢庄村 七所楼村 奎子东村 奎子西村 上王庄村 西韩楼村 向阳村
级索镇	-	51	级索村 时庄村 千佛阁村 潘楼村 刁楼村 东龙岗村 前杨岗村 后杨岗村 坝子涯村 西龙岗村 西田庄村 西宗庄村 姚庄村 前泉村 后泉村 西杨楼村 西赵庄村 翟庄村 郝庄村 前韩庄村 后韩庄村 前王晁村 东王晁村 后王晁村 董庄村 大龙庄村 徐孔庄村 前牛集村 后牛集村 北杨楼村 颜庄村 港沟涯村 金坡村 满庄村 赵坡村 永丰村 水磨庄村 西韩桥村 羊二庄村 西孔庄村 王坡村 前赵庄村 淤庄村 南官庄村 东田庄村 东孔庄村 西彭庄村 孔楼村 道沟村 大官庄村 小官庄村
西岗镇	8	64	西岗一居 西岗二居 西岗三居 前寨居 后寨居 大满庄居 北曹庄居 大王庄居 西孙庄村 东南田岗村 西北田岗村 西南田岗村 小杨庄村 西丁庄村 程楼村 高庙东村 高庙西村 高庙南村 凌庄村 马庙村 高庙北村 北赵庄村 半阁村 柴里东村 柴里中村 东满庄村 北满庄村 东河岔村 柴里西村 栾庄村 王陈庄村 西河岔村 西张庄村 西曹庄村 南孔庄村 张大庄村 西刘仙村 温堂村 孙寨村 大杨庄村 东刘仙村 南曹庄村 南荒村 傅楼村 杜庄村 大孔庄村 东祝陈村 西祝陈村 大屯村 孔满楼村 刘辛庄村 李庄村 郎庄村 清泉寺村 杈子园村 卓楼村 西姜桥村 段庄村 杜庙村 郭孔庄村 野庄村 王场村 半楼村 邓集村 小花庄村 南魏庄村 甘桥村 丁堂村 东北田岗村 东王庄村 北孔庄村 徐堂村

续表

镇、街	居委会个数（个）	村委会个数（个）	村、居委会名称
姜屯镇	-	83	姜屯村 邱楼村 前邱庄村 白庄村 奚庄村 田高庄村 西官庄村 东杨庄村 闫东村 前孔庄村 庄里东村 庄里西村 闫西村 东官庄村 西魏庄村 南黄庄村 东滕城村 西滕城村 咸庄村 前孝庄村 黄庄村 燕庄村 南李楼村 颜楼村 前沙胡同西村 前沙胡同东村 后沙胡同村 谭庄村 前徐庄村 后徐庄村 种寨村 仇官庄村 阳平村 宋王楼村 南俞庄村 大彦东村 仇庄村 赵庄村 田园村 大彦西村 大彦南村 苏桥村 葛疃村 张孔庄村 后李店村 王林村 韩场村 商　村 前李店村 西卓庄村 武所屯村 孙　村 张寨村 西党村 黄坡村 西张坡村 后朱村 北邢庄村 小洪疃村 罗岗村 建杨庄村 大朱楼村 西张楼村 苏屯村 西马厂村 侯庄村 西王楼村 白了寺村 后高地村 后刘楼村 胡　村 北郝庄村 前高地村 满园村 戚庄村 沟里村 营里村 万福楼村 柳庄村 西庄里村 东王楼村 大洪疃东村 大洪疃西村
鲍沟镇	-	66	鲍沟东村 鲍沟西村 鲍沟中村 赵泉村 官庄村 前鞋城村 鲍沟北村 薛岩前村 薛岩中村 后鞋城村 邢庄村 甄洼村 薛岩后村 圈里村 华庄村 邢寨村 兴刘庄村 关　村 西宁村 东宁村 侯楼村 三清阁村 褚　村 张　村 前皇甫村 东皇甫村 中皇甫村 杨郝庄村 大刘庄村 大杨楼村 西皇甫村 杨　村 坝窝村 卜庙村 郝寨村 闫庙村 坝窝后村 北朱庄村 刘坡村 琉璃庙村 郝庄村 南谭村 刘坡西村 东石庙村 中石庙村 张埠村 姜店村 南吴庄村 西石庙村 吕坡村 马口村 河涯村 裴楼村 孙岗村 丛屯村 于仓村 西宋庄村 大李楼村 闵楼村 西荆林村 后汉宫村 汉宫村 徐　村 东荆林村 南朱庄村 西磨庄村
张汪镇	-	83	颜　村 葛　村 大苏庄村 南胡庄村 邓寨村 临薛村 辛集村 北李庄村 北彭庄村 南闫楼村 十字河村 五所楼村 北宋庄村 太和庄村 冯堂村 东邵桥村 渊子涯村 徐集村 苑庄村 北贾庄村 大宗村 辛庄村 陈楼村 段楼村 小宗村 北陶庄村 南彭庄村 王格庄村 苏河村 小于村 朱庄村 南郝庄村 承贤庄村 南陶庄村 张汪村 杨楼村 俞河涯村 杜坦村 南宋庄村 洛庄村 丁楼村 孔集村 西周楼村 前坝桥村 后坝桥村 苏河涯村 后许楼村 陈堂村 南贾庄村 前许楼村 闫道沟村 夏楼村 李桥村 刘堌堆村 邱仓村 安　村 杜　村 白楼村 前寨子村 后寨子村 杏园村 大张庄村 小张庄村 小李楼村 北渠庄村 杨仓村 轩庄村 蒋庄村 南宗庄村 大孙楼村 皇殿岗村 尤楼村 南任庄村 杨界村 柴楼村 东渠庄村 孟仓村 沈仓村 多庄村 下魏楼村 魏河圈村 城后张庄村 陈庄村

续表

镇、街	居委会个数（个）	村委会个数（个）	村、居委会名称
官桥镇	-	54	官桥一村 官桥二村 官桥三村 东王公村 小河村 望河村 官桥四村 车站村 东康留村 前莱村 东莱村 后莱村 西康留村 太平庄村 前掌大村 前公桥村 后公桥村 西公桥村 后掌大村 西王庄村 狄坡村 大韩村 中韩村 北韩村 吕楼村 上魏楼村 史庄村 前善庄村 后善庄村 善官庄村 前管庄村 后管庄村 大康留村 时　村 时店村 北吴庄村 轩辕村 王园村 北辛村 东磨庄村 苏疃村 志门村 坝上村 良里村 西洪林村 金马庄村 倪楼村 渠　村 中洪林村 东洪林村 西王公村 苏叶村 东郑村 西郑庄村
柴胡店镇	-	41	胡店村 钟辛村 高桥村 后闫村 大庙村 姬庄村 杨桥村 贾楼村 鲁庄村 刘　村 邵庄村 大石楼村 庵后村 坦山后村 王官庄村 小石楼村 南董村 南胡楼村 郝王庄村 大王楼村 永福庄村 何庄村 沙庄村 簸箕掌村 四李庄村 南平村 官路口村 南胡芦套村 郭沟村 黄连山村 沙岗村 官场村 振兴庄村 老君院村 龙山头村 南辛村 前黄庄村 后黄庄 前闫村 前大官庄村 后大官庄村
羊庄镇	1	88	兴鲁居 小赵庄后村 小赵庄前村 西石楼村 余粮店村 白杭村 羊庄东村 羊庄南村 羊庄北村 东胡村 范村东村 范村西村 王杭村 蒋杭村 上屯村 陈　村 东辛庄村 西辛庄村 大峪庙村 沈井村 上邱庄村 钓鱼台村 洪　村 杜堂村 三姓庄村 尤山子村 上曹村 土城村 陶山东村 陶山西村 下曹村 宋屯村 中顶山村 东于村 东南于村 西于村 关山前村 中黄沟村 下黄沟村 南于村 寒山前村 张河庄村 洪山前村 羊山村 西江村 高　村 小王公村 东南王庄村 北台村 庄里村 戴岗村 张坡村 杨坡村 于坡村 大北塘村 东塘村 民庄村 许坡村 幸福村 黄屯村 南塘村 前沙冯村 后沙冯村 杜屯村 史屯村 庞庄村 前毛堌村 后毛堌村 两河村 自庄村 东十湾村 西十湾村 东薛河村 西薛河村 大计河村 后十湾村 南台村 孟庄村 小计河村 东南宿村 西南宿村 新安岭村 西南庄村 腰庄村 前南宿村 东店村 东石楼村 后赵庄村 赵庄南村

续表

镇、街	居委会个数（个）	村委会个数（个）	村、居委会名称
木石镇	4	38	木石一居 木石二居 东沂河居 张秦庄居 前连水村 后连水村 东荒村 东台村 南山头村 西荒村 化石沟村 南涝坡村 东峭村 西峭村 北张庄村 木石三村 后木石村 尖山村 杨岗村 前安村 中安村 山口村 俭庄村 杨套村 后安村 亚庄村 白塔村 西店村 沂河南村 沂河北村 独山前村 独山后村 粮峪村 沂王庄村 谷山村 桥口村 北山头村 卓庄村 连水西山村 落凤山村 位庄民族村 西台村
界河镇	1	63	马山头居 东李庄村 胡庄村 单马厂村 陈马厂村 北杜庄村 南界河村 北界河村 小万院村 北马楼村 李楼村 东孟村 西万院村 东万院村 葛庄村 西孟村 小龙河村 土楼村 皇娘沟村 范庄村 崔官庄村 兴王庄村 宗庄村 倪庄村 东张庄村 于园村 兴隆村 彭庄村 花庄村 汲庙村 后枣村 前枣村 大官庄村 徐营村 北孙庄村 西李庄村 东柳泉村 西柳泉村 龚庄村 西西曹村 中西曹村 东西曹村 二十里铺村 南张庄村 北沙河村 东曹东村 东曹西村 唐楼村 李子行村 郑寨村 赵辛街村 北闫楼村 西安楼村 东安楼村 刘岗村 化里村 邱庄村 房岭村 幸福楼村 西杨庄村 西陈庄村 孙马厂村 王马厂村 丁庄村
龙阳镇	–	56	龙阳村 史　村 双河村 田侯庄村 河北李庄村 小蒋庄村 闫庄村 大寨村 小寨村 龙山屯村 高岭村 新宁村 刁沙土村 杜沙土村 李沙土村 卧龙庄村 冯庄村 谷堆石村 张沙土村 董沙土村 尚河圈村 张山口村 邱石村 小河子村 从条村 苗堂村 张堂村 西南岭村 焦庄村 何岭村 前司堂村 后司堂村 曾楼村 徐岭村 跨河村 黄岭村 河南张庄村 南王庄村 庄头村 彭河村 朱庄二村 朱庄三村 冯营村 魏寺村 林　村 东杨庄村 顾庙村 柳沟村 龙山村 耿庄村 大陈庄村 北王庄村 西朱仇村 上司堂村 糜庄村 望龙庄村

续表

镇、街	居委会个数（个）	村委会个数（个）	村、居委会名称					
东郭镇	-	89	峪东村	瓦峪西村	上黄庄村	黄金坡村	东赵坡村	玉泉村
			王李庄村	北马庄村	北丁庄村	屯里村	巴庄村	龙王庄村
			丛庄村	吴哨村	石羊山村	南唐林村	罗庄村	南徐村
			安上村	夏庄村	小党山村	后梁村	东坞沟村	西坞沟村
			大党山村	林岭村	谷山庄村	后坞沟村	前坞沟村	大坞沟村
			磨石山村	欣阳村	前李岭村	苏楼村	虺城店村	邵疃村
			唐林村	相岭村	小任庄村	辛绪村	陶庄村	马庄村
			张庄村	北蒋庄村	新田村	杨明庄村	东冯庄村	刘庄村
			北高庄村	马河村	牛皮岭村	西郭村	东郭前村	东郭中村
			白河村	香台村	京台村	东郭后村	武楼村	楼里村
			前明村	中明村	后明村	温庄村	山前村	上户主村
			东明村	西明村	田庄村	下户主村	许沃新村	黑石岭村
			黄园村	东朱仇村	大绪庄村	冯沟村	北徐庄村	李沟村
			大堂门村	小堂门村	常庄村	前任厂村	后任厂村	岭头村
			前张坡村	后张坡村	秦林村	魏沟村	朱洼村	

【人口民族】 1949年，全县总人口625872人，城市人口25078人，人口出生率28.6‰，自然增长率16.6‰。1978年，全县总人口1147153人，城市人口51379人，人口出生率17.29‰，人口自然增长率10.95‰。2016年末，全市户籍总户数50.95万户，总人口171.46万人。其中，男性91.26万人，女性80.20万人；人口出生率16.93‰，死亡率5.12‰，人口自然增长率11.81‰。

根据第六次全国人口普查统计，全市有30个少数民族，即回族、蒙古族、藏族、维吾尔族、苗族、彝族、壮族、布依族、朝鲜族、满族、侗族、瑶族、白族、土家族、哈尼族、哈萨克族、傣族、黎族、傈僳族、佤族、畲族、拉祜族、纳西族、土族、达斡尔族、普米族、怒族、京族、门巴族、基诺族。其中，回族人口居少数民族人口首位。

【自然环境】 地形　北、东、南三面环山，西临南四湖，地形由东北向西南倾斜，全市可分为三个地貌区：低山丘陵区，平原区，滨湖区即湖退区。

山脉　全市山脉多呈东北西南走向。共有大小山头453个，其中海拔500米以上的5个。最高峰是莲青山摩天岭，海拔597米。其他较著名的山峰有龙山，主峰海拔415米；曾被称为古滕八景之一的“谷翠双峰”，西峰海拔408米，东峰海拔400米。全市300～400米的高峰49个；200～300米的山峰174个；200米以内的山峰216个，著名的山有小白山、染山、马安山、龙山、谷山、莲青山、吉山、孤山、南龙山、落凤山等。

河流　属淮河流域京杭大运河水系。大都发源于滕州市东、北部的山丘地带，由东北流向西南，注入微山湖。共有大小河道近100条，其中流域面积在20平方公里左右的有22条，市内有5条较大的山洪河道，主要有界河、北沙河、城河、郭河、薛河，从北到南分布均匀，担负着排涝任务。界河，又名白水河，境内长25.4公里；北沙河，曾名龙河，境内长37.5公里；城河，俗称荆河，境内长42.7公里；薛河，古称薛水，又名十字河，境内长30公里。

气候　气候温和，雨量集中，四季分明，属于暖温带季风气候，春季天气多变，干旱少雨。夏季盛行偏南风，炎热多雨，秋季天气晴爽，冷暖适中，冬季多偏北风，寒冷干燥。2016年，全年平均气温为15.1℃，极端最高气温为35.9℃，极端最低气温为-14.8℃。年降水量为953.2毫米，年日照时数为2030.7小时。

土壤　土壤总面积10.98万公顷，分为5个土类、12个亚类、22个土属、90个土种。褐土主要分布低山丘陵区，面积4.51万公顷，占总面积的41.05%。潮土分布诸河流中下游，面积4.467万公顷，占40.66%。棕壤分布山丘中下部，面积1.0106万公顷，占9.2%。砂姜、黑土分布洼地、低平原地带，面积9684公顷，占8.81%。水稻土分布湖洼地区，面积308公顷，占0.28%。

【自然资源】 境内探明矿产资源30余种，其中煤炭保有储量12.69亿吨、石灰石储量52.89亿立方米，还有河沙、铝矾土、石英石、花岗岩等。境内有大小河流近100条，大、中、小型水库28座，年蓄水1.82亿立方米，另有荆泉等14个泉群。

（市史志办）

经济和社会发展

【综合】 综合实力持续提升。2016年，全市实现生产总值(GDP)1064.8亿元，按可比价格计算，比上年增长7.3%，增速逐季回升。其中，第一产业实现增加值75.14亿元，比上年增长4.0%；第二产业实现增加值530.10亿元，比上年增长6.3%；第三产业实现增加值459.57亿元，比上年增长8.9%。三次产业比例由上年的7.1∶51.1∶41.8调整为7.0∶49.8∶43.2，第三产业占比比上年提高1.4%，对经济增长贡献率51.5%。人均地区生产总值64085元，比上年增长6.5%，按年均汇率折算，达到9648美元。

就业创业规模不断扩大。完善创业扶持、就业服务、技能培训、就业援助、实名登记五项机制，实现城镇新增和农村劳动力转移就业5.1万人，开展就业技能培训10929人，帮扶586名就业困难人员稳定就业，城乡登记就业困难人员实现动态消零，城镇登记失业率控制在3%以内；深入实施小额担保贷款“快易贷”工程，组织创业培训1282人，发放小额担保贷款3100万元，落实贷款贴息资金273万元，直接帮扶347人成功创业，发放一次性创业补贴16.4万元。

价格指数温和上涨。居民消费价格指数101.7%，比上年提高0.7%。八大类商品和服务价格“七涨一降”：医疗保健类上涨4.8%，居住类上涨2.8%，教育文化和娱乐类上涨2.3%，食品烟酒类上涨1.5%，生活用品及服务类上涨1.2%，衣着类上涨0.9%，交通和通信

图 1：2016 年各月累计居民价格指数（上年 =100）

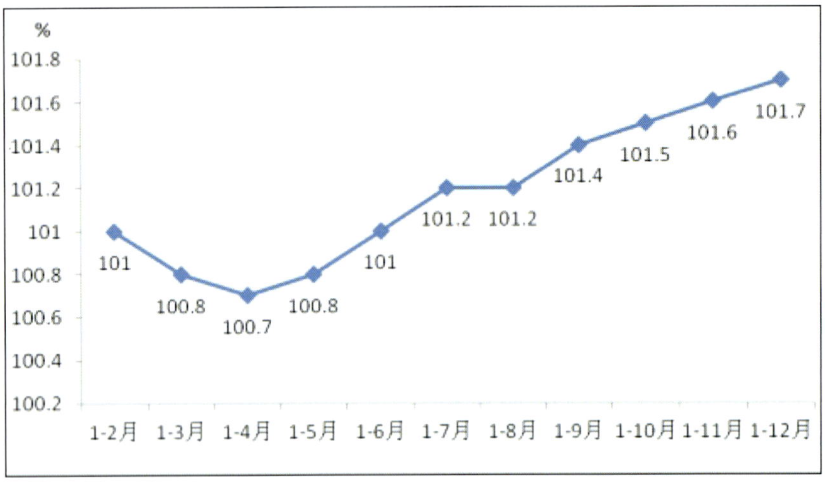

类下降0.8%。工业生产者出厂价格由负转正，全年工业生产者价格指数为101.8%，其中，重工业价格指数102.5%，轻工业价格指数100.1%。

市场主体快速发展。年末全市私营企业16519户，从业人员15.71万人，注册资本501.25亿元，比上年分别增长21.1%、10.3%和36.5%，其中，当年登记注册私营企业3220户，比上年增长14.1%；个体工商户106280户，从业人员28.11万人，注册资本71.50亿元，比上年分别增长6.5%、9.5%和13.6%，其中，当年登记注册的个体工商户11115户，比上年增长13.7%。

开发区建设取得新突破。滕州经济开发区年内引进项目13个，入园企业达到335家。46个在建项目完成固定资产投资51.3亿元。在全省134家省级经济开发区中位列第5位，被推荐创建国家级经济技术开发区。

【农林牧渔业】 农业生产总体稳定。全市农林牧渔业及服务业总产值151.92亿元，比上年增长4.5%。其中，农业总产值103.65亿元，比上年增长3.9%；林业总产值0.67亿元，比上年增长3.7%；牧业总产值31.39亿元，比上年增长4.6%；渔业总产值4.68亿元，比上年增长3.2%；农林牧渔服务业总产值11.53亿元，比上年增长10.2%。粮食面积163.49万亩，比上年减少1.2%，总产量达到87.38万吨，比上年减少0.6%；蔬菜产量291.34万吨，比上年增长0.9%；肉类总产量11.22万吨，比上年减少4.7%；水产品产量6.24万吨，比上年增长6.3%。

林业发展态势良好。全市新增成片造林面积4.26万亩，新发展经济林1.8万亩，种苗花卉6000亩，林下经济1万亩，各类林产品加工企业发展到459家，新建农田林网面积2.5万亩。创森总体规划通过国家林业局评审，成为全国第4家申请创森的县级城市。

农业生产条件持续改善。全市农业机械总动力134.64万千瓦，农机装备结构日趋合理。综合机械化水平达到89%，小麦、玉米等粮食作物基本实现全程机械化。马铃薯机械化种植技术取得较大突破，综合机械化水平达到85%。农用塑料薄膜使用量3022.5吨，使用化肥（折纯）量12.17万吨。

现代农业加快推进。在国家现代农业示范区建设监测评价中，滕州综合得分78.88分，在全国率先基本实现农业现代化。农业改革与建设试点工作位列全国十强，跻身全国农业改革第一方阵。“滕州马铃薯”被评为山东省首批知名农产品区域公用品牌，“北大仓”面粉被评为山东省首批知名农产品企业产品品牌，新认证“三品一标”10个，总数达到206个。新发展农民专业合作社280家，总数达到1970家，新创建国家级示范社1家、省级示范社2家。新增土地流转面积2.2万亩。

【工业和建筑业】 工业生产稳中向好。年末规模以上工业法人企业445家，全年实现增加值比上年增长6.3%。按所有制分，国有及国有控股企业比上年下降13.8%，集体企业比上年增长7.7%，股份制企业比上年增长6.5%，外商及港澳台商投资企业比上年下降1.7%。按轻重工业分，轻工业比上年增长8.9%，重工业比上年增长4.8%。按隶属关系分，市属以上企业比上年下降9.8%，滕州市属企业比上年增长6.4%，其中，市直企业比上年增长6.6%，镇街企业比上年增长6.3%。

工业效益稳步提升。全市规模以上工业企业主营业务收入、利润分别实现1296.84亿元、62.65亿元，分别比上年增长5.1%、0.4%。其中，机械机床、煤化工、建材、能源、食品医药、轻纺六大支柱

表1：2016年全市主要工业产品产量

名　称	计量单位	产量	同比增长（%）
原煤	万吨	290.1	-29.5
白酒	万千升	0.6	11.5
啤酒	万千升	11.7	-11.5
纱	万吨	6.3	-0.3
机制纸及纸板	万吨	12.5	-3.0
焦炭	万吨	232.5	1.8
合成氨	万吨	22.9	-1.6
化肥（折纯）	万吨	18.0	3.1
纯苯	万吨	18.9	16.2
精甲醇	万吨	169.4	12.1
钢丝	万吨	11.8	37.5
水泥	万吨	372.3	24.1
平板玻璃	万重量箱	1752.8	-3.1
金属切削机床	万台	2.6	-6.5
发电量	亿千瓦小时	59.3	2.7

产业主营业务收入1147.76亿元，比上年增长0.3%，占全市规模以上工业的88.5%；实现利润54.20亿元，比上年下降2.8%，占全市规模以上工业的86.5%。

建筑业稳定发展。全市建筑业实现增加值67.50亿元，比上年增长2.2%。资质以上建筑企业95家，比上年增加3家，其中，年产值过1亿元、过5亿元、过10亿元的企业分别为39家、8家、5家。资质以上建筑企业完成总产值169.21亿元，新签订合同额156.38亿元，比上年增长5.5%。房屋建筑施工面积1453.34万平方米，比上年下降3.5%，其中住宅面积396.49万平方米，比上年下降5.1%。

【固定资产投资】 固定资产投资平稳增长。固定资产投资

完成655.92亿元，比上年增长9.0%。分产业看，第一产业投资完成11.85亿元，比上年增长39.7%；第二产业投资完成332.77亿元，比上年增长10.4%，其中，工业投资完成307.27亿元，比上年增长13.3%；第三产业投资完成311.3亿元，比上年增长6.6%；三次产业投资比例为1.8∶50.7∶47.5。

房地产市场进入调整期。房地产开发投资完成62.31亿元，比上年下降16.4%，房地产投资占第三产业投资的比重为20%。房屋施工面积70.9万平方米，比上年下降14%；房屋销售面积156.9万平方米，比上年增长22.7%；房屋销售额67.9亿元，比上年增长30.8%；房屋销售均价为4325元/平方米，比上年增长6.6%。

重点项目建设稳中提质。开工建设重点项目108个，完成投资294亿元。滕州卷烟厂异地技改、瑞达化工聚丁烯、光大国际滕州环保能源发电等46个项目竣工或部分竣工。16个枣庄市级重点项目全部开工建设，累计完成投资65亿元。瑞达化工聚丁烯、高铁新区管廊被列入省重点项目，完成投资8.3亿元。

【国内贸易】 消费品市场增势稳定。全市实现社会消费品零售总额404.38亿元，比上年增长11.0%。其中，限额以上贸易企业实现零售额110.79亿元，比上年增长14.1%。分区域看，城镇零售额323.65亿元，比上年增长11.1%；乡村零售额80.73亿元，比上年增长10.2%。分行业类别看，批发零售业零售额361.35亿元，比上年增长10.9%；住宿餐饮业零售额43.02亿元，比上年增长12.2%。

消费结构进一步优化。在限额以上批发和零售业主要经营类别中，21个大类消费品中有18个大类零售额实现增长。其中，粮油、食品、饮料、烟酒类零售额比上年增长13.8%，书籍报杂志类比上年增长36.5%，化妆品类比上年增长28.6%，中西药品类比上年增长40.3%，建筑及装潢材料类比上年增长22.8%，家具类比上年增长13.3%。

商品交易市场活跃。全市亿元以上商品交易市场12个，成交额330.9亿元，比上年增长22.9%。城市商业综合体2个，商户销售额共计5.0亿元。

【对外经济】 招商引资成效明显。引进各类外来投资项目286个，其中，过亿元项目91个，实际利用境外资金3611万美元。新批外商投资企业3家，增资企业3家，累计新增合同外资2343.1万美元。

对外贸易平稳发展。进出口总额实现26.62亿元，其中出口25.37亿元。有进出口实绩企业152家，进出口贸易涉及160余个国家和地区。

对外合作势头平稳。全市完成对外承包工程营业额3450万美元，实现外派劳务1122人次，比上年分别增长3%、2.9%。

【交通、邮政、通信和旅游】 道路建设亮点纷呈。S343北留线改建工程建成通车，日菏高速滕州段、S345枣济线工程全面启动，S104济微线滕州段、S321枣梁线枣庄北转盘至滕州市木石段改建工程等一批省道工程前期工作加快推进，建成“户户通”工程1251公里，完成农村公路养护挖补410公里和安全生命防护工程建设330

公里。全市公路通车总里程达到3330.4公里，其中，国、省公路304.2公里，村村通公路2620.2公里。

民用汽车快速增加。年末全市民用汽车保有量达到17.89万辆（包括三轮汽车、低速货车和挂车3183辆），比上年末增长16.0%，其中，私人汽车保有量15.93万辆，比上年末增长10.0%。民用汽车中，载客汽车16.03万辆，载货汽车1.74万辆。营运车辆9515辆，其中，载客汽车1091辆，载货汽车8424辆。

公交事业加速推进。城乡公交一体化工程基本完成，新改造滕州至王晁、滕州至滕州港、滕州至韩村等公交线路6条，优化调整滕州至三山、滕州至东焦村、滕州至田陈等公交线路3条，新购置新能源公交车498辆，新建成港湾式公交站点22处、充电站4处。

邮政通信业较快增长。全年发送函件10.22万件、特快专递34.2万件、报纸杂志1230万份。年末固定电话用户16.29万户，比上年下降8.0%；移动电话用户151.16万户，比上年增长7.1%；互联网用户32.73万户，比上年增长18.3%。

旅游业蓬勃发展。全市A级旅游景区达到18家，旅行社20家，三星级以上酒店达到6家，特色旅游购物商店47家。滕州市被列为首批“国家全域旅游示范区”创建单位，荣获“山东省休闲农业和乡村旅游示范县”称号。

【财政、税收和金融业】 财政收入稳步增长。全市公共财政预算收入完成69.0亿元，比上年增长1.2%（同口径），实现“营改增”改革后的稳步增长，其中，税收收入46.45亿

表2：2016年全市公共财政预算支出

单位：万元

指标名称	2016年	同比增长（%）
公共财政预算支出	881582	3.3
一般公共服务支出	87777	-3.1
国防支出	17	70.0
公共安全支出	30291	20.6
教育支出	190069	3.3
科学技术支出	2226	-26.3
文化体育与传媒支出	7880	1.5
社会保障和就业支出	92397	4.8
医疗卫生与计划生育支出	82312	5.1
节能环保支出	20815	-0.2
城乡社区支出	81592	5.4
农林水支出	97916	10.1
交通运输支出	15808	48.5
资源勘探信息等支出	144563	-13.0
商业服务业等支出	3778	93.7
金融支出	225	1025.0
援助其他地区支出	855	7.4
国土海洋气象等支出	3852	38.2
住房保障支出	10160	113.2
粮油物资储备支出	1093	37.8
债务付息支出	6691	474.8
其他支出	1265	690.6

元，占公共财政预算收入比重67.3%。公共财政预算支出88.16亿元，比上年增长3.3%，其中，住房保障支出比上年增长113.2%，交通运输支出比上年增长48.5%，城乡社区支出比上年增长5.4%。民生支出60.77亿元，比上年增长6.9%，占一般公共预算支出的68.9%。全市国地税收入完成80.11亿元，比上年下降12.9%，其中，国税收入38.26亿元，比上年下降3.0%；地税收入41.85亿元，比上年下降20.3%。分税种看，增值税21.81亿元，比上年增长7.9%；消费税10.82亿元，比上年下降11.3%；营业税5.01亿元，比上年下降64.0%；企业所得税6.95亿元，比上年下降7.0%；个人所得税3.28亿元，比上年增长97.4%。

金融市场平稳运行。全市拥有各类金融机构50家，其中银行12家，保险机构36家，证券公司2家，金融网点数量达到202个，银行网点数量达到164个。青岛银行、交通银行、太平财险等在滕分支机构正式营业，日照银行滕州支行完成选址。农业银行“施可丰”模式金穗“惠农通”助农服务点已有7家开业运行，枣庄银行“银行卡助农服务点”发展到41家，有效提升农村金融服务水平。年末金融机构本外币存款余额635.63亿元，比年初增加129.78亿元，其中，住户存款440.38亿元，比年初增加50.91亿元。年末本外币贷款余额397.85亿元，比年初减少17.65亿元。其中，短期贷款136.82亿元，比年初减少41.20亿元；中长期贷款225.27亿元，比年初减少4.63亿元。

企业上市挂牌取得新突破。雄狮装饰在新三板挂牌，苏山腾讯、盛世红荷、悦丽莎温控三家企业在齐鲁股权交易中心挂牌，吉田香料已上报新三板挂牌材料。

【科学技术和教育】 科技产出成果显著。全市科技进步贡献率达到59%。组织实施科技计划104项，其中，被列入国家、省、枣庄市科技计划44项，争取上级资金2036万元。取得重要科技成果95项，获枣庄市科技进步奖35项，科技成果转化率达到90%。申报专利1320项，其中发明专利239项；授权专利752项，比上年增长0.53%，其中，发明专利授权量82件，比上年增长95.2%。实施国家专利技术668项。

人才队伍建设不断加强。新增国家“万人计划”专家2人、省“泰山产业领军人才”2人、西部经济隆起带急需紧缺人才2人、齐鲁首席技师4人、枣庄英才4人、枣庄市有突出贡献的中青年专家5人。

创新平台建设加快。积极推进科技创新平台建设，被认定为国家火炬滕州玻璃精深加工特色产业基地，新批准建设省级工程技术研究中心1家，新备案院士工作站2处、省级科技企业孵化器1家、省级众创空间1家，新批准建设枣庄市工程技术研究中心3家，新认定国家高新技术企业9家，总数达到53家。高新技术产业产值达到334.55亿元，比上年增长6.57%，占规模以上工业总产值的比重为25.59%，比上年提高2.13个百分点。

质量强市战略成效显著。新增山东名牌5个、山东省省长质量奖提名奖1个、枣庄市市长质量奖1个。ISO9000质量管理体系认证178家，能源管理体系认证12家。新参与制定国家标准7项、主导制定

表 3：2016 年各级各类学校、幼儿园情况

	学校数（所）	在校学生数（人）	毕业生数（人）	招生数（人）	专任教师数（人）
一、高、中等学校	2	16533	5020	6123	719
二、中等职业教育	4	12805	3293	5602	396
三、基础教育					
普通高中	9	30512	10157	10403	2310
普通初中	39	43648	16329	14563	6305
普通小学	217	109772	13621	21517	7415
特殊教育学校	1	97	13	18	46
四、学前教育	231	34237	12672	8759	3659

地方标准 1 项。山东省电线电缆标准化委员会成立，秘书处设在山东华能线缆有限公司。国家质检总局批准滕州市筹建“全国知名品牌创建示范区”，建成山东省玻璃产品质量检验中心。

教育事业全面推进。大力实施“全面改薄”、解决中小学大班额和第二期学前教育三年行动计划三项重点工作，18 处城镇普通中小学大班额项目、19 处农村中小学幼儿园项目推进建设。拥有各级各类学校 272 所，专任教师 13720 人，城乡教师交流轮岗 298 人，在校学生 20.57 万人。初中入学率 100%，义务教育巩固率达 99.1%，学龄前儿童入园率 86%。本科录取 6062 人，录取率高出全省平均水平 11.7%。

【文化、广播电视、卫生和体育】 文化事业蓬勃发展。全市拥有艺术表演团体 28 个。新建滕州市城市历史变迁图片展览馆和文化馆分馆。新建、改造、提升镇街综合文化中心 6 处，村居文化大院 408 个。开展各类大型文化活动 360 余场次，深入实施“一村一年一场戏”“一村一月一场电影”文化惠民工程。

加强文化遗产保护。启动实施薛国故城西南角及西北角保护、北辛遗址保护与整治等大遗址保护工程，龙泉塔修缮保护及防雷、张氏祠堂二期、中兴楼、西辛安民居及关王殿、陶山顶遗址摩崖石刻、王家大厅等一批历史建筑修缮保护工程竣工。出土文物 300 件，全市馆藏文物总数达 55857 件，其中一级品 56 件。争取国家级专项资金 26 万元、省级资金 630 万元、市级专项资金 103.4 万元，用于大遗址保护和省级、市级文保单位保护工程。

广播电视事业健康发展。广播综合人口覆盖率 96.29%、电视综合人口覆盖率 90.6%，有线电视传送模拟 6 套、数字 146 套电视节目，数字有线电视用户 23.5 万户。《滕州日报》订阅达到 10740 户，发行量达到 3.05 万份。

卫生服务条件改善。全市卫生机构达到 1000 个，其中医院 26 个，卫生院 17 个，社区卫生服务机构 45 个，村级

卫生室719个，其他医疗机构193个。医疗卫生机构实有床位数7802张，其中医院床位数5828张。卫生技术人员11215人，其中，执业医师2887人，助理执业医师517人，注册护士3726人。

体育事业蓬勃发展。不断完善体育基础设施建设，投资1.5亿元的游泳馆主体工程完工，2009年以前安装的100个行政村（居）的农民体育健身工程器材完成提档升级。积极承办赛事赛会，承办省级以上赛事赛会11项，举办全市性群众体育比赛活动60余次。竞技体育再创佳绩，荣获世界级金牌1枚，亚洲级金牌2枚，国家级金牌13枚，省级金牌10枚，滕州市2名选手参加里约奥运会。加快发展体育产业，全市体育协会发展到28个，体育俱乐部发展到93家，健身活动站点达到1367处，体彩站点达165家，体育彩票销售额3.29亿元。

【城乡建设】 城市承载能力增强。城区规划面积达70平方公里，城市道路达582.91公里，城区绿化覆盖面积达20.49平方公里。开工城市建设项目149个，完成投资125亿元，实施城市道路工程18项，整治改造背街小巷14条。高标准实施市民公园、荆河公园东大门升级改造等城市绿化项目，新增绿化面积15万平方米。实施老旧小区供热管网改造工程，新增供热管网12公里、供热面积125万平方米，城区供热基本实现全覆盖。实施总投资8000余万元的城乡燃气一体化“镇镇通”工程，铺设天然气管网61公里，燃气普及率达到99.85%。城市自来水供水能力14万立方米/日，年供水总量4747万立方米。铺设城区污水管网5.5公里，全年处理污水5840万吨，污水处理率达到96.10%。

新型农村社区建设稳步推进。级索镇幸福城二期、姜屯镇滕国锦城民意家园等9个农村社区建设项目，完成建设面积70万平方米、投资9亿元。新型农村社区建设开展以来，累计回迁上房农村社区29个，入住总户数4.2万户。

高铁新区建设成效显著。与中铁置业合作实施起步区基础设施建设，实施平安路、飞龙大道等7条道路和桥梁建设，完成宫河路、站前南北街等干道路建设8条次，初步形成“四纵四横”骨干路网体系。光大环保能源发电一期等项目投入使用；六合安置社区、南水北调调蓄水库（墨子湖）、墨子湖隧道、上善路地下综合管廊、山东化工技师学院新校区、奥特莱斯生态购物小镇等项目扎实推进；儿童用品产业园、北大附属滕州实验学校、山东理工职业学院滕州校区等项目已签约落地。高铁新区获评新华社“全国十佳最具活力新区”。

【环境保护、安全生产和气象、地震】 水环境质量保持稳定。围绕“治、用、保”主线，继续实施水污染防治“点源治理、集中处理、截蓄导用、湿地净化”四大工程，3条省控以上河流断面水质达到地表水III类要求，高锰酸盐指数和氨氮平均浓度分别为4.92毫克/升和0.51毫克/升。

空气环境质量持续改善。城市环境空气中二氧化硫、二氧化氮、PM2.5、PM10浓度分别为37微克/立方米、35微克/立方米、78微克/立方米、129微克/立方米，分别比上年改善36.2%、2.8%、18.8%、12.2%，全年空气优良天数达到213天，比上年增加69天。

主要污染物减排任务全面完成。切实推进结构减排、工程减排、管理减排，实施减排项目57个，四项污染物COD、氨氮、二氧化硫、氮氧化物分别削减1520吨、180吨、3500吨、4200吨，分别较上年减少7.88%、8.5%、11.1%、19.5%。

生态文明建设成效明显。完成无害化卫生厕所改造4万余户，新建地埋式污水处理站4个，新增露天垃圾处理站3处，累计创建国家级生态镇7个、省级生态镇11个、枣庄市级生态镇7个、枣庄市级生态村93个。

全社会用电量平稳增长。全社会用电量62.45亿千瓦时，比上年增长2.7%，其中，工业用电量46.54亿千瓦时，比上年下降0.2%。滕州供电公司售电量26.76亿千瓦时，比上年增长6.6%，其中，农业生产用电1.11亿千瓦时，比上年下降0.8%；一般工商业用电6.99亿千瓦时，比上年增长8.6%；居民生活用电7.59亿千瓦时，比上年增长11.9%。

各类事故继续减少。发生各类生产安全事故66起，比上年下降10.81%；死亡20人，其中交通事故死亡14人。

气象、地震服务能力提升。拥有区域自动气象站21个，其中4个为六要素气象自动站。平均气温15.1℃，极端最高气温35.9℃，极端最低气温为-14.8℃。年降水量为953.2毫米，较常年偏多258.2毫米。年日照时数为2030.7小时，比常年偏少239.9小时。地震科普馆培训学生和群众5万人，组织200所中小学校、幼儿园、卫生院、机关单位、企业和社区共计20万人相继开展防震减灾应急疏散演练活动。

【人口、居民生活和社会保障】 人口保持低速增长。年末全市户籍总户数50.95万户，总人口171.46万人，其中城镇人口79.14万人。总人口中，男性91.26万人，女性80.20万人。人口出生率16.93‰，死亡率5.12‰，自然增长率11.81‰。全市常住人口166.66万人，常住人口城镇化率达58.06%，比上年提高2.04%。

居民收入稳定增长。全市居民人均可支配收入22967元，比上年增长8.3%。其中，城镇居民人均可支配收入30705元，比上年增长7.5%；农村居民人均可支配收入14005元，比上年增长8.4%。居民收入增速快于GDP增速1%。

城乡社保体系基本建立。大力实施扩面增收、社保惠民、全员保障、基金安全四项工程，实现企业养老保险扩面8010人、征缴城镇职工社保费22.8亿元，分别征缴居民养老保险和居民医疗保险1.76亿元、2.07亿元，社保费征收再创历史新高。稳步推进机关事业单位职工养老保险改革，278家单位、3.3万参保职工按要求办理参保缴费。拨付各类社保待遇33.25亿元，其中拨付居民、职工医保待遇6.53亿元、4.3亿元，实现应保尽保。

社会福利事业稳步推进。各类社会养老服务机构达31个，拥有床位8500张，入住人数6827人。最低生活保障救济38025户、60387人，其中城市3797户、8295人，农村34228户、52092人，发放最低生活保障金13687.2万元。农村五保供养7387人，发放供养金3233.7万元。接受社会捐赠2200万元。福利彩票网点达171个，福彩销售总额2.25亿元。

脱贫攻坚步伐加快。加大扶贫财政投入，各级投入财政专项资金3150.9万元，其中市级资金600万元。突出项目实施，安排产业扶贫资金2294万元，实施产业项目102个，其中，脱贫项目57个，贫困村项目23个，已脱贫巩固项目22个。稳步推进金融扶贫工作，安排金融扶贫资金550万元，发放“富民农户贷”202.5万元，“富民生产贷”1536万元。在枣庄市率先创新“让利贷模式”，发放“让利贷”1000万元。贫困人口3023人得到稳定脱贫、2649人得到有效巩固，23个枣庄市定贫困村实现退出，圆满完成年度脱贫任务。滕州市被省扶贫办确定为“全省金融扶贫试点县”。

（市统计局）

表4：2016年年末户籍人口数及其构成

指　标	年末数（万人）	比重（%）
全市总人口	171.46	100
其中：城镇	79.14	46.2
乡村	92.32	53.8
其中：男性	91.26	53.2
女性	80.20	46.8
其中：0-17岁	33.61	19.6
18-34岁	47.12	27.5
35-59岁	59.44	34.7
60周岁及以上	31.28	18.2

人口和自然资源

	单位	2016 年
一、人口		
户籍总户数	户	509458
户籍总人口	人	1714594
# 城镇人口	人	791400
乡村人口	人	923194
# 男	人	912603
女	人	801991
人口出生率	‰	16.93
人口死亡率	‰	5.12
人口自然增长率	‰	11.81
人口密度	人 / 平方公里	1147
二、土地		
全市土地面积	平方公里	1495
海拔最高点（东郭镇莲青山）	米	597
海拔最低点（滨湖镇岗头港）	米	30.4
三、行政区划		
镇、街道个数	个	21
# 街道	个	4
村（居）民委员会个数	个	1250
# 村民委员会	个	1043
四、气候		
年平均气温	摄氏度	15.1
年降水量	毫米	953.2
年日照时间	小时	2030.7
五、矿产资源保有量		
煤炭	万吨	101220.8
水泥用灰岩	万吨	20934.1

主要大中型水库基本情况（2016年）

水库名称	流域面积（平方公里）	蓄水量（总库容）（万立方米）
马河水库（大二型）	240	13800
户主水库（中型）	44	2026

主要河流基本情况（2016年）

河流名称	流域面积（平方公里）	滕州境内河长（公里）	河流总长度（公里）
界　河	241	25.4	35
北沙河	519	37.5	61
城　河	903	42.7	86
郭　河	221	32.0	58
十字河	851	30.0	85

主要高山高度（2016年）

山　名	海拔高度（米）	山　名	海拔高度（米）
莲青山	597	狐　山	327
灵泉山	415	官　山	326
龙山（东）	415	大白山	308
龙山（西）	411	草　山	303
莲花池	355		

全市气象情况（2016）

	平均气温（℃）	降水量（毫米）	日照时数（小时）
1月	-1.0	4.1	122.2
2月	3.4	17.8	181.4
3月	10.8	1.0	212.5
4月	17.6	15.7	189.2
5月	20.6	62.8	201.3
6月	25.1	127.1	188.8
7月	27.5	311.2	197.4
8月	27.2	164.9	210.1
9月	22.6	90.3	186.7
10月	16.0	109.0	91.9
11月	8.0	8.3	133.8
12月	3.2	41.0	115.4

国民经济主要指标

	单位	2016 年	比上年增长 %
国民经济核算			
地区生产总值	亿元	1064.80	7.3
第一产业	亿元	75.14	4.0
第二产业	亿元	530.10	6.3
第三产业	亿元	459.57	8.9
人均地区生产总值	元	64085	6.5
财政收支			
公共财政预算收入	亿元	69.00	1.2
公共财政预算支出	亿元	88.16	3.3
金　融			
本外币存款余额	亿元	635.63	25.7
# 住户存款	亿元	440.38	13.1
本外币贷款余额	亿元	397.85	-4.2
农　业			
农林牧渔业总产值（按当年价格计算）	亿元	151.92	4.5
农业总产值	亿元	103.65	3.9
林业总产值	亿元	0.67	3.7
牧业总产值	亿元	31.39	4.6
渔业总产值	亿元	4.68	6.1
农林牧渔服务业总产值	亿元	11.53	10.2
主要产品产量：粮　食	万吨	87.38	-0.6
# 夏　粮	万吨	41.14	-0.8
秋　粮	万吨	46.24	-0.3
蔬　菜	万吨	291.34	0.9
油　料	万吨	3.58	-6.4
水　果	万吨	6.08	1.7
肉　类	万吨	11.22	-4.7
禽　蛋	万吨	4.81	14.6
奶　类	吨	776.42	-1.7
水产品	万吨	6.24	6.3

续表

	单位	2016 年	比上年增长 %
工　业			
工业总产值（按当年价格计算）	亿元	1507.30	1.5
#规模以上工业总产值	亿元	1315.73	0.2
#高新技术产业总产值	亿元	334.55	6.6
工业增加值	亿元	462.68	7.0
#规模以上工业增加值	亿元	-	6.3
主营业务收入（规模以上工业，下同）	亿元	1304.5	5.1
利税总额	亿元	100.63	-8.3
利润总额	亿元	64.55	0.4
产品销售率	%	99.56	0.26 点
万元 GDP 能耗	吨标准煤	-	-4.0
万元 GDP 电耗	千瓦时	-	-4.3
供　电			
全社会用电量	万千瓦时	624483	2.7
#全部工业用电量	万千瓦时	465412	-0.2
滕州供电公司售电量	万千瓦时	267631	6.6
#市属大工业用电量	万千瓦时	110743	2.9
居民生活用电量	万千瓦时	75910	11.9
运输　邮电			
公路通车里程	公里	3330.36	-0.4
民用汽车保有量	万辆	17.89	15.9
固定电话用户	万户	16.29	-8.0
移动电话用户	万户	151.16	7.6
互联网用户	万户	32.73	18.3
贸易　物价			
社会消费品零售总额	亿元	404.38	11.0
进出口总额（海关数）	万元	266183	-16.4
#进口额	万元	12453	-32.6
出口额	万元	253730	-15.4
居民消费价格总指数	%	101.7	1.7 点

续表

	单位	2016年	比上年增长%
居民生活			
从业人员平均工资	元	50435	7.9
#在岗职工平均工资	元	51550	7.9
居民人均可支配收入	元	22976	8.3
#城镇居民人均可支配收入	元	30705	7.5
农村居民人均可支配收入	元	14005	8.4
建筑　投资			
建筑业总产值	亿元	157.69	-6.8
房屋建筑施工面积	万平方米	1314	-6.3
固定资产投资总额	亿元	665.92	9.0
#工业投资	亿元	307.27	13.3
招商引资			
新签合同项目	个	286	-
新批外商投资企业	个	3	-
实际利用境外资金	万美元	3611	-22.6
非公有制（民营）经济情况			
非公有制经济单位数	户	122949	8.2
非公有制经济从业人员	人	463273	9.2
非公有制经济注册资金	万元	5755464	32.9
非公有制经济纳税额	万元	557603	-13.9
个体工商户数	户	106280	6.5
个体工商户从业人员	人	281143	9.5
个体工商户注册资金	万元	715009	13.6
个体工商户纳税额	万元	128488	-38.5
私营企业个数	个	16519	21.1
私营企业从业人员	人	157130	10.3
私营企业注册资金	万元	5012455	36.5
私营企业纳税额	万元	35330	46.0

国民经济主要比例关系

单位：%

	2016 年	2015 年
一、生产总值比例		
第一产业	7.0	7.1
第二产业	49.8	51.1
第三产业	43.2	41.8
二、人口比例		
按性别分		
男	53.2	53.3
女	46.8	46.7
按城乡分		
城镇人口	46.2	44.9
乡村人口	53.8	55.1
三、农林牧渔业总产值比例		
农　业	68.2	69.4
林　业	0.4	0.4
牧　业	20.7	19.9
渔　业	3.1	3.1
农林牧渔服务业	7.6	7.2
四、粮食与经济作物播种面积		
粮食作物	64.5	64.7
经济和其他作物	35.5	35.3
五、工业总产值中轻重工业比例		
轻工业	27.8	27.0
重工业	72.2	73.0
六、高新技术产业产值占总产值比重	25.6	23.5
七、公共财政预算收入占 GDP 比重	6.5	7.0
八、税收占 GDP 比重	7.4	9.1
九、出口占 GDP 比重	2.4	3.0
十、非公有制经济纳税额占税收比重	69.6	70.5

国民经济和社会发展主要指标占枣庄市的比重

	单位	2016年			2015年		
		滕州市	枣庄市	占枣庄比重(%)	滕州市	枣庄市	占枣庄比重(%)
1、年末总人口	万人	171.46	413.23	41.5	169.85	407.77	41.7
2、城镇非私营单位从业人员	万人	16.09	44.90	35.8	16.84	47.30	35.6
3、土地面积	平方公里	1495.14	4563.53	32.8	1495.14	4563.53	32.8
4、农业总产值	亿元	151.92	325.37	46.7	143.42	306.99	46.7
5、地区生产总值	亿元	1064.80	2142.63	49.7	1005.05	2031.00	49.5
第一产业	亿元	75.14	162.06	46.4	71.46	154.11	46.4
第二产业	亿元	530.10	1097.91	48.3	513.26	1070.19	48.0
第三产业	亿元	459.57	882.66	52.1	420.33	806.70	52.1
6、主要产品产量							
粮　食	万吨	87.38	163.25	53.5	87.88	168.00	52.3
油　料	万吨	3.58	9.19	39.0	3.82	9.58	39.9
水产品	万吨	6.24	9.60	65.0	5.87	9.10	64.5
水　果	万吨	6.08	24.50	24.8	5.98	26.36	22.7
原　煤	万吨	290.10	-	-	415.90	-	-
发电量	亿千瓦时	59.30	110.41	53.7	27.30	140.94	19.4
水　泥	万吨	371.30	2138.92	17.4	300.00	2005.23	15.0
啤　酒	万千升	11.70	24.18	48.4	13.20	28.06	47.0
焦　炭	万吨	232.50	454.21	51.2	228.40	440.95	51.8
7、固定资产投资额	亿元	655.92	1788.51	36.7	601.71	1625.93	37.0
8、公共财政预算收入	亿元	69.00	147.40	46.8	70.50	149.31	47.2
9、公共财政预算支出	亿元	88.16	246.87	35.7	85.35	236.41	36.1
10、税收收入	亿元	80.11	158.29	50.6	91.95	174.95	52.6
11、城乡居民储蓄存款余额	亿元	440.38	1104.46	39.9	389.48	982.49	39.6
12、进口总额	亿元	1.25	8.64	14.5	2992	19188	15.6
13、出口总额	亿元	25.37	81.21	31.2	48219	140271	34.4
14、实际利用外资	万美元	3611	10504	34.4	5500	9975	55.1
15、社会消费品零售额	亿元	404.38	892.3	45.3	364.46	805.38	45.3
16、医院床位数	张	5828	18894	30.8	5344	14168	37.7
17、卫生技术人员数	人	10062	22877	44.0	9338	21023	44.4
18、执业医师数	人	2887	8826	32.7	2499	7011	35.6

2011年以来全市主要经济指标

	计量单位	2011年	2012年	2013年
全市生产总值	亿元	748.85	830.85	902.65
第一产业增加值	亿元	61.93	65.14	66.82
第二产业增加值	亿元	406.94	453.45	484.7
第三产业增加值	亿元	279.99	312.26	351.13
人均地区生产总值	元	45329	50519	54237
国地税收入	亿元	75.3	83.51	85.47
公共财政预算收入	亿元	40.15	54.37	61.01
人均公共财政收入	元	2382	3216	3604
规模以上工业主营业务收入	亿元	1146.49	1246.95	1360.16
工业利税	亿元	118.49	126.96	145.56
工业利润	亿元	64.67	65.23	78.48
固定资产投资	亿元	365.82	448	457.12
进出口总额	万美元	43400	40754	46708
#出口额	万美元	36573	34158	33719
社会消费品零售总额	亿元	223.28	256.02	291.05
金融机构存款余额	亿元	328.76	391.72	420.44
金融机构贷款余额	亿元	373.14	408.1	402.91
城镇居民人均可支配收入	元	20193	22960	25238
平均工资	元	31210	35017	39461

续表

	计量单位	2014年	2015年	2016年	“十二五”期间年均增长(%)
全市生产总值	亿元	981.75	1005.05	1064.80	9.8
第一产业增加值	亿元	68.90	71.46	75.14	3.4
第二产业增加值	亿元	517.18	513.26	530.10	11.3
第三产业增加值	亿元	395.67	420.33	459.57	9.0
人均地区生产总值	元	58299	59450	64085	9.0
国地税收入	亿元	91.89	91.95	80.11	12.9
公共财政预算收入	亿元	64.07	70.50	69.00	18.5
人均公共财政收入	元	3784	4157	4043	18.3
规模以上工业主营业务收入	亿元	1363.25	1301.22	1315.73	-
工业利税	亿元	149.31	117.24	100.63	-
工业利润	亿元	79.73	65.35	64.55	-
固定资产投资	亿元	526.89	601.71	655.92	15.1
进出口总额	万美元	52843	51211	266183	7.5
# 出口额	万美元	40967	48219	253730	9.7
社会消费品零售总额	亿元	328.16	364.46	404.38	13.7
金融机构存款余额	亿元	450.30	505.85	635.63	11.2
金融机构贷款余额	亿元	406.27	415.50	397.85	4.8
城镇居民人均可支配收入	元	28791	28576	30705	10.1
平均工资	元	44674	46732	50435	-

注：2016年进出口数据改为人民币口径；2014年以前平均工资数据为在岗职工口径，2014年（含）以后为城镇非私营单位从业人员口径。

社会主要经济人均水平

	单位	2016年	2015年
地区生产总值	元	64085	59450
第一产业增加值	元	4522	4227
第二产业增加值	元	31904	30360
第三产业增加值	元	27659	24863
农业总产值	元	8902	8457
工业总产值	元	88324	88816
固定资产投资	元	38435	35482
社会消费品零售总额	元	23696	21492
城乡居民用电量	千瓦时	445	400
公共财政预算收入	元	4043	4157
城乡居民储蓄余额	元	25806	22967
城镇非私营单位从业人员年平均工资	元	50435	46732
农村居民人均可支配收入	元	14005	12925
医院床位数	张/万人	34	31
卫生技术人员	人/万人	59	55
粮 食	公斤	512	518
油 料	公斤	21	23
蔬 菜	公斤	1707	1703
水 果	公斤	36	35
肉 类	公斤	66	69
禽 蛋	公斤	28	25

平均每天主要社会经济活动

	单位	2016年	2015年
一、全市每天创造的财富			
地区生产总值	万元	29173	27536
第一产业增加值	万元	2059	1958
第二产业增加值	万元	14523	14062
第三产业增加值	万元	12591	11516
农业总产值	万元	4162	3929
工业总产值	万元	41296	41171
公共财政预算收入	万元	1890	1932
主要产品产量：			
粮　食	吨	2394	2408
油　料	吨	98	105
蔬　菜	吨	7982	7912
肉　类	吨	307	322
禽　蛋	吨	132	115
原　煤	吨	7948	11395
白　酒	千升	16	14
机制纸	吨	342	342
精甲醇	吨	4641	4140
水　泥	吨	10200	8219
二、每天其他社会经济活动			
固定资产投资完成额	万元	17971	16485
社会消费品零售总额	万元	11079	9985
新增银行存款	万元	3556	1522
#居民新增储蓄额	万元	1395	1275
新增银行贷款	万元	-485	253
出生人口	人	78	62
死亡人口	人	35	26

地区生产总值（2016年）

计算单位：亿元、%

指　标	当年价格	按可比价格计算以上年为100的增速
地区生产总值	1064.80	7.3
农、林、牧、渔业	81.61	4.5
农　业	58.33	3.8
林　业	0.41	3.7
畜牧业	13.42	4.5
渔　业	2.99	6.1
农、林、牧、渔服务业	6.47	10.2
工　业	462.68	7.0
采矿业	111.21	6.7
#开采辅助活动	0.02	48.1
制造业	340.44	7.0
#金属制品、机械和设备修理业	0.06	11.8
电力、燃气及水的生产和供应业	11.03	6.9
建筑业	67.50	2.2
批发和零售业	171.49	9.1
交通运输、仓储和邮政业	29.83	7.5
住宿和餐饮业	31.17	8.9
信息传输、计算机服务和软件业	10.64	8.3
金融业	32.74	11.2
房地产业	39.65	7.1
租赁和商务服务业	28.36	8.3
科学研究和技术服务业	9.36	9.5
水利、环境和公共设施管理业	7.13	9.5
居民服务、修理和其他服务业	13.75	8.3
教　育	23.07	9.5
卫生和社会工作	19.26	9.5
文化、体育和娱乐业	2.94	8.3
公共管理、社会保障和社会组织	33.63	9.5
第一产业	75.14	4.0
第二产业	530.10	6.3
第三产业	459.57	8.9
支出法计算的地区生产总值	1064.80	7.3
一、最终消费支出	407.14	8.6
居民消费支出	255.08	12.6
农村居民	68.62	4.8
城镇居民	186.46	15.8
政府消费支出	152.06	2.6
二、资本形成总额	587.40	6.7
固定资本形成总额	561.76	6.7
存货增加	25.64	6.5
三、货物和服务净流出	70.26	4.5

市级机构及领导人

中共滕州市委员会

书　记　董沂峰（2016年11月离任）
　　　　邵士官（2016年11月任职）
副书记　远义彬（2016年8月离任）
　　　　刘文强（2016年8月任职）
　　　　毕志伟（女，2016年11月离任）
常　委　董沂峰（2016年11月离任）
　　　　邵士官（2016年11月任职）
　　　　远义彬（2016年8月离任）
　　　　刘文强（2016年8月任职）
　　　　毕志伟（女，2016年11月离任）
　　　　宗大全
　　　　刘　光（女）
　　　　冯再法（2016年12月离任）
　　　　张熙滨（2016年2月离任）
　　　　崔士永
　　　　丁　伟
　　　　刘　涛
　　　　张　奇
　　　　高　鹏（2016年2月任职）
　　　　贾建军（2016年5月任职，挂职）
　　　　邹美帅（2016年12月任职，挂职）

滕州市人民代表大会常务委员会

主　任　杨位明
副主任　顾天鸽（女，2016年1月离任）
　　　　姜繁茂
　　　　倪建刚
　　　　李广宪
　　　　柴春国

滕州市人民政府

市　长　远义彬（2016年8月离任）
　　　　刘文强（2016年8月任副市长、代理市长）
副市长　宗大全
　　　　刘　涛
　　　　张宪依（2016年12月离任）
　　　　朱晏辰
　　　　姜　妍（女，2016年12月离任）
　　　　邹美帅（挂职）
　　　　薛登峰
　　　　苏学锋（2016年12月任职）
　　　　李洪波（2016年12月任职，挂职）

中国人民政治协商会议滕州市委员会

主　席　李　健
副主席　李怀兴
　　　　刘　茜（女）
　　　　孙士泉
　　　　杜孝玺
　　　　乔令梅（女）
　　　　高广胜（2016年1月任职）

中共滕州市纪律检查委员会

书　记　张　奇

滕州市人民武装部

部　长　韩昌军
政　委　崔士永

政党政务

Zhengdang zhengwu

责任编辑：徐承伟

中国共产党滕州市委员会

【综述】 2016年，市委主动适应经济发展新常态，深化实施五大发展战略，不断强化党的建设、法治建设、文化建设、生态建设、社会建设五项保障，保持经济平稳健康发展和社会和谐稳定，实现"十三五"良好开局。在中国县域综合竞争力百强县中居第19位，较上年提升2个位次。国家卫生城市创建通过省级验收。

一、按照中央和省市委决策部署，全面做好思想政治建设。利用理论中心组、专家报告会、培训班、滕州大讲堂等多种形式，学习党的十八大、十八届三中、四中、五中全会精神和习近平总书记系列重要讲话精神，引导党员干部用新的发展理念武装头脑、指导实践、推动工作。滕州市委中心组荣获"全省2015～2016年度先进县级党委（党组）中心组"称号。

二、坚持发展第一要务，全面提升发展质量效益和水平。一是加快推进工业集群化。设立2亿元工业转型振兴专项基金，继续推动机械机床、煤化工及精细化工两个千亿元产业集群"大转强"，实施总投资20亿元的联想60万吨甲醇、总投资6.2亿元的新能36万吨甲醇扩能技改。中国玻璃城项目一期投入运营，玻璃精深加工产业集群成功创建"国家火炬计划特色产业基地"，中国玻璃城创业园入选省智慧园区建设试点。卷烟厂异地技改项目投产运行。中材科技锂膜材料项目一期开工建设。滕州经济开发区在全省136家省级经济开发区中列第5位。实施创新驱动战略，突出企业创新主体地位，围绕产业链部署创新链，通过技术合作、资本运作、兼并重组、配套协作等多种形式突破核心关键技术，新批准建设省级工程技术研究中心1家、枣庄市工程技术研究中心3家，新备案院士工作站2处、省级科技企业孵化器1家、省级众创空间1家，新增国家"万人计划"专家2人、省"泰山产业领军人才"2人，新认定国家高新技术企业9家，总数达到53家；高新技术产业产值达到334.55亿元，增长6.57%，占规模以上工业总产值的比重为25.59%，比上年提高2.13%；投资1.67亿元建成滕州人才创新驱动中心暨创新创业基地，北京航空航天大学发动机叶片磨削阵列机床研发基地落户滕州，采取政企校联合办院模式，成立北京理工大学鲁南研究院、枣庄市北航机床创新研究院。推进质量品牌战略，在研发设计、品牌创建、市场开拓、资金投入等方面给予支持，以品牌创新带动企业全面创新，新增山东名牌5个、山东省省长质量奖提名奖1个、枣庄市市长质量奖1个；ISO9000质量管理体系认证178家，能源管理体系认证12家；新参与制定国家标准7项、主导制定地方标准1项。二是加快推进服务业专业化。围绕打造辐射周边地区的区域性休闲旅游中心、商贸中心等“十大区域性中心”，稳步推进专业市场群和服务业重点项目建设“双千亿”工程。限上企业发展到303家，服务业增加值达到450亿元，建筑业产值实现200亿元。微山湖湿地景区被确定为全国首家湖泊湿地类“中国慢生活休闲体验景区”；A级以上景区达到18处，获评全省首批首个优秀旅游城市。总投资30亿元的红星美凯龙全球家居生活广场投入运营，总投资50亿元的保利海德佳园、总投资10亿元的鲁南装饰大世界升级改造等项目快速推进，滕州被列为首批“国家全域旅游示范区”创建单位。过亿元专业批发市场发展到47处，现代物流企业发展到48家，货运总量连续第四年位居全国县级第一。推进鲁南电子商务物流产业园、“互联网+干杂海货市场”等项目建设，实施电子商务进农村计划。累计引进电商企业200家，发展特色网店3500家。三是加快推进农业现代化。以“两区一试点”建设统领农业发展，完善新型农业经营体系，加快转变农业发展方式，促进农业增效、农民增收。农业生产条件持续改善，农业机械总动力134.64万千瓦，综合机械化水平达到89%，小麦、玉米等粮食作物基本实现全程机械化。国家现代农业示范区建设在全国率先基本实现农业现代化；农业改革与建设试点工作位列全国十强，跻身全国农业改革第一方阵。实施农业品牌建设，“滕州马铃薯”被评为山东省首批知名农产品区域公用品牌，“北大仓”面粉被评为山东省首批知名农产品企业产品品牌，新认证“三品一标”10个，总数达到206个。加快培育新型农业经营主体，新发展农民专业合作社280家，总数达到1970家，新创建国家级示范社1家、省级示范社2家。做好供水工作，完成羊庄水源扩容及马河水库应急水厂建设，日增供水能力6万方，实现地下地表双水源供水、多水源保障。科学调配水资源，鼓励企业使用客水，实施鲁南化工、新能凤凰等企业水源置换。四是加快推进全域城镇化。深入开展省级新型城镇化试点，加快构建“一体两翼、四副六点、一轴三区”全域城镇化发展格局，打造人民满意的现代宜居城市。开工城建项目149个，完成投资125亿元。围绕打造精品城市，实施城市道路工程18项，整治改造背街小巷14条，新增绿化面积15万平方米；实施棚改项目22个，回迁上房率达到96%；实施老旧小区供热管网改造工程，新增供热面积125万平方米；铺设城区污水管网5.5公里，污水处理率达到96.1%。高铁新区实施平安路、飞龙大道等7条道路和桥梁建设，完成宫河路、站前南北街等干道路建设8条次，初步形成“四纵四横”骨干路网体系，被新华社评为“全国十佳最具活力新区”；光大环保能源发电一期等项目投入使用；六合安置社区、山东化工技师学院新校区、奥特莱斯生态购物小镇等项目进展顺利。注重城乡统筹发展，扎实推进城乡道路、公交、供水、燃气、环卫、污水处理六个一体化，建成“户户通”工程1251公里，村村通公路里程达2620.2公里；更新更换新能源公交车498辆，镇街公交覆盖率达到90%；实施城乡燃气一体化“镇镇通”工程，铺设天然气管网61公里；新型农村社区建设稳步推进。加强城市管理，持续开展集贸市场、“六小”行业、背街小巷、老旧小区整治等创城攻坚行动，硬化前进街、安乐街等背街小巷8条，升级改造北辛路等道路；封闭70个老旧居民小区直通式垃圾道740个，添置垃圾桶1478个。加快重大基础设施建设，庄里水库、南水北调调蓄水库（墨子湖）进展顺利，S343北留线改建工程建成通车，枣菏高速滕州段、S345枣济线、滕州新港、滕州至枣庄新城快速公交等工程以及济微线滕州段、枣梁线枣庄北转盘至滕州市木石段改建工程等一批省道工程扎实推进。五是大力推进镇域特色化。抓好特色经济，深化扩权强镇改革，逐步推行滨湖镇“大部制”改革做法，赋予镇街更多发展自主权。西岗镇被列入全省新型城镇化综合试点镇，西岗、级索、滨湖3个镇分别获评全国千强镇、国家级重点镇和山东省新型城镇化示范镇，滨湖镇被列入省级行政管理体制改革试点镇。

三、深化重点领域改革，充分激发发展活力。对接国家、省市重大政策举措，多项改革成为国家和省级改革典型样本。一是加快行政管理体制改革。加大简政放权力度，打造“四张清单一个平台”权力运行体系，建立全省一流的政务服务中心，在全省县级率先开展“电视问政”，实行公共服务窗口“全时通”办事无休日工作法。深化综合行政执法体制改革，整合城市管理、住建、规划等16个领域行政执法权，组建市综合行政执法局。按时完成党政机关公务用车制度改革。二是加快农村综合改革。全面完成农村土地承包经营权确权登记，不断深化“三位一体”农村土地产权制度改革，在全省率先开展农村房屋抵押贷款和马铃薯等蔬菜目标价格保险试点。培育新型农业经营主体，新发展农民合作社64家、家庭农场14家，新增土地流转面积1.7万亩，累计流转面积38.7万亩。启动洪绪镇农村集体经济发展试点，探索实施土地股份合作、物业经济、混合经营等3种集体经济发展模式。供销合作社综合改革试点工作通过各级验收，农业社会化服务、实体性合作经济组织建设、基层社提升改造、村社共建等工作走在全省前列。三是加快社会管理体制改革。深化教育体制改革，实行阳光招生，实现“零择校”；破解大班额难题，加快中小学幼儿园建设项目，完成36处。深化医药卫生体制改革，实现药品零差率销售。深化社会保障制度改革，建立城乡一体的居民基本养老保险和基本医保制度，278家机关事业单位、3.3万名参保职工完成机关事业单位养老保险改革；实行低保政策和扶贫政策衔接，因人因地施策，确保贫困人口应保尽保。四是加快金融改革。农村资金互助社发展到13家，青岛银行滕州支行试营业，交通银行、日照银行如期筹建，已发展银行业金融机构12家、保险机构36家、证券公司2家。

四、加强生态文明建设，持续提升环境质量。一是深入开展大气污染综合治理。抓好城市扬尘、汽车尾气、工业废气、渣土运输、油烟烧烤、化工异味等专项治理，关停整改砖瓦生产企业、储煤场84家，全年空气优良天数同比增加69天。全面构建“治、用、保”流域治污体系，持续加大新薛河、滕河等河流水系治理力度，出境断面水质达到国家南水北调标准要求。二是强化节能减排。实施减排项目57个，四项污染物COD、氨氮、二氧化硫、氮氧化物分别削减1520吨、180吨、3500吨、4200吨，分别较上年减少7.88%、8.5%、11.1%、19.5%，万元GDP能耗同比下降3.7%，完成主要污染物总量减排目标任务。三是狠抓生态修复。综合治理水土流失8平方公里，新增成片造林4.3万亩。四是开展美丽乡村标准化建设。无害化卫生厕所改造4万户，新建地埋式污水处理站4个，新增露天垃圾处理站3处。累计建成美丽乡村280个，创建国家级生态镇7个、省级生态镇11个、枣庄市级生态镇7个、枣庄市级生态村93个。

五、持续提升民生保障水平，努力实现共建共享。一是落实各项民生政策。实施扩面增收、社保惠民、全员保障、基金安全四项工程。实现企业养老保险扩面8010人，社保费征收创历史新高。拨付各类社保待遇33.25亿元。实现城镇新增和农村劳动力转移就业5.1万人，开展就业技能培训10929人，帮扶586名就业困难人员实现稳定就业，城乡登记就业困难人员实现动态消零，城镇登记失业率控制在3%以内。深入实施小额担保贷款“快易贷”工程，组织创业培训1282人，发放小额担保贷款3100万元。二是加快脱贫攻坚步伐。健全党员干部包保扶贫工作体制，通过发展生产、易地搬迁、生态补偿、发展教育、社会保障兜底“五个一批”实现贫困人口脱贫。加大扶贫财政投入，各级投入财政专项资金3150.9万元；突出项目实施，安排产业扶贫资金2294万元，实施产业项目102个；稳步推进金融扶贫工作，安排金融扶贫资金550万元，在枣庄市创新“让利贷模式”，发放“让利贷”1000万元。滕州市被省扶贫办确定为“全省金融扶贫试点县”。三是抓好各项社会事业发展。推进教育事业，实施“全面改薄”、解决中小学大班额和第二期学前教育三年行动计划三项重点工作，18处城镇普通中小学大班额建设项目、19处农村中小学幼儿园建设项目扎实推进；初中入学率达到100%，义务教育巩固率达99.1%，学龄前儿童入园率达86%，本科录取6062人，录取率比全省平均水平高出11.7%。改善医疗卫生条件，全市卫生机构达到1000个，医疗卫生机构实有床位数7802张，卫生技术人员11215人，被评为全国计生优质服务先进单位。健全完善养老服务体系，社会养老服务机构达31个，拥有床位8500张；最低生活保障救济38025户、60387人，农村五保供养7387人。发展文化事业，实施龙泉塔、老县衙、王家祠堂等保护修缮工程，新建滕州市城市历史变迁图片展览馆和文化馆分馆；新建、改造、提升镇街综合文化中心6处，村居文化大院408个；深入实施文化惠民工程，开展大型文化活动360场次。成功举办第十一届国际墨子鲁班学术研讨会暨第六届墨子文化节。完善体育基础设施建设，投资1.5亿元的游泳馆主体工程完工；承办省级以上赛事赛会11项、全市群众体育比赛活动60次。

四是创新社会治理。加强“平安滕州”建设，抓好城乡社区网格化管理信息系统深度应用和综治中心规范化运行及治安防控、视频监控建设；探索建立打、防、查、控一体化“全时警务”新格局，整合巡警、特警和城区派出所警力，建立健全“网格化”巡逻防控机制，群防群治，在全市环卫、公交建立7000人的“平安志愿者”队伍。推进法治滕州建设，建立完善矛盾纠纷多元化解机制，滕州市在“全省矛盾纠纷多元化解工作会议”上作典型经验介绍；完成调解专家库组建工作；积极推进“一村居一法治副主任”工作；创新成立“滕州中立和解法律服务社”。开展“食安滕州”系列提升行动和食品药品安全专项整治，贯彻落实“四个最严”和“四有两责”，全面提升食品药品安全保障能力和治理水平，被省食安委评为全省首批“食品安全先进市”。

六、落实全面从严治党责任，加强党的建设。一是推进“两学一做”学习教育。紧扣“基础在学、关键在做”要求，抓好关键动作落实。注重学做结合，引导党员立足岗位、服务中心，争创一流业绩。坚持严督实导，各级党组织查摆问题5262个，整改4685个。省委督导组对“两学一做”专题教育工作给予高度评价。二是加强领导班子和干部队伍建设。牢牢把握“20”字好干部标准，坚持“凡提四必”。认真执行换届纪律“九严禁”，落实“四必谈”“四必看”“四必训”。做好各级“两代表一委员”推选工作，完成市党代会、人代会、政协会各项组织工作。通过举办滕州大讲堂、十八届六中全会宣讲、干部集中轮训、“名师送教”、干部在线学习等形式，抓好干部教育培训。从严干部管理监督，编发《党章党规禁令清单》。严格干部人事档案专项审核，搞好党政主要领导干部离任交接。做好科学发展目标考核工作，发挥考核“指挥棒”作用。三是狠抓基层党组织建设。从严落实党建责任制，提高党建在经济社会综合考核中的权重，改进机关党建考核机制，扎实开展基层党（工）委书记抓基层党建述职评议考核、基层党建项目观摩评议。推进第一书记助力提升计划和村级组织“铸核强心”工程，抓党建促脱贫的经验做法被中组部《组工信息》《山东组工调研信息》刊发；改进完善村书记星级管理制度，出台“二元多维精准定星”考评办法。推进街道社区区域化党建，成立枣庄首家社区党委，四个街道党委改设党工委。推行城市社区“五位一体”管理模式，全省区域化党建工作现场会介绍滕州经验。四是推进党风廉政建设。履行主体责任，制定出台《滕州市落实党风廉政建设“两个责任”清单（试行）》。支持纪委履行监督责任，狠抓“四风”和腐败问题查处；编印《党员干部党规红线手册》，实现源头治理长效化、常态化。

（市委研究室）

组织工作

【“两学一做”学习教育】 一是周密安排部署。召开学习教育座谈会、培训会，分层次开展专题培训85期，培训党务干部8670人次。制定总体方案和5个分领域方案，分类指导，层层传导压力。组织各级党组织专题学习十八届六中全会精神3800次、讨论4000次。二是突出以上率下。建立市委常委“两学一做”提醒函

2016年4月25日，全市"两学一做"座谈会召开

制度，落实县级以上党员领导干部双重组织生活制度，县级领导干部累计到所在支部和联系点讲党课110次，并以普通党员身份参加所在支部学习讨论。组织党组织书记、先进模范、专家教授深入一线讲党课，举办各类党课5000场，集中学习1.9万次、专题研讨1.1万次。三是注重学做结合。创新"千百十"评选机制，遴选1000条优秀学习感悟集结成册，在报纸、网络设专栏展播。开展"两学一做"知识竞赛、演讲比赛，利用"两微一端"，制作党员教育微视频、微动漫，开辟"在线学习"竞赛专栏，开设微信公众号，抓实在线学习。开展庆祝建党95周年、"不忘初心、继续前进"大讨论、预备党员"送喜报、戴党徽，学党章、当先锋"、向环卫处党总支学习等系列活动，激发干事创业热情。四是坚持严督实导，压实责任。坚持问题导向，建立问题清单、整改清单、责任清单"三张清单"，督促抓好整改。《山东省"两学一做"学习教育情况通报》刊发滕州做法。

【县乡领导班子换届】 一是从严换届考察调整。牢牢把握"20"字好干部标准，坚持重德才、凭实绩、看民意，坚持人岗相适，严格"四凡四必"，把握换届结构要求，全额定向推荐新一届镇领导班子成员，精心选配新一届镇领导班子。做好"三类人员"选拔，认真组织市党代表、人大代表候选人考察，杜绝"带病提名"。二是抓好宣传引导。落实"四必谈""四必看""四必训"要求，编印《换届工作手册》1500本、《换届纪律提醒卡》1000份、《换届应知应会内容和纪律要求》口袋书1000本，累计组织谈心谈话1400人，培训换届工作骨干600人，组织集中学习观看"一片一书"6000人次，切实做到换届纪律"九严禁、九个一律"等要求。开展换届"我承诺"，市委常委和其他县级干部、镇街党政正职、换届考察组成员等有关人员，逐人签订严守纪律《承诺书》。在"两微一端"设立"以案说纪""学习与警示""换届纪律大家谈"等栏目，开通"换届风气党建微信"，实时推送换届信息。三是强化换届风气监督。将换届风气监督情况纳入年度综合考核体系，与党委书记逐人签订《换届风气监督责任状》，制定《换届风气监督主体责任清单》，严格落实严查快办、一案双查等要求。《中国组织人事报》《山东组工信息》刊发滕州做法。

【干部队伍建设】 制定《干

部培训主体班次计划》和《干部专题培训班计划》，举办滕州大讲堂、十八届六中全会宣讲、房屋征收补偿政策培训等各类培训班21期，完成上级调训32次，培训干部3200人次；分4期集中轮训科级干部。举办“名师送教”行动24场次，培训干部3000人次。利用齐鲁先锋干部在线学习平台抓好日常教育，在线学习总量达7万学时。以党章、《纪律处分条例》等为重点，结合信访举报和典型案件梳理易发风险点，编印《党章党规禁令清单》口袋书，发放到3780个基层党组织及1600名科级干部。严格做好干部人事档案专项审核，累计审核干部档案1579卷。组织48名党政主要领导干部离任交接。加大与法检等12家执纪执法部门沟通，发挥“12380”电话、来信、网络、短信和来访“五位一体”综合举报受理平台作用，及时查处有关问题。

【基层组织建设】 一是全力推进党建责任制落实。严格执行镇街党委书记抓基层党建工作专项述职评议考核制度，建立健全党委书记抓党建问题整改、书记项目“两个台帐”和责任清单、任务清单、问题清单“三张清单”，开展督导6次，确保党建责任落实到位。把党建作为综合考核的“硬杠杠”，大幅提高指标权重。二是突出抓好基层带头人队伍建设。实施“铸核强心”工程，举办村书记培训班4期、培训1248人；指导镇街集中培训党员112期、3.5万人。实行村干部档案“一案一档一台账”管理，市级对村书记实行备案管理。完善村书记星级管理制度，出台《滕州市村（居）党组织书记“二元多维精准定星”考评办法》，采取“考事”与“考人”相结合、多项考评指标互验证方式，评定三星级以上村书记213人，并将三星级以上村书记财政奖励资金翻番。加大待遇保障力度，村书记基本报酬实现市财政统筹“一卡通”按月发放，1339名正常离任村书记全部落实生活补贴。三是全面推进各领域党建。坚持抓两头带中间，抓重点带全盘，通过党建示范点建设带动整体工作提升，举行基层党建现场观摩会，集中评议各镇街。枣庄市“三年双百集中行动”推进会在滕召开，滕州在枣庄市基层党建现场观摩会上作典型发言。在农村，实施薄弱村提升“双百双带”工程，转化提升软弱涣散村86个。增加村级组织运转保障资金投入，村级组织运转经费村均达到6.92万元。做好大学生村官管理服务及考核考察工作。在城市社区，强力推进社区工作服务用房建设，完成建设项目功能提升22个和建设指标18个。深化推广“五位一体”工作机制，在全省城市街道、社区区域化党建工作会议上作典型经验介绍。推进城市街道、社区党建区域化，完成街道党委改设党工委，成立枣庄首家社区大党委，探索实行区域化党建“265”模式，省委改革办《改革情况交流》推广滕州经验，并上报中央改革办。做好“两新”组织党建、国有企业党建，把党组织建在产业链上，不断扩大“两个覆盖”。大力实施“党建红”工程，推进非公企业党建“三年行动计划”，发挥党组织的政治功能和服务功能，促进“两新”组织发展提质增效。四是扎实开展第一书记抓党建促脱贫。实施第一书记“助力提升计划”，实现各类扶贫政策资源向第一书记任职村倾斜。开展第一书记日常管理和培训，提高第一书记为民服务能力，涌现出“女汉子”书记赵伟、电商书记詹伟、金融书记朱超、中草药书记贾媛媛等典型，叫响“抓党建促脱贫·第一书记在行动”的口号，《枣庄日报》头版头条刊发。五是持续强化党员队伍建设。探索建立党员教育常态化机制，指导基层规范落实“三会一课”、党员活动日等制度。把严肃党内政治生活纳入基层党（工）委书记述职评议考核。宏观指导发展党员工作，创新实行基层党委书记与新发展党员谈心谈话制度，票决党员发展对象860名。实施农村发展党员“2+1”帮促模式，解决发展党员薄弱村居218个。坚持入党积极分子公推直选和量化评价淘汰制度，新增入党积极分子1480名、淘汰466人；举办培训班128期，培训入党积极分子13000名。抓好党员走访慰问、党费收缴管理、党员组织关系集中排查以及党代表和党员违纪违法未给予相应处理情况排查清理等工作。完善远教站点学用管理，做好“滕州市党员网校”建设和课件制作等工作。

【人才工作】 一是进一步优化人才发展环境。组织规模以上企业人才状况调查、人才政策送企业等活动，累计走访调查规模以上企业477家，制定出台《关于开展“人才支企”工作的意见》《促进工业转型升级提质增效有关政策》等政策措施。开展党委联系专家活动，县级领导干部一对一与优秀人才和专家结成“帮扶对子”。二是搭建人才引进平台。举行国家“千人计划”专家滕州行活动，13名“千人计划”专家集聚滕州推介项目、合作洽谈，与2位“千人计划”专家签订战略合作协议。高标准完成占地201亩、建有1.8万平方米高科技办公楼和4.2万平方米高科技产业化车间的全省首家人才创新驱动中心建设；与北理工、北航等科研院所合作，设立北理工（滕州）功能高分子材料研究所等研发平台4个，30名专家学者进驻中心工作，北京理工大学鲁南研究院签约挂牌。威智医药公司获评省级工程实验室、悟通香料有限公司被评为博士后创新实践基地，枣庄市级以上企业科研平台260家，其中国家级52家，省级83家。三是实施重点人才工程。按照“一个主管部门主抓一类人才管理服务、一个工作班子盯紧一名高层次人才引进、一名领导干部联系一名高层次拔尖人才”“三个一”模式，灵活采用挂职兼职、院士服务团、周末工程师等柔性方式，累计引进各类创新人才50人，为企业推荐高层次人才20

滕州市人才创新驱动中心

人。有18名入选省以上重点人才工程，其中国家“万人计划”专家2人、省“泰山产业领军人才”2人、西部经济隆起带急需紧缺人才项目2人、齐鲁首席技师4人、齐鲁和谐使者1人、枣庄英才7人。

【科学发展综合考核】 细化目标责任，健全责任体系，深化亮牌警示制度，一月一调度指标数据，召开指标推进会议3次。召开经济社会发展综合考核工作会、培训会，下发经济社会发展综合考核办法，调整理顺市直部门考核分组，将创建国家卫生城市、扶贫开发、棚户区改造等中心工作列入考核内容，组织往年观摩项目成长情况“回头看”考核。

（市委组织部）

宣传工作

【理论教育】 一是强化理论学习。制定下发市委中心组理论学习计划、各级党委中心组理论学习意见和科级干部理论普法学习意见，精选《习近平总书记重要讲话读本》等34种学习资料，组织各镇街、各单位抓好学习。二是深化理论宣讲。以宣传贯彻党的十八届五中、六中全会精神为重点，以学习宣传习近平总书记系列重要讲话精神为主线，组建市委宣讲团和百姓宣讲团，组织“我与中国梦”百姓宣讲、“中国梦·小康情”优秀百姓宣讲员宣讲比赛等活动，全市共举办各类报告会400场次。三是拓展宣教阵地。充分利用滕州大讲堂、鲁班学堂、善国讲坛、道德大讲堂等宣讲阵地，广泛组织开展理论政策进万家活动；在滕州日报、滕州文明网等媒体、网站开设理论教育栏目，不断拓宽理论学习渠道。

2016年11月17日，全市学习贯彻党的十八届六中全会精神宣讲报告会举行

【舆论引导】 一是坚持正确导向。坚持团结稳定鼓劲、正面宣传为主，抓好市委、市政府中心工作的宣传，通过新闻例会、新闻通气会等新闻舆论宏观管理形式，安排市级新闻媒体统一开设“引领新常态、彰显新作为”“开展两学一做、争当时代先锋”等专题专栏27个，进一步弘扬主旋律，传播正能量。二是扩大对外宣传。邀请接待新华社、经济日报、大众日报、山东电视台等主流媒体来滕采访260人次。各级在枣庄市级以上新闻媒体刊播发稿件8800篇（条），其中中央级媒体重点稿240篇（条）、省级媒体重点稿1100篇（条）。5月，30家中央、省级主流新闻媒体走进滕州，集中报道玻璃产业创新发展等供给侧改革成果。

【网络宣传】 一是创新工作格局。把互联网作为意识形态工作的主阵地，建立专家层、核心层、骨干层、基础层“金字塔”式四级平台处置机制，得到省网信办高度认可并在全省推广。二是加大正面宣传。在重点贴吧、论坛、网站策划发布正面宣传引导帖文1000个，在枣庄市级以上网络媒体播发新闻稿件2300篇（条）。三是拓宽宣传渠道。主动深入研究网络传播的特点和规律，与知名“两微一端”沟通联系，登记备案微信公众账号，“滕州快讯”“大美滕州”等一批政务微博微信运行良好。

【文化发展】 一是打造特色文化品牌。“墨子研究”被列入全省“齐鲁优秀文化传承创新工程”，省政府批准举办第十一届国际墨子鲁班学术研讨会暨第六届墨子文化节，标志着墨子文化研究上升为省级文化发展战略。二是提升文化服务效能。完成新博物馆陈列布展招标、市图书馆升级改造，新建市图书馆北辛中学分馆、市美术馆和家园分馆；镇街综合性文化服务中心全部完成改造提升；21个枣庄市级贫困村建成文化大院（文化活动室）。继续实施“一村一年一场戏”“一村一月一场电影”文化惠民工程。三是加快发展文化产业。微山湖古镇被评为第五批山东省文化产业示范基地，凤凰乐园建成投入使用，龙腾水郡文化创意产业园楼体全部封顶；滕州市玻璃文化产业园跻身2016年第一批10个国家级火炬特色产业基地。四是组织创作文艺精品。大型古装柳琴戏《墨子与鲁班》成功公演，做好大型古装戏《孟姜女》复排工作。柳琴戏“名家授徒”项目成功入选文化部“名家传戏”工程，成为全省唯一入选的县级项目。五是开展公益文化活动。组织举办各类大型群众性文化活动和特色文化活动50场次。六是加大文物保护力度。实施历史建筑修缮保护工程，龙泉塔修缮保护及防雷、张氏祠堂二期修缮保护、陶山顶遗址摩崖石刻维修等工程圆满竣工。

【精神文明创建】 一是扎实推进文明城市创建。实行创建全国文明城市网格化帮包责任制，实施市民素质提升工程，开展诚信滕州品牌塑造等十大特色创建活动。组织创城新闻宣传和公益广告宣传，营造浓厚创城氛围。做好创城迎检工作，顺利完成年度测评任务。二是抓好公民道德建设。深入实施四德工程，建成道德主题广场200个。志愿服务常态化，志愿者服务队伍发展到67支，每年开展志愿服务活动1000次。

2016年3月5日，第三届全市道德模范暨2015年度“最美滕州人”颁奖典礼举行

充分挖掘凡人善举，举办第三届道德模范暨2015年度“最美滕州人”颁奖典礼；向中央文明办推荐身边好人线索，入选中国好人6人、山东好人8人。三是加快建设美丽乡村。实施新一轮乡村文明行动，以城乡环卫一体化和移风易俗为载体，指导各创建村大力开展村庄绿化、道路硬化、环境美化，美丽乡村建设稳步推进，新建省级文明村镇5个、文明社区2个、乡村文明家园3个。

（陈 振）

统战工作

【思想政治引领】 贯彻落实党的统一战线方针政策，凝聚各方面智慧和力量，服务发展大局，强化政治引领，教育引导广大统战成员不忘多党合作初心，继续携手前进，衷心拥护以习近平总书记为核心的党中央。指导各民主党派、工商联换届工作，完成民革、民盟、民建、农工党、九三学社5个民主党派基层组织和市工商联换届任务，实现新老交替和政治交接。基层组织建设更加健全充实，年龄、知识、专业、性别结构更加科学合理。深化民主党派、无党派人士坚持和发展中国特色社会主义学习实践活动和非公有制经济人士理想信念教育实践活动，统一战线共同思想政治基础进一步巩固。

【民主协商】 加大党外干部选拔使用力度，有1名党外副科级干部提拔为正科级，1名正科级党外干部被提拔为副县级，4名优秀年轻党外干部提拔为副科级，其中1名进入镇政府领导班子，2名少数民族干部提拔为副科级并进入镇党政领导班子。提高党外代表人士政治待遇，146名党外人士被选举为枣庄、滕州两级人大代表，262名党外人士被安排为枣庄、滕州两级政协委员。推进社会主义协商民主制度建设，协助市委制定年度政治协商计划。组织开展“我为滕州发展献一策”调研活动，引导统战成员围绕市委、市政府中心工作深入调查研究、献计出力。推动与政府协商，做好在政府部门中与民主党派、工商联和无党派人士联系工作，召开市卫计局与农工党滕州总支对口联系座谈会。进一步完善特约人员工作制度，市人民检察院聘请8名民主党派人士和无党派人士担任特约检察员。协助民主党派和无党派人士开展“同心服务社会”活动（民革滕州总支开展心理咨询、服务台属企业活动，民盟滕州总支开展送教下乡、烛光行动，民建滕州市基层委员会组织的视力保健校园行、思源助学工程，农工党滕州总支组织的“中国环境与健康宣传周”义诊，九三学社滕州市基层委员会为幼儿园儿童义务查体等特色品牌活动），服务社会发展和民生改善。

【经济统战工作】 坚持一手抓鼓励支持，一手抓教育引导，促进非公有制经济健康发展和非公有制经济人士健康成长。认真学习贯彻习近平总书记在全国政协民建、工商联界别联组会议重要讲话精神，引导非公有制经济人士依法依规办企业，专心致志搞经营，努力构建“亲”“清”政商关系。深入开展非公有制经济人士理想信念教育实践活动、政治引领和教育培训，向非公有制经济代表人士赠送《苦难辉煌》《新动力》等理想信念教育书籍300套。用好光彩事业等载体，引导组织非公有制经济人士开展“光彩扶贫”“光彩助学”活动，资助贫困家庭22户、贫困家庭学生86人，捐助资金和物资总价值达10万元。做好非公有制经济人士综合评价工作，选拔思想政治强、行业代表性强、参政议政能力强、社会信誉好的非公有制经济人士参加人大、政协、工商联工作。

【民族宗教】 争取各级少数民族发展资金和民族宗教事业专项资金168万元，实施少数民族民生工程5个。深入开展民族团结进步创建“六进”、民族团结进步宣传月、和谐宗教活动场所创建、宗教法规宣传月、慈善周、“教风年”等主题活动，加强私设宗教场所整治、基督教“团契”、功德箱整治等，打击非法宗教活动，保障信教群众合法权益。依法并妥善处理涉及民族宗教因素的矛盾纠纷，实现民族宗教领域和谐稳定。

（杜　哲）

市委办公室工作

【决策服务】 一是政研文秘工作。高质量起草领导讲话、致辞等文稿260篇，撰写调研报告20篇，其中5篇获省、市优秀调研成果奖；编辑《滕州工作》12期、文稿520篇。二是改革办工作。承担的33项国家和省级改革试点任务，完成15项，其余各项按计划稳步推进；编发《改革动态》183期、市委领导批示15期，其中《滕州市成立城市社区大党委探索区域性党建新模式》被省委改革办《改革情况交流》刊发；通过枣庄市考核验收，考核成绩名列前茅。三是农工办工作。在三夏、三秋期间下发简报30期；AB级美丽乡村达到380个，通过枣庄市考核验收，获得枣庄市综合考核第一名；省委机关刊物《调查与研究》刊发滕州市“一村一品”量身打造美丽乡村的经验做法。四是信息工作。编发《信息快报》163期、《滕州信息》52期，市委领导批示26次；上报信息1906条，枣庄市委、省委和中央办公厅分别采用120条、27条、1条；市委办公室被省委办公厅表彰为“全省党委系统信息工作先进单位”。五是督查工作。开展督查事项160项，实地督查次数800次，编发《督查通知》《督查通报》《督查专报》《滕州督查》等文件353期；针对市委、市政府领导高度关注的重点项目建设、创建全国文明城市和全国卫生城市等90项重点工作，开展专项督查，以重点工作落实带动整体工作推进；办理各级各类领导批示事项750件，办结率达98.5%以上；办结枣庄、滕州两级市人大代表建议和政协提案402件；组织上报督查调研文章11篇，其中被省委、省政府采用3篇，被枣庄市委、市政府采用8篇。

【综合协调】 坚持以制度规范综合协调工作。主动做好同市几大班子和职能部门、上下级之间的沟通联系，保障各方面工作协调运转。注重强化制度保障，细化责任分工，提前编报《市领导今日活动》，实现工作规范、超前；筹办大型会议、活动150次，确保会议活动圆满成功；转报《要情快报》700期，下发通知1200次，实现重要信息及时准确传递。

【运转保障】 一是公文处理工作。先后制发文件、文稿309件，接收办理上级来文1644份，实现呈送流转程序清晰、运作规范。二是行管接待工作。坚决落实厉行节约反对浪费各项规定，规范公务接待管理，累计接待来滕考察领导、嘉宾400次。抓好车辆运行、物品配备管理，切实保障办公需要。三是财务管理工作。落实公务费用管理和预算改革要求，确保各单位日常支出。四是信息化工作。以“智慧滕州”建设为总目标，推进社会各领域信息化，预算投资5亿元的大数据中心项目开工建设。五是机要工作。以“确保密码使用优质高效，确保密码管理安全可靠”为目标，办理电文2562份，实现零延误、零差错。六是保密工作。突出宣传教育、保密检查、监督管理等重点环节，开展专项督导检查、集中清理整顿活动，确保党和国家秘密绝对安全。市保密局被评为新华社内参发行工作先进单位。

（市委办公室）

信息化建设

【概况】 以“智慧滕州”建设为总目标，努力推进社会各领域信息化，取得显著成效。滕州市被列入山东省信息消费试点市，连续两年每年都从省财政争取专项扶持资金50万元；中国滕州网实现全省县级政府网站绩效评估八连冠；市信息化中心被评为山东省信息安全先进单位。

【“智慧滕州”建设】 一是初步完成“智慧滕州”顶层设计工作。发放调查问卷200份，召开专题座谈会10次，经公开招标确定顶层设计单位。二是建立工作体制。成立由市长任组长、分管市长任副组长的“智慧滕州建设工作领导小组”。三是稳步推进重点项目。滕州大数据中心、智慧滕州运营服务中心项目启动建设，“滕城一卡通”、智能路灯合同能源管理项目具备实施条件。四是基本实现“i-Tengzhou”无线宽带免费体验区建设。先后检查维护火车站广场、市政务中心广场等6处公共场所无线设备20次。

【信息化建设】 一是明确管理职责，规范操作使用，硬件维护170次。二是开展网络及IP申报工作，投影布设、播放120次，累计完成网络改造申请、IP地址等130次，电脑软硬件和网络维护340次。三是保障中心机房核心业务系统服务器群正常运行，定期灾备处理中心机房20台服务器、虚拟机。

【电子政务】 一是搞好市级党政办公网建设。网站采发信息3400条，综合资料库新增资料1400件，总量达5.6万篇，日均访问量达7700人次以上。二是保持电子政务平台高效运行。平台注册用户达5900人，手机用户1300人，累计收发公文达166万件次，业务提醒信息100万条次。三是推进软件正版化工作。拥有正版操作系统50套、正版Oracle数据库1套，并做好登记、发放工作。

【网站建设】 一是打造移动终端上的“政府网站”。中国滕州网更新信息1.7万条，网民来信办结率达100%。“滕州市人民政府”官方微博、微信和手机客户端全面深入应用，发布信息1400条次。二是抢占主流权威媒体空间。完成市领导活动采访报道460次。先后建设宣传专题20个，发布信息1000条。向新华网、人民网、大众网等发布信息680条次。三是规范网站管理工作。规范域名注册管理，维护管理20个镇街、部门门户网站域名，迁移镇街、部门网站70个。四是做好政务信息公开工作。公开镇街、部门信息3700条，总量达到12万条；向枣庄政务门户网站发布信息6000条，公开总量达12.8万条，保持枣庄市第一。

【信息安全】 一是发挥无线电监测站重要作用。先后配合枣庄市检查无线电使用情况4次，上报材料70份。二是营造良好网络舆论环境。新上网页防篡改系统，全部调试安装成功。上报《网络舆情》14期；有效处置网络舆情事件10起，协调处置各类不良信息1300条。三是发挥网络技术优势服务中心作用。协助市编办完成“机构编制实名制管理”工作；配合市委组织部、宣传部等部门成功设计开发调查、投票、考试程序4套。

（市信息化中心）

老干部工作

【开展主题活动】 一是继续巩固群众路线教育实践活动成果。开展“三严三实”专题教育和“两学一做”学习教育。5月12日，省委组织部副部长、老干部局局长厉彦林来滕检查指导工作，对老干部工作给予充分肯定。二是以活动促使老干部工作焕发生机。组织23个代表队、200名老同志参加枣庄市“健身益智”运动会乒乓球、台球比赛；参加枣庄市2016年离退休干部健身益智系列运动会，被枣庄市委老干部局、枣庄市老年人体育协会授予“最佳组织奖”；评选出最美老干部志愿者3名、最美老干部志愿服务组织2个、最美老干部志愿者服务项目1个，上报省局作典型宣传；参加枣庄市2016年离退休干部健身益智系列运动会第二季够级、象棋比赛；举办全市老年人第十六届乒乓球比赛，150名老同志积极参与；20名优秀老干部网宣员代表参加枣庄市离退休干部网络宣传员培训会。

2016年5月12日，省委组织部副部长、老干部局局长厉彦林、副局长宋文军一行到滕州调研指导老干部工作

【老干部党建】 一是党组织建设和思想政治建设。召开市离退休干部工作领导小组暨离退休干部党工委成员工作会议，就2015年老干部工作情况及下步工作打算进行述职。全面、系统采集100个党支部、83个党小组基本信息，进一步激活离退休干部党组织的活力。二是开展“两学一做”学习教育。下发《关于在滕州市离退休干部党员中开展“学党章党规、学系列讲话，做合格党员”学习教育实施方案》；举行离退休干部党员“两学一做”学习教育专题报告会，邀请枣庄市委党校教育长、教授赵烽作“准确把握‘两学一做’学习教

育的时代要求”专题辅导；举行“两学一做”送学上门活动，派专人向22名离退休老干部送上《党章》《习近平总书记系列重要讲话读本》《党章党规禁令清单》等学习资料；在滕州市离退休干部党员中开展“不忘初心——我的入党故事”主题征文活动；举办滕州市离退休干部党支部书记暨老干部工作者培训班。

【落实待遇】 召开老干部暨各界人士迎春茶话会，市委主要领导通报滕州市经济社会发展情况。春节期间市委、市政府主要领导和各单位主要领导走访慰问412名离休干部和45名县实职离退休、提前离岗休息老领导；中秋期间走访慰问四大班子老领导及单位老领导，强化党组织对老干部的人文关怀和礼遇尊重。做好企业破产离休干部“两项经费”发放工作。为破产企业离休干部所在主管部门发放“两项经费”6.6万元；完善特困离休干部及遗属帮扶机制，做到动态管理、应帮尽帮；集中救助78名困难老干部及遗属，发放救助资金4万元。落实老干部政治待遇，组织四大班子县级实职离退休、提前离岗休息老领导、市委老干部工作联络员、市军干所离休干部代表27人，视察重点项目建设现场；召开换届工作情况老干部通报座谈会，市领导向四大班子实职副县级以上职务的离退休老干部通报市镇两级换届工作情况。

全市老干部暨各界人士迎春茶话会

【活动中心建设】 一是实施“协会+党小组”党建模式。在已有4个“协会+党小组”模式基础上，新成立读书协会及党小组。二是运用网络新媒体，打造内部文化。邀请《精神家园》电子报编委会主任任守景、副主任徐德平从理论认识到实际操作技能上培训老干部网宣员，引导离退休干部发挥自身优势，打造老干部活动中心内部文化。三是开展活动，助力“两学一做”学习教育。举行“展示阳光心态、争做合格党员”第七届老干部乒乓球比赛；乒乓球、台球、钢琴、棋牌、读书协会党小组认真开展“两学一做”学习教育活动，老干部党员逐字逐句学习党章党规、系列讲话，撰写学习微体会；组织300名老同志填写“我看从严治党新气象”主题调查问卷，征求离退休干部对全面从严治党的看法和建议；举办舞动高铁新区庆祝建党九十五周年——老年大学2016毕业季展演；在离退休干部党组织中，评选出15个“优秀活动日”项目，上报枣庄市委老干部局，并精选3个项目，申报全省离退休干部党组织“优秀活动日”评选。四是做好后勤服务工作，着力改善活动环境和条件。满足老干部学习活动需求，维护修缮、新上活动设施，新增部分图书，努力提高服务管理质量。

【老年教育】 一是完善工作机制，提升管理质量。定期召开校委会、分校调度会，了解情况，解决教学中出现的问题。二是创新教学模式，拓宽教学领域。开设中老年模特、推拿按摩短期培训班；通过远程教育课堂为老年人提供喜闻乐见的教学内容，录制“文学历史”和“卫生保健”等远程课件；举办“庆祝建党95周年第十二届学员毕业典礼暨礼赞高铁新区建设书画摄影展”，省老年大学常务副校长赵明华等莅临指导工作。三是搭建平台，促进作用发挥。举办“纪念反法西斯抗战胜利70周年”“展示阳光心态、体验美好生活、畅谈发展变化”主题系列征文颁奖活动；参加市委宣传部、市文广新局举办的“唱响中国年、共享中国梦”大型专场演出；举行“2016庆国庆迎重阳、院校社区共驻共建文化惠民演出”。

【关心下一代工作】 一是强化基层基础，保持生机和活力。召开关心下一代工作会议，表彰近两年在创“五好”基层关工委活动中表现突出的先进单位109个、先进工作者221名和优秀品牌67个。二是深化主题教育，引导青少年树立和践行社会主义核心价值观。扎实开展党史国史教育活动，召开经验交流现场会议，推动“两史”教育进学校、进机关、进企业、进村居、进家庭；深入开展青少年普法教育活动，推进西岗中学、北辛中学等11所学校参加全国“零犯罪学校”创建工作；承办枣庄市“关爱明天、普法先行”青少年普法教育暨“双创”活动现场会。三是突出抓好留守儿童等弱势群体关爱保护工作。举办“牵手关爱行动”亲情结对暨感受城市活动，为300名农村留守儿童带去温暖；市关工委、市委组织部、市老干部局、市扶贫办携手爱护宝贝及佳贝艾特为67户建档立卡贫困家庭幼儿捐赠12万元的奶粉；举行“关爱希望、共建和谐”大学新生助学金发放仪式，117名大学新生受益；促进农村中小学厨房建设；做好“四点半学校”建设工作，建成具备一定条件和规模的“四点半学校”57个。

（王　璐）

机构编制工作

【统筹推进改革】 （一）持续推进“放管服”改革，转变政府职能。一是明确市综合行政执法局行政权力831项，其中行政处罚794项、行政强制21项、行政征收7项、行政监督8项、其他权力1项。二是调整行政权力70项，其中取消15项，增加47项，调整8项。以滕政发〔2016〕68号文件调整市直部门行政审批中介服务收费项目清单，增加1项，取消3项，保留15个单位行政审批中介服务收费项目30项，明确凡未纳入清单的中介服务收费项目，一律不得作为行政审批的受理条件。推广随机抽查规范事中事后监管工作，以滕职能办函〔2016〕1号文件《关于推广随机抽查规范事中事后监管有关事项的通知》进行安排部署，27个单位建立随机抽查事项157项。政务服务平台与省、枣庄市互联互通，把各部门权力清单置于全省统一的管理平台，各部门行政审批业务进入该平台办理。开展建设项目区域化评估评审工作，印发《滕州市建设项目区域化评估评审工作实施方案》（滕政办发〔2016〕116号），召开专题会议安排部署，稳步推进。完善行政权力清单管理制度，对行政权力事项予以赋码，实现行政权力清单动态管理。依托市级政务服务平台，实行行政许可事项和部分行政权力事项网上办理。（二）全面推进综合行政执法体制改革。制定综合行政执法局“三定”方案和行政权力清单；按照“编随事调、人随编走”原则，稳妥完成改革试点涉及533人移交和执法人员划转整合，并健全综合执法运行机制和工作制度。（三）复制推广滨湖镇“大部制”改革模式。市委市政府出台《关于复制推广滨湖镇行政管理体制改革试点模式的意见》（滕发〔2016〕34号），召开复制推广滨湖镇行政管理体制改革试点模式工作会议，选择东沙河镇、西岗镇、级索镇为复制推广单位。（四）完善镇街行政管理体制建设。印发《关于贯彻落实省市文件精神加强镇街行政管理体制建设的通知》（滕编发〔2016〕26号），调整完善镇（街道）行政机构设置，设立镇街安全生产监督管理办公室、乡村规划建设监督管理办公室，在镇街经济发展办公室加挂环境保护办公室牌子，明确镇街社会治安综合治理办公室承担辖区内道路交通安全监管工作，规范镇街机构设置，优化人员编制配备，创新镇街机构编制管理和人员管理，统筹使用行政、事业编制，发挥镇街在安全生产、建设过程质量安全、环境保护、道路交通安全等方面的监管主体作用。（五）配合做好公务用车制度改革相关工作。会同发改、人社、财政等车改领导小组成员单位，依托机构编制实名制数据库、管理台帐、统计资料等实有数据，核实明确具体参改机构及参改人员范围。（六）开展纪委（监察局）机关内设机构和职责调整工作。印发《关于调整市纪委机关市监察局机关内设机构和职责的批复》，进一步明晰市纪委机关监察局机关内设机构和职责，减少职能交叉，增强监督执纪力度。（七）完成不动产统一登记工作人员划转。市政府成立由分管副市长任组长的不动产统一登记工作领导小组，专题召开人员划转工作推进会，制定《滕州市房地产管理局不动产统一登记工作人员划转方案》，按照自愿报名、好中选优、优中选强的原则，严格把关、审核，划转25人。

【机构编制管理】 一是抓好机构编制事项调查研究和编制资源优化配置。全年受理调研机构编制事项40项，召开市编委会议3次；办理人员录入、调整入编301人，核销编制770人。二是全市机关事业单位中文域名注册费用全部纳入财政预算。涉及机关事业单位803个，其中行政机构70个、事业单位733个（不含生产经营类），所需经费167600元，实现中文域名注册和网站标识“双覆盖”。三是配合搞好解决中小学大班额相关工作。重点支持中小学使用编制补充人员，做到有编即补。全年事业单位用编进人计划实际使用188名，解决“大班额”问题实际使用119名。从镇（街道）调剂中小学教职工编制数320名，主要用于市至善中学、市实验小学、市第二实验小学、市第四实验小学和3个街道所属中小学。四是强化监督检查。开展编制评估市经信局等政府工作部门5个和市供销总社等政府直属事业单位11个的工作。加强监督检查和违纪违规行为预防工作。五是其他机构编制管理工作。按照枣庄市编办等3部门要求，根据市教育局申请，会同财政部门测算核定全市中小学编制，以市政府文件报枣庄市政府审批，核定中小学教职工事业编制10602名。与卫生计生部门对接，调研全市公立医院门诊量、床位数、医院等级等影响人员控制总量测算的因素，做好公立医院人员控制总量备案工作。

【事业单位监管】 一是事业单位监督管理。有序开展事业单位年度报告公示工作，为560家事业单位准确换发载有“统一社会信用代码”的新版法人证书，完成72家党政群机关统一社会信用代码赋码，实现统一社会信用代码全覆盖。充分落实事中事后监管措施，转发山东省编办通知，将脱审单位列入异常目录并进行公示；开展“双随机、一公开”试点工作，随机抽查6家事业单位进行。印发《滕州市事业单位业务范围清单化管理工作实施方案》，结合部门“三定”和行政权力清单，推进事业单位业务范围清单化管理。向全市62个主管部门下发自查通知，梳理自查报告，全面摸清主要职责消失、工作任务不饱满或没有工作人员的事业单位情况，集中核查没有工作人员的事业单位。二是开展事业单位绩效考核。在全市综合表彰大会上表彰A级单位58家，完成事业单位绩效考核工作。印发《滕州市2016年度事业单位绩效考核工作实施方案》，调整完善考核程序和考核分值。三是深化事业单位分类改革。印发《分类推进事业单位改革重点任务分工》，确定12项重点改革任务和任务分工。梳理完善事业单位分类结果，按照财政和事业单位分类有关政策规范事业单位经费来源，基本完成相关数据统计和测算。四是探索法人治理结构建设试点。确定市财贸医院、市墨子中学2家试点单位，指导试点单位开展有关工作。

（市编办）

党史工作

【资料征编】 一是深化地方党史基础研究。继续做好《中国共产党滕州市组织史资料（续编二1999～2014)》征编工作。在查阅1998年12月至2015年1月期间大量档案资料及走访200位当事人员核实、校对材料的基础上，已形成40万字的送审稿。二是开展《枣庄市改革开放实录（滕州部分）》征编工作。筹备召开征编工作会议，共有市委政研室、市经信局、市教育局等10个单位承担课题上报任务。做好组织、指导、协调、服务工作，组织各单位专题撰稿人于6月29日参加枣庄市委党研室举办的征编工作培训班。三是启动“社会主义建设时期市、县委书记口述历史”征编工作。6月底选派人员参加全省征编工作培训会议。按照中共山东省委口述史征编工作领导小组《执政山东——市（地）、县委书记口述史料编纂大纲》要求，收集时限范围内9任滕县县委书记的口述资料、回忆文稿、署名文章、图片影像等资料，撰写县委概述、书记简历等文稿。四是完成《山东省红色旅游指南》（滕州部分）编撰上报任务。从界河镇、羊庄镇、市民政局、市旅服局等单位征集相关资料进行修改和编辑，上报图片资料50幅，文字1.5万字。五是搞好党史资料征集、整理工作。以红色历史研究、红色基因传承、红色革命遗址保护、红色文化开发等为重点，深入挖掘滕州红色历史根源，多次组织人员到市内外档案馆、图书馆、各级党研室等有关单位查找、征集档案资料和文献资料100篇，共计7万字。六是抓好理论研究工作，撰写完成《风雨历程——滕州党组织从诞生到壮大》《滕东抗日根据地的开辟与发展》等一批有深度、有分量的理论文章。按照中央、省市党史研究室《关于“第三届全国党史文化论坛”征文的通知》，撰写并报送专题文章。七是做好全省党史系统优秀成果申报工作。《红色滕州·唱响华夏》等4项成果分别获得全省党史系统优秀成果（论文类、著作类、资政类）二、三等奖，在获奖数量和质量上位居全省县级党史部门前列。

【宣传教育】 一是与市委组织部联合牵头开展党员过“红色生日”活动。七一前后，各基层党组织选取一天，组织党员过一次“红色生日”。通过建立一本党员“红色生日”登记册、赠送一张“红色生日”纪念卡、阅读一本红色经典书籍或中共滕州地方党史书籍、到党史党性教育基地接受一次红色教育、进行一次专题谈心谈话、提出一条合理化建议、做好一次党员志愿服务等，让广大党员感受到党组织的关怀与温暖，增强党组织的凝聚力和战斗力。二是配合关工委、市教育局等部门在青少年中开展党史国史教育活动。先后召开青少年党史国史教育座谈会、现场会、专题报告会等；广泛发动“五老”，成立各类报告宣讲团，深入学校、社区开展两史宣讲，让数万名青少年受到深刻党史国史教育；利用丰富红色教育资源，组织青少年学生到鲁南人民抗日武装起义纪念馆、北沙河惨案纪念馆等青少年教育基地开展丰富多彩的实践教育活动，增强其对党、对社会主义祖国的感情。三是发表党史专题文章，拓展党史宣传教育阵地。在《齐鲁烽火》杂志发表《滕东抗日根据地的开辟与发展》；在《滕州日报》先后发表《革命老区展新姿——访中共滕县县委、滕县抗日民主政府旧址纪念馆》等2篇专版纪念文章；市委主办的《滕州工作》刊登《中共滕州地方组织建立与发展概述——纪念中国共产党成立95周年暨中共滕州地方组织成立85周年》；《枣庄日报》“纪念建党95周年特别报道”栏目整版刊登《风雨历程——滕州党组织从诞生到壮大》一文；《滕州日报》刊登《徐黎屏：参加长征的滕籍红军战士》。四是以纪念建党95周年为契机，积极开展大型党史宣传教育活动。联合市委老干部局、市老年大学在市老干部活动中心举行纪念抗战胜利70周年系列征文颁奖活动，表彰奖励获奖者；配合市委组织部、羊庄镇在中共滕县县委、滕县抗日民主政府旧址纪念馆举办省级党史教育基地揭牌仪式；精心制作《滕县县委诞生地简介》党史展牌，保护革命遗址。五是把好宣传教育政治关、史实关。抓好与建党95周年党史有关的文章、图书、影像制品、图片展览等审读审看工作；支持各有关单位、部门，发挥资金、技术、制作、宣传等优势，多推出建党95周年党史题材精品力作；做好关工委老干部田传雨面向青少年的宣讲材料《党史国史教育材料汇编》和团市委、关工委联合组织的《建党95周年党史图片展》把关、修改工作。六是参加各级举办的“纪念抗日战争胜利70周年”征文活动。提供稿件10篇，其中《滕县抗战概述》被市委老干部局、市委党史研究室、老年大学联合评为一等奖；作品《八路军来滕第一仗》《善堌：滕县的“延安”与“抗大”》《滕县武工队的故事》3篇文章被评为三等奖；作品《铁道游击队创始人——洪振海》等3篇文章在枣庄市“纪念抗战暨世界反法西斯战争胜利70周年”征文活动中，被枣庄市委组织部、宣传部、老干部局分别评为一、二、三等奖。七是配合市民政局做好第一任县委书记王丹墀子女来滕接待工作。协助王丹墀子女向羊庄镇慈善分会捐资有关事宜。

（王　强）

对台工作

【涉台调研】 以“平安台企”创建活动为契机，先后举办“台资台属企业走访月”“台胞台属调研月”等主题活动，实地察看嘉诺电子有限公司、安达电子仪表、瑞元香料、盛泰农资、隆力机械等台资、台属企业，掌握台商、台属思想动态，了解企业发展现状，征求企业对对台工作的意见与建议。

【滕台经贸】 一是招商引资实效明显。参办大型涉台招商活动6次。5月7日至13日，组团参加枣庄赴台项目推进活动，向台商重点介绍滕州市经济社会发展和支柱产业培育情况；达成高档伺服压力机、精密主轴、精密数控机床、双主轴、双刀塔车铣复合中心等多项合作项目。6月，与市商务局共同组织31名代表赴上海参加“两岸城市投资与合作洽谈会”，并成功举办滕州·台湾产业发展合作恳谈会。微山湖湿地管委会、滨湖镇、龙阳镇、山东龙振生态农牧业科技有限公司、伦达国贸城等7家参会单位和企业代表同台湾客商达成初步合作意向。二是交流规模稳中有升。来滕台胞1200人，其中工商经济界人士700人，占来滕台胞总数的60%，从事经贸活动人士300人，占来滕台胞总数的30%。来滕经贸团组14个，形成投资意向6个。三是项目推进力度更大。围绕“平安台企”创建，组织开展“台资企业走访季”活动，集中走访台资企业和在建台资项目。以在建台资项目和已签约项目为重点，协调解决部分企业反映的困难和问题。

【交流交往】 引导社会力量参与，形成“党政积极引导、社会广泛参与”的大交流、大合作格局，本地企业和群众赴台热情持续高涨。邦美镜业有限责任公司、丰尔达金属制品有限责任公司等一批企业多次赴台考察交流。威达重工、大地机床、高登机床等一批有实力企业积极响应政策，先后与岛内机床企业开展技术合作，并派人员赴岛培训。

【对台宣传】 编印《台情参考》20期。发表各类涉台稿件65篇，其中国家级媒体49篇。通过新华网、中国台湾网、中国日报网、华夏经纬网、联合日报等境内外知名媒体宣传，进一步提升滕州市知名度和影响力。

（市对台办）

党校工作

【干部培训】 全年举办各类主体培训班共计30期，培训党员干部3000人次。组织流动党校200场（次），培训党员1.5万人（次）。一是办好主体班次。2月25日至3月7日，分4期集中培训全市1250名村（居）基层党组织书记；9月，举办科级干部“两学一做”学习教育集中轮训及新任科级干部培训班，培训人员分别为1418人、54人，完成培训轮训党员领导干部任务。二是开展十八届六中全会精神集中宣讲活动。抽调6名骨干教师组成宣讲团，深入21个镇（街）和17个市直党委系统集中宣讲200场（次），受教育面达2万人次。三是进一步做好党校工作站有关工作。6月，党校工作站覆盖21个镇（街），举行基层党员干部集中学习培训班20期，培训农村和城市社区党员人数达2000人（次）。“七一”前夕，在农业系统挂牌设立党校分校，为在市直各系统党委和部分企事业单位设立党校分校进行有益地探索。

【科研调研】 一是开展社会大调研活动。4月和11月先后两次组织全体教职员工赴官桥镇、东沙河镇、姜屯镇、西岗镇、木石镇、羊庄镇及龙泉街道进行集中大调研活动，形成调研报告20篇，为市委市政府决策提供参考依据。二是面向全体教师广泛征集个人或课题组调研课题。17名同志申报调研课题项目32个。8～9月，为迎接全市党校系统“以习近平同志为总书记的党中央治国理政新思想新实践理论研讨会”，组织骨干教师撰写高质量、高水平研讨文章20篇，从中精选7篇上报枣庄市委党校。10月，由党校课题组承担的科技发展计划立项课题——《进一步加强滕州市党员干部培训工作的研究与探讨》通过专家评审。三是筹备成立滕州市市情研究中心、善文化研究中心，并推进理论成果公开发表和进课堂。

（市委党校）

市直机关党工委工作

【主题活动】 一是强化规定动作。开办市直机关党建大讲堂3期，组织开展“两学一做”网上知识测试，与市委组织部、市规划局共同举办市直机关“两学一做”学习教育知识竞赛，与市委组织部开展“千百十”评选活动，与市委办公室举办“如何与群众打交道”专题报告会。二是活化自选动作。大力开展党员“三省”本色教育，“困难面前，我是党员我上；利益面前，我是党员我让；群众面前，我是党员我像”，以“三省”教育唤醒党员意识。着力搭建学习教育载体，组织开展党员志愿服务活动。

【制度创新】 一是以“党建十条”指导实践。制定出台《市直机关党建工作十条》，包括“高智商、鼓中央、墙外香、融有方”工作原则、“以人为本、对党忠诚、创新创意、出彩出众”工作理念、“步润之加”工作品牌、“四个直通”工作法以及工作考核、工作机制等十项内容，动员市直各党组织创造性地做好工作，形成一样的格局、不一样的特色。二是以“四个直通”推进工作。直通核心业务、直通心灵深处、直通文明创建、直通社区服务，通过创新创意的思路、开门分享的方法、志愿服务的特色和文明创建、社区服务的效应，同向发力，机关党建做实、做精。三是以党建考核压实责任。出台《2016年度市直机关党建工作考核办法及考核细则》，每季度把动态考核成绩向部门主要负责同志书面通报；年底把考核结果折算计入各单位“全市年度科学发展综合考核”成绩，实现定性向定量、静态（年底）考核向动态（日常）考核的转变。

【党建品牌创建】 一是注入“步润之加”元素，强特色创建品牌力。“步润之加”机关党建大讲堂、“步润之加”党员义工服务、“步润之加”羽毛球赛、“步润之加”基层党建阵地建设等，已渐次铺开。二是注入“四个一”元素，强特色考核品牌力。“四个一”，即：各单位每季度上报一次工作计划、一篇党建信息；每年开展一次“双创”分享活动、一次义工服务牵头活动。在《考核细则》中专设“四个一”完成情况项目，不达标的相应扣分。三是注入“双定位”元素，强党员义工品牌力。“双定位”，即：义工活动方向和重点；“为创城助力，进社区服务；为党旗添彩，向英模致敬；为节日增色，与感恩同行”，以“三个方向三大重点”和各单位每年一次的义工牵头活动，打造党建义工品牌。

（市机关党工委）

信访工作

【领导重视】 市委、市政府把解决信访问题作为重要任务来抓，出台一系列解决信访重大问题文件。市党政主要领导先后多次召开信访稳定工作会议，听取信访工作专题汇报，安排部署信访维稳工作；定期公开接待群众来访，亲自包案处理重大疑难复杂信访问题。市政府充分保障信访工作经费，重视进京信访值班工作、信访办公场所建设。市维护稳定工作领导小组各位领导同志主动研判信访形势，谋划工作思路，召开市信访维稳工作会议7次，部署任务，推进信访维稳工作扎实开展；召开信访案件调度会、协调会20次，并主动帮包基层单位、帮包具体个案，化解大量信访积案。其他市级领导严格落实“一岗双责”，按照职责分工主动抓好分管范围内信访事项的处理，并执行市级领导公开接访制度。各级各部门领导同志积极靠上解决问题，实行信访工作领导责任制，构建党政齐抓共管、协调配合、责任明确、落实有力的工作体系。

【源头预防】 一是坚持信访问题源头预防。严格落实风险评估制度，对可能引发集体访和大规模聚集上访的苗头隐患，掌握动态，及早处理。镇级以上重点项目和重大政策制定的风险评估率达100%，先后有10个项目经评估后停建或缓建。二是坚持人民建议征集制度。充分保障基层群众知情权、参与权和监督权。深化矛盾纠纷排查化解工作，实行信访隐患周排查、周上报制度，坚持

领导公开接访

全区域排查、全行业排查，有效防止大规模集体上访和群众性事件的发生。三是全面做好初信初访办理工作。采取首办责任制，对人民来信，从收信、转办、督办、上报结果到回访均由专人负责到底，防止初信变初访、初访变重访、重访变积案。

全市信访工作培训会

【攻坚化解】 一是市级领导公开接访。组织开展每周三市级领导公开接访活动，由市委常委、市政府副市长以及人大、政协主要领导、分管领导轮班接访，重要敏感时期市级领导每天接待群众来访。市级领导累计接访72起、1400人次。建立律师参与接访化解和代理涉法涉诉信访案件工作模式，在市信访局设立“法律援助工作站”“法律咨询室”，60名律师每天轮流坐班接访，现场提供法律援助。二是化解重点信访案件。制定下发《关于调整滕州市重点信访案件市级领导包案的通知》，梳理交办信访积案65起。开展进京非访案件挂牌督办活动，将10起重点信访案件列入第一批市级挂牌督办范围，明确责任主体，落实“五个一”措施，做到“三到位一处理”。三是推动信访事项复查。发挥“三级终结”机制作用，推进信访事项复查工作，按期向信访人出具复查意见。搞好信访事项复查听证工作，健全听证程序，加大听证示范力度。受理复查申请案件10起，全部按期办理；举行复查听证会4次，配合办理复核3起，其中走完三级终结程序2起。

【业务规范】 一是健全完善网上信访工作机制。制定《关于进一步加强网上信访工作的意见》，促进各级各部门建立“阳光信访”工作机制，增强信访受理平台的有效应用。本级网上信访受理平台登记信访事项828件次，占本级信访总量的比重为56.6%，实现将网上信访打造成群众信访主渠道的任务目标。二是加大业务学习培训力度。开展“信访基础业务提升月”活动，邀请省信访局领导来滕进行专题辅导；编印《滕州市信访业务工作规程汇编》，分期分批对所有网上信访系统操作人员进行“手把手”“一对一”的专题操作培训。三是实施业务办理问题集中治理。针对来访、来信、督查等信访业务办理中存在的实际问题，要求镇街部门及时整改落实；加大督导调度力度，实行通报制度，努力提升信访事项“四率”水平。信访事项处理群众满意率均达90%以上。四是开展“三无”创建活动。13个镇街42个部门实现“三无”目标。

【夯实基础】 一是改善接待环境。总投资400万元，新建并启用群众信访综合服务大厅，在大厅合理设置候访厅、信访登记处、领导接访室及视频接访室、会议室、各功能科室等，配备电子屏幕、视频监控等必要设施，实现“布局合理、设备齐全、环境友好、安全有序”的要求，提升信访接待能力。二是推行联合接访。制定下发《关于进一步加强和规范联合接访工作的实施意见》（滕办发〔2016〕78号），11个市直部门和21个镇街派员入驻市联合接访中心，由市信访局统一管理，人员与原单位脱钩，全力打造“一站式接待、一条龙办理、一揽子解决”模式。三是实行信访局全员接访。拟制下发《信访局全员接访意见》，局全体人员轮流到接待室接访，减轻接访工作压力，锻炼全体人员接访处访能力。

【专项治理】 一是开展非访治理专项整治活动。健全完善治理体制机制，落实“五个一”工作措施，努力遏制和减少进京非访案件发生，非访治理工作取得历史性突破。二是维护办公秩序。坚持执行政务中心信访值班制度，健全接访、协调、处置机制，配合公安机关，依法处置违法违规上访人员，维护机关正常的办公秩序和楼前信访秩序。三是防范化解越级上访。实施进京上访问题专项治理，专题召开市信访稳定工作会议，夯实镇街部门工作责任。抓好进京上访案件梳理排查、集中交办、台账管理、帮扶指导等工作，加快推进问题化解，进京赴省到枣上访数量明显减少。做好重点部位值班备勤工作。

【法规宣传】 制定下发《关于进一步学习宣传〈山东省信访条例〉推进通过法定途径分类处理信访投诉请求工作的通知》（滕联办字〔2016〕4号），加大对《山东省信访条例》和“依法逐级走访”宣传力度，推进分类处理信访投诉请求工作开展。实施全省信访系统第七个法治宣传教育五年规划，制定下发《在滕州市信访系统开展“信访法治集中宣传月”活动实施方案》（滕信字〔2016〕13号），确定12月份为集中宣传月，采取集中宣传、专题培训、督查调研、有奖征文等多种形式，宣传报道信访法规，群众依法、文明、理性、有序信访的意识得到明显增强。

【制度建设】 一是执行信息分析报送制度。制定《滕州市信访统计分析和信息报送制度》，实行信访信息周报告，特殊敏感时期日报告、零报告，可能引发进京赴省集体访、进京非访，引发群体性事件、极端事件等信息提前预警报告，随时掌握报送动态性、苗头性信息，确保信访传递渠道及时畅通。在1226个村居配备2100余名信访信息员、调解员，负责收集信访隐患和矛盾纠纷、调处化解信访问题。二是健全完善联席会议制度。研究制定《多元化解联席会议制度》，由市委政法委牵头，市法院、市法制办、市司法局等单位参加，每季度至少召开一次联席会议，研究解决矛盾纠纷多元化解工作政策、机制、重难点问题，确保工作落实。市信访工作联席会议总召集人定期召开21个专项问题工作小组组长会议，推进重点信访问题化解工作扎实开展。三是建立分类处理制度。编印下发《通过法定途径分类处理信访投诉请求清单汇编》，明晰职责分类，落实信访工作“诉访分离”和“分类处理”要求。

【压实责任】 一是严密督导检查。组成五个专门督导组，及时分赴各镇街、各部门督促指导工作开展，对重点信访案件及非访案件化解情况实行跟踪督查和动态管理。二是严格考核通报制度。制定下发《滕州市信访稳定工作考核办法》（滕办发〔2016〕69号），对21个镇街及有关市直部门进行信访工作年度考核。落实枣庄《2016年信访工作考核办法》，细化分解考核项目，明确科室任务目标，抓好考核自评工作，提升业务考核成绩。三是切实实行信访工作责任追究制度。

（边　静）

滕州市人民代表大会

【市十七届人大五次会议】 1月12～14日，市第十七届人民代表大会第五次会议在滕州剧院召开。会议听取和审议市政府工作报告、市人大常委会工作报告、市人民法院工作报告、市人民检察院工作报告；审议并批准滕州市国民经济和社会发展第十三个五年总体规划纲要、滕州市2015年国民经济和社会发展计划执行情况与2016年计划报告、滕州市2015年预算执行情况与2016年预算报告；并对上述报告分别做出决议。会议表彰市十七届优秀人大代表。大会共收到代表议案、建议81件。

【市人大常委会会议】 市十七届人大常委会第三十一次会议　1月9日，市十七届人大常委会第三十一次会议召开。会议听取市十七届人大五次会议筹备处关于市十七届人大五次会议筹备情况的报告；审议通过市人大常委会代表资格审查委员会关于市十七届人大代表变动及补选代表资格审查情况的报告；审议通过市人大常委会关于召开市十七届人民代表大会第五次会议决定（草案）、市十七届人民代表大会第五次会议建议日程（草案）、有关建议名单（草案）和列席人员范围（草案）；讨论市人大常委会工作报告；审议通过市人大常委会关于接受市人民检察院有关人员辞职请求的决定；审议通过市人民法院和市人民检察院提请的人事任免事项；任命市人民检察院代理检察长。会议决定，市十七届人大五次会议于2016年1月12日召开。

市十七届人大常委会第三十二次会议　1月28日，市十七届人大常委会第三十二次会议召开。会议听取审议市公安局关于提请许可对滕州市人大代表高立库给予行政拘留的

市十七届人大常委会第三十三次会议

报告，审议通过关于许可市公安局对滕州市第十七届人大代表高立库行政拘留的决定。

市十七届人大常委会第三十三次会议 2月29日，市十七届人大常委会第三十三次会议召开。会议听取审议市法院关于行政审判工作情况的报告、市检察院关于诉讼监督工作情况的报告，并分别通过这两个报告的审议意见。会议听取市人大常委会主任杨位明作关于提请任命市人大常委会工作人员职务的报告、宗大全宣读市政府市长远义彬关于提请任免市政府组成人员职务的报告，会议以投票方式通过人事任免事项。会议首次举行新任命人员向宪法宣誓仪式。

市十七届人大常委会第三十四次会议 4月29日，市十七届人大常委会第三十四次会议召开。会议听取审议市政府关于地质环境治理工作情况的报告、关于全市防震减灾工作情况的报告，并分别通过这两个报告的审议意见。听取并评议市体育局关于全市全民健身工作开展情况、市畜牧局关于全市畜牧业发展情况、市供销系统为农服务中心建设情况，当场公布评议结果。

市十七届人大常委会第三十五次会议 6月3日，市十七届人大常委会第三十五次会议召开。会议听取审议市检察院关于提请许可对滕州市第十七届人大代表王思平拘留、逮捕的报告，审议通过关于许可市检察院对滕州市第十七届人大代表王思平拘留、逮捕的决定。

市十七届人大常委会第三十六次会议 6月28日，市十七届人大常委会第三十六次会议召开。会议听取审议市政府关于市十七届人大四次会议代表建议办理情况的报告、关于2015年度市级预算执行及其他财政收支审计工作的报告，听取审查市政府关于滕州市2015年市级财政决算的报告，听取并评议市政府关于城区三轮车非法载客营运综合整治情况。市人大常委会主任杨位明作关于提请人事任免事项和提请接受崔晖、金强辞去市人大常委会委员职务请求的报告；市政府副市长宗大全宣读市长远义彬作关于提请任免市政府组成人员职务的报告；市检察院检察长姜广俊作关于提请任免市检察院检察人员职务的报告。会议举手表决市人大常委会关于接受崔晖、金强辞去市十七届人大常委会委员职务的决定（草案）；会议投票表决市政府、市检察院提请的人事任免事项。市人大常委会主任杨位明代表市人大常委会向新任命人员颁发任命书。新任命人员举行向宪法宣誓活动。

向宪法宣誓

市十七届人大常委会第三十七次会议　8月19日，市十七届人大常委会第三十七次会议召开。会议听取审议市政府关于滕州市2016年国民经济和社会发展计划上半年执行情况的报告、关于滕州市2016年预算上半年执行情况的报告，并分别通过这两项报告的审议意见。听取并评议市教育局关于全市义务教育均衡发展情况、市环保局关于大气污染防治工作情况、市司法局关于社区矫正工作情况。市人大常委会主任杨位明作关于提请人事任命事项和关于接受宋世良辞去枣庄市第十五届人大代表职务请求的报告。会议以举手表决的方式通过市人大常委会关于接受远义彬辞去滕州市人民政府市长职务请求的决定（草案）、市人大常委会关于接受宋世良辞去枣庄市第十五届人大代表职务请求的决定（草案）。投票表决市政府代理市长的任职。市人大常委会主任杨位明向滕州市人民政府代理市长刘文强颁发任命书，并举行向宪法宣誓活动。

市十七届人大常委会第三十八次会议　11月4日，市十七届人大常委会第三十八次会议召开。会议表决通过市人大常委会关于市镇两级人民代表大会换届选举工作安排意见（草案）、滕州市及各镇选举委员会组成人员名单（草案）、市人大常委会关于各镇第十九届人民代表大会代表名额分配的意见（草案）、市人大常委会关于滕州市第十八届人民代表大会代表和各镇第十九届人民代表大会代表选举日的决定（草案）。会议听取审议市人大常委会执法检查组关于检查食品安全法实施情况的报告、市政府关于市十七届人大五次会议代表建议办理情况的报告、市政府关于全市国家现代农业改革与建设试点县建设情况的报告、市政府关于《在全市公民中开展法制宣传教育的第七个五年规划》和《滕州市2016～2020年依法治市规划》的编制说明、市政府关于“三证合一、一照一码”改革推进情况的报告和市政府关于全市居民医疗保险工作情况的报告，并分别通过上述报告的审议意见。

市十七届人大常委会第三十九次会议　12月19日，市十七届人大常委会第三十九次会议召开。会议听取审议市人大、市政府、市法院提请的人事任免事项，依法表决通过市人大常委会工作人员、市政府组成人员、市法院代理院长的任职。举行新任命人员向宪法宣誓仪式。

市十七届人大常委会第四十次会议　12月22日，市十七届人大常委会第四十次会议召开。会议听取审议市公安局关于提请许可对滕州市第十七届人大代表孙召东给予行政拘留、对滕州市第十七届人大代表周广军给予刑事拘留的报告，审议通过关于许可市公安局对滕州市第十七届人民代表大会代表孙召东依法采取强制措施、对滕州市第十七届人民代表大会代表周广军依法采取强制措施的决定。

市十七届人大常委会第四十一次会议　12月30日，市十七届人大常委会第四十一次会议召开。会议听取市十八届人大一次会议筹备处关于市十八届人大一次会议筹备情况的报告；审议通过市人大常委会代表资格审查委员会关于市十八届人大代表资格审查情况报告；审议通过市人大常委会关于召开市十八届人民代表大会第一次会议决定（草案）、有关建议名单（草案）和列席人员范围（草案）；讨论市人大常委会工作报告（征求意见稿）；审议通过市政府关于滕州市2016年地方政府债务限额及市级预算调整情况的报告。会议决定，市十八届人大一次会议于2017年1月21召开。

【视察调研活动】 视察公立医院改革工作　3月30日，市人大常委会组织常委会组成人员、部分人大代表视察全市公立医院改革进展情况。市人大常委会主任杨位明，副主任姜繁茂、倪建刚、李广宪、柴春国，市人大常委会党组成员王顺思参加视察。市政府副市长邹美帅陪同视察。视察组一行先后到市中医医院、市中心人民医院、市第二人民医院等现场了解各医院综合改革试点工作进展情况。在随后召开的座谈会上，与会人员听取市卫计局负责人关于全市公立医院改革进展情况汇报，并就进一步加快推进公立医院改革提出建设性的意见和建议。

调研打击刑事犯罪工作　5月20日，市人大常委会调研全市打击刑事犯罪工作。市人大常委会副主任姜繁茂、柴春国以及部分市人大常委会组成人员、人大代表参加活动。调研组实地察看荆河派出所、刑警三中队及市公安局打击刑事犯罪工作展板、图网中心等现场，听取工作汇报。在随后召开的座谈会上，市公安局、市法院、市检察院有关负责人分别汇报打击刑事犯罪工作开展情况。与会的常委会组成人员、人大代表分别就打击刑事犯罪工作提出意见、建议。

调研农村文化服务设施建设工作　7月29日，市人大常委会调研全市农村文化服务设施建设情况。市人大常委会副主任李广宪带领部分常委会组成人员、人大代表，先后到姜屯镇沙东村、善南街道小屯居综合文化服务中心，南沙河镇、羊庄镇综合文化站等现场了解农村文化服务设施建设情况。在随后召开的座谈会上，与会人员听取市文广新局负责人关于全市农村文化服务设施建设情况的汇报，并提出意见和建议。

视察城乡公交一体化建设工作　8月4日，市人大常委会组织常委会组成人员和部分人大代表视察全市城乡公交一体化建设工作。市人大常委会主任杨位明，市人大常委会副主任姜繁茂、倪建刚、李广宪、柴春国，市人大常委会党组成员杨海山、王顺思，市人大常委会党组成员、办公室主任龙琳洲参加视察。副市长薛登峰陪同视察。视察组一行先后察看城乡客运换乘中心、交运公交公司监控中心、交运公司真

2016年8月4日，市人大常委会主任杨位明带队调研城乡公交一体化

2016年10月28日，市人大常委会组成人员及部分市人大代表视察安全生产

爱商城换乘站、公交公司、蒋庄矿公交站等公交站点及有关场所，实地了解公交线路设置、公交站点建设及城乡公交一体化产生的社会效益。在随后召开的座谈会上，参加视察的市人大常委会组成人员和人大代表听取市交通运输局主要负责同志的工作汇报，并就加快推进全市城乡公交一体化建设工作提出意见或建议。

视察安全生产工作　10月28日，市人大常委会组织常委会组成人员和部分人大代表视察全市安全生产工作。市人大常委会主任杨位明，副主任姜繁茂、倪建刚、李广宪、柴春国，市人大常委会党组成员杨海山、王顺思参加视察。市政府副市长姜妍陪同视察。视察组一行先后察看滕州华润燃气有限公司、山东化工技师学院新校区建设项目、山东鲁南危险化学品应急救援指挥中心、联泓新材料有限公司等现场，了解城市燃气安全、建筑施工安全、应急管理、危化品安全等有关情况。在随后召开的座谈会上，与会人员听取安全生产工作情况汇报，市人大常委会组成人员和人大代表针对全市安全生产工作提出合理化的意见和建议。

【上级领导视察调研活动】　张宝民带队视察文化工作　3月22日，枣庄市人大常委会党组副书记、副主任、市委宣传部部长张宝民带领视察组一行，在枣庄市副市长霍媛媛的陪同下来滕视察公共文化服务体系建设工作进展情况。枣庄市委常委、滕州市委书记董沂峰，滕州市人大常委会主任杨位明，市委常委、市委办公室主任丁伟，市人大常委会副主任李广宪，市政府副市长张宪依，市人大常委会党组成员王顺思陪同视察。视察组一行察看弘道公园、龙泉街道缇香郡社区文化中心、龙泉苑社区文化中心和西岗镇东王庄村等现场，听取有关工作情况汇报，详细了解滕州市公共文化服务体系建设工作开展情况。通过察看现场、座谈交流，视察组对滕州市在公共文化服务体系建设方面取得的成绩给予充分肯定。

刘振学带队执法检查　4月27日，枣庄市人大常委会副主任刘振学带领枣庄市人大常委会执法检查组一行，在枣庄市副市长赵联冠的陪同下，来滕州对《中华人民共和国大气污染防治法》贯彻实施情况进行执法检查。滕州市人大常委会主任杨位明，市委常委、副市长宗大全，市人大常委会副主任倪建刚，市人大常委会党组成员王顺思陪同活动。

秦元祥带队视察普法工作　6月7日，枣庄市人大常委会党组副书记、副主任秦元祥带领视察组一行，在枣庄市政府分管领导的陪同下，来滕州视察“六五普法”、依法治市工作开展情况及“七五”普法启动情况。滕州市人大常委会主任杨位明，市委常委、政法委书记冯再法，市人大常委会副主任柴春国，市人大常委会党组成员王顺思陪同视察。视察组一行先后察看市中小学素质教育实践基地、市国税局普法依法治理工作现场。

战树毅带队调研农机化创新发展工作 6月30日，省人大常委会委员、农业与农村委主任委员战树毅带领省人大调研组一行，在枣庄市人大常委会党组副书记、副主任秦元祥的陪同下，来滕调研农机化创新发展工作。滕州市人大常委会主任杨位明，副主任李广宪，党组成员王顺思陪同调研。调研组一行先后察看鲍沟镇鑫剑农机合作社、西岗镇瑞丰农机合作社、姜屯镇远征农机4S店等现场，详细了解滕州市农机社会化服务、作业服务开展及土地流转规模经营等情况。调研组对滕州市促进农机合作社规范化建设、新型职业农民培训、农机社会化服务创新发展的工作思路方法给予充分肯定。

战树毅带队执法检查 8月23日，省人大常委会委员、农委主任委员战树毅带领省人大执法检查组一行7人，在枣庄市人大常委会党组副书记、副主任秦元祥，市政府副市长霍媛媛的陪同下，来滕开展《山东省南水北调条例》执法检查活动。滕州市人大常委会主任杨位明，副主任李广宪，市政府副市长薛登峰，市人大常委会党组成员、办公室主任龙琳洲陪同活动。执法检查组一行先后察看南水北调邢庄加压泵站、秀美荆河东滕城橡胶坝等现场，随后召开座谈会议。执法检查组听取枣庄市政府工作汇报和有关部门的意见建议后，对枣庄、滕州两级市政府南水北调工程建设、污染治理、水价改革、队伍建设等工作，给予充分肯定，就加大条例宣传、加快水价改革、保障南水北调水质等提出下一步工作要求。

骆宝臻带队执法检查 8月24日，省人大常委会委员、教科文卫委主任委员骆宝臻带领省人大执法检查组一行，由枣庄市人大常委会党组副书记、副主任张宝民，枣庄市政府副市长霍媛媛陪同下，来滕对《中华人民共和国文物保护法》和《山东省文物保护条例》贯彻实施情况进行执法检查。枣庄市委常委、滕州市委书记董沂峰，滕州市人大常委会主任杨位明，市委常委、市委办公室主任丁伟，市人大常委会副主任李广宪，市政府副市长张宪依，市人大常委会党组成员、办公室主任龙琳洲陪同活动。检查组一行察看薛国故城、滕国古城、弘道公园等现场，对滕州文物保护工作给予充分肯定。

卢得志带队调研旅游执法工作 9月2日，省人大常委会委员、民侨外委主任委员卢得志带领调研组一行，在枣庄市人大常委会副主任、峄城区委书记刘振学陪同下，来滕调研旅游执法工作。滕州市人大常委会副主任姜繁茂，市政府副市长朱晏臣，市人大常委会党组成员、办公室主任龙琳洲陪同活动。调研组一行察看墨子纪念馆、王学仲艺术馆、鲁班纪念馆、汉画像石馆、墨砚馆，对滕州旅游工作给予高度赞扬和充分肯定，并对下一步工作提出意见建议。

王成波带队调研市镇人大

工作和建设情况 10月20日，省人大常委会副秘书长王成波带领调研组，在枣庄市人大常委会副主任刘振学的陪同下，来滕调研市镇人大工作和建设情况。滕州市人大常委会主任杨位明、副主任姜繁茂，市人大常委会党组成员王顺思陪同活动。调研组一行察看龙泉街道文昌社区人大代表工作站，召开座谈会，听取滕州市人大工作和建设情况汇报，了解市镇人大工作开展、人大机构建设等情况。调研组对人大工作和建设中取得的成绩给予充分肯定。

【执法检查】 5月至8月，市人大常委会组织开展《中华人民共和国食品安全法》实施情况执法检查，通过广泛动员、自查自纠、执法检查、交办整改四个阶段，全面检查种植养殖、食品生产加工经营和餐饮服务单位食品安全相关法律法规贯彻执行情况。

【换届选举】 成立市选举委员会，制定下发《关于市镇两级人民代表大会换届选举工作实施方案》，经过宣传发动、划分选区、选民登记、提名推荐代表候选人和确定正式代表候选人等四个阶段工作，12月16日一次性成功选出市十八届人大代表437名、镇级十九届人大代表1461名，圆满完成市镇人大代表换届选举工作。

【代表工作】 一是精心组织“双联”活动。8月至9月份，组织开展“双联”活动，将常委会组成人员、人大代表和选民紧密联系在一起。共联系市人大代表418名，市人大代表联系选民37688名，收集选民的意见、建议300条，经过归纳整理为5个方面42件，转市政府落实办理。二是创新代表建议督办。抓好市十七届人大五次会议上代表所提81件意见建议的办理工作，3月下旬召开市人大代表建议交办会议，6月至7月，在常委会分管主任带领下，相关委室会同市委市政府督查局，以集中召开代表建议办理工作汇报会或分别到承办代表建议较多的单位开展督办活动等形式，加大代表建议督办力度。三是指导镇街人大工作。坚持基层代表列席市人大常委会会议制度，有计划地安排基层人大代表列席人大常委会会议、参加视察、调研、评议等活动，提升镇街人大工作水平。

【宣传工作】 被省级以上媒体采用稿件580篇。其中，《滕州市人大常委会强力监督解决城市“病症”、让停车“不再难”》《亮出环保法的“锋刃”——滕州市人大常委会力推大气污染防治工作纪实》《强力监督促进跨越发展》等多篇反映人大工作的稿件刊登在《人民权利报》头版头条重要位置。充分发挥电视台受众多、报纸覆盖面广、人大简报快捷迅速、人大网站图文并茂的优势，全方位、多角度报道人大工作，不断提高人大工作的社会影响力。

（渠怀勤　李艳　贾礼亚　魏朝廷）

滕州市人民政府

【综述】 2016年，全市上下牢牢把握稳中求进工作总基调，主动适应经济发展新常态，凝心聚力、真抓实干，全力以赴稳增长、调结构、促改革、惠民生，经济社会发展取得显著成绩，实现“十三五”良好开局。生产总值实现1064.8亿元，增长7.3%；地方财政收入完成69亿元，实现“营改增”改革后的平稳增长。固定资产投资增长较快，实现655.92亿元，增长9%；三次产业比例由上年的7.1∶51.11∶41.8调整到7.01∶49.81∶43.2。荣登2016年度中国中小城市“综合实力百强县”“最具投资潜力百强县”“创新创业百强县”“新型城镇化质量百强县”四大排行榜，分别位居第25位、第24位、第31位、第45位。

一、加快推进产业转型升级，发展质量和效益持续提升。把握发展的阶段性特征，利用改革产生的牵引作用和倒逼压力，促进产品升级换代，改善供给结构，把项目做实、把产业做优，推动经济转型升级。一是供给侧结构性改革扎实推进。抓好“三去一降一补”重点任务。推动去产能、去库存，淘汰煤炭落后产能51万吨，商品房销售面积158.88万平方米，增长16.98%。帮助企业减负担、降成本，全面推开“营改增”试点，企业税负由5%下降到3%。完善金融运行分析监测，做好企业资金链风险化解。二是创新驱动发展战略全面实施。实施“滕州英才”计划，采用挂职兼职、院士服务团、周末工程师等柔性方式引进人才，累计引进各类创新人才140人，2名科技人才入选国家“万人计划”科技创业领军人才，与13名国家“千人计划”专家建立长期合作关系。投资1.67亿元建成滕州人才创新驱动中心暨创新创业基地，与北理工、北航等高校联合成立4个政产学研合作平台；北京航空航天大学发动机叶片磨削阵列机床研发基地落户滕州，并采取政企校联合办院模式，成立北京理工大学鲁南研究院、枣庄北航机床创新研究院；滕州被评为全省小微企业创业创新示范基地。三是工业集群化稳步发展。实施“工业产品质量提升年”行动计划，帮助企业降成本、减负担、提质量、增效益，规模以上工业增加值增长6.3%，呈现延续回升态势。推动煤化工、机械制造两大千亿元产业集群提升科技竞争力，联想60万吨甲醇、新能凤凰36万吨甲醇扩能技改扎实推进；总投资10亿元的腾拖集团大中型拖拉机制造项目竣工试生产，成为鲁南地区最大的拖拉机整车生产企业；万户数控与北京航空航天大学合作实施的特种加工中心、鲁南机床与中国机床总公司合作实施的高档数控机床等项目积极洽谈。推动玻璃深加工等六个百亿产业板块高端化发展，玻璃精深加工产业集群成功创建“国家火炬计划特色产业基地”，中国玻璃城创业园入选省智慧园区建设试点；卷烟厂异地技改项目投产运行，今缘春万吨原酒生态酿酒园项目快速推进。推动生物医药等五个战略性新兴产业规模化发展，中材科技锂膜材料项目一期开工建设。雄狮建筑装饰在“新三板”挂牌，“新三板”及区域性股权托管交易市场挂牌企业发展到12家。经济开发区在全省136家省级经济开发区中列第5位。四是服务业专业化势头强劲。实现社会消费品零售总额404.38亿元，增长11%。红星美凯龙全球家居生活广场运营良好，保利海德佳园、鲁南装饰大世界升级改造等项目快速推进；鲁南电子商务物流产业园、“互联网+干杂海货市场”等项目积极实施，电子商务进农村计划加快实施；微山湖湿地风景区及周边景观综合开发项目进展顺利；滕州被评为“好客山东”全域旅游示范县、全省服务业综合改革试点县、全省全域化旅游改革试点县，被列为首批“国家全域旅游示范区”创建单位。五是农业现代化有序推进。以“两区一试点”建设统领农业发展，推进农业结构调整。培育新型农业经营主体，累计发展家庭农场180家，农民专业合作社1970家，流转土地面积39.2万亩；发展特色高效农业，举办第八届中国（滕州）马铃薯节暨“互联网+马铃薯”高层产业论坛；做好供水工作，完成羊庄水源扩容及马河水库应急水厂建设，日增供水能力6万方，实现地下地表双水源供水、多水源保障。六是镇域特色化成效明显。获评全国千强镇4个、国家级重点镇3个、省级行政管理体制改革试点镇1个、省级新型城镇化综合试点镇1个、省级新型城镇化示范镇3个。

二、加快推进宜居宜业城市建设，城市品质持续提升。开展省级新型城镇化试点，打造人民满意的现代宜居宜业城市。城市框架区面积达到70平方公里，城市人口达到70万人。全年开工城市建设项目149个，完成年度投资125亿元。一是积极开展“多规合一”试点。编制完成《滕州市“多规合一”暨城乡总体规划（2015～2030）》，整合国民经济和社会发展规划、城市总体规划、土地利用规划等，并顺利通过省住建厅组织的专家评审。二是着力打造精品城市。围绕改善群众居住生活环境，持续加大棚户区改造力度，实施总投资35亿元的小清河前后洪区域等棚户区征收工程7个，以及金河湾等棚户区续建工程15个；加快推进振兴南路等道路桥梁工程建设12个，实施老旧小区改造7个，城市更加宜居。围绕解决城市建设容积率高、密度大，群众公共休闲活动空间缺少的问题，累计投资30亿元，实施杏坛广场、市民公园、养德公园、清水湾公园等28处公园、绿地建设。三是全面推进高铁站区域建设。与中铁置业合作，在高铁站周边的东沙河镇，实施总投资51.1亿元的基础设施建设，是山东省首家与央企合作实施的土地一级开发合作项目。高铁站区域的城市开发、道路框架和基础设施建设已全面拉开，26个重点项目落地建设。总投资39亿元的六合社区等项目进展良好；总投资5亿元的光大环保能源发电项目即将并网发电；总投资6亿元的北大青鸟附属实验学校、总投资2亿元的山东理工职业学院滕州校区成功签约；建成平安路首条高标准综合管廊，海绵城市、综合管廊、社区街区制等建设理念走在全省前列。四是加快城乡统筹发展。切实推进城乡道路、公交、供水、燃气、环卫、污水处理六个一体化。加快农村人口、外来务工人员、城中村城边村人口市民化步伐，创新出台《滕州市户籍制度改革实施意见（试行）》，放宽集体户设立和迁移条件，为农民进城、农业转移人口市民化创造条件。五是积极推进重大基础设施建设。抓住南水北调工程建设机遇，推动总投资27.5亿元的南水北调调蓄水库（墨子湖）及配套项目建设；做好总投资30.7亿元的庄里水库项目征地拆迁工作。总投资33亿元的富源2×35万千瓦煤矸石发电项目已经省发改委立项核准。特别是总投资36亿元的枣菏高速公路滕州段建设工程、总投资35亿元的通用机场及航空产业园、总投资8.6亿元的省道345枣济线一级路升级改造、总投资4.8亿元的省道343北留线以及省道104济微线、滕州至枣庄新城快速公交、城际铁路等项目陆续实施，滕州的交通区位优势更加凸显。六是完善城市管理。围绕创建全国文明城市、国家卫生城市，以责任落实为抓手，坚持领导带头，采取网格划分、专群结合等有效举措，动员全民集中力量、集中时间，抓细抓实创城工作。持续开展“七大歼灭战”和“十大攻坚决战行动”，全力抓好“脏、乱、差”等突出问题整治。49位市级领导带头深入帮包网格，督查推进创城工作，老旧小区、旱厕改造、农贸市场等一大批“老大难”问题得到有效解决。北辛路升级改造项目全面完成，200个道德主题广场建成使用，对70个老旧居民小区740个直通式垃圾道实施封闭，市容市貌明显改善。

三、加快推进改革开放，发展活力持续提升。突出抓好国家和省级重大改革试点。一是深化行政管理体制改革。加快以“四张清单一个平台”为主要架构的政府权力运行体系建设，最大限度压缩行政审批的时间和费用。扎实推进全国综合行政执法体制改革试点，组建市综合行政执法局，形成“三位一体”的“大城管”工作机制。二是深化农村综合改革。全市农村资金互助社发展到13家，互助资金总规模达到2336万元；创新开展社区性农村信用互助合作社试点。全面完成农村土地承包经营权确权登记颁证，在全省率先开展农村房屋抵押贷款，累计发放农村产权抵押贷款2.8亿元。三是深化金融改革。成功引进济宁银行、青岛银行、交通银行、日照银行、中信证券和浙江财产保险公司，银行业金融机构发展到13家，证券公司2家，保险机构36家，金融机构支持实体经济力度不断增强。四是扩大对外开放。积极转变招商理念，依托优势产业，突出招大引强，先后与联想控股、中材科技、中铁置业、新兴建设集团、山东高速、保利集团、东方园林等企业开展战略合作。引进各类外来项目286个，其中，过亿元项目91个，实际利用境外资金3611万美元。实现进出口总额26.62亿元；开工建设重点项目108个，完成投资294亿元。

四、加快推进生态文明建设，环境质量持续提升。牢固树立“绿水青山就是金山银山”的理念，坚持铁腕治污、保护环境、修复生态，推动形成绿色发展方式和生活方式。一是着力“治气”。深入开展大气污染综合治理百日攻坚行动。大力实施火电、水泥、玻璃等行业提标升级，集中开展道路扬尘、储煤场、建筑工地、油烟气、秸秆禁烧等专项整治。二氧化硫、PM10、PM2.5较上一年同期分别改善36.2%、12.2%、18.8%，空气优良天数逐月增加达到213天，同比增加69天。二是着力“治水”。持续加大河流和水系治理力度，加快实施新薛河、郭河、北沙河人工湿地水质净化工程和荆河上游水源地综合治理等项目建设；连片综合整治农村环境，进一步保障出境断面水质达到国家南水北调要求。三是着力“增绿”。突出抓好生态修复，完成水土流失综合治理8平方公里；全部关闭露天开采矿山，治理破损山体300万平方米；大力开展生态造林绿化，森林覆盖率达到30%，国家林业局批准创建国家森林城市。四是着力解决环境突出问题。围绕解决企业周边居民安全问题，实施总投资7亿元的盛隆化工、兖矿鲁化、新能凤凰卫生防护距离内村庄搬迁工程，完成77个违规建设项目清理整顿任务。围绕就地解决工业废液、废渣，实施扬子化工废弃物处理、鲁南渤瑞危险废弃物集中处置等重点环保项目，真正实现化工废弃物处理“资源化、无害化、减量化”。五是着力抓好美丽乡村建设。扎实开展美丽乡村标准化建设，注重文化特色和道德内涵建设，710个村居实现道路户户通，98个村居实施整建制厕所改造，善行义举四德榜建设实现全覆盖，380个村居达到省级标准化美丽乡村建设要求，农村人居环境明显改善。

五、加快推进民生社会事业发展，群众幸福感持续提升。城镇居民、农村居民人均可支配收入分别增长7.5%、8.4%。一是全力打好扶贫攻坚战。成立扶贫开发领导小组，召开扶贫开发工作会议，分解任务、压实责任，建立督查考核体系，有序推进工作。强化精准识别，摸清贫困对象底数，建档立卡贫困人口识别准确率达到100%。统筹各类扶贫资源，推进产业扶贫、行业扶贫和社会扶贫，与重庆丰都县扶贫协作，形成脱贫攻坚整体合力。坚持精准施策，因地制宜实施特色种养、转移就业、光伏、乡村旅游、农村改革、家庭孝善养老等“六大增收脱贫工程”，完成扶贫产业项目102个。扎实开展“第一书记”驻村帮扶、党员干部结对帮扶等活动，实现单位帮村、干部帮户“两个全覆盖”。完成年度脱贫任务，被山东省扶贫办确定为“全省金融扶贫试点县”。二是落实各项民生政策。完善社会保障体系建设，城乡一体的居民养老、医疗保障制度全面建立，覆盖面和待遇标准大幅提升。高度重视就业创业工作，城镇登记失业率控制在3%以内。积极解决群众房屋确权难题，对已上房住宅小区房屋登记时间跨度长达20年、涉及6万户产权人的历史遗留问题，逐一审查研究，妥善认定和补办相关手续，维护群众利益和社会稳定。三是加快发展各项社会事业。优化城乡教育资源配置，镇街教师工资实现县级统筹，启动实施12处城区中小学和20处农村中小学幼儿园建设；持续加大城乡校长、教师交流力度，城乡之间、学校之间办学差距明显缩小。积极改善医疗卫生条件，国家儿童青少年健康教育园暨妇幼保健院新院、中医院升级改造、中心人民医院分院、东沙河镇卫生院迁建等项目进展顺利。繁荣发展文体事业，实施龙泉塔、老县衙、王家祠堂等保护修缮工程，完成21处镇街综合性文化服务中心改造提升工程，提前三年实现省里下达的任务目标；举办第十一届国际墨子鲁班学术研讨会暨第六届墨子文化节；832集大型动漫《小小鲁班》在央视少儿频道正式开播；承办中国乒乓球俱乐部甲B联赛、全国城市足球联赛、全国女子足球联赛等赛事活动，滕州运动员在国际大赛上取得1金5银1铜的好成绩。四是创新社会治理。扎实推进“平安滕州”“法治滕州”建设，大力实施“411”法治惠民工程，探索建立“网格化巡逻防控”机制，治安秩序更加平稳可控。健全安全生产责任体系，生产安全事故起数、死亡人数连续八年实现“双下降”。推进矛盾纠纷多元化解机制建设，在全省多元化解矛盾纠纷工作会议上作典型发言，“法治副主任”助力矛盾纠纷多元化解的做法在全省推广；重大节会期间实现“五个不发生”的工作目标。

六、加快推进服务型政府

建设，政府效能持续提升。深入开展党的群众路线教育实践活动、“三严三实”专题教育和“两学一做”学习教育，党员干部作风形象全面提升。强化行政监察、审计监督，廉洁勤政建设取得新成效。稳步推进公务用车制度改革，“三公”经费大幅压减。构建“四张清单一个平台”，实现“三集中、三到位”。“放管服”改革、扩权强镇改革扎实推进，综合行政执法体制改革试点经验在全省推广。累计办理人大代表建议80件、政协提案292件。深化政务信息公开，办好市长公开电话、市长信箱，群众满意度进一步提升。

【市政府常务会议】 第17届38次市政府常务会议　1月7日，市委副书记、市长远义彬主持召开第17届38次市政府常务会议。会议议题：听取关于全市安全生产工作情况汇报、研究讨论《政府工作报告》(讨论稿)。

第17届39次市政府常务会议　2月3日，市委副书记、市长远义彬主持召开第17届39次市政府常务会议。会议议题：传达学习省“两会”精神、研究节日期间食品安全和市场供应工作、听取关于伦达商贸城资产重组工作情况的汇报。

第17届40次市政府常务会议　2月14日，市委副书记、市长远义彬主持召开第17届40次市政府常务会议，安排部署近期工作。

第17届41次市政府常务会议　3月28日，市委副书记、市长远义彬主持召开第17届41次市政府常务会议。会议议题：传达学习省政府办公厅《实施企业家提升工程、扎实推进工业强市建设》内部情况通报、听取关于房屋征收政策调整情况、大气污染治理工作情况的汇报。

第17届42次市政府常务会议　6月23日，市委副书记、市长远义彬主持召开第17届42次市政府常务会议。会议议题：听取关于开发区体制机制改革方案、公车改革工作、《滕州市综合行政执法实施办法》起草情况的汇报。

第17届43次市政府常务会议　8月5日，市委副书记、市长远义彬主持召开第17届43次市政府常务会议。会议议题：听取关于调整行政权力清单、滕州新港建设工作情况的汇报、安排部署近期工作任务。

第17届44次市政府常务会议　9月7日，市委副书记、代市长刘文强主持召开第17届44次市政府常务会议。会议议题：研究统筹镇街教师工资和调整警衔津贴、企业上市（挂牌）暨企业股份改制、化工产业转型升级等工作。

第17届45次市政府常务会议　9月22日，市委副书记、代市长刘文强主持召开第17届45次市政府常务会议。会议议题：传达学习枣庄市科学发展现场观摩总结会议精神、研究加快推进全装修住宅建设、《滕州市燃气专项规划（2015～2030年）》编制、“智慧滕州”有关项目启动建设、北京理工大学鲁南研究院建设、解决城镇中小学大班额项目建设征地费用、创建新一轮全国计划生育优质服务先进县市、《滕州市人民政府重大行政决策程序》起草等工作，通报近期干部人事调整情况。

第17届46次市政府常务会议　9月25日，市委副书记、代市长刘文强主持召开第17届46次市政府常务会议。会议议题：研究迎接中央环保督察、《滕州市集中供热管理实施办法》和滕州经济开发区集中供热经营权改制工作。

第17届47次市政府常务会议　10月21日，市委副书记、代市长刘文强主持召开第17届47次市政府常务会议。会议议题：传达学习换届政策纪律精神、研究加强机关事业单位社会保险费征缴、城乡公交一体化建设、《关于在全市公民中开展法治宣传教育的第七个五年规划》和《2016～2020年依法治市规划》编制、滕州大数据中心与智慧滕州运营指挥中心建设、市十七届人大五次会议代表建议和市政协十四届五次会议政协提案办理、滕州建设项目区域化评估评审等工作，会议还研究对有关干部给予政纪处分工作。

第17届48次市政府常务会议　11月1日，市委副书记、代市长刘文强主持召开第17届48次市政府常务会议。会议议题：传达学习十八届六中全会精神、研究南水北调水经营合作、庄里水库工程建设、创建国家全域旅游示范区、滕州瑞达化工有限公司搬迁及职工安置、市档案馆新馆建设、辰龙集团金融风险化解等工作。

第17届49次市政府常务会议　11月28日，市委副书记、代市长刘文强主持召开第17届49次市政府常务会议。会议议题：研究2017年市级重点项目、安全生产、环境保护、创建国家森林城市、工业供水综合水价改革、不动产统一登记等工作。

第17届50次市政府常务会议　12月8日，市委副书记、代市长刘文强主持召开第17届50次市政府常务会议。会议议题：观看《警钟——辽宁拉票贿选案警示录》、研究电子商务、滕州市农商银行不良贷款化解、《滕州市法治政府建设实施纲要（2016～2020年）》起草等工作，安排部署换届期间工作。

第17届51次市政府常务会议　12月15日，市委副书记、代市长刘文强主持召开第17届51次市政府常务会议。会议议题：通报市政府领导班子调整情况、市委近期人事调整情况、公布市政府领导成员临时分工。

第17届52次市政府常务会议　12月26日，市委副书记、代市长刘文强主持召开第17届52次市政府常务会议。会议议题：研究2016年财政预算调整和增资发放、市政府规范性文件清理、大同中路烟厂区域（北厂区）土地收储、市养老综合服务中心建设、春节期间走访慰问困难群众和拥军优属、枣庄市安全生产年度考核反馈意见落实等工作。

（市政府调研室）

市政府办公室工作

【调研文秘】　一是调研文秘务实精准。立足于为市政府当大参谋、搞大服务，突出工作重点、创新调研方式、强化文秘服务，文字材料质量和办文水平有新提升。组织开展招商引资、企业上市、龙头企业培育、儿童制品产业园等专题调研10次，协助上级调研部门完成羊庄水源地开发利用、民营经济转型发展、石灰石资源规范化管理、互联网经济发展、童车童床产业发展、企业降成本减负担等专题调研10次，形成调研报告20篇。起草、把关市政府领导讲话、综合文字材料900篇；审核把关印发市政府文件258件，市政府办公室文件142件，文字量达600万字。其中起草的《完善机制、创新体系、深入推进法治政府建设》，在全省法治政府建设工作会议上作典型发言；社区治理暨养老服务创新实验区建设工作汇报，在全省社区治理暨养老服务创新实验区建设工作会议上作典型发言；《滕州市推进民营经济结构性改革成效明显》《滕州市多措并举防范化解金融风险》调研专报受到领导重视，在枣庄市学习推广；起草的《滕州市生态文明建设调研报告》获省政府系统优秀调研成果三等奖。二是政务信息及时高效。编辑上报政务信息1200篇，被国办、省府办、枣府办采用240篇，获领导批示14篇。编发《每日要情》240期、信息1500条，《政务信息交流》32期、信息200条，《政情专报》15期。三是机要工作快速优质。接收上级来文4399份，发往镇街和部门电报1597份，办理领导批件964份，办结率100%。四是政府信息公开扎实开展。发布政府公开信息43000条；办理申请公开政府信息16件，全部按时办结回复。

【会务接待】 坚持服务领导和服务基层并举，努力搞好综合协调和会务接待500次。承接国家、省、枣庄市、外区（县市）以及本市各类会议活动290次，其中，组织筹办城市工作暨创建国家园林城市、全国绿化模范市表彰会议，党政银企合作发展恳谈会，大气污染综合治理百日攻坚行动动员会议，棚户区改造项目土地征收工作调度会，省审计署收入质量检查工作布置会议，三夏生产、秸秆禁烧暨防汛工作会议，公务用车制度改革工作会议，扶贫开发推进会议，创建国家卫生城市攻坚决战动员大会，全财税调度会议，上市（挂牌）暨企业股份制改制工作动员会议等会议活动260次，承办全国、全省电视会议30次，接待国家发改委检查组、住建部房产处调研组、省编办行政管理体制改革试点工作组、省住建厅棚户区改造工作督查组、省政府解决城镇普通中小学大班额问题督查组、省南水北调工程督导组，孙伟副省长、季湘绮副省长、张务锋副省长等中央、省、市各级领导来滕考察、调研150次；接待外地考察团、重要客商来滕考察60次。贯彻执行中央八项规定和厉行节约、反对浪费的有关规定，各类会议活动均做到热情周到、规范节俭。

【其他工作】 一是市长公开电话和市长（省长）信箱办理工作。实行“全时通”办事无休日工作法，受理本级市长公开电话3038件，市长信箱3787件，基本办结；办理12345枣庄市长热线290件，反馈率和办结率达100%，群众满意率达98%以上。在“2016政府网站精品栏目建设和管理经验交流大会”上，中国滕州网《市长信箱》栏目荣获政府网站政民互动精品栏目奖。二是应急管理工作。编制《滕州市突发事件应急预案简明操作手册》41项；参与处置“5·8”九州清晏商铺爆燃事故、“6·27”世纪通泰燃气泄漏事故等突发事件10起。三是外事侨务工作。办理因公随团、组团出国审批手续13批30人（次），企业邀请函手续25批43人（次）；接待外来人员43人次；走访慰问归侨侨眷28户；协调解决涉侨纠纷2起。四是工农关系协调工作。组织协调处理采煤造成的民房斑裂2915户、140万平方米，补偿损害建筑物2125万元；协调2.2万亩因采煤造成塌陷地绝、减产补偿3936万元。政工、财务、行管、车辆管理、工会、老干部服务、计划生育、打击走私、扶贫、“第一书记”驻村帮扶等工作稳步推进。

（市政府办公室）

法制工作

【体制机制建设】 坚持以经济社会发展为中心，积极推进依法行政，加快建设法治政府，不断强化自身建设，有效化解矛盾纠纷。一是健全决策程序，强化合法性审查。出台《滕州市人民政府重大行政决策程序规定》（滕政发〔2016〕103号），推进行政决策科学化、民主化、法制化；印发《滕州市人民政府2016年依法行政工作计划》（滕政办发〔2016〕15号），明确依法行政工作的要点和方向；严格规范性文件审查，先后审查涉及房屋征收与补偿、社会救助、流动儿童免疫等方面的政府规范性文件13件，安全生产、超限超载整治、不动产登记等方面的政府通告23件，大班额治理、市容市貌、水库建设工程等方面的文件59件，中国移动、阿里巴巴、中材科技、滕州新港等方面的政府协议20份。二是开展规范性文件清理工作。下发《滕州市人民政府法制办公室关于开展市政府规范性文件清理工作的通知》（滕政法办发〔2016〕19号），经过清理，继续有效74件，需要修改34件，宣布废止263件。三是制定《滕州市法治政府建设实施纲要（2016～2020年）》（滕发〔2016〕49号）。围绕建设法治滕州总目标，坚持依法执政、依法行政共同推进，法治政府、法治社会一体建设，为建设幸福滕州提供法治保障。四是开展依法行政示范单位创建活动。确定西岗镇等4个镇（街）及市国土局等11个市直部门作为枣庄、滕州两级首批依法行政示范创建单位。

【行政复议】 收到行政复议申请47件，其中不予受理4件，逾期未补正视为未申请1件，受理42件，全部审结。审结的案件中，作出维持决定的21件，撤销决定的4件，确认违法决定的2件，驳回决定的7件，经调解、和解后终止审理的8件，实现“定纷止争，案结事了”。与行政机关沟通，指出其行政行为违法之处，提醒告知有可能违法的节点环节，提高行政机关依法行政水平。

【行政应诉】 办理行政应诉案件19件，所有案件均全面收集整理证据依据，按时出庭应诉，组织答辩，诉讼中依法进行系统反驳对方当事人的主张，论证和说理做到有理、有据、有节；按照新《行政诉讼法》的规定，对案情复杂重大的案件，建议市领导出庭应诉；主动与法院和当事人沟通协调，争取法院支持、当事人理解，不断优化行政争议沟通协调的外部环境，实现行政与司法良性互动。

【行政执法监督】 一是设立行政执法监督局。10月设立滕州市人民政府行政执法监督局，招录一名行政编制工作人员，为更好地指导、监督、协调、规范行政执法工作提供保障。二是加强行政执法证件的管理。严格审查执法人员的编制情况，杜绝劳动合同制人员、临时借调人员以及其他无行政执法资格的人员从事行政执法工作，专项清理45个部门的行政执法人员资格，收回注销调离原单位或执法岗位的执法人员证件，强制注销脱审的执法证件，确保执法人员的执法资格合法有效；举办执法人员培训班2期，邀请法律顾问、市法院、市法制办工作人员等从处罚实务、行政审判实务、积极做好行政答复等方面进行集中授课，经过网络在线考试合格后，657名行政执法人员取得山东省行政执法证件。三是强化行政执法案卷评查工作。集中初评和专家评审全市45个行政执法部门报送的行政处罚案卷38卷和行政许可案卷20卷，选出优秀行政处罚案卷10卷和优秀行政许可案卷10卷；评查住建、城市管理、食品药品等部门行政处罚案卷40卷，通报反馈评审中出现的问题。

【行政调解】 一是构建行政调解组织结构。成立以市法制办主要负责人为主任，市人社局、市住建局、市公安局等24个部门分管负责人和3位政府法律顾问为成员的市行政调解指导中心，并挂牌运行。二是建立健全行政调解相关制度。制定并印发《滕州市行政调解指导中心工作制度》，明确指导中心的工作职责和行政调解工作流程，建立行政调解联席会议、纠纷排查及案件督查督办、接待登记、受理、主持调解等10项制度；制定并印发《滕州市行政调解文书范本》，统一制定行政调解申请书、行政调解征求意见书、行政调解受理通知书等21种行政调解文书。三是选聘行政调解员。发布《滕州市人民政府法制办公室关于建立滕州市行政调解员专家库和选聘行政调解员的公告》，面向市直各部门单位、各律师事务所和各有关行业性、专业性调解组织选聘行政调解员，确定20人入选行政调解员专家库。

【法律顾问制度】 一是完善法律顾问陪同市领导接访制度。法律顾问陪同市党政班子领导参与信访接访60次，及时解答接访过程中涉及的法律问题。二是发挥依法行政参谋助手作用。法律顾问参与文件审查78件次，参与各类应急事件49件次，参与各类工作组10个。三是参与行政复议诉讼案件审理工作。咨询论证重大、疑难、复杂案件，提出合理合法的处理意见和建议，创新行政复议审理方式，提升办案质量。协助市政府做好行政诉讼答辩工作，参与政府涉诉案件19件，按时出庭应诉，维护政府合法权益。

（杨　明）

史志工作

【概况】 树立“编纂年鉴志书精品、推进幸福滕州建设”工作理念，发挥史志工作在经济社会发展中的促进作用，推进修志、编鉴等业务工作。《滕州年鉴》（2015卷）荣获省政府办公厅“2015年度山东省优秀史志成果奖”，成为全省唯一一部连续3年获此殊荣的综合年鉴，进一步稳固《滕州年鉴》编纂工作在全省排头兵位置。

【年鉴编纂】 落实省史志办“一年一鉴”工作要求，扎实做好《滕州年鉴》（2016卷）编纂工作。科学制定《滕州年鉴》（2016卷）组稿编辑方案，并以市政府办公室文件（滕政发〔2016〕7号）形式下发，明确责任分工，落实供稿任务；对各单位上报的供稿材料，严格按照年鉴编纂要求，进行编辑、修改，先后10次累计修改文稿400万字。10月，全面完成《滕州年鉴》（2016卷）编撰任务，付梓发行。该年鉴收录反映滕州市2015年经济社会发展情况的文字 63 万字、图片资料 210 幅。

【省市供稿】 按照省市要求，强化时效观念，增强质量意识，做好各项供稿工作。一是完成《山东年鉴》(2016 卷）供稿工作，提供文字稿 1000 字、图片 3 幅。二是完成《枣庄年鉴》(2016 卷）供稿工作，提供文稿 1.5 万字、图片 10 幅。三是完成《山东省地方史志年鉴》(2016 卷）供稿工作，提供文字稿 6000 字、图片 2 幅。

【综合服务】 一是指导镇街、部门修志工作。从篇目设置、行文规范、志稿审定、联系出版等方面跟踪指导、靠上服务，《西岗镇志》3 月份出版发行，《滨湖镇志》完成初稿并进入终审修改工作阶段。二是及时更新“市情网站”。充分发挥“市情网站”平台、窗口作用，共享资料，进一步宣传滕州，提高滕州的知名度，吸引更多人来滕州投资兴业。三是与外界交流信息。不断丰富方志馆馆藏，做好资料查询工作，接待查阅人员 100 余人次，扎实推进志鉴、地情资料的开发利用。

（市史志办）

机关事务管理

【机关事务管理】 一是以管理为主线提升政务中心运行质量。精细化管理物业公司，成功创建全国物业管理示范大厦，完善和落实政务中心应急机制，严格实行科级领导干部带班巡查制度，月巡查与节庆巡查相结合，加大各项安全防范管理措施，先后开展安全大检查 12 次，积极参与妥善处置群众来访，没有因工作失误而引发恶性冲突，维护政务中心办公秩序，确保机关正常运转。二是以保障为核心提高机关后勤保障能力。对各单位反映的设施、设备方面的问题，实行限时办结，跟踪服务。完成室内报修 1451 次，公共区域报修 4179 次。三是强化机关食堂科学管理，规范机关食堂运行机制，提升机关后勤服务水平。本着卫生、营养、经济、便利的服务宗旨，推进机关食堂社会化改革，不断更新饭菜花色品种和提高口感质量，搞好食物安全和卫生工作。四是搞好会议服务。会议服务实行规范化标准化，周到细致。承办各类会议 983 次，其中大型会议 328 次。报刊文件交换中心、文印中心等各项服务工作高效开展，政务中心现有办公资源利用率和机关效率显著提高。

【公共节约】 深入开展公共机构节能工作，推进能耗摸底分析、节能监测、示范单位创建、节能改造，市直机关事务管理局被国家机关事务管理局、国家发展和改革委员会、财政部命名为国家级节约型公共机构示范单位。6 月 12 ～ 18 日，开展以“节能领跑绿色发展”为主题的公共机构节能宣传周活动，通过电子屏幕、制作展板、印发宣传品、张贴温馨提示、发送公益短信等方式，广泛宣传普及节能常识。11 月 22 日，召开公共机构节能工作暨业务培训会议，174 家公共机构单位参加会议，使用新系统全部完成节能数据统计上报工作。公共机构办公区废旧物品回收体系不断完善，总体废旧物品科学回收利用率达到 90% 以上。严控日常水、电、气等资源利用，定时巡检重点设备，发现故障及时维修排除，联合市水务局、市节水办下发《关于开展 2016 年度市直公共机构节水型单位创建申报工作的通知》，建成一批节水型公共机构。优先采购节能产品，统计上报节能半导体照明应用项目，推进公共机构节能灯具更新工作。维护和保养政务中心供电、空调系统，推广使用节能新技术，避免用能设备产生不必要的损耗，杜绝“跑冒滴漏”现象。

【公车改革】 一是明确职责分工。成立市公务用车制度改革封存移交工作组，下设综合协调组、市直部门一组、市直部门二组、镇（街道）组和车辆鉴定组等五个工作组，划分工作职责和对接部门，形成车改工作全局一盘棋良好局面。二是做到层层衔接。制定《滕州市党政机关公务用车制度改革涉及车辆处置办法》《取消车辆处置有关工作指南》《滕州市党政机关公务用车制度改革取消车辆封存、评估、拍卖流程》，开展车辆审核移交、鉴定评估工作，公开选定车辆鉴定评估和拍卖机构，成功举行网络拍卖3次。三是抓好公务用车管理中心运行。学习徐州、章丘等地市公车平台建设先进经验，设立公务用车管理科，负责机关公务用车管理工作，成立滕勤汽车服务中心，面向社会公开招聘优秀驾驶人员，拟定《滕州市公务用车管理使用办法》，确定机要通信用车、应急用车、接待调研用车等用车标准和范围，11月16日，公务用车管理中心正式启用。出车337次，安全行驶24700公里，高效、快捷、节俭的公车使用管理方式受到参改单位好评。

【规范接待】 一是制定出台《滕州市党政机关国内公务接待管理规定》。规范公务接待流程、接待范围、接待标准，建立健全公务接待分级负责、归口管理机制，严格实行公务接待公函制度、审批制度、清单制度，公务接待工作实现规范化、制度化。二是高标准完成接待服务工作。配合做好第四届鲁班文化节、第八届马铃薯节、第十三届红荷节等大型节庆组织筹备和接待以及国家“千人计划”专家滕州行项目推介会等重要活动公务接待。完成各类公务接待活动61起995人次，其中，涉及国家级接待4起87人次、省级接待17起455人次、枣庄市级接待27起323人次、其他地区接待13起130人次。机关接待车队先后出车500次，安全行驶11万公里。

（市直机关事务管理局）

中国人民政治协商会议滕州市委员会

【市政协十四届五次会议】 1月11～14日，市政协十四届五次会议在滕州剧院隆重召开。会议紧紧围绕滕州改革发展大局，听取枣庄市委常委、滕州市委书记董沂峰重要讲话，审议并通过市政协常委会工作报告和提案工作报告，听取并讨论市政府工作报告及其他报告，选举高广胜为市政协副主席，表彰在政协工作中做出突出成绩的单位和个人。

【学习论坛】 3月9日，举办政协委员第十一期学习论坛，邀请山东大学马克思主义学院副院长、政治学与公共管理学院教授、博士生导师、地方政府管理研究所所长方雷，作国防知识辅导报告。市政协主席李健主持；副主席李怀兴、刘茜、孙士泉、杜孝玺、乔令梅、高广胜，秘书长王玉亚出席。

4月26日，举办政协委员第十二期学习论坛报告会，邀请住建部房地产市场监管司物业管理处处长陈伟作物业管理市场环境辅导报告。市政协副主席高广胜出席报告会。

5月31日，举办政协委员第十三期学习论坛，邀请中国电子商务基地联盟秘书长、复旦大学电子商务研究中心副主任邵明作“县域电商发展与体系建设”报告。市政协主席李健，副主席李怀兴、刘茜、孙士泉、乔令梅、高广胜出席。

10月25日，举办政协委员第十四期学习论坛，邀请济南大学政法学院法学系主任袁曙光，作“依法行政与反腐机制”辅导报告。市政协主席李健，副主席李怀兴、刘茜、杜孝玺、乔令梅、高广胜，秘书长王玉亚出席。

【市政协常委会议】 市政协十四届二十二次常委会议 4月8日，市政协十四届二十二次常委会议召开。市政协主席李健，副主席李怀兴、孙士泉、乔令梅、高广胜，市政协秘书长王玉亚出席会议。市委常委、常务副市长宗大全应邀出席会议。会议学习传达全国、省、枣庄市政协会议及枣庄市政协常委会议精神；听取关于全市精准扶贫开发工作情况的通报；通过有关人事任免事项。

市政协十四届二十三次常委会议 7月7日，市政协十四届二十三次常委会议召开。市政协主席李健，副主席李怀兴、刘茜、孙士泉、高广胜，市政协秘书长王玉亚出席会议。市委常委、常务副市长宗大全应邀出席会议。会议听取市政府关于全市上半年经济社会发展情况的通报；协商审议通过《政协滕州市委员会关于住宅小区物业管理工作的调研报告（草案）》；协商审议通过《政协滕州市委员会关于加快滕州电子商务发展的调研报告（草案）》；通过有关人事任免事项；学习传达上级政协会议精神。

市政协十四届二十四次常委会议 10月19日，市政协十四届二十四次常委会议召开。市政协主席李健，副主席李怀兴、刘茜、孙士泉、杜孝玺、乔令梅，秘书长王玉亚出席会议。市委常委、副市长刘涛，市委常委、纪委书记张奇应邀出席会议。本次会议学习传达全国、省、枣庄市政协常委会议精神；学习传达《中共中央关于加强和改进人大代表、政协委员有关工作的通知》；学习传达《中共中央办公厅关于防止干部“带病提拔”的意见》；听取市政府关于全市提案办理工作情况的通报；听取市纪委关于全市党风廉政建设和反腐败工作情况的通报；听取市检察院关于全市检察机关开展职务犯罪预防工作情况的通报；通过有关人事任免事项。

【视察协商活动】 召开绿化及公共设施管理协商座谈会 2月24日，组织召开绿化及公共设施管理协商座谈会，就做好该项工作与市政府部门、有关单位负责人及政协委员进行探讨交流，进一步研究问题、制定措施，尽快改善全市生态环境，提高市民生活质量，树立良好的城市形象。市政协主席李健，市委常委、副市长刘涛，市政协副主席李怀兴、刘茜、乔令梅，市政协秘书长王玉亚出席会议。

视察职业教育发展工作 3月16日，组织部分政协常委、委员视察全市职业教育发展工作。市政协主席李健，副主席刘茜、孙士泉、乔令梅、高广胜等出席活动。副市长姜妍参加视察。

视察供销系统为农服务中心建设工作 4月15日，组织部分政协常委、政协委员视察全市供销系统为农服务中心建设工作。市政协主席李健，副主席李怀兴、刘茜、孙士泉、乔令梅、高广胜，秘书长王玉亚参加视察。

召开加强农贸市场及流动商贩管理协商座谈会 4月22日，召开关于加强农贸市场及流动商贩管理协商座谈会，通过面对面听意见、找问题、谈建议，尽快改善和提升农贸市场购物环境和管理水平，规范市场秩序，繁荣市场经济，确保农副产品市场供应和群众消费安全。市政协主席李健，副主席李怀兴，秘书长王玉亚出席会议。

视察市法院司法公开工作 5月10日，组织部分政协常委、政协委员和部分枣庄市政协住滕委员视察市法院司法公开工作。市政协主席李健，副主席乔令梅，秘书长王玉亚参加视察。

开展重点提案督办视察活动 5月16日，组织部分政协委员开展重点提案督办视察活动，并召开座谈会，就市政协十四届五次会议提交市政府办理的重点提案《关于加快高铁新区建设、打造城市精品区块的建议》进行督办。市政协主席李健参加视察并出席座谈会。

视察体育工作 5月24日，组织部分常委、委员视察全市体育工作。市政协主席李健，副主席李怀兴、刘茜、孙士泉、乔令梅、高广胜参加视察。副市长姜妍陪同视察。

召开提案办理协商座谈会 6月7日，组织召开政协提案办理协商座谈会，专题协商市政协十四届五次会议上提出的关于水资源利用与保护提案办理工作，共同促进提案办理与落实。市政协主席李健，副市长薛登峰，市政协副主席李怀兴、孙士泉、乔令梅、高广胜，市政协秘书长王玉亚出席会议。

开展重点提案督办视察活动 7月12日，组织部分政协委员开展重点提案督办视察活动，并召开座谈会，就重点提案《关于改善城区部分路段交通拥挤的建议》《关于加强电动车管理的建议》进行督办。市政协主席李健参加视察并出席座谈会。

视察商事登记制度改革实施情况 7月15日，组织部分政协常委、政协委员视察商事登记制度改革实施情况。市政协主席李健，副主席李怀兴、乔令梅、高广胜，秘书长王玉亚参加视察。副市长张宪依陪同视察。

召开食品安全工作协商座谈会 7月21日，召开关于全市食品安全工作协商座谈会，了解全市食品安全工作开展情况，征求加强食品安全监管的

2016年7月15日，市政协组织视察商事登记制度改革实施情况

意见和建议，推动政府相关部门建立健全监管机制，促进全市食品安全形势持续稳定。市政协主席李健，副主席李怀兴、孙士泉、高广胜，秘书长王玉亚出席会议。

视察全市上半年工作情况 8月24日，组织政协离退休老干部视察全市上半年工作情况，听取他们的意见和建议，共商良策，推动全市经济社会又好又快发展。市政协主席李健，市委副书记毕志伟，市政协副主席李怀兴、乔令梅、高广胜，市政协秘书长王玉亚陪同视察。市政协离退休老干部孙云飞、景维恩、张殿维、张韬、张继周、刘玉荣、孙谦善等参加视察。

2016年8月24日，市政协组织政协离退休老干部视察重点项目建设

召开建筑工地扬尘治理工作协商座谈会 8月31日，召开全市建筑工地扬尘治理工作协商座谈会，进一步了解建筑工地扬尘治理情况，提出对策建议，推进宜居城市建设和国家卫生城市创建工作。市政协主席李健，副市长邹美帅，市政协副主席李怀兴、刘茜、孙士泉、乔令梅、高广胜出席会议。

召开民主评议承办单位提案办理工作会议 9月28日，召开2016年度民主评议承办单位提案办理工作会议，听取综合行政执法、交通运输、卫计、环保4家单位提案办理情况汇报并开展民主评议。市政协主席李健，市委常委、常务副市长宗大全，市政协副主席刘茜、孙士泉、高广胜，市政协秘书长王玉亚出席会议。

召开化解城区中小学大班额问题协商座谈会 10月10日，组织召开关于化解城区中小学大班额问题协商座谈会，为破解大班额难题、促进教育事业又好又快发展发挥应有的推动作用。市政协主席李健，副主席刘茜、孙士泉、杜孝玺、乔令梅、高广胜出席会议。

董沂峰到市政协调研暨开展协商民主工作 11月9日，枣庄市委常委、滕州市委书记董沂峰到市政协调研暨开展协商民主工作，就全市经济社会发展广泛征求意见和建议，并和市政协领导班子全体成员进行座谈，共商改革发展大计。市政协主席李健，市委常委、市委办公室主任丁伟，市政协副主席李怀兴、刘茜、孙士泉、杜孝玺、乔令梅、高广胜等参加座谈会。

视察职工技术创新工作 11月10日，组织部分政协常委、政协委员视察全市职工技术创新工作。市政协主席李健，副主席刘茜、乔令梅、高广胜，秘书长王玉亚参加视察。

【上级视察调研活动】 **宋尚桂带队调研文化建设及高铁新区海绵城市建设情况** 3月11日，

省政协常委宋尚桂带领调研组一行14人，调研文化建设及高铁新区海绵城市建设情况。枣庄市政协副主席傅廷安，滕州市政协副主席李怀兴陪同调研。

侯桂华带队调研乡村卫生机构服务能力建设工作 4月14日，省政协常委、科教文卫体委副主任侯桂华带领专题调研组一行，调研加强乡村卫生机构服务能力建设工作。枣庄市政协副主席杨家国，滕州市政协主席李健、副主席孙士泉、秘书长王玉亚陪同调研。

黄涛率队调研精准扶贫工作 4月19日，枣庄市政协副主席黄涛率领调研组一行，调研精准扶贫工作开展情况。市政协主席李健，副市长张宪依，市政协副主席李怀兴陪同调研。

王宗兰带队视察大气污染防治工作 4月25日，枣庄市政协副主席王宗兰带领枣庄市政协大气污染防治专题视察组一行，视察大气污染防治工作开展情况。市政协主席李健，市委常委、副市长刘涛，市政协副主席高广胜，市政协秘书长王玉亚陪同视察。

杨家国带队视察依法行政工作 6月16日，枣庄市政协副主席杨家国带领视察组一行，视察依法行政工作开展情况。市政协主席李健，副主席李怀兴陪同视察。

2016年7月13日，市政协主席李健陪同省政协调研组调研市县政协机构设置情况

省政协调研组调研市县政协机构设置情况 7月13日，省政协调研组调研市县政协机构设置情况。枣庄市政协副主席王宗兰，滕州市政协主席李健、副主席高广胜、秘书长王玉亚陪同调研。

杨家国率队调研人才引进工作 7月27日，枣庄市政协副主席杨家国率领调研组一行，调研人才引进工作。市政协主席李健，副市长张宪依，市政协副主席孙士泉，市政协秘书长王玉亚陪同调研。

艾百灵带队调研生态建设情况 8月12日，枣庄市政协副主席艾百灵带领调研组一行，调研生态滕州建设情况。市政协主席李健，市委常委、常务副市长宗大全，市政协副主席高广胜陪同调研。

王宗兰带队调研贯彻省、枣庄市政协工作会议精神情况 8月16日，枣庄市政协副主席王宗兰带领调研组一行，调研贯彻省委、枣庄市委政协工作会议精神情况。市委副书记毕志伟，市政协副主席李怀兴，市政协秘书长王玉亚陪同调研。

（市政协）

纪检监察

【压紧压实“两个责任”】 一是拉出清单，细化责任。以清单明责定规，协助市委制定出台《滕州市落实党风廉政建设“两个责任”清单（试行）》，明确主体责任20项、监督责任24项、第一责任人责任12项、班子成员责任8项，党委主体责任、纪委监督责任内容更加具体化、条目化。二是逐级传导，强化责任。健全党委主抓直管党风廉政建设工作机制，市委主要领导与21个镇街、90个市直部门党委（党组）主要负责人签订《党风廉政建设责任书》，各镇街、各部门层层签订责任书，确保责任分解到位、落实到底。三是述廉述责，深化责任。制定《关于开展市党政班子成员向市纪委全委会述廉述责工作的实施意见》，采取“写廉写责、问廉问责、评廉评责、用廉用责”等方式，扎实开展述廉述责活动。6月30日召开专题会议，14名市委常委、党员副市长就遵守党的纪律、落实主体责任等内容向市纪委全委会进行述廉述责，市纪委委员现场询问和民主评议述廉述责对象，共询问问题40个，及时进行反馈。四是廉政谈话，抓早抓小。出台《关于实行市纪委常委同镇街、市直部门党政正职廉政谈话制度的意见》，对新任职干部、在同一职务任职5年以上的干部和发生党风廉政问题的单位党政正职负责人实行廉政谈话。市纪委班子成员分别到58个部门单位和镇街，和74名党政正职负责人开展廉政谈话。五是严肃问责，落实责任。坚持用追究倒逼责任落实，明确党风廉政建设责任追究适用情形，规范实施责任追究程序，对于不履行责任或履行不到位的，严肃追责，让失责必问成为常态。责任追究党员干部18名。

市纪委十二届五次全体会议

【持之以恒纠正“四风”】 一是突出节点抓监督。紧盯元旦、春节、清明、“五一”、端午等重要时间节点，进行明察暗访，将日常性监督与重要时间节点检查相结合，将收集信访举报显性问题与主动挖掘隐性问题相结合，持续加压用力，对各类隐形变种违规问题露头就打。二是公开曝光强震慑。在滕州日报、中国滕州网、市纪委监察局网站设立“曝光台”，及时曝光查实的问题。开展明察暗访12次，查处违反中央八项规定精神问题20起，给予党政纪处分41人，下发违反中央八项规定精神典型问题的通报5期，公开曝光典型问题12起。三是畅通渠道抓整治。开播第十二轮政风行风热线，68个市直部门的主要负责人分68期走进电台直播间，接听解答群众各类诉求451件，其中当场解决390件，开播后督办落实61件，诉求办结率达93%；抓好“枣庄民意通”网民诉求办理，先后受理网民诉求195件，群众满意度达92%，办理数量和满意度均居枣庄各区市之首。四是建章立制筑防线。编印《滕州市领导干部财经管理红线手册》《反腐倡廉建设政策法规文件选编》，细化公务接待、财务管理、出差、会务等方面的标准26个，进一步完善作风建设制度体系。

【规范实施执纪审查】 本级接受信访举报1051件，上级转办交办信访件1032件，开展谈话函询42件，处置问题线索245件，立案186件，给予党政纪处分207人。一是抓好信访举报。发挥信访部门提供问题线索"主渠道"作用，整合信、访、电、网各类信访举报渠道，统一归口信访室受理。深化双向承诺，滕州市被省纪委列为全省双向承诺联系点，"双向承诺制度"和"双反馈制度"得到枣庄市纪委充分肯定，签订双向承诺书27件，开具答复意见11件。二是践行"四种形态"。组织信访、党风、案管、纪检监察等部室定期召开联席会议，集中研判问题线索，按照"四种形态"要求对问题线索进行分类处置、对症下药。三是突出规范执纪。围绕"六大纪律"开展纪律审查，提高执纪效果。建立调查组长负责制，推行领导包案、"乡案县审"、审理合议、协作区办案等制度，提高执纪监督效果。四是确保执纪安全。投资51万元，改造重修双规室、医务室、监控室12间，新购置电脑、打印机等办公设备，有力保障安全办案。

【严查基层"微腐败"】 查处侵害群众利益案件45起，给予党政纪处分65人，下发侵害群众利益的不正之风和腐败问题通报6期，曝光典型案例17起，7月26日，《大众日报·县域版》头条以《看滕州如何向基层"微腐败"开刀》为题进行深度报道。一是细查问题线索。重点全面摸排、分类处置涉农惠农资金、基层党员干部作风等方面的线索，建立问题线索台账，明确责任室办、责任人和办理时限，实行一周一调度，确保件件有着落。二是狠抓集中整治。明确17项专项整治内容，集中查处涉农问题线索。开展重点督导镇街专项整治活动，采取"一对一"方式，由市纪委8个部室分别督导8个镇街，定期移交问题线索，督促案件查办。三是完善查处机制。着力构建组织领导、线索管理、查办协调、跟踪督办、问责通报、治本防控等六大机制，确保问题查处工作有效运行。调查处理在农村"三资"集中整顿中发现的6条问题线索，约谈问题突出的4个镇的镇长，有力推进"三资"管理深入开展。四是深化案例剖析。紧盯腐败问题易发多发的部门单位，分析发案原因，查找制度漏洞，并督促整改，确保制度可执行、可监督、可检查、可问责。组织起草《关于滕州市农村基层财务管理情况的调研报告》并上报市委，督促市经管局开展农村"三资"集中整顿，制定违反"三资"管理规定的追究办法，每季度开展一次农村集体"三资"检查活动，及时发现问题并进行整改，从源头上遏制农村基层腐败问题的发生。

【反腐倡廉宣传教育】 一是全方位开展警示教育活动。组织33个系统党委党员干部到枣庄监狱实地接受警示教育，受教育党员干部达7000人（次）；组织各单位观看《国企党员干部违纪违法案件警示录》68场次；在党政办公网、党务公开网、市纪委监察局网站通报违反八项规定精神、侵害群众利益的不正之风和腐败典型问题21起；承办第十三期滕州大讲堂，邀请中央纪委领导为1700名副科级以上干部作辅导报告；精选各单位学习《廉洁自律准则》《党纪处分条例》体会文章汇编87篇，编印成册，发至各党政机关；举办反腐倡廉现场知识竞赛，44个单位报名参赛；组成宣讲团赴各单位开展作风建设宣讲33场次，受教育干部人数1万人次。二是大力加强廉政文化建设。整改提升枣庄市级以上廉政文化示范点13个。抓住春节、五一等节点，向科级干部发送廉政短信40000条。深入推进新闻宣传报道，拍摄完成《铁面御史王东槐》专题片，在中央级媒体上稿35篇，省部级媒体上稿40篇，市级以上媒体发稿253篇，报送网络舆情200期1200条、优秀网评文章200篇，8篇网评文章被省纪委优秀网评文集采用。

（市纪委研究室）

民主党派和工商联

中国国民党革命委员会滕州市总支部委员会

【思想建设】 组织成员参加民革枣庄市委员会举办的骨干党员、新党员培训班，举办学习中国共产党十八届六中全会精神座谈会，开展纪念孙中山诞辰150周年和拜祭王铭章将军墓等主题活动。

【组织建设】 9月，经民革枣庄市委批准，成立民革滕州总支部委员会。做好优秀人才发展和后备人才培养工作，成立议政小组、社会服务小组和文体活动小组，选拔有履职能力、有工作热情、能发挥作用的党员作为活动小组成员，实行动态化管理。

【换届工作】 10月21日，民革滕州总支第六次党员大会召开，市委常委、组织部部长、统战部部长高鹏，副市长、民革滕州第五届总支主委张宪依出席会议。会议听取和审议民革滕州第五届总支工作报告；通过大会政治决议；选举产生民革滕州总支委员5名、出席民革枣庄市第六次党员代表大会的代表16名；周学文当选为民革滕州总支主委，张宪依不再担任主委职务。

【参政议政】 坚持“一人一案”制度，形成“主委亲自抓、委员主动管、骨干积极干”的工作格局，积极参政议政。总支共有各级政协委员19名，在滕州市政协十四届五次会议上提交提案36份，总支换届提交社情民意8篇，其中1篇被省政协采用、2篇被民革山东省委采用，在“我为滕州建设献一策”调研活动中提交调研报告9篇。

【社会服务】 开展与台属企业座谈交流活动，为在滕台属企业提供服务。建设博爱志愿者团队，将社会服务与弘扬中山精神相结合、与开展“同心”实践相结合、与民革自身发展相结合，通过特色化、基地化、常态化博爱志愿服务活动，筑牢“博爱”社会服务品牌。

（王　茜）

中国民主同盟滕州市总支部委员会

【思想建设】 组织盟员学习中国共产党十八届五中、六中全会精神，领会民盟十一届四中全会精神，学习时事政治、盟章、盟史和《中央盟讯》《山东民盟》《枣庄盟讯》等民盟组织刊物，巩固提高盟员思想共识。

【换届工作】 10月19日，民盟滕州总支第八次盟员大会召开，枣庄市政协副主席、民盟枣庄市委主委汤海涵，滕州市委常委、常务副市长宗大全，市政协副主席、民盟枣庄市委副主委、民盟滕州总支主委刘茜等出席会议。会议听取和审议民盟滕州总支第七届委员会工作报告；通过大会政治决议；选举产生民盟滕州总支第八届委员会委员7名、出席民盟枣庄市委第七次大会的代表12名，刘茜连任民盟滕州总支第八届委员会主委。

【组织建设】 成立盟员工作、参政议政、社会服务三个专门工作委员会，明确职责分工，推动工作落实。继续推行新盟员谈话、考察制度，要求新盟员在提交入盟申请书的同时上报一篇社情民意和提案，确保盟员发展质量，2016年发展盟员6人。成立“新盟员支部”，改变以往新盟员入盟后直接编入对口支部的做法，将其先行编入“新盟员支部”，有针对性地开展一系列培训学习，提升新盟员素质。盟员朱桂芬、王珂被提报为副科级领导干部。

【参政议政】 组织盟员深入调查研究，走访有关部门，听取意见和建议，积极撰写社情民意和提案，在滕州市政协十四届五次会议上提交“关于智慧滕州建设”“加强电动车的管理”等提案16件，为全市经济社会发展建言献策。

（朱桂芬）

中国民主建国会滕州市基层委员会

【思想建设】 组织全体会员定期召开座谈会、培训会，及时传达学习各级重要文件、讲话精神，开展赴江苏溧阳等革命老区、爱国主义教育基地参观学习。

【换届工作】 10月19日，民建滕州市基层委员会第七次会员大会召开，市委副书记毕志伟及民建枣庄市委负责人出席会议。会议听取审议民建滕州市第六届基层委员会工作报告；通过大会政治决议；选举产生民建滕州市第七届基层委员会委员7名、出席民建枣庄市第七次代表大会的代表16名，刘忠立连任民建滕州市第七届基层委员会主委。

【参政议政】 提交各类提案、社情民意27篇，向各级组织报送各类信息30篇，《民建滕州市基层委员会联合山东大华眼镜有限公司开展视力保健校园行活动》在民建中央网站刊登。围绕“发挥优秀传统文化在培育和践行社会主义核心价值观中作用”主旨，各基层支部到滕国故城和凫山羲皇庙遗址开展调研活动。

【社会服务】 开展“枣庄民建·思源助学工程”活动，为龙阳镇冯庄小学捐赠10台电脑和180套课桌椅；6月6日全国“爱眼日”，民建滕州市基层委员会、山东大华眼镜有限公司联合中国少年儿童基金会、上海明月光学有限公司，共同走进滕州市北关小学和西关小学，举办“视力保健校园行”活动；9月10日教师节，联合山东大华眼镜有限公司开展“情系教师节·向老师送祝福”慰问活动。

（杨恒雯）

中国农工民主党滕州市总支部委员会

【思想建设】 组织党员学习领会习近平总书记在庆祝中国共产党成立95周年大会上的重要讲话精神，参加农工党枣庄市委组织的报告会、座谈会、研讨会及各种培训，及时了解掌握重大方针政策，提高党员政治理论水平。

【组织建设】 10月22日，农工党滕州总支第七次党员大会召开，会议选举产生农工党滕州市总支第七届总支部委员会。李培永当选为主任委员，闵庆财、赵逢念、孔磊为副主任委员，胡燕、巩宪霞、秦景梅为委员。12月28日，农工党滕州总支第七届二次扩大会议召开，决定将支部调整为人民医院支部、中医院支部、综合一支部和综合二支部4个支部，增设秘书一职。2016年新发展党员3名。

【参政议政】 针对人民群众普遍关心的热点、难点问题，选好课题、深入调研，完成《关于进一步推进美丽乡村建设的调研报告》。积极参加市各种协商会、征求意见会，在滕州市政协十四届五次会议上提交提案11件。

【社会服务】 发挥农工党滕州总支以医药卫生界人士为主的特点和优势，开展“中国环境与健康宣传周”和“国际科学与和平周”主题宣传活动，组织12名医疗专家到界河镇开展送医下乡义诊活动，免费发放价值1300元药品，疾病宣传资料500份。组织多名医疗专家，赴界河镇北闫楼村开展“同心爱老、助推敬老”送温暖、送健康进基层活动，为村民进行健康查体，免费赠送价值1000元药品，为4户困难党员、军属家庭送去生活用品和慰问金，为界河镇敬老院送去生活用品。组织开展“送文化下乡”“同心扶贫帮包结对”活动，4位企业家结对帮扶界河镇4个困难家庭。

（赵逢念）

九三学社滕州市基层委员会

【思想建设】 召开6次委员学习会议，学习贯彻习近平总书记系列重要讲话精神和治国理政新理念、新思想、新战略，召开社史宣讲暨新社员培训会议和九三学社成立纪念大会，开展九三学社社史教育，继承和发扬爱党、爱国、爱社会主义优良传统。

【换届工作】 10月20日，九三学社滕州市基层委员会第八次社员大会召开，市委常委贾建军出席会议。会议听取和审议九三学社滕州市第七届基层委员会工作报告；通过大会政治决议；选举产生九三学社滕州市基层委员会委员7名、出席九三学社枣庄市委第八次社员代表大会代表14名；唐河阳当选为九三学社滕州市基层委员会主委。

【参政议政】 参加市委、市政府举行的座谈会、情况通报会、民主协商会，为经济社会发展提出意见建议。上报枣庄、滕州两级政协和社市委社情民意信息21篇，在两级政协会议上，提交提案33件，其中集体提案4件、个人提案29件，3件提案被评为重点提案。

【服务社会】 按照九三学社枣庄市委“服务基层、服务群众、服务社会、助推发展”要求，组织社员开展社会服务活动，连续33年为实验幼儿园儿童义务查体，赢得良好社会反响。

（单金凤）

滕州市工商业联合会

【教育引导】 学习贯彻习近平总书记在全国政协十二届四次会议民建、工商联界委员联组会议上的重要讲话精神，坚持贴近商会、贴近企业、贴近工作原则，在全市非公有制经济人士中开展“守法诚信、坚定信心”理想信念教育实践活动，发挥各类商会组织作用和非公有制经济人士主体作用，初步探索建立摸底调查、政企沟通、培训教育、协调推进等行之有效的长效机制。

【服务经济】 开展调查研究，引导会员中各级人大代表、政协委员积极参政议政，反映社情民意，撰写议案提案60件，部分议案提案引起有关部门和社会关注；鼓励、支持非公有制经济人士诚信经营，履行社会职责，参与精准扶贫和光彩事业，挖掘非公有制经济领域扶贫济困、感恩行动中先进典型，树立良好社会形象，传递和谐发展正能量。在“光彩行动”走进姜屯镇、南沙河镇活动中，16名非公有制经济人士参加，走访困难家庭22户，困难大学生10名，发放慰问金和慰问品价值4万元。

【组织建设】 推进基层商会组织建设，成立山亭籍企业家商会，并到山亭文化小学开展情系桑梓助学，捐献钱物折合10万元。举办“会员推荐月”活动，充实工商联后备队伍，完成新会员发展任务。12月21日，滕州市工商业联合会第十四次会员代表大会召开，选举产生市工商联第十四届执行委员会，杜孝玺当选市工商联第十四届主席。

（市工商联）

人民团体

Renmintuanti

责任编辑：徐承伟

滕州市总工会

【"五小"竞赛】 继续开展"五小"竞赛活动，21个镇街、13个相关市直系统、1500家企业、20万职工参加竞赛，涌现竞赛成果累计10万项，其中市级以上优秀成果610项，获得国家实用发明专利380项，年创（增）经济效益8600万元。

【维权维稳】 稳步推行工资集体协商工作，印发《关于开展2016年工资集体协商"集中要约"行动的通知》，收集各级工会组织"集中要约"行动情况统计表和图片等资料，推动三方协调机制，维护职工利益。3688家企业开展工资集体协商工作，占已建工会组织企业的85%；扎实推进职代会制度建设，打造非公有制企业"推行协商民主，强化社会责任"工作品牌，构建和谐劳动关系。全市公有制企业职代会建制率100%，非公有制企业职代会建制率95%。推荐枣庄市厂务公开民主管理示范单位2家、先进单位6家。

【劳动竞赛】 精心打造职工职业技能大赛品牌，制订针对性、创新性强的赛事计划，形成完备的大赛机制，在十大行业25个工种项目中开展市级职工技能大赛，新增旅游服务行业导游大赛、职工太极拳械交流大赛、公安系统小案现场勘察和视频追踪及情报分析应用大赛等，丰富职工职业技能大赛品牌内涵。

【服务职工】 率先成立全省首家县级产业工会。加强镇街、园区和重点企业职工服务中心建设，4月，枣庄市职工服务中心工作现场会在滕州召开。健

举行滕州市第十一届职工职业技能大赛公交职工技能竞赛

全完善市帮扶中心、镇街（系统）帮扶站、企业村居帮扶点三位一体的组织网络，实现困难职工帮扶救助全覆盖、无遗漏。联合市直机关事务管理局、中国银行滕州支行，为驻政务中心各单位工会会员，免费办理银联消费、公交、就医、食堂饭卡等“一卡通”工会会员服务卡。完善管理考核，新增职工服务基地3家。举办全市职工广场大联欢、“庆七一”书画展和职工乒乓球、羽毛球、象棋大赛等职工喜闻乐见的文体活动。以“创学习型城市，建书香滕州”活动为契机，推进职工书屋建设。与市妇联联合开展“下基层、送健康”活动，深入学校、企业免费举办“关爱女职工健康”知识讲座、义诊20场，受益女职工3000人。启动“缘聚工会、牵手幸福”单身职工联谊活动，创建市总工会牵手幸福网站。在长途汽车站创建“爱心妈妈小屋”，关爱妇女儿童权益。

【劳模管理】 4月26日，召开全市庆祝“五一”国际劳动节表彰大会，表彰滕州市五一劳动奖章获得者60名、先进集体20个。4～5月份，开展“中国梦·劳动美”系列宣传活动，在滕州电视台、中国滕州网开辟“中国梦·劳动美”专栏和专版，全方位、多角度、深层次宣传先模代表，营造学习劳模、宣传劳模、争做劳模的浓厚氛围。鲁南机床有限公司研发中心副主任赵峰获“齐鲁工匠”和“齐鲁最美职工”称号，省电视台采访团专门对其采访。

召开全市庆祝“五一”国际劳动节表彰大会

【帮扶救助】 开展各种主题救助活动，元旦、春节期间共救助各类困难职工2900人，发放救助物资折合资金290万元。“六一”儿童节期间开展帮扶送教育活动，发放帮扶资金4.2万元。建立互助保障联络人制度，实行基层会费由市人力资源和社会保障局代征、保费报销与医保同柜、征收报销一站式服务，市职工保障互助会为3460名参保职工给付互助金360万元，配合“农民工入会行动”，启动为农民工免费送意外伤害保险活动。

（刘广苓）

中国共青团滕州市委员会

【思想引领】 一是政治引领。以中国梦主题教育实践活动为统揽，在“五四”、建党95周年、红军长征胜利80周年等重要时间节点，举办“红领巾相约中国梦”“走进军营、感受国防”“礼献祖国”等集中示范性活动10场，参与青年5000人次，打牢青少年理想信念基础。二是价值引领。开展“雷锋精神宣讲”“创建文明城、红领巾在行动”等实践活动，让青少年社会主义核心价值观入脑入心；选树“向上向善好青年”等身边榜样，引导青少年做社会主义核心价值观的自觉践行者，魏彦君荣获山东省青年五四奖章并在山东省纪念五四运动98周年暨建团95周年主题活动上作典型发言，时雪萍被评为“全国最美中学生”，胡修河被评为“全国最美中职生”，张义被评为“第十一届中国青年志愿者优秀个人奖”。三是网上引导。推进“青年之声—滕州”平台建设，组建580人的专家队伍，累计回答问题7513个，总浏览量26万次，其中，帮助大坞女孩郑莹莹诉讼讨公道作为典型案例被中青网头条推荐，“青年之声·我是滕小青”项目被评为山东省2016年度“青年之声”优秀服务项目；发挥“双微”平台在共青团网络舆论引导中的主阵地作用，年发布信息300期，拥有2万用户，成功承办2016年山东（枣庄）共青团网络新媒体工作专题培训；构建11000人的网络文明志愿者和6000名的网宣员队伍，积极参与“青年好声音”网络文化行动，赵璇的故事入选中国青年好网民优秀故事；设计官方卡通形象，制作推广《我是滕小青》系列漫画、《滕州青年志愿者》MV、《国庆快闪》等网络文化产品，为青少年做网络正能量传播者营造良好氛围。

【服务社会】 一是开展青春扶贫工作。动员青年文明号、青年企业家实施“百号百企助百村”行动、社会爱心人士实施暖冬行动、青年志愿者实施牵手关爱行动，募集扶贫资金25.2万元，帮扶贫困青少年1120名，实现登记在册贫困青少年全覆盖。二是打造志愿服务项目品牌。设立滕州市志愿服务项目库，落实资金扶持入库项目12个，推进志愿服务制度化、规范化建设；实施“志青春·用爱点亮文明城”志愿服务品牌项目，号召广大青年助力全国文明城创建，开展集中性志愿服务30次，该项目在第二届省志愿者项目大赛中荣获金奖，团市委被评为“助力县域科学发展工程示范县团委”。三是引导青年岗位建功。组织共青团界别政协委员、青商会员开展互观互学，助推全市经济发展；依托青年文明号创建、青年职业技能大赛等载体，通过开展岗位培训、竞赛选拔等形式，推动青年形成争创一流工作业绩的浓厚氛围，政务服务中心成功创建枣庄市首家未启动行业的国家级青年文明号，辰龙集团鲁南机床装配二车间获评省级青年安全生产示范岗。四是开展青春绿色行动。组织绿化、护水、清洁环境、健康出行等环保活动20次，发挥共青团优势，发动团员青年、少先队员等开展“绿动青春、美丽滕州”系列植树活动，组织3150名青少年在清水湾公园、莲青山等7地集中植树，在上善公园高标准建设青年林，新建枣庄市青少年绿化基地2个、滕州市青少年绿化基地1个、种植各类树木7.26万棵。

【服务青年】 一是推进青年就业创业。搭建创业平台，新建滕州市级“青年就业创业见习基地”10家，班墨众创空间被评为全省首批青年众创空间，提供见习就业岗位550个；抓好创业培训，依托各类团属青年创业平台组织举办电子商务培训班7期，培训青年420人次，举办各类农村青年实用技能培训12期，转移农村青年劳动力1200人；提供金融支持，依托“贷你圆梦”创业青年培养计划，重点扶持带动能力强的创业青年，发放贷款78笔860万元，节省利息19.3万元，为13家小微企业争取“基准贷”项目贷款762万元，节省利息32.38万元。二是深化青少年维权工作。成立市青少年权益纠纷调解人民委员会，组建40人的青少年维权心理、法律专家队伍，实施法制报告进校园、进社区活动30场；与上善、中和等青少年社工服务团队达成政府购买服务协议，出资54万元支持开展社区青少年事务社工服务项目。三是关爱困难青少年群体健康成长。动员社会爱心人士参与“冬日暖阳”特困农村家庭学生结对助学，按照小学、初中、高中每人每年1200元、2400元、3600元的标准，资助农村贫困学生255名；建立小荷书屋3个、七彩小屋1所、青年之家8处，依托团属阵地组织青年志愿者和结对贫困留守儿童开展亲情陪伴、学业辅导等志愿服务活动。

（殷　悦）

滕州市妇女联合会

【概况】 从推动解决妇女最关心、最直接、最现实问题入手，履行组织妇女、服务妇女、维护妇女儿童权益职责，扎实做好各项工作。市妇联被省委、省政府评为全省妇女儿童工作先进集体，被省妇联评为“幸福进家”活动示范单位。

【巾帼建功】 一是“创业创新巾帼行动”。为42名妇女发放小额担保贷款228万元，贴息4.9万元，帮助236名妇女实现就业。举办女农民、科技带头人等培训班16场，培育致富带头人127人。9月，全国妇联发展部来滕州走访调研10个村及两名创业女大学生，充分肯定农村妇女参与现代农业发展和女大学生返乡创业的做法。二是巾帼扶贫活动。组织女企业家开展“巾帼送暖”关爱帮扶活动、“巾帼脱贫、姐妹同行”系列活动和巾帼文明岗开展“岗户结对、助力扶贫”活动，为贫困户举行电商培训，争取轮椅，办理低保、重度残疾护理补贴等。三是家政品牌建设。培树枣庄大姐滕州店、安子新家政、阳光大姐家政品牌，举办家政培训班16期，培训人数772人，安置妇女314名。

【幸福家庭建设】 一是家庭文明建设工作。寻找“最美家庭”活动常态推进，利用“三八”妇女节、“六一”儿童节、重阳节、建军节等节点，在滕州日报、电视台开设“最美家庭”

举行全市庆祝“三八”国际劳动妇女节106周年暨表彰大会

专栏。实施“我爱我家·同悦书香”亲子阅读活动，定期举办阅读沙龙、名家名著讲座、名人名家领读经典等，举办各类培训班550场次。二是妇女思想引领工作。评选表彰全国、省、枣庄、滕州四级“三八红旗手”“巾帼建功标兵”等妇女先模120名。开展“最美家庭讲家风”巡讲，组织巡讲团事迹巡讲5场次。抓好《四德歌》健身广场舞普及推广工作。三是搞好巾帼文明创建。推进“新农村新生活”培训，举办培训班106期，培训人数3.2万人。倡导巾帼志愿服务精神，巾帼志愿服务队伍达到126支，巾帼志愿者达到5272名，开展创卫服务、“安全生产·幸福家庭”、《反家庭暴力法》宣传等志愿服务活动600次。

走访救助农村贫困“两癌”患病妇女

【巾帼维权】 一是注重规划引领。“两个规划”目标中106项指标已达标103项，达标率97.2%。完成妇女儿童发展“十三五”规划编制，组织妇儿工委成员单位50人赴上海复旦大学培训学习。二是拓宽维权渠道。召开贯彻实施《反家庭暴力法》工作会议，下发《滕州市家庭暴力告诫制度实施办法（试行）》。编印“12338”妇女维权热线宣传记事本1万册。接待来电来访90件，群众满意100%；选派妇联干部担任合适成年人及人民陪审员，参加涉及妇女儿童案件79起；做客滕州电台《法制热线》栏目，讲解典型维权案例；建立“巾帼”调解专家库，进行婚姻家庭辅导。三是办好民生实事。投入各级财政资金675万元，“两癌”检查农村适龄妇女75000名，救助贫困“两癌”妇女134名，救助资金58.6万元。开展“暖冬行动”“爱心妈妈”“爱心进家”、关爱留守流动儿童等活动，募集爱心资金30.1万元，救助困难儿童472人次。争取建立枣庄市级留守儿童快乐成长活动站2所，总数达到133所。

【强基固本】 一是妇女儿童阵地建设。投入46万元建立两级妇女儿童家园9个，三级家园27个，组织活动430次，服务人数3万人。二是组织体系建设。被省妇联确立为试点市，率先做好村（社区）妇代会改建妇联工作，1250个村居完成改建。制定《滕州市妇联扩大基层妇女组织成员工作方案》，选聘5名优秀妇女为市妇联兼职副主席，21个镇街妇联新增兼职副主席人数65人。三是新媒体建设。开通“滕州妇联”微信、微博，微信公众号阅读量7.8万人次。

（市妇联）

滕州市残疾人联合会

【概况】 按照残疾人“整体赶平均、共同奔小康”总要求，以残疾人精准康复和精准扶贫为核心，落实各项残疾人扶助政策和措施，市残疾人联合会被枣庄市人力资源和社会保障局、枣庄市残疾人联合会评为残疾人工作先进集体。

【康复工作】 投入资金350万元，新建2000平方米的康复中心投入使用，成功通过省残联对人工耳蜗项目康复机构评估验收，“爱耳日”期间，为60名贫困听障残疾人免费赠送助听器。在第26次“全国助残日”期间，投入资金15.28万元，为46名下肢残疾人免费安装假肢；为7名成年听力残疾人免费适配助听器；投入资金18.6万元，完成310例免费复明任务；投入资金26万元，实施精神病人免费住院30例、精神病人免费服药200例；为贫困肢体残疾人发放轮椅127辆，手摇三轮车51辆；为310名残疾人发放燃油补贴16万元。加大残疾人康复中心建设力度，投入资金79.2万元，救助残疾儿童62名。

【培训就业】 资助考入中专学校的残疾人学生2名、残疾人家庭子女学生37名和残疾人高中生3名，继续完成学业；5名残疾人大学生获得共享阳光·山东省残疾人大学生励志助学项目扶持2.8万元；举办残疾人培训班4期，培训残疾人73人；选树创业就业先进典型，评选省级创业标兵2名、扶持资金各1万元，致富能手1名、扶持资金5千元。

【精准扶贫】 审核“两项补贴”，8442名残疾人享受困难残疾人生活补贴，11394名残疾人享受重度残疾人护理补贴；为821名建档立卡的贫困残疾人提供精准脱贫服务；为残疾人创业提供贴息项目资金15.95万元；为310名残疾人提供每年260元的燃油补贴；投入资金28.6万元，实施残疾人家庭无障碍改造61户；投入资金40万元，开展春节走访慰问、助听器验配、假肢安装、辅助器具发放等活动；辅助器具计划服务3912人，完成2756人，占年康复需求率计划的70.44%。

【文体宣传】 在中国残联网站、山东省残联网站、枣庄残联网站等刊登信息50篇。西岗镇肢体残疾人赵曰凯自学电脑、营销，先后申请成功国家专利“电池宝”“防鼓宝”，被枣庄市残联评为“自主创业标兵”，并

市残联为贫困残疾儿童开展春节救助活动

对赵曰凯自强不息先进典型进行深入宣传报道。10 名残疾人运动员参加全省残疾人锦标赛，在铁饼、跳高、游泳等项目中取得 6 枚金牌。

【基础工作】 开展全国残疾人基本服务状况和需求信息数据动态更新工作，组织 3000 名入户调查员对 4 万名持证残疾人进行信息动态收集、审核、上传。

（市残联）

滕州市红十字会

【组织建设】 履行《中华人民共和国红十字会法》赋予的职责，扎实推进“三救”“三献”工作。开展红十字青少年学校创建活动，制定出台《关于在全市建立红十字学校的意见》，指导学校红十字工作，21 个镇街 35 所中小学成立学校红十字工作委员会。

【知识宣传】 开展“红十字博爱月”“世界急救日”“世界艾滋病日”等节点宣传活动，在广场、医院等公共场地组织宣传义诊活动；在中央、省、市电视台和中国红十字报、齐鲁晚报、新华网等媒体刊登新闻稿件 50 篇，利用市红十字会官方网站刊登信息动态。

市红十字尚善志愿服务队红十字志愿者深入街头，宣传红十字知识

【志愿者服务】 组织市红十字尚善志愿服务队，开展“户外清洁日”“冬日暖阳”“关注留守儿童”“关爱麻风病康复老人”“绿色环保、袋袋相传”等系列活动，参与全国文明城市、卫生城市创建，组织街巷、小区、上善公园路面垃圾清捡和不文明行为劝导等活动 50 次，受益人数 1 万人。红十字尚善志愿服务队入选 2016 年度“最美滕州人”候选人。

【应救培训】 开展应急救护培训进社区、进机关、进学校活动，举办“救在身边”知识大讲堂 21 次，为 3000 名社区居民、1000 名机关干部、500 名中小学生普及紧急自救、互救、创伤急救等专业知识，发放宣传画册指南 1 万份。举办培训班 5 期，培训物业管理人员、村医、志愿者等 352 人为初级救护员。

【健康教育】 申报红十字生命健康安全教育项目，获得资金 30 万元，重点在龙泉街道、荆河街道社区及周边学校开展初级救护健康教育 24 期，培训 1200 人；学校安全教育与体验活动 80 场次，受益师生 6000 人；亲子讲座 20 场次；校园应急救护演练 8 场次。

【救灾救助】 实施“博爱助学

大坞行”“看望麻风病治愈人群”等活动，筹集发放款物10万元；春节走访慰问困难捐献志愿者、白血病、先心病儿童和困难家庭，举行春节“博爱万家”暨“博爱送温暖”物资发放仪式。宣传并组织“小天使基金”“天使阳光基金”等申报，向省会报送“小天使基金”申请10份、“天使阳光基金”申请7份、“东方天使基金”“成长天使基金”申请各1份。

【干细胞捐献】 羊庄镇中学老师张焰为白血病病人成功捐献造血干细胞，成为滕州第6例成功捐献者，市红十字会及时组织召开欢送会和表彰会，赴省立医院进行现场慰问，并掀起学习张焰无私奉献精神的热潮；造血干细胞捐献群体被评为2016年度“最美滕州人”。

【器官捐献】 为育才中学学生甘惠方办理捐献登记手续，举行“大爱无疆·甘惠方同学眼角膜捐献仪式”，联系山东大学齐鲁医院完成捐献。全年登记角膜捐献志愿者22人，完成捐献10人；遗体捐献志愿者18人，完成捐献6人；器官捐献志愿者1人，完成捐献1人。

（市红十字会）

造血干细胞捐献志愿者群体荣获2016年度“最美滕州人”称号

法治 军事

Fazhi junshi

责任编辑：徐承伟

社会治安综合治理

【概况】 围绕营造稳定和谐社会环境主线，推进综治中心建设、矛盾纠纷多元化解、城乡社区网格化管理、立体化治安防控体系建设等工作，全年排查矛盾纠纷2471起，处结2433起，调处成功率达98.5%。

【“平安滕州”建设】 召开平安滕州建设大会，表彰综治、平安建设先进单位126个、先进个人258名，下发《2016年滕州市综治暨平安滕州建设工作要点》，召开平安滕州建设推进、调度、总结等会议26次，组织专项督导检查42次，编发督查通报28期。

【矛盾纠纷化解】 构建“三三制”工作模式。一是建设“三大平台”。纵向贯通指挥平台，市建立“矛盾纠纷多元化解中心”，镇街成立“镇街矛盾纠纷多元化解中心”，村居设立调解工作室或调解工作站；横向对接指导平台，分别建立市人民调解指导中心、行政调解指导中心、诉调对接中心，负责人民、行政、司法调解工作，向住建、人社等矛盾易发多发部门及重点企事业单位延伸；全域共享信息平台，投资120万元，研发市矛盾纠纷多元化解信息系统。二是推行“三个互联”。人员联用，建立“市矛盾纠纷多元化解专家库”，选聘调解专家618名；渠道联通，人民调解和行政调解不成的，由市多元化解中心指派调解；调解联动，市多元化解中心分流转办矛盾纠纷769件、直接调处26件，指派调解专家参与调处146人次、122件，市级领导牵头化解25件、化解率97%，市法院委托调解330件、调解成功105件，司法确认14件，受理民商事案件同比下降4.4%。三是健全“三项制度”。健全分析研判制度，4起群体聚集苗头因情报及时、反应快速，被成功化解；健全联席会议制度，研究制定《多元化解联席会议制度》，每季度至少召开一次联席会议；健全“以案定补”制度，研究出台《“以案定补”考核办法》，补助常年坐班的调解员（国家公〈在〉职人员除外）；补贴调处成功的案件。

【网格化管理】 启动综治中心规范化提升工程，收集汇总镇街综治中心工作报表，掌握接待来访、矛盾调处、法律服务、特殊人群管理、治安防控等工作开展情况；启动第三年度网格化管理工作，所有社区和60%的行政村实现网格化管理。在新实行网格化管理的社区（村）和规模调整后的城市社区，推广使用“社会治理综合信息平台”，加强基础信息采集、社情民意、两托管一代办事项办理、矛盾纠纷多元化解等工作，录入关爱人员信息3.2万条、关注人员信息2200条、社情民意4100条、两托管一代办信息2100条、矛盾纠纷700条。

【特殊人群管理】 创新推行肇事肇祸严重精神障碍患者“三全”模式。一是重症患者“全覆盖”。拉网式排查复核3～5级肇事肇祸等严重精神障碍患者底数4次，核查村居646个，核实易肇事肇祸等严重精神障碍患者1305例。二是监护协议“全签订”。建立肇事肇祸等严重精神障碍患者有奖监护机制，对履行监护责任、无肇事肇祸行为的监护人，给予奖励。三是责任保险“全购买”。建立监护人责任保险机制，为每名3～5级患者购买200元患者监护人责任保险。市财政拨付79万元专项资金用于有奖监护和责任保险购买，完成有奖监护协议签订和责任保险购买协议工作。10月，官桥镇一重症精神病患者发生肇事肇祸行为，保险公司认定并赔付资金8190元，系全市监护人责任险推广后的第一起理赔案件。组织编印《滕州市肇事肇祸等严重精神障碍患者管控工作资料汇编》，先后迎接国家、省和枣庄市三级督导组专项检查验收，并作典型发言。

【铁路护路联防】 一是加强宣传教育。6月在东沙河镇举办“铁路安全进校园”暨爱路护路宣传月活动启动仪式，11月在荆河街道启动“五进校园”活动；确定东沙河中学、界河中学、洪绪中学、羊庄中学、滕南中学为爱路护路宣传教育示范基地，向广大中学生宣传高铁安全、电气化铁路安全、道口安全知识，组织中学生收看滕州火车站派出所自制的8集动画影片；沿线镇街教委办选聘铁路派出所干警兼任各中学“法制副校长”，举办“爱路护路、从我做起”为主题的有奖征文活动，获奖征文在滕州日报、滕州政法杂志、综治简报、滕州教育等期刊刊发。二是加强联防联控。指导界河镇做好京沪铁路附近秸秆焚烧和树木断枝逼停火车事件善后清理工作，协调柴胡店镇、市精防中心处置一起精神病患者翻越铁路卧轨自杀事件。三是加强队伍建设。组织护路员参加培训班，指导护路队员加强内务管理、自查自纠和日常考勤。

【见义勇为工作】 调查核实龙阳、官桥等镇街6起10人见义勇为先进事迹，整理上报刘近春“山东好人之星”候选人事迹材料，葛川东、周义、范伟3名省级见义勇为英雄模范事迹材料，孙卓旗“最美滕州人”候选人事迹材料。以《滕州日报》为主阵地，开设《见义勇为、善国善事》整版专栏，5种数字媒体跟进宣传，发表各类见义勇为文章40篇。

【学校安全稳定】 督导检查育才中学、华澳小学、北辛街道中心小学等15处校园安全稳定工作；调研督导二中新校、墨子中学、市第二实验小学华晨校区等3所校园安全稳定情况；配合枣庄市综治委6部门检查组，检查5所校园安全，督导整改存在问题。

【治安保险】 治安参保63064户，完成总户数的30%，收缴保费63.064万元，其中西岗

10万元，鲍沟、龙阳均超过7万元；接受理赔25.241万元。6月16日，滨湖、大坞两镇遭受暴风雨袭击，造成500户家庭受损，赔付12.005万元；11月，召开治安保险推动工作会议，组织各镇街综治办专职副主任赴济宁金乡县考察学习、收看理赔专题片。

（市政法委）

公　安

【概况】 围绕经济社会发展大局，弘扬“善警善战”滕州公安精神，抓牢打、防、管、控执法主业，推进基层基础建设和“四项建设”，切实做好各项工作，市公安局蝉联枣庄市局年度考核各分（市）局第一名，被公安部评为“全国公安机关执法示范单位”；市拘留所连续3年被公安部评为“一级拘留所”，治安大队被省公安厅荣记集体二等功，交警大队车管所连续11年被评为“全省一等县级车管所”，滨湖、善南派出所被命名为“一级公安派出所”，多个警种部门先后荣获市级以上荣誉43项，96名民警立功受奖；副省长、省公安厅党委书记、厅长孙立成来滕州调研对公安工作给予肯定。

【安保维稳】 妥善处置各类群体性、突发性事件160起，执行其他应急维稳任务27次，重大涉稳事件均得到及时成功处置；累计出动警力6000人次，完成G20峰会、党的十八届六中全会、各级“两会”安保工作和多批次专列、上级领导来滕州调研警卫任务；扎实开展打击邪教工作。

省政府副省长、省公安厅党委书记、厅长孙立成到滕州调研指导公安工作

【打击防范】 在治安防范上，深化“网格化”巡逻防控，整合巡警、特警和城区派出所警力屯警街面，街面见警率、民警管事率持续提升。在城区，以环卫工人为主体组建7000人的“平安志愿者”队伍；在农村，全面推广“警民联勤”模式。“两抢”（抢夺、抢劫）和盗窃类案件比上年分别下降39.19%、11.9%。在打击犯罪上，治安拘留1484人、刑事拘留1274人、移送起诉1356人、依法逮捕694人。命案现案全部告破，打掉有组织犯罪团伙2个、黑恶犯罪集团1个，寻衅滋事和聚众斗殴等扰乱社会秩序案件比上年下降50%。侦破“盗抢骗”侵财系列案47起、团伙案18起，破获毒品案件36起，打掉电信诈骗犯罪团伙5个、破案200起。立查经济犯罪案件81起，其中部督案件3起、大要案5起、涉众型非法集资案件7起，抓获嫌疑人71人；成功发起全省首起涉烟集群战役。

开展“网格化”巡逻防控

【公共安全监管】 实施“畅通工程”，国省道和重点县乡道路智能交通实现全覆盖；组织开展专项行动33次，查处交通违法行为37万起。推行“两高”式消防隐患联合检查，督促整改各类火灾隐患2540处；建成消防体验室40个、微型消防站270个，启动实施城区消防站和乡镇志愿消防队建设，实现“一镇一队一车”，消防救援全覆盖工作走在全省县级城市前列。开展危爆物品集中清查11次，收缴烟花爆竹40箱、各类枪支12支、子弹115发、雷管281枚、炸药22.4斤、炮弹7枚。

【服务发展】 坚持“一企一警”联系服务机制，为规模企业和重点项目建设上门服务，妥善解决在企业发展和项目建设中出现的各类治安问题700起（次）。成立多个警种部门参与的专项工作小组，推进“放管服”改革，梳理行政许可23项并全部实现清单化。

【保障民生】 深化“美丽窗口”建设，户政业务坚持和优化预约、错时、上门等服务，制定实施《户口业务工作规范》《户籍窗口接待规范》《户籍窗口服务工作考核办法》等规章制度，强化户籍窗口民警工作作风、质量和效能建设；出入境业务推行“一站式”服务，网上预约申请，增设自助填表机、“快易照”自助拍照等便民设备；依托“滕州交警”官方微信平台，成功开发轻微交通事故快处功能模块，推广轻微交通事故微信快处服务，快处率达到20%。

【队伍建设】 建成案管中心和基层案管室，实现可溯式闭环管理，规范民警执法行为。落实从严治警、从优待警各项措施。民警执法维权维尊工作常态化，查处侵害民警执法权益案件15起，依法打击处理24人，发放维权抚慰金14500元。

（马坤　葛玉磊　王刚）

检　察

【概况】 按照“单项工作争第一，整体工作创一流”的要求，全面服务深化改革大局，大力强化法律监督、强化自身监督、强化过硬检察队伍建设，深化融合司法规范化、检察信息化、基层基础建设，不断提升服务大局、执法办案、创新争优、执行落实的能力，各项工作齐头并进、全面发展，继续保持良好发展势头。市检察院被省委、省政府授予“全省社会治安综合治理先进集体”，被省院授予“全省优秀基层检察院”“全省未检示范基层院”等荣誉称号，连续14年保持“省级文明单位”。

【服务大局】 出台《关于充分发挥检察职能服务“十三五”规划、促进滕州经济社会科学发展的意见》《关于依法妥善办理涉房屋征迁案件积极服务新型城镇化发展的意见》等文件，批捕非法吸收公众存款、金融诈骗、非法经营等破坏市场经济秩序犯罪35人、起诉76人；成立服务和保障重大项目建设工作领导小组，出台《关于服务和保障重大项目建设的意见》，办理行贿犯罪档案查询828件，开展预防咨询、提出检察建议24件次，深入山东化工技师学院新校区、兴盟国际商城等重大工程开展同步预防；在环境资源、国土保护、食品药品安全等重点领域实施行政执法监督，督促有关部门开展荆泉水源地保护、土小企业清理取缔等专项检查活动；召开预防扶贫领域职务犯罪专项工作联席会议，成立服务和保障扶贫开发工作领导小组及办公室，制定《关于服务和保障扶贫开发工作的意见》，组织副科级以上检察人员结对帮扶贫困户42户；参与法治惠民工程，69名检察人员被聘为村（居）法治副主任。

【法律监督】 一是打击刑事犯罪。批捕各类刑事犯罪嫌疑人752人，提起公诉1287人，从快办理故意杀人、强奸、抢劫等严重影响群众安全感的案件80件92人。注重保护涉罪未成年人合法权益，依法作出宽缓处理28人，封存犯罪记录94件，跟踪帮教7人。未检部门提出检察建议的民政部门申请撤销监护人资格案，是全省首例法院判决支持民政部门申请撤销监护人资格的案件，先后被检察日报、法制网等转发。受理群众来信来访380件次，均妥善解决。二是查办职务犯罪。依法立查各类职务犯罪案件31件31人，其中，贪污贿赂案件23件23人，渎职侵权案件8件8人。深化“查办和预防发生在群众身边、损害群众利益职务犯罪”专项行动， 立查卫生系统涉嫌滥用职权违规采购疫苗案4人。开展“法治照亮农村、廉洁促进和谐”专题预防职务犯罪活动，抓好惠农扶贫领域职务犯罪专项预防工作，举办廉政教育讲座23次。三是强化诉讼监督。不捕不诉379人，追捕追诉109人，立案监督、侦查活动监督31件，提起刑事抗诉、纠正审判活动违法8件次，办理羁押必要性审查31件，提请民行抗诉案件3件，执行监督18件，行政执法监督30件。侦监部门探索总结的审查逮捕“三步工作法”、重大疑难案件听取检察机关意见、认罪认罚从宽处理等做法，被省、枣庄市院

市检察院运用研发的庭审指挥系统对公诉人庭审活动远程指挥指导

转发推广；结合执法办案，提出幼儿园校车存在重大安全隐患的检察建议；5项业务经验做法在省院、枣庄市院年度创新成果评选中获奖。

【深化“三项建设”】 一是司法规范化建设。调整充实专项整治工作领导小组，参与会签《关于加强和规范刑事法律援助工作的若干意见》《关于重大疑难案件听取检察机关意见的实施办法》《建立案件移送和加强工作协作配合的实施办法》，出台《关于实行认罪认罚从宽制度的试行办法》《行政执法检察监督案件线索双向移送办法》等；建设检察服务大厅，实现“一个窗口”对外、“一站式”服务；“四个强化”推进规范化建设的经验做法被高检院转发。二是检察信息化建设。打造“智慧检察院”专题研讨会，建设内部执法执纪网上监督平台，加大派驻检察室“信息超市”数据采集力度，录入数据163万条；建成新媒体工作室，发布各类检察新闻640篇，微博粉丝2.5万人，微信和今日头条客户端订阅人数544人，其中今日头条点击量9万次，微信、客户端先后33次登上省院排行榜。三是派驻基层检察室建设。出台《关于进一步深化派驻基层检察室工作的意见》，召开派驻基层检察室工作推进会；各派驻检察室受理来信来访69件次，开展预防宣传和警示教育82场次3400人，办理审查起诉轻微刑事案件70件75人，提供法律咨询和法制宣传117场次，走访巡访370次，化解矛盾纠纷和帮扶困难群众31件次；5个派驻检察室均被省院评为“一级检察室”，省院检察长吴鹏飞带领全省检察机关基层院建设工作会议与会人员来滕现场观摩，给予充分肯定。

（刘增明）

山东省院党组书记、检察长吴鹏飞带领全省基层院建设现场会与会人员到市检察院观摩

法　院

【概况】 坚持公正司法、为民司法，不断加强审判执行工作，积极深化司法改革，努力提升队伍素质，各项工作实现新发展、新进步。受理各类案件11886件，审执结11415件，为经济社会发展提供有力的司法保障和良好的法律服务。市法院被枣庄市委政法委评为“平安枣庄建设先进集体”，审判史迹展览馆被评为全省“法治宣传教育示范基地”。

【刑事审判】 审结刑事犯罪案件1026件，判处罪犯1408人。审结故意杀人、强奸等严重暴力犯罪案件35件，判处罪犯42人；审结抢劫、抢夺、盗窃等多发性侵财犯罪案件230

件，判处罪犯308人；组织开展专项活动，依法治理社会突出问题，审结毒品犯罪案件24件，判处罪犯34人；审结诈骗、非法吸收公众存款等破坏市场经济秩序的犯罪案件60件，判处罪犯122人；审结贪污贿赂、渎职侵权犯罪案件38件，判处罪犯47人；推行社会调查、圆桌审判、心理评估等符合未成年人身心特点的审理方式，审结未成年人犯罪案件36件，判处罪犯58人。

滕州法院审理全省首例撤销监护权案件

【民商事审判】 审结民商事纠纷案件8051件，调解撤诉率为41.1%；推进家事案件审判方式改革，妥善审结婚姻家庭、赡养、继承等家事案件1699件，审结全省首例撤销监护权案件，发出枣庄市首张人身安全保护令；妥善审结民间借贷、金融借款案件2402件；依法制裁违约失信行为，审结买卖、建设工程、加工承揽等合同案件1926件；依法保障和服务供给侧结构改革，在执行冠茂集团有限公司系列案件中，及时处置公司土地资产，引入中材科技膜材料公司投资经营。

【行政审判】 审结行政诉讼案件169件，其中判决撤销行政行为或履行法定职责58件，驳回原告起诉或诉讼请求86件，以协调撤诉方式结案25件；审查执行非诉行政案件65件；认真落实行政机关负责人出庭应诉制度，行政机关负责人出庭应诉60人次；建立司法与行政良性互动机制，深入行政机关举办座谈、讲座4次。

【执行工作】 执结各类案件2103件，执行标的额6.7亿元；开展反规避执行、涉民生案件专项执行等活动，集中执行30次，司法拘留186人次；加强网络查控体系建设，实行工商登记、银行存款、股票和支付宝账户网上查询查控，网上查控被执行人存款8000万元；实行失信被执行人名单制度，将2624名失信被执行人信息纳入全国联网的数据库。

【审判管理】 开展未结案件清理工作，每周通报收结案情况，案件结收比为96.9%，实现收结案良性循环；推进案件繁简分流，简易程序适用率为70.9%；开展“规范司法行为专项整治活动”，规范自由裁量权行使；建立常态化案件评查机制，促进审判质效提升，服判息诉率为93.3%，二审、再审案件维持率达98.2%。

【司法改革】 经过严格考核考试程序，报请省法官检察官遴选委员会审核，从168名法官中确定员额制法官建议人选74

诉前调解矛盾纠纷

人；设立诉调对接中心，执行人民调解员、特邀调解员、律师值班制度，加强与非诉讼调解组织协作配合，开展诉讼辅导和委托委派调解工作；建成审判流程、庭审活动、裁判文书、执行信息“四大公开平台”，公开立案、庭审、执行、听证、文书等各类司法信息；建成审判史迹展览馆，开展法院开放日、宪法宣传日等主题活动。

（孔令海）

司法行政

【概况】 紧扣干在实处、走在前列“目标定位”，深化执法规范化、公共法律服务、班子队伍建设“三项重点”，推进人民调解、法律服务、社区矫正、法治宣传、基层基础“五个全覆盖”，推动司法行政工作平衡发展、内涵发展、创新发展，市司法局在“全省矛盾纠纷多元化解工作会议”上作经验介绍，省司法厅党委书记、厅长王本群作出重要批示给予肯定；承接枣庄市公共法律服务体系建设现场会；接待省内外13个地区、22个单位、400人次参观学习；涌现“枣庄市首届最美人民调解员、最美普法人”等先进典型，宁泰、滕达律师事务所党建工作得到省市组织部门肯定。

【矛盾调处】 规范升级各级调解组织，组建人民调解专家库，推行“325”人民调解工作制度。发挥“两代表一委员”“政法四老”“基层五老”等社会资源优势，组建“家伟”“德涛”“光耀”“巾帼”等品牌调解室。排查矛盾纠纷2285起，其中非正常死亡纠纷31起、群体性上访案件87起，调处成功2218起，成功率达97%。

【公共法律服务体系建设】 推动“一村居一法治副主任（法律顾问）”发展，探索形成公共法律服务体系建设工作“3+N”经验做法。规范提升“实体、网络、热线”三大平台，推出“定制式”律师服务、“全时通”公证服务、“点援制”法援服务、“订单式”法治宣传、“自选式”矛盾化解等多项公共法律服务产品。成立“滕州中立和解法律服务社”，以社会“第三方”的身份参与信访维稳、涉法涉诉、多元化解等社会治理工作，得到省司法厅、枣庄市司法局充分肯定，《法制日报》《大众日报》《大众内参》《山东新闻联播》等新闻媒体相继报道。滕州市公共法律服务中心被评为全省首批“县（市、区）公共法律服务中心示范基地”。

【普法依法治理】 贯彻落实普法责任制，组织科级干部普法考试、“12·4”国家宪法日等系列活动。做好“七五”普法启动筹备工作。开展“法律六进”(进机关、进乡村、进社区、进学校、进企业、进单位)活动2380场次。推进“民主法治示范村”创建工作，130个村居被评为枣庄市第六批“民主法治示范村”。“滕州市青少年法治宣传教育中心”建成并投入使用，每年法治教育培训在校学生1.8万名。市普法办被中宣部、司法部授予“全国先进普法办公室”称号。

【法律服务】 出台《关于进一步保障律师执业权利的若干规定》，律师事务所发展到9家、执业律师156名。在市信访局、市法院、市检察院设立律师服务窗口，参与化解和代理涉法涉诉信访案件，选拔律师担任法律顾问382家，办理刑事、民事、非诉讼案件2180件。实行公证质量终身制，公证质量位居全省第三名，参与重大项目工程招标210场次，办理公证7480件，人均办证数量位居全省第四名，市公证处被省司法厅授予“全省司法行政亮点工作先进集体”。法律援助中心办理法律援助案件965件。各基层法律服务所担任法律顾问285家，办理法律服务事项1475件。各企事业司法办公室开展普法宣传活动207次，调解纠纷314起，代理法律事务512件，审查修订合同2100份，避免和挽回经济损失7800万元。

社区矫正警示教育基地

【社区矫正和安置帮教】 挂牌成立市社区矫正管理局，运用“全网”工作模式，建成社区矫正警示教育基地，社区服刑人员每月“两个八小时”落实到位。免费对社区服刑人员进行技能培训。开展“判处实刑罪犯未执行刑罚、社区服刑人员脱管漏管检查、风险隐患集中排查整治”三大专项活动，提请撤销缓刑、建议收监执行3人，实施警告处罚13人。接收社区服刑人员4841名，期满解除4027名，在管814名，在册在管的社区服刑人员无脱管漏管、无重大违法犯罪；在管刑满释放人员2995名，重新违法犯罪率控制在2%以下。市司法局被省司法厅授予“全省司法行政系统报请特赦工作”集体三等功。

（市司法局）

人民武装

【概况】 坚持以强军目标为指引，突出重点、统筹兼顾、打牢基础、稳步发展，圆满完成年度各项工作任务。市人武部被上级表彰为"先进团级党委""新闻报道工作先进单位""拥政爱民先进单位""军事训练先进单位""安全管理先进单位"和"后勤管理先进单位"。

【思想政治建设】 抓好"两学一做"学习教育，开展以改革强军主题教育为重点的思想政治工作，坚决肃清郭伯雄、徐才厚流毒影响；强化日常教育管理，加强兵员征集、经费使用等重点领域监督；参加省军区、军分区新闻报道骨干培训，邀请山东国防报社编辑来滕采集新闻线索；编印《民兵整组简报》《征兵工作简报》《基干民兵军训快报》16期，完成中央级11篇、省市级80篇新闻报道任务；联合枣庄日报社记者共同撰写《山东省滕州市未成年人国防教育一体化培养见成效》稿件，在《中国国防报》头版头条位置刊登。

【战备和军事训练】 修订完善"一个计划、十个方案"，在重大节日战备期间，坚持干部值班制度，落实战备值班分队和值班车辆，组织全体机关干部参加作战值班业务培训2次，整理印制节日战备手册，购置安装UPS稳压储蓄电源，保障值班电话通畅。加强情报侦搜，组织骨干民兵参加情报信息培训，建立完善微信群上报情报信息机制，上报情报信息7条，其中4条受到省军区通报表彰。组织防暴恐袭击、防汛防火等实地实装战备演练，开展首长机关训练，4名专武干部参加军分区组织的民兵"四会"教练员集训，获得1个单项第一、2个单项第三、1个单项第四，单位总评在五区一市中排名第一；南沙河镇刘宏利和荆河街道王晶在省军区组织的兵种专业民兵教练员集训中分别取得工兵、防化专业第3名；选派善南街道武装部长赵国庆参加省军区第一期基层武装部长集训，考核成绩全部合格，其中理论成绩排名全省第6名，实弹射击排名第28名；集中培训新任职基层武装部长10名，分六期集训基干民兵暨民兵情报信息员635名；组织180名军训教练员，训练枣庄科技职业学院、滕州职教中心、滕州一中、滕州二中、北辛中学等院校新生15000名。

【征兵工作】 一是准备工作深入扎实。抓住有利时机搞好征兵工作宣传发动、业务培训、问卷调查；组织枣庄科技职业学院报名大学生和枣庄市报考直招士官学生进行体格检查和心理测试、滕州籍报考军校和国防生考生体能测试、枣庄市报考定向培养直招士官体格检查、心理测试和面试，并完成政治考核；印制《征兵体检青年走访调查表》《征兵体检青年走访登记表》等业务资料向适龄青年和群众宣传解读。二是业务工作程序规范。制定下发《征兵工作量化考评暂行办法》，规范建设征兵体检站；目测初检把好兵员质量关；召开征兵工作会议安排部署任务；举办业务培训，提高工作水平；坚持标准，严格体格检查；组成联合走访组，逐人逐户走访确认，加强政治考核；组织795名预定新兵进行为期5天的役前教育训练活动；运用军区定兵辅助决策系统，组织定兵会；与接兵部队协调，完成742名新兵交接和运输任务。

【安全稳定】 加大外来人员、车辆检查力度，警卫人员24小时轮流站岗执勤；安排专人负责保密文件、涉密载体、加密计算机和印章管理；开通远程文件递送系统；开展全方位涉密清理清查和专项治理活动；坚持由主官亲自请领、交接、运输、管理，现役干部带车，实现枪弹管理万无一失；强化措施，实现6期训练特别是实弹射击训练安全顺利；坚持检查督导制度，落实带班住库、值班执勤、昼巡夜查、人员管控等规定，开展专项清查整治，规范靶场、库房设置和各类物资器材摆放；执行带车干部短信报告制度，修订完善《法规知识手册》《安全工作精细管理明细表》，组织法规常识经常性考核。公勤队坚持24小时干部值班和夜间查铺查哨，加强预备役人员的管理教育，落实一日生活制度。抓好防车辆事故、防雷击、防触电、防冻伤、防煤气中毒等安全教育，举办灭火器材使用防火技能培训2期和应急救护知识专题讲座。

【基层建设】 注重检查调研，上报的《关于对滕州市企业武装部和市直民兵分队检查调研报告》经验做法被枣庄军分区转发，在《中国国防报》和《山东国防报》发表新闻稿件2篇。规范整组工作，下发《关于做好2016年度民兵组织整顿和军事训练的通知》，编发《2016年民兵组织整顿工作指示》《民兵组织整顿工作实施手册》，召开民兵组织整顿工作会议，分两批组织市专武干部和民兵干部进行业务培训，观摩善南街道、荆河街道等单位“三室一库”“部室家”硬件现场和软件资料。严格检查验收，组织民兵整组“回头看”检查，现场出具整改通知单43份，梳理各类问题134个，58支基干民兵队伍、3605名基干民兵全部整编到位。

（市人武部）

人民防空

【概况】 履行“战时防空、平时服务、应急支援”职能使命，实施“两防一体”“两建同步”战略，市人防办被国家人防办评为先进单位，被省人社厅、省军区司令部、省人防办评为“全省人民防空先进集体”；滕州市被省国防动员委员会评为“全省人民防空先进城市”。

【依法行政】 一是防空地下室易地建设费征缴。严格执法程序，征缴防空地下室易地建设费1491.59万元。二是行政审批。受理咨询并一次性告知办件103件；完成民用建筑修建防空地下室审批3件、人防工程竣工备案验收审核5件40575.77平方米。三是法律法规宣传教育。开展人防行政执法宣传教育100次，提升执法水平和服务效能。

【工程建设】 一是人防工程建设。各类人防工程竣工31处。二是协调配合市规划局、山东省人防建筑设计院，做好“人防工程建设规划”和“城市地下空间综合开发利用规划”编制工作。人防工程建设规划基本完成。

【指挥通信和宣传教育】 一是防空警报信息化建设。防空警报器总数达到105台，完成“9·18”防空警报试鸣工作；在北辛中学组织实施防空袭疏散演练活动。二是实施人防宣传教育“五进”。利用“9·18”防空警报试鸣日、“5·12”防灾减灾日和国防教育日，开展人防法律法规和防空防灾知识宣传教育活动。三是调研论证通过人口应急疏散基地选址。

【工程安全和质量监督】 一是质量监督管理。在建人防工程实行全时质量监督，严把工程“设计、质检、验收”三关，全时现场监督检查重点部位，施工过程随时抽查。二是工程竣工验收备案。抓好结建人防工程日常质量监督，对具备竣工验收条件的工程跟踪服务、靠上指导、督促报验。三是安全监督管理。抓好“汛期防汛、平时防火”，开展安全生产月、打非治违等活动，定期实施人防工程火灾隐患专项整治，组织大型联合检查10次，下发整改通知60份，组织华汇购物广场应急队员在大同路人防工程进行应急演练。

（市人防办）

财政　税务

Caizheng　shuiwu

责任编辑：徐承伟

财　政

【概况】 全市财政系统扎实做好稳增长、调结构、惠民生、防风险各项工作，一般公共预算收入69亿元，完成调整预算的100%，比上年同口径增长1.2%。一般公共预算支出88.16亿元，完成预算的103.7%，比上年增长3.3%。

【助推转型发展】 一是落实各项减税降费政策。全面实施“营改增”改革，新纳入“营改增”范围纳税人5784户，减轻企业税负3.8亿元；企业固定资产投资全部纳入增值税抵扣范围，新增进项抵扣额1.5亿元；减免税收和办理退税4.3亿元。二是发挥财政政策资金扶持作用。帮助企业争取上级专项资金2.8亿元，支持企业技改、科技研发。三是引导信贷资金支持企业。通过“助保贷”为91家小微企业发放贷款3.7亿元；至能投资担保公司完成担保额18亿元；聚诚信用管理公司为54家企业提供还贷周转服务12亿元。四是支持发挥中小企业服务平台作用。平台入驻中介服务机构100家、服务企业1000家，帮助企业查找制约发展的瓶颈问题，提出管理升级具体措施。

【凝聚财力】 一是加强收入征管。成立税收共治领导小组和财税管理服务中心，开展普查，搭建涉税信息共享网络，支持国地税联合办税，联合国土、工商等职能部门，统筹推进税收共治工作，集中入库税款3.5亿元。二是盘活存量资金。收回两年以上结转结余资金5000万元，统筹用于人员增资和民生支出。三是争取上级资金。争取到位上级资金32.5亿元，比上年增长8.7%。四是争取地方政府债券额度。争取置换债券85.8亿元，用于偿还地方政府存量债务；争取新增债券4亿元，统筹用于扶贫、水利、教育、环保、交通、保障性住房等项目建设；降低利息成本，减轻政府偿债压力，保障民生支出和重点支出需要。五是拓宽融资渠道。研究上级政策支持方向，融通资金加快民生工程建设，争取到位城镇中小学大班额贷款5亿元、S343省道贷款2.7亿元、棚改贷款19.7亿元。六是吸引社会资本投入。储备政府和社会资本合作（PPP）项目7个，入选省市示范项目2个；运用政府购买服务等方式，争取国家和省专项建设基金，保障新上项目资金需求。

【民生投入】 一是压减行政运行成本。压缩“三公经费”等一般性开支，将更多资金用于民生事业。二是优先保障人员工资发放。落实职务职级并行、公车改革补贴、人员增资等各项政策，提高企业离退休人员工资标准。三是加大镇街补助力度。将上级补助市镇两级增资的转移支付全部分配给镇街，本级又拿出部分财力，新增补助5882万元，帮助镇街兑现增资政策；安排4600万元，兑现镇街社会保险缴费奖励政策。四是继续加大民生投入。民生支出完成60.8亿元，增长6.9%，占一般公共预算支出的68.9%。

【提高理财水平】 一是将政府债务纳入预算管理。严格按规定向人大常委会报告地方政府债券规模和使用方案。二是市对镇街财政体制不断完善。建立镇街基本财力保障机制，采取因素法分配补助资金，提高镇街保障能力；支持强镇扩权试点，实施滨湖镇财政体制改革，推进高铁新区建设，支持西岗镇创建新生小城市。三是提高国有资产监管水平。创新国有资产管理模式，实施16家国有企业股权重组，支持鲁南机床与中国机床总公司合作。四是提高财政资金使用效益。实施政府采购项目228项，采购额30.8亿元，节约资金1.3亿元，节支率4.2%；完成财政投资评审项目325个，评审额12.8亿元，审减额1.4亿元，审减率10.9%；推进公务用车管理改革，开展全市行政事业单位资产清查工作；深化绩效管理、财政监督、会计信息等各项改革。

（孔　强）

国家税务

【概况】 聚焦主业，推进营改增试点、国地税合作、风险管理等重点工作，完成收入任务，获得省局和市委市政府领导批示15次，多项工作得到总局肯定，市国税局被评为“全国税务系统先进集体”，荣获全省国税系统先进基层领导班子称号。

【完成征收任务】 加强各税种管理，组织税收收入38.26亿元，其中，滕州级收入完成10.8亿元，地方级税收收入首次突破10亿元大关；严格执行组织收入原则，落实各项税收优惠政策，减轻企业负担、增强发展动能，兑现各类优惠40413.5万元。

【推进重点改革】 一是营改增试点工作。完成6469户营改增试点纳税人接收工作，打赢“开好票、报好税、分析好、改进好”四场战役，被授予“山东省国税系统全面推开营改增

营改增试点四大行业发票顺利开具

试点工作突出贡献单位”称号。二是金三换版攻坚战役。成立领导小组和项目组，制定实施方案和工作计划表，派员参加省局项目组工作，完成新系统正式上线运行各阶段工作，保障各项业务正常办理。三是党建税收一体化建设。探索实践“党建+”工作模式，发挥党员示范引领作用，带头参与精准扶贫。

【提升服务水平】 一是推进国地税合作办税。级索、洪绪、城区三个分局实行国地税合署办公，全市13个国地税共建办税服务厅全部实现国地税业务一窗通办，“进一家门，找一个人，办两家事”的深度联合办税模式初步构建。二是开启税收共治序幕。成立市财税管理服务中心，构建立体式税收共治新格局；举办首期发票摇奖活动，提升公民纳税意识。三是开展“便民办税春风行动”。新增发票代开窗口22个，增设自助服务终端设备12台，邮政代开网点增至29个；开展“税银互动”活动，138家小微企业获得贷款36500万元。在全国纳税人满意度调查中排名全国第60名，位居山东省14个参评县（市区）局第二。

（市国税局）

地方税务

【概况】 全市地税系统推进国地税合作办税，规范欠税管理，堵塞征管漏洞，化解执法风险，促进收入增长，省级文明单位达到4个、省级青年文明号达到5个，2个单位被评为山东省“幸福进家活动”先进单位，纳税服务中心申报“全国三八红旗集体”称号。

【税收执法】 坚持依法治税，健全税务干部学法用法制度，开展法制宣传教育，防控执法风险，创建全省法治税务示范基地；落实法治责任，规范重大案件审理，加强督察内审，深化执法责任制度，签订《税务执法责任书》；推行痕迹化管理，运用执法360监控系统，实现执法全程监控、自动预警和实时考核，“税收执法痕迹化管理”得到省局法规处推广。

【纳税服务】 实施“便民办税春风行动”“领导联系企业、科室服务行业”调研走访和“问需求、优服务、促发展”专项调研活动，通过“问需纳建”，促进征纳和谐；落实“二维码”一次性告知制度，强化纳税辅导培训；持续推进“征信互认·银税互动”工作。

（张厚永）

创建全省法治税务示范基地，总局资源税税目注释及审定业务用书集中调研会议在滕州召开

经济监督管理

Jingjijianduguanli

责任编辑：李　明

发展和改革

【规划编制】 编制完成“十三五”规划纲要并颁布实施，规划“十三五”期间重点建设项目462个、计划投资2249亿元；制定年度发展计划，形成《2016年国民经济和社会发展计划》，印发各有关部门并按期监测分析；推动西部经济隆起带规划实施，加快列入规划项目建设进度；稳步推进县域经济科学发展试点工作，成功通过考核验收，积极申报参与全省县域提升行动，被纳入强县提质增效范围；强化经济运行监测，做好季度经济运行分析。

【重点项目】 确定实施重点项目110个，总投资1349亿元，年度计划投资288亿元，16个项目被列入枣庄市重点，瑞达化工聚丁烯和高铁新区地下管廊2个项目被列入省重点。完善重点项目推进机制，创新采用“一对一”“流水会议”等办法，新上常发大中型拖拉机生产、双创中心、艾贝姆婴幼儿服饰等重点项目，盘活闲置土地400亩。强化督查考核，开播重点项目“电视问效”20期。开工建设重点项目108个，完成投资294亿元。卷烟厂异地技改等46个项目竣工或部分竣工，南水北调调蓄水库、保利海德公园、双创中心等支柱项目快速推进。

国家县域经济发展信息中心领导到滕州指导县域经济科学发展试点工作

【资金争取】 共有30个项目争取上级无偿资金23980万元，其中，光大国际环保能源发电项目争取国家资金7350万元；级索镇被列为国家投融资创新示范小城镇，争取国家资金3000万元。有8个项目争取第一、二批国家建设专项基金6.49亿元。加强利用中央、省扶持资金项目建设全过程监督检查。

【综合协调】 申报国家新型城镇化试点，滕州被列入国家结合新型城镇化开展支持农民工等人员返乡创业试点，推进田陈富源煤矸石电厂2×350MW发电机组扩建工程手续办理，完成热电联产规划编制，推动与华洮（上海）通用航空公司签署战略合作协议，编报省政法“十三五”规划项目、重点流域水污染治理“十三五”规划项目、采煤沉陷区综合治理实施方案等。牵头做好开发区审核公告目录修订，做好化工园区审核认定和化工企业“三评级一评价”。

【投资管理】 办理立项项目233个，总投资288.29亿元，其中，备案类项目181个，总投资144.66亿元；核准类项目22个，总投资86.13亿元；审批类项目30个，总投资57.5亿元。严格新上项目节能评估，审查项目130个，综合年耗能9.5万吨标煤。开展能源消费总量控制和煤炭减量替代工作，召开碳排放交易市场建设会议，组织电力行业进行碳排放核查

召开全市公务用车制度改革工作会议

培训。实施“光伏扶贫”，扶持新能源产业发展，编制国家光伏领跑者基地规划。申报省级电子商务示范城市，大宗村电子商务青年创业园争取省服务业发展引导资金140万元。加强人才创新，申报西部经济隆起带急需人才、蓝色产业领军人才团队支撑计划，“双创”基地争取扶持资金300万元，5家企业被认定为省级工程实验室，3家企业入选市级工程实验室。

【体制改革】 加快商事制度改革，承接上级下放审批权限，完善新开工项目审核联动机制，抓好行政许可和行政处罚信用信息公示。滕州获批全省创建社会信用体系建设综合性示范试点城市。开展公务用车制度改革，参改车辆1347辆，保留658辆，节支率为12.56%。深化对外开放，组织企业参加鲁台经洽会、西洽会等，申报玉米、小麦、棉花一般贸易配额分别为5121吨、1525吨、220吨。

（郑广灿　种凯）

国土资源管理

【概况】 全市耕地保有量和基本农田保护面积分别为87271公顷、78184公顷。完成各类土地整理项目17个、新增耕地入库165公顷；完成矿山地质环境治理项目4个，收取地质环境治理保证金2100万元，矿产资源补偿费615万元，市国土资源局被省国土资源厅授予“全省国土资源工作先进单位”。

【规划工作】 全市土地总面积1495.14平方千米，其中，农用地107861.53公顷，占总面积的72.14%，建设用地32893.18公顷，占总面积的22%，未利用地8759.07公顷，占总面积的5.86%。人均耕地面积0.95亩。调整完善《滕州市土地利用总体规划（2006－2020年）》，核减基本农田面积3651.8公顷，拓展建设用地空间217公顷。

【耕地保护】 落实基本农田保护“五个不准”，建立镇政府、国土所和管区、村居“四位一体”管理机制。划定永久基本农田74532.47公顷，占耕地总面积的95.45%。新增耕地入库2100亩，耕地占用补充面积124.55公顷，连续第17年实现耕地占补平衡。

【保障与经营】 做好用地保障和高效服务，上报农转用和土地征收3116亩，完成土地供应4225亩以及南水北调调蓄水库、345省道等项目的用地报批。实施土地收储，通过收购、征收等方式收储土地1310亩。在教育改薄和化解“大班额”问题方面，为17所中小学校建设定向保障用地860亩。完成增减挂钩项目2个，节余用地指标300亩。搞好土地经营，实现政府土地出让收入31.9亿元。

【土地整治】 完成东沙河镇等5镇土地综合整治项目竣工验收，整治土地规模面积5.2万亩，总投资1.1亿元；张汪镇杨仓村土地增减挂钩项目验收，实现节余指标251.7亩；西岗镇孙寨村和小杨庄村搬迁安置和拆旧复垦，实现节余指标330亩；鲍沟镇坝窝前村和坝窝后村，西岗镇西河岔村、程楼村和西曹村拆迁安置，老村址部分区域实施拆旧复垦。开展工矿废弃地复垦利用工作，编制完成第一批6个镇9个项目607亩的实施方案。

【用地监管】 加大已供建设用地现场巡查和监管，完成亿丰和家园、伦达星尚城一期、安康花园二期等6个项目共582亩用地项目竣工检查核验，启动兴盟国际等3个项目闲置调查程序。全年消化批而未供土地2300亩，盘活低效闲置土地1171亩。

【农村宅基地确权】 农村集体土地所有权确权发证3774宗，发证率100%；农村集体建设用地发证1213宗，发证率100%；农村宅基地确权发证968个行政村，发证率96%；权属调查数据库建设界址点、界址线和宗地属性基本完成。

【不动产登记】 9月28日起不

高标准基本农田项目竣工验收

不动产登记业务全面开展

动产登记全面实现“停旧发新”，受理各类登记业务6600件，发放不动产权证书、证明3559件，接待群众咨询3600人次。

【矿产资源管理】 发现矿产资源30种，已开发利用3种，山石资源分布在滨湖、界河等11个镇，整体分布面积219.9平方公里，资源总蕴藏量为88.64亿吨。其中石灰石储量52.89亿吨，花岗石储量28.25亿吨，白云岩资源蕴藏量7.5亿吨；开展矿山年检工作，辖区17个矿山企业年检率为100%，煤炭矿山回采率达到87%；矿山企业21个，从业人员2万人，年产矿石量2000万吨，工业总产值100亿元；征收矿产资源补偿费615万元，收取地质环境治理保证金2100万元。

【地质环境保护】 修复治理官桥煤田废弃矿井等地质环境治理项目4个，修复破损山体20万平方米，填埋废弃矿井10个，增加和平整土地300亩。

【地质灾害防治】 对已关闭采石场遗留坑塘和荆泉水源地区域岩溶塌陷易发区进行隐患排查，确定地质灾害隐患点34处，健全群测群防体系，明确监测责任人，发放“防灾工作明白卡”“避险明白卡”，落实防灾避险预警措施。邀请专家实地调查、指导，采取多种措施治理东沙河镇西小宫村，东郭镇西坞沟村、罗庄村、前坞沟村、前村、大坞沟村等岩溶塌陷。利用现有的国家、省、市级9个地下水监测点，加强日常检查，掌握地质环境监测现状。

【“数字滕州”建设】 完成《滕州市“十三五”基础测绘规划》编制工作。加强测量标志管理，实施地图市场专项整治，规范地图市场秩序。市公交系统等10项应用纳入地理信息公共平台；天地图·滕州接入国家基点，成为全省第二个接入国家基点的县级市。

【宣传教育】 利用“4·22”地球日、“6·25”土地日、“8·29”测绘法宣传日、“12·4”法制宣传日等契机，举行大型宣传活动。开展第26个全国“土地日”主题宣传周活动，通过进校园、进社区、进企业宣传，营造“节约集约用地，切实保护耕地”舆论氛围。通过“滕州国土”微信公众服务平台和“滕州市国土资源局官方微博”发布国土资源资讯信息。

（张志超）

工商行政管理

【商事制度改革】 全面实行“五证合一、一照一码”登记制度，简化住所（经营场所）登记程序，降低准入门槛，激发全民创业热情，新注册登记个体工商户 11115 户、各类企业 3527 家，分别比上年增长 14% 和 13%；新发放“三证合一、一照一码”营业执照 7610 张、“五证合一、一照一码”营业执照 1655 张。上报调研信息被国务院办公厅专报采用 1 篇，国务院领导给予批示。

【诚信体系建设】 开展年报信息申报，11818 户企业、1548 户农民专业合作社、65949 户个体工商户，年报率分别为 79.72%、90.16% 和 66.65%。采取“双随机”模式，加强事中事后监管，检查企业 306 家、个体工商户 1869 户、农民专业合作社 37 户，抽查结果予以公示。

【“个转企”工作】 完成“个转企”700 户，其中升级为有限公司 400 户、个人独资企业 300 户，提前一年完成枣庄市政府下达的三年任务目标。

【商标帮扶战略】 完善局、所、企业三级商标战略指导服务网络，加强引导，专人帮扶，推动驰名、著名商标创建工作，新争创山东省著名商标 1 件，办理续展手续 4 件。

【助企融资解困】 实施“红盾帮扶工程”，帮助企业解决生产经营中遇到的困难和问题，促进市场主体转型升级、提质增效；新办理动产抵押登记 130 件，为企业融资 22.15 亿元；办理股权质押登记 21 件，融资 1.79 亿元。

【专项执法】 突出重点商品和领域，开展节日市场、服装鞋帽、酒水饮料、烟草、成品油、红盾护农、红盾网剑及投资担保类企业等专项整治行动，打击无照经营、销售不合格商品、商标侵权、虚假违法广告、不正当竞争等违法违规经营，立案查处一般程序案件 175 起。

【消费维权】 围绕“新消费我做主”主题，举办“3·15”国际消费者权益日活动，严格“12315”工作流程和操作规范，维护消费者合法权益，受理消费者诉求 3985 件，其中咨询 2963 件、投诉 940 件、举报 82 件。市工商局被共青团中央、国家工商总局等 12 家部委成立的“青少年维权岗”创建活动领导小组，授予全国“青少年维权岗”称号，成为枣庄

举办纪念“3·15”国际消费者权益日宣传活动

市唯一一家获此殊荣的单位。

【法治建设】 落实案件集中掌控、重大复杂行政处罚案件集体审查讨论、案后回访等制度，严把案件各个关口，跟踪指导16起较大案件及事项，未出现行政复议被撤销、变更或诉讼败诉现象。抓好行政处罚信息采集、整理和录入工作，246起一般程序案件录入信用信息公示系统予以公示。

（市工商局）

枣庄市委常委、滕州市委书记董沂峰视察安全生产工作

安全生产监督管理

【安全生产监管】 坚持“党政同责、一岗双责”，把安全生产放在首要位置，在全省率先调整市安委会成员单位，设立12个专业安全生产委员会，形成良性运行机制；市委常委会议、市政府常务会议定期研究部署安全生产工作，坚持每月召开一次安委会成员扩大会议，领导干部每月一次带队检查安全生产；健全网格化监管体系，定网格、定人员、定监管责任，实现网格化实名制监管；实行目标量化管理和考核奖惩，严格事故查处和“一票否决”制度，取消9家单位评先树优资格。滕州市被省政府评为全省安全生产先进单位及安全生产月优秀组织单位，在枣庄市安全生产目标考核中获得第一名。

【安全主体责任】 开展“企业主体责任落实年”活动，做到安全责任、安全投入、安全培训、安全管理和应急救援“五到位”，实现企业主体责任过程管理和量化考核。推进企业“四项建设”，提升企业自主管理、自查自纠、自我提升能力，2家企业通过安全文化企业验收，3个班组通过枣庄级安全班组验收，8家企业开展应急管理示范点创建，795家企业通过安全标准化验收。坚持“科技兴安”，开展应急救援技术远程支持系统等研究10项，危险化学品企业应急救援与救援指挥四维技术支持系统研究等4个项目申报国家总局安全科技项目。

【专项整治】 严格市场准入管理，在煤矿、非煤矿山、危险化学品、烟花爆竹等高危行业，落实安全生产许可制度，强化新上项目源头管控，控制新上高危企业和项目，推动化工企业“新建入园”，抓好新建、扩建、改建项目安全生产和职业健康“三同时”，93家企业完成许可证换证、变更、办证工作，17个新改扩建项目完成安全生产“三同时”审查、备案工作；检查道路运输企业240家次，查出安全隐患500处，下达限期整改通知单105份；实施煤矿“三保一促”活动，盯紧“一通三防”、机电运输、顶板管理和冲击地压等关键环节；做好鲁南高科技化工园区整体安全评价，推进化工企业“三评级一评价”，聘请专家85人次检查化工、危险化学品生产企业326家次，发现消除事故隐患915项，无害化处置易燃易爆危险化学品14吨；收缴非法烟花爆竹产品1200万头，集中培训和全面检查4家烟花爆竹批发企业、51家常年销售点及1671家烟花爆竹临时销售点；安全检查在建工程项目102个，下达停工通知书23份，消除隐患600条；抓好大同路消防站、园区消防站建设，拨付270万元专项用于消防设备购置。强化人员密集场所、易燃易爆单位、劳动密集型企业火灾隐患专项整治，下达处罚决定书336份，临时查封单位13家，强制执行12家，责令“三停”单位145家；登记职业病危害用人单位960家，加大木质家具制造、化工生产企业职业危害治理，保障从业人员健康安全权益；在水利渔业、涉氨制冷、粉尘防爆、校园安全、农业机械、食品药品等行业领域开展一系列专项检查。

【打非治违】 发挥“网格化监管”体系和16个“打非治违”牵头部门作用，保持高压态势，查处非煤矿山零星非法开采、盗采点1处，取缔无证、无资质、违法运营交通运输业户12家、非法加气点30家，取缔烟花爆竹非法销售点42处、非法生产窝点1处，打击取缔非法违法加油站点26处，处置非法加油站储罐10处，取缔非法小香料企业2家、土小企业40家，查处非法校车72车次。

【预防体系建设】 加强安全生产风险分级管控与隐患排查治理双重体系建设，录入风险点单位2002个，辨识风险点3542个。6家企业作为省级、19家企业作为市级双重体系建设标杆企业，开展安全风险点分级管控。推广使用企业安全生产隐患自查自改系统，478家企业利用安全隐患自查自改平台排查整治各类隐患6753条。举办全省危险化学品两个体系建设师资骨干培训班，召开非煤矿山两个体系建设推进现场会。建立健全事故隐患排查治理制度和督办制度，完善隐患排查治理体系，挂牌督办在各级检查、排查中发现的安全隐患226项，做到“六落实”；对未整改到位的，严厉处罚，停业整顿。

【宣传教育】 采用微博、微信等新媒体宣传安全生产法律法规知识及应急常识。针对群众关注的安全生产热点问题，及

举办滕州大讲堂“公共安全与突发事件应对”专题讲座

时发布信息、阐释政策、引导舆情，回应社会关切。6月，邀请国务院参事、国务院应急管理专家组组长闪淳昌讲授“公共安全与突发事件应对”知识，全市1200名副科级以上领导干部、重点企业管理人员参加讲座。举行全省“安全生产月”启动仪式，悬挂安全宣传标语4000幅，设立咨询台70处，发放《安全生产手册》3万份。

【应急管理】 建立事故应急处置联动机制，全面落实24小时值班和领导带班制度，明确21个成员单位职责，建立18支应急救援队伍，组织各类应急救援演练2700次。投资1800万元扶持危化品鲁南应急救援中心建设，依托山东省煤田地质局第一勘探队成立全省第一家矿山钻探应急救援队，兖矿鲁南化工有限公司承办省级危化品大型应急救援演练，山东省副省长张务锋带队观摩并给予肯定。

（贾福永）

物价管理

【价格调控】 一是强化价格监测预警。加强价格监测点管理，扩大价格监测范围，价格监测网点增加到149个，配备监测人员150名。严格执行市场价格监测报告制度，每日监测市内各大农贸市场肉、蛋、粮、油及居民生活必需品价格，及时跟踪市场价格动态，分析预测价格走势，发送价格监测数据22000条，形成主要居民生活消费品监测报表54期，撰写分析报告、市场价格信息综合材料40篇。二是加强价格信息引导。制定《物价信息中心管理制度》，加大监管，确保小区显示屏、价格监测系统和手机价格通等便民价格服务平台正常运行。三是做好价格调节基金清欠工作。成立价格调节基金核查清收工作组，清收价格调节基金385万元。将价格调节基金用于供热、交通补贴和公共自行车系统建设等民生工程，拓展价格调节基金使用方向。

【收费管理】 一是规范医疗服务收费管理。专项检查41家医保定点医疗机构、6家医保定点药店医保政策执行情况。推进公立医院医疗服务价格改革，完成市中心人民医院、中医医院、工人医院、妇幼保健院、财贸医院、精神病防治中心等6家医院医药价格改革，全部实行药品零差率销售。开展营利性和非政府举办的非营利性医疗机构明码标价、收费公示情况专项检查，检查医疗机构18家，查处未进行公示和公示不规范等价格违法行为。二是规范幼儿园收费管理。以一类幼儿园确定类别验收及普惠性幼儿园认定工作为契机，规范幼儿园收费行为，抓好收费公示工作。三是规范行政事业性收费管理。编印《2016年滕州市行政事业性收费项目目录》《2016年滕州市经营服务性收费项目目录》，规范行政事业性及经营服务性收费行为。四是搞好清费减负工作。开展涉企收费专项检查，推进清费治乱减负工作。加强收费单位事中事后监管，规范依规依法收费管理行为。五是做好县级收费项目审批工作。专题调研新下放到县级物价部门的定价项目，涉及利用公共资源建设的景区门票及景区内交通运输服务价格、有线电视基本收视维护费及相关收费、污水处理价格、垃圾处理费收费情况，科学制定微山湖湿地风景区、龙山风景区游览价格。

【价格监管】 一是加强日常市场价格监管。关注粮油肉蛋菜等生活必需品市场供求和价格变动情况，加强大型超市、家电卖场、餐饮企业、旅游行业和交通运输业日常监管，引导价格自律，检查单位200家，对存在问题的51家分别下达《责令整改通知书》。二是围绕价格热点专项检查。开展普通住宅物业服务收费、供暖收费、教育收费、出租车收费、成品油价格、医疗服务收费和药品价格、涉企收费等多项专项检查，查处价格违法案件31件，没收违法所得117.3万元，罚款10万元。三是规范“12358”价格举报受理工作。推行民声速递、民事速办和民情速达“三速工作法”，完成“12358”全国价格举报管理系统地方平台接入工作，规范价格举报管理系统操作，接受价格咨询127件，查处投诉举报56件，举报办结率、回复率均达到100%。四是推进价格诚信建设。创建大同路和银钟里商业街明码标价示范一条街，印制特色标价签并免费发放，增强商户明码标价、诚信经营意识。开展“价格诚信单位”评选活动，从参评的95家单位中评选出“价格诚信单位”47家。实施明码实价店创建，探索将明码标价引向明码实价的新思路。

薯农积极参加马铃薯目标价格保险

【价格服务】 一是马铃薯目标价格保险工作。成立马铃薯目标价格保险专家委员会，制定马铃薯目标价格保险工作管理办法，研究出台文件规范保险工作程序，科学设立田头价格监测点，参保面积达到41.4万亩，参保农户累计获得4813万元赔付。二是马铃薯价格指数编制工作。开展规模马铃薯交易市场（点）及冷库摸底统计，调研马铃薯销售特点及主要外销区域，编制马铃薯价格指数。三是区域综合水价改革试点。测算并制定工业用水综合水价改革方案，出台南水北调配套单元工程工业供水试行价格2.4元/立方米（不含水资源费、污水处理费）。四是农副产品平价商店和价格惠民药店。加强30家农副产品平价商店和15家价格惠民药店日常监管。五是价格服务进万家。开展价格服务进企业、村居和景点活动，在西岗、大坞、姜屯、龙阳等镇及红星美凯龙家居建材广场组建社会价格监督服务站。

【基础工作】 一是农本调查工作。新增中规模蛋鸡、大规模蛋鸡、露地西红柿、露地菜花、露地菜椒和设施黄瓜6个调查品种，科学调整农调点分布，强化调查户培训指导，完成国家和省市下达的成本调查任务，撰写《滕州市玉米价格逐步回升》《上半年滕州市生猪价格走势分析》《2016年滕州市农户种植意向调查分析》《2016年滕州小麦成本收益预测调查报告》等调查报告20篇。二是成本监审工作。完成市实验幼儿园等8所公办幼儿园保教成本监审、微山湖湿地集团有限公司红荷湿地景区定价成本监审、顺驰燃气有限公司车用天然气定价成本监审，审减金额1882.48万元。三是价格认定工作。完成各类业务3095件，标的总额达到10.19亿元。其中，二手房价格评估2745套，认定纳税标的额10.09亿元。

（颜秉楠）

质量技术监督管理

【标准化工作】 山东省电线电缆标准化技术委员会在滕州市成立，秘书处设在滕州市；联合企业共同起草的省地方标准《成套选煤设备通用技术条件》，顺利通过山东省质监局批准发布，填补行业空白；主导和参与制定国家标准7项、地方标准2项。

【质量强市】 出台实施《滕州市质量工作考核办法》《关于加快质量强市建设的意见》，承担的枣庄市政府综合考核任务目标，考核结果位列枣庄第一名。新增“山东名牌产品”4个、“山东服务名牌”1个；“枣庄市市长质量管理奖”1个，“山东省省长质量奖提名奖”1个。“全国知名品牌创建示范区”获国家质检总局批准筹建，实现枣庄零的突破。质量强市建设工作连续第三年受到枣庄市政府表彰。

山东省电线电缆标准化技术委员会在滕州市成立

【能力建设】 一是国家机床质检中心。国家质检中心检测范围覆盖全省17个地市及北京、广西、广东、湖南等全国15个省市，出具检测报告510份，比上年翻一番；为机床生产企业提供检测参数1万个，解决共性技术难题280项，成为企业检验检测、技术改进、产品研发、标准制定、技术培训的平台。其中，涉及司法检测4批次，挽回经济损失400万元。为普鲁特机床公司提供全过程质量检测服务，该公司产值从两千万元增至1亿元。与中集集团签订战略合作框架协议。与清华大学、北京航空航天大学、北京理工大学开展实验室合作，实现共同研发。二是山东省玻璃质检中心建设工作。建成山东省玻璃质检中心，实现90%玻璃产品快速准确检测，服务范围延伸至河北、河南、江苏、安徽等省份玻璃生产加工企业。

【特种设备安全】 一是落实企业主体责任。组织召开电梯维保单位、涉氨企业安全工作会议，22家电梯维保单位现场签订《电梯维修保养单位安全承诺书》，落实69家涉氨企业安全主体责任。二是加强全面检查和专项整治。实施特种设备监督检查计划，开展特种设备隐患大排查、快整治、严执法专项行动，实施涉氨、电梯、电站锅炉、冬季特种设备安全大检查，检查单位1000家。三是组织应急救援演练。联合举行凤凰乐园大型游乐设施应急救援演练。四是搞好普查登记换证工作。完成特种设备登记发证800台，为565台报废、停用特种设备完善手续，更新特种设备管理数据库。

【产品质量安全】 一是严格执法打假。开展儿童用品质量提升行动和重点工业产品专项整治活动，组织农资、水泥、建材等专项检查，检查企业460家，立案30起。二是做好“12365”举报投诉工作。受理12365举报投诉90起，所有投诉举报均在规定截止日期前完成。

【计量管理】 新建“交直流数字电流表检定装置”“压力变送器检定装置”“标准水银温度计检定装置”等计量表准6项，加强计量器具监管，检定、修理计量器具50000台件，其中强检计量器具29266台件（贸易结算类24500台件、安全防护类4320台件、医疗卫生类446台件）、非强检计量器具22632台件。

【衡器管理】 检定、校准计量器具3577台（次）；实施衡器制造企业M1级大砝码检定，检定大砝码320吨；抓好“计量110”服务，有效检定、调试和维修计量失准的汽车衡245台，摸底检查在用电子汽车衡检定情况，规范贸易秩序。

【强化服务】 服务企业，开展“工业发展服务年”帮扶活动，帮扶联泓新材料、盛源宏达等重点大企业顺利取得全国工业产品生产许可证，有70家企业取得全国工业产品生产许可证。服务民生，开展计量和质量月宣传活动，免费检测民用四表、眼镜、血压计、电子衡器、室内空气质量等1800批次。服务发展，政务服务中心质监窗口受理各类审批事项737件，办结737件，接受群众咨询926件，按时办结率100%，群众满意度评价100%。

（张潇方）

开展电梯安全检查

食品药品监督管理

【先进县创建】 对照食品安全先进县创建标准，推进创建工作，高分通过省食安办中期绩效评估、群众满意度调查、现场验收评价、综合汇总考核等考核项目，市食品药品监督管理局被枣庄市食安委表彰为先进单位。

【日常监管】 一是食品监管全程化。对216家食品生产加工企业实行风险管理，在400家批发企业推行“一票通”，量化分级管理餐饮单位3200家，实施“寻找笑脸就餐”“厨房亮化”工程。二是药品监管精细化。采用检查人员、检查对象“双随机”检查模式，检查625家药品企业生产经营行为，建立监管档案，实行分类管理。三是电子监管智慧化。开发“食品药品安全网络监管系统”，配备执法终端“掌上通”，实现网上办公、网上审批和网上办案。

【综合与专项整治】 一是加大抽检力度。投资25万元，在3个农贸市场建设食品安全检测中心，14所学校食堂和大型超市配备食品安全快检设备，完成快速检测16000批次。重点抽检土豆、粉条、干杂海产品等区域性特色明显的品种，共完成检验3600批次，针对不合格问题食品，严格处置追溯。二是实施专项治理。开展校园周边、景区周边食品、腐竹、粉条、粉丝、蛋制品、杏花村嘉誉市场周边加工户、医疗器械、中药饮片、疫苗等专项整治，取缔不具备生产经营条件单位190家。三是狠抓案件查处。组织开展针对性专项稽查，打击制假售假黑窝点，查处案件190件，罚没款310万元，罚没到位230万元。

开展餐饮服务单位量化分级工作

【产业状况】 累计监管对象18000家。其中，药品生产企业6家，药品批发公司7家，药品零售连锁企业16家，单体零售药店及连锁门店400家，医疗器械生产经营企业50家，各级各类医疗机构1000家，食品生产企业200家，食品流通、餐饮服务单位5600家，小餐饮、小食品店、食品加工小作坊等“三小”单位10000家，化妆品、保健食品经营单位1000家。

【宣传培训】 举办各类食品安全和专业技能培训班，培训食品从业人员7200人次。加大信息公开和违法曝光力度，在滕州电视台开办《食药安全最前线》栏目，在《滕州日报》公示食品“三小”红黑榜，在公交港湾设立食品安全公益宣传版面，实现食品安全信息天天见。播出《食药安全最前线》栏目76期，设立公益宣传牌、条幅、墙标、电子屏等1600个，发放宣传资料13万份、食品安全知识读本15000本，发放食品科普知识手提袋、围裙2万个。

（陈龙　孙勇）

综合检验检测

【硬件建设】 投资35万元升级改造实验室，投资10万元完成样品库、标准物质存放室建设改造，投资15万元安装气瓶室固定架、危险气体泄露报警器和实验室整体门禁，投资8万元维修检定原子吸收分光光度计、气相色谱仪、气相－质谱联用仪。购置完善全自动样品消解工作站、超纯水机、气相色谱仪、液相－原子荧光光度形态分析仪等检测仪器设备10台（套），价值160万元。

【体系建设】 提升实验室规范化管理水平，完善《中心实验室仪器责任人分配制度》《实验室流程细化说明》《实验室仪器设备损坏赔偿制度》《关于检验检测报告应用及发布的有关规定》等规章制度。

【能力建设】 1月，食品检验实验室资质通过专家组现场评审，取得涉及26大类食品、2358个检验参数的食品检验检测资质，基本满足食品检测全覆盖。5月，省农业厅派出专家组评审农产品质量安全检测机构资质，市检测中心顺利取得资质。

【交流培训】 一是各类培训。邀请省质监局、农业厅、农科院，枣庄市食药局、质监局、农产品检测中心、食品检验检测中心等单位专家，进行实验室资质认定和实验现场操作指导，举办专题培训班20次，培训人员360人次。二是学习交流。组织检验员50人次赴省质监局、省食药局、枣庄农产品质量检测中心、枣庄食品药品检验中心等单位考察学习。

【检验检测】 参与滕州市首届绿色优质林果产品评选活动，完成绿色林果产品质量安全检验24批次；鲁华农副产品批发市场、杏花村干杂海货市场、食品生产企业、大型超市、学校食堂日常监督抽检任务；滕州市主产区马铃薯、小麦风险监测任务；检测农产品、食品679批次，其中马铃薯、茶叶、小麦、水果、蔬菜等农产品检测312个批次，面粉、饼干、白酒、腐竹、咸鸭蛋、干杂海货、生活饮用水、食用饮料、调味料等检测367个批次。

（市综合检验检测中心）

行政审批

【概况】 首创政务服务数据分析系统，利用行政审批数据形成经济运行分析报告，为市委市政府提供决策参考。修订完善《综合绩效考核办法（试行）》《窗口工作人员工作纪律管理办法》等管理制度10项，严把窗口人员进口关和岗前培训，强化日常值班巡查，先后接待省内外各级领导、同行参观学习32批次。市政务服务中心成为枣庄市首家未启动行业的国家级青年文明号。

【推进“简政放权”】 执行《滕州市行政审批事项目录管理办法》《滕州市行政权力清单动态管理办法》，加快政府行政权力清单调整，督促驻中心窗口抓好各项行政审批事项的取消、衔接、调整落实工作，推动下放、新增行政许可事项及时纳入中心办理，确保取消、调整的事项一律落实到位。

【工作创新】 推进“四个一”部门审批运行管理机制，杜绝群众办事“两头跑”，实现“审批一条龙、服务一站式”；严格时间节点和确保省平台互联互通稳定运行，实现所有非涉密行政许可事项全部纳入政务服务平台办理。山东政务服务网滕州市站点实现分厅入驻部门34个，行政许可主事项237个，子事项300个，平台办理各类事项1518个；运用“互联网+政务服务”思维，推广以“政务服务惠民一体机”为主要载体的立体自助式政务服务惠民网络，在滨湖分中心和龙泉街道滨江社区建成并投入使用；落实一周七天工作“5+2”、午餐轮值不休息“8-0”、全天全时服务“8+X”，同步推行预约服务、先时延时服务、上门服务和代理服务，群众在周末及小长假时也能及时办理各种业务，中心受理事项逐年递增；在新设企业和变更企业中全面推行“三证合一、一照一码”登记制度改革，办理（含换发）统一社会信用代码新执照6471张。

【阳光运作】 借助中心网站、政务服务微信平台、触摸查询屏、交互评价器等平台媒介，向社会公开审批服务事项名称、申报材料、审批要件、审批流程、审批时限、收费标准，方便群众监督。规范公共资源交易，实行统一信息发布、统一进场交易、统一接受监管，实现管办分离全程监管、健康运行，完成各类交易项目324个，成交金额32.23亿元，节约资金4.29亿元。

【电子监察】 创设电子查岗系统，高度精确自动化管理窗口人员在岗情况；通过全流程固化、分责任到人，发布黄牌、紫牌、红牌预警提示，实现办件全程监控、预警纠错和绩效评估；建立服务效能实时评价系统，收到群众评价45796次，满意45795次、基本满意1次，满意度达100%。

（张宏伟）

服务窗口热情周到

审　计

【概况】 实施审计项目111个，配合有关部门开展专项审计活动13项，查处并向有关部门移送处理典型问题5起，落实审计建议110条，完善内部控制制度26项。1个审计项目被评为“全省表扬审计项目”，5个审计项目被评为“枣庄市优秀审计项目”。

【跟踪审计】 加大措施，切实做好“稳增长、促改革、调结构、惠民生、防风险”有关政策措施落实情况、“加强社会救助保障困难群众基本生活”等8个专题政策落实情况以及项目落地、资金保障、简政放权、政策落实、风险防范跟踪审计工作。

【财政审计】 重点实施8个单位（系统）预算执行和财政资金管理使用情况预算执行审计，4个镇街开展财政决算审计，9个单位开展财务收支审计，审计查出主要问题金额26065万元。6月28日，市人大常委会第三十六次会议听取并审议《2015年度市级预算执行审计及其他财政收支审计工作报告》。

【投资审计】 审计保障性安居工程、南水北调续建配套工程调蓄水库和农村饮水安全问题政策落实情况以及调查高铁新区管委会建设项目，启动国家儿童青少年健康成长园工程审计工作；探索“三方联审”审计模式，《以“三方联审”审计模式推动政府投资审计的实践与探索》在第二届全国政府投资审计理论与实务研讨会上作经验交流。

【责任审计】 针对领导干部经济责任履行实施审计项目33个，为79个单位的89名党政领导干部办理离任交接手续。一是用好《滕州市领导干部财经管理“红线”手册》。帮助领导干部明晰权力边界，厘清责任，把好财经管理底线。二是着力提高任中审计比重。实行任期内轮审制度、党政主要负责人同步审计、同责同审，前移审计监督关口，实现领导干部履职情况审计监督常态化。三是推进领导干部离任交接制度。配合市委组织部为党政主要领导干部办理离任交接。四是探索建立对审计发现问题立项整改和整改销号制度。开展“审计问题集中整改月”活动，列出重点整改事项39项，限期整改、逐一销号。

【专项审计】 一是财政收入状况审计调查。实施1至9月财政税收收入状况专项审计调查，重点审计27户骨干税源企业，查出企业应缴未缴税款20906.83万元，提出审计建议4项。二是社会抚养费专项审计调查。审计镇街2013年1月至2016年8月期间社会抚养费征收、上缴、管理等情况，发现问题金额10077.71万元，收缴违规资金323.2万元，有关责任人移送主管部门处理2起，市政府主要领导就审计报告作出专门批示；出台《关于进一步加强社会抚养费征收管理工作的通知》，规范社会抚养费征管工作。三是国有企业资产负债损益审计。重点审计辰龙能源集团、部分国有房地产开发企业等12户企业资产负债损益及经营状况，提出改进意见建议20项。

【村居干部审计】 建立村居干部经济责任审计工作新机制，将指导监督贯穿审计工作全过程，实行“月度调度、季度通报、半年总结交流、年度考核奖惩”制度；印制《滕州市村居干部经济责任审计工作手册》，提出“五统一”要求，各镇街均设立村居干部经济责任审计办公室，选配审计人员94名，实现机构、人员、办公场所“三独立”，完成首批审计任务。

【服务中心工作】 一是配合开展检查或专项审计13项。配合市委组织部做好五好党支部评定和党费专项检查、市纪委八项规定落实及“三公”经费专项检查、市人社局企业社会保险费稽核、市编办机构编制评估工作。二是承接配合上级审计机关实施审计项目12个，累计抽调人员32人次。配合省审计厅开展省管领导干部经济责任审计（6项）、枣庄市审计局开展部门单位购建职工住房专项审计调查和整改以及医疗保险基金等专项审计，做好审计署济南特派办农村土地流转和农田水利审计调查协调工作。

【审计成果运用】 倡导调查式、研究式审计，提升审计成果综合价值。重视梳理分析审计发现问题，提出具有全局性、指导性的审计建议。审计信息被上级各类媒体采用189篇（次），其中被国家级媒体采用76篇（次），位居全省县级审计机关前列；向市委、市政府提交审计专题报告、审计要情等20篇，被市主要领导批示或批转14篇。

（市审计局）

统 计

【常规统计调查】 重点开展1050家工业、建筑业、房地产业、批发零售和住宿餐饮业、重点服务业等“四上”企业的联网直报，按时完成月报、季报、半年报、年报统计报表任务。组织实施固定资产投资、农业、畜牧业、文化产业、城镇化、人口、科技、劳动工资、节能减排、强县监测、开发区、第三方电子商务交易平台、城市综合体等统计工作，国民经济各行业、各领域30项常规统计调查有序开展，全面准确反映经济运行和发展情况。

【国情国力普查】 一是第三次全国农业普查。召开动员会议，签订目标责任书，完成普查区划分、地图绘制、业务培训、清查摸底、普查表草表填报、快速汇总等工作，摸底农户33万户、规模农业经营户2300户、农业经营单位1400个。二是1%人口抽样调查。下发《关于建立年度滕州市1%人口抽样调查制度的通知》，开展每年1%人口抽样调查和100个省级、4个国家级样本调查，入户调查7000户，登记常住人口1.8万人，准确掌握人口变动及城镇化发展情况的人口数据资料。三是社情民意电话调查。完成各项调查任务，拨打访问电话5.2万个，获取成功调查样本1.3万个，收集整理群众反映意见建议2000条。

【统计服务】 打造特色统计“智库”。一是调整创新统计产品。完善《统计快报》《县域发展动态月报》《统计月报》等传统产品，改版统计数据手册为《数据滕州—2015》，编辑印发《统计分析与研究》《滕州市第三次经济普查数据摘要》等特色产品。二是发挥统计监督职能。研讨省和枣庄市《2016年度经济社会发展综合考核办法》，分季度跟进经济社会发

召开全市统计工作暨第三次农业普查动员会议

展综合考核指标完成情况；参与镇街（部门）经济社会发展综合考核方案制定及实施工作，定期通报、督查主要考核指标完成情况。三是搞好强县市经济社会发展统计监测。与全国40个经济发达县（市、区）开展统计信息交流和数据共享，做好全国“百强县”、中国全面小康示范县市等数据资料核定、对接提报工作。

【依法统计】 一是宣传贯彻《统计上严重失信企业信息公示暂行办法》。强化企业依法统计意识，推进诚信统计建设。二是实施镇街、部门和企业数据质量预警告知制度。针对数据异常修改、数据匹配性较差、当月增幅变动异常等现象，及时跟进查询和落实。三是修订《统计数据质量管理办法》。涵盖16个专业和领域。四是推行“双随机、一公开”监管，建立统计执法“一单、两库、一细则”。开展“四上”企业统计执法大检查和“数据造假、以数谋私”专项治理等活动，立案查处迟报、拒报、提供不真实统计资料企业3家。

【基层基础建设】 一是落实《关于加强和改进部门统计工作的意见》。举办部门统计工作培训、会议和活动，加强统筹协调、业务指导，基本实现统计数据和分析资料互通共享、协调一致。二是规范镇街统计工作。实施《关于镇街统计人员变动实施报备制度的意见》，明确镇街统计站（办）工作职能。三是加强统计基本单位名录库维护和信息化建设。实行“五证合一、一照一码”登记制度改革，利用编制、民政、工商、税务、质监等部门行政记录和专业统计信息，抓好“四上”企业及投资项目入库，全年新增“四上”企业26个。开通统计政务微博、微信，利用主流媒体、新媒体发布统计政务和数据信息。

（市统计局）

城乡建设 环境保护

Chengxiangjianshe huanjingbaohu

责任编辑：李 明

城乡建设

【概 况】 实施城建项目149个，完成投资125亿元，城市框架区面积发展到70平方公里，常住人口城镇化率达到58%。滕州被列为全国农村生活污水治理示范市，成功创建国家园林城市、全国绿化模范市。

【基础设施建设】 推进道路桥梁等畅通工程建设，启动实施科圣北路向北延伸续建、荆泉路、振兴南路、市民公园周边道路（尚同路、尚贤路、新华后街）、振兴南路跨荆河桥续建等工程12项，完成北辛路升级改造、荆河中路人行道升级改造、荆河东路升级改造、新兴南路人行道升级改造、荆河下游北滨河路续建等工程7项，城区新增道路里程3公里，升级改造道路面积35万平方米。加强城市绿化工程建设，启动实施市民公园、荆河公园东大门升级改造、清水湾公园、秀美荆河下游绿化、城市新空间建设等城市景观绿化工程，市民公园及荆河公园升级改造完工并向市民开放，新增绿化面积15万平方米。抓好惠民实事工程建设，针对老旧小区脏、乱、差等群众反映强烈的问题，实施10个老旧小区综合整治工程。

市民公园建成开放

【棚户区改造】 一是完善房屋征收配套政策。率先在全省县级全面调整房屋征收（搬迁）政策，严格网络征求意见、依法听证审议等程序，出台《滕州市国有土地上房屋征收与补偿实施意见》等6个政府文件，联合市委组织部等部门举办房屋征收（搬迁）政策培训班，强化宣传，做到家喻户晓。二是加大融资力度。抓住国家支持棚户区改造的政策机遇，累计争取国家无偿专项扶持棚改资金2.4亿元；争取国开行、农发行棚改专项贷款64.42亿元，其中2016年争取第一批贷款25.47亿元。分两批申请并拨付到位国家发改委专项基金2.97亿元。组织国有企业申请发行公司债额度45亿元，发行24.4亿元。三是加快棚户区改造进度。7个棚户区改造项目被纳入省棚改计划，大同中路区域改造工程进行主体施工；文昌路（鲁南机床厂）区域改造项目启动拆除工作，完成拆迁建筑面积3万平方米（沿荆河路）；小清河（前后洪）区域改造工程、程堂居（荆河东路）区域改造工程、东城东新社区一期工程等3个项目进入入户丈量、调查登记阶段。

【村镇建设】 完成农村新型社区等各类开发建设面积29万平方米，35个农村社区建设项目有29个社区回迁上房，入住总户数逾4万户。制定下发《滕州市农村无害化卫生厕所改造工作方案》，全面开展农村无害化卫生厕所改造工作，完成改造任务40207户。抓住被列为全国农村生活污水治理示范市的机遇，委托省城乡建设规划研究院编制《滕州市农村生活污水治理专项规划》，通过专家评审，在大坞镇牟庄村、级索镇前泉村、西岗镇魏庄村、东郭镇玉泉村进行试点，因地制宜探索形式多样的农村生活污水治理模式。

实施改造后的北园街

【房地产业】 在建房地产开发项目39个，开发施工面积830万平方米，比上年增长8.06%，完成投资64亿元，比上年增加18.9%。出台《关于促进滕州市房地产市场平稳健康发展的意见》（滕政发〔2016〕11号），强化货币化安置，将符合条件的商品住房作为棚改安置房和公共租赁住房房源，加快回迁安置进度，促进住房消费。放宽住房公积金贷款条件，加大个人购房税收政策优惠等，商品房空置面积从211万平方米降低至153万平方米，去化周期14.6个月。加强住宅小区房屋登记历史遗留问题专项治理工作，67个历史遗留问题项目，已有32个项目具备房屋初始登记条件，3万户居民具备办理房产证条件，其中6000户居民拿到房产证，催收契税、土地出让金、物业维修资金等各类税费3.4亿元。

【民生项目建设】 清水湾公园项目，由山东兴滕置业有限公司投资建设，占地12万平方米，总投资5000万元，其中水面3万平方米，修整河道700米，配套建设亲水平台、休闲广场、儿童天地、林荫步道以及篮球场、公厕和生态停车场，引进种植各类花木120种、30年以上大树20棵，园林绿化面积9万平方米，实现“三季有花、四季常绿”；市民文化广场项目，占地130亩，总投资5000万元，按照城市中轴线规划布局，以大尺度疏林草地与北侧政务中心广场形成有机统一整体；荆河公园改造项目，4月启动实施荆河公园东大门区域改造工程，由房地产综合开发有限公司投资代建，11月16日竣工揭牌向市民正式开放；荆河东路改造项目，4月22日正式启动，项目东起缇香郡西墙，西至文昌路，南起新规划夏庄街，北至荆河东路，申请并拨付到位国家发改委专项基金1亿元，争取农发行政策性贷款7.6亿元，已到位2.8亿元，其余完成报批；天然气“镇镇通”项目，完成投资1.5亿元，铺设天然气管网121公里，17个镇全部通上天然气，18个农村社区实现供气，7000农户用上新能源，天然气“镇镇通”工作走在全省县域前列；背街小巷改造项目，投资9000万元，实施城区背街小巷升级改造工程81个，硬化升级改造破损严重的背街小巷。由城建集团新兴置业公司投资代建，实施总投资2000万元的前进街、安乐街、北园街、寅凤街等14条城区背街小巷工程建设竣工，累计改造长度7公里，改造面积8万平方米。

（市住房和城乡建设局）

城乡规划

【规划体系】 一是加快城区规划编制。《滕州市新型城镇化发展规划》，经市委、市政府行文颁布实施，并报省新型城镇化办公室备案；《滕州市“多规合一”暨城乡总体规划》，通过省住建厅组织的专家评审；《滕州市历史文化名城保护规划》编制完成；《滕州市城区农贸市场和夜市规划》修改完善。二是推进村镇规划编制。张汪镇、羊庄镇总体规划和级索镇控制性详细规划，组织专家修改完善；木石镇、洪绪镇总体规划和控制性详细规划，组织专家评审；龙阳镇卧龙庄村、滨湖镇东古村传统村落保护规划完成编制。

【规划审查】 发挥规划引领和控制作用，突出以人为本，开展重点审查。一是严格审查程序。先后召开4次规划联席会、2次规划例会，审查建设用地选址项目27个、土地储备项目34个、建设工程项目85个、市政工程项目8个、中小学校园规划项目19个、规划方案论证项目2个、规划方案调整项目1个、建设用地性质和容积率调整项目7个、违法建设性质及程度认定项目1个。二是推动项目建设。出具用地规划

滕州市“多规合一”暨城乡总体规划工作方案汇报会

条件57件，办理建设用地规划许可证79件，总用地面积310.56万平方米；建设工程规划许可证57件，总建筑面积317.36万平方米；乡村建设规划许可证2件，用地面积3.78万平方米，建筑面积0.48万平方米；市政工程规划许可证3件，总长度5.49万米。完成建设工程规划、建筑设计方案审查110件，出具规划审查合格书59件；建设项目批前公告173件，建设项目规划公示29件，规划设计合同备案7件。

【规划管理】 一是开展城乡规划督察。利用卫星遥感监测辅助城乡规划督察工作常态化，核查疑似违法建设图斑40处，其中27处违法建设项目移交有关部门处理。二是严把竣工规划验收关。开展巡查城区68项建设工程（在建工程38个）日常规划，完成建设工程预定位放线26项、规划验线71起；办理建设项目竣工规划验收合格证25件、总建筑面积432.74万平方米；出具规划核实审查意见书27件，下达违规停工通知书5件、违规限期整改通知书7件，形成违法建设情况专报10件；立案查处问天科技广场三期、城阳臻品小区、善国苑南区等项目6个，出具违法建设性质及程度认定意见。

【测绘设计】 一是测绘业务。测绘院完成地形图测绘40项、测绘面积16平方公里；放线验线测量25项、面积55万平方米；竣工测量27项、面积80万平方米；土地勘测定界50宗，沉降观测26项，基坑监测12项，岩土勘察14项；提交主体报告和竣工报告221份；完成市政道路工程设计21公里。在全省优秀测绘地理信息工程评选活动中，状元府小区竣工规划测绘项目荣获全省优秀测绘地理信息工程评选二等奖；在枣庄市优秀工程勘察设计评选活动中，11个项目分获一、二、三等奖，被山东省测绘行业协会评为先进单位。二是规划设计。规划设计院完成设计项目118项，其中各类专项规划60项、景观设计10项、建筑设计20项、交通影响评价8项、日照分析20项。荆河公园东大门区域设计荣获第六届“艾景奖”景观设计优秀奖，缇香郡项目荣获第七届“广厦奖”。三是技术服务。服务中心完成图纸审查17项、用地红线图标注49项、公示牌制作164个，签订规划技术服务合同51项和楼宇亮化工程合同4项，探索开展建筑装修装饰新业务。

（市规划局）

城市管理

【概况】 围绕全域城镇化和建设区域性中心城市部署要求，以“让城市更文明、让生活更美好”为目标，稳步推进综合行政执法体制改革，加强执法队伍规范化建设，开展综合行政执法，实施城市精细化管理，加大城市环境综合整治，综合行政执法和城市管理工作成效明显。市综合行政执法局被省文明委表彰为省级文明单位。

【综合执法体制改革】 1月，成立市综合行政执法局，按照中央、省、市关于开展综合行政执法体制改革试点工作要求，将城乡规划、住房城乡建设、城市管理、环境保护、国土资源、工商行政、公安交通、食品安全、建筑业、人防、防震减灾、民政、文化广电新闻出版、旅游服务业、商务、粮食流通等16个领域的全部或部分行政处罚权进行梳理、职能整合，行政权力达到831项，变多部门执法为单一部门综合执法；严格按照“三定”方案要求，定人定岗定编，界定主要辖属机构、内设科室职责，向21个镇街和经济开发区派驻执法中队，设立直属中队，实现执法区域全覆盖；建立健全综合行政执法协调配合工作机制。

【市容市貌管理】 建立早、中、晚间错时执法制度，加大流动商贩巡查管理力度，取缔流动商贩600余家，规范店外店、骑门店2400余处，设置临时瓜果摊点群7处、早夜市摊点群6处，疏导安置摊点1200余个，实现疏堵结合；集中整治“十大顽疾”，针对乱停乱放、乱搭乱建、乱贴乱画、乱泼乱倒等城市管理问题，印发宣传单7万份，拆除乱搭乱建、违章棚厦1000余处和耳朵广告、落地灯箱广告3600余处，规范车辆乱停乱放7000余辆次，查处噪音扰民、乱泼乱倒案件210余起，清理乱贴乱画5万余处，利用“追呼系统”呼叫提醒号码40余万次，移交公安165件，通信公司停机84部，“十大顽疾”现象得到根治；建立完善市容环境管理长效机制，安装“门前三包”责任牌2.6万个，沿街企事业单位积极履行“包市容秩序、包环境卫生、包绿化美化”工作义务。

【城区环境管理】 提高城区精细化保洁水平，抓好道路机械化深度保洁工程，城区主干道和公共广场机械化保洁率达到85%。城区实行全天候巡回捡拾，垃圾定时上门收集，密闭压缩运输，减少二次污染，实现每天城乡1000余吨生活垃圾日产日清、无害化处理；升级改造城区公厕115座，3批次98家企事业单位向社会开放厕所，市民如厕环境得到全面改善；加强城市建筑垃圾运输管理，建立24小时巡查制度，渣土运输抛洒滴漏现象明显减少。

机械化深度保洁

建设光大国际环保能源发电项目，实现生活垃圾进场处理。

【园林绿化管理】 实施秀美荆河坝内绿化续建工程、裸露土地绿化整治、增绿增花工程等重点绿化项目，补植行道树3000余株，栽植时令花卉100余万株、宿根花卉60余万株，完成裸露土地治理5万余平方米；园林绿化管理精细化，做好省级“示范式单位”“示范式小区”评选工作。城市建成区绿化覆盖率达到40.1%，绿地率达到38.5%。1月，滕州被国家住建部命名为国家园林城市。

【市政设施管理】 完善各类市政设施，加强对460余公里管网、9座泵站、2.6万盏路灯以

市政工人实施龙泉路沥青路面覆铺

及30座桥梁、3万个检查井、雨水篦等市政设施的日常管养，建立24小时巡查制度，发现问题第一时间解决。维修沥青路面3.7万平方米、整修路沿石6500余米，补换缺失破损检井盖、雨水篦、盖板2800余块（套）；处理路灯线路故障500余处，建成具有124个监控终端的路灯远程监控中心；实施重要节点、广场、楼体亮化工程80余处。

【违法建设管控】 开展“三大战役”“两创一攻坚”等专项行动，建立依法、理性、有效的违建拆除和管理模式。实现拆违控建执法全覆盖、无盲区，拆除各类违法建筑物、构筑物3300余间（起）、建筑面积5.2万平方米。

【开展综合行政执法】 做好国土资源、文化、民政殡葬、粮食、旅游等领域案件移交管理和执法工作，搞好商务、人防、防震减灾等领域执法破题工作；实施城市违法建设治理、非法开采矿产资源、文化市场集中整治、卫星电视接收设施整治、粮食流通执法、“不合理低价游”整治、商务执法专项整治等专项行动20余次，发放宣传材料2.6万份；开展联合执法检查活动400余次，接收移交案件、涉嫌违法线索97起，移送其他部门案件8起，查纠各类问题570余件。

【城乡环卫一体化】 规范城乡环卫一体化市场化运作，实现农村环卫保洁常态化；每季度组织一次城乡环境卫生综合整治月活动，深化农村环境综合整治；启动为期一年半的铁路沿线环境综合整治，解决影响城乡环境的“脏、乱、差、丑”问题；坚持日巡查、月考核、季通报，开展“双随机一公开”检查，排名通报各镇街城乡环卫一体化工作，兑现奖惩。

（王思存　杨运明）

建筑业

【扩大企业规模】 建筑业企业总数132家，其中壹级资质18家，贰级资质63家，叁级资质30家，不分资质等级的21家。扶持龙头骨干企业做大做强，提升承揽综合型复杂工程能力，发挥雄狮装饰、三维钢构、滕建集团等龙头骨干企业国内外市场优势，引导建筑企业抱团式、集群式“走出去”，抢占外埠市场。建筑业施工区域遍布全国27个省、市、自治区100余个地区，打入美国、朝鲜、俄罗斯、印度、安哥拉、刚果（布）、刚果（金）、新西兰、澳大利亚等15个国外市场，带动16万名城乡劳动力就业。

【装配式建筑】出台《滕州市人民政府关于大力发展装配式建筑的实施意见》，引导三维钢构、雄狮装饰公司成为“省级建筑产业化生产基地”，山东连云山建筑科技有限公司成为“山东省装配式建筑产业基地”；完成PC工厂建设，设计年产外墙板、内墙板、叠合板、楼梯、梁柱、阳台等建筑预制构件30万立方米，可满足150万平方米建筑使用；引入装配式建筑项目，采用EPC总承包模式发包，8个学校15.9万平方米的装配式建筑项目全面开工，形成装配式建筑发展的“滕州模式”。

【安全生产】开展“安全生产责任落实年”活动、工程质量治理两年行动，强化建筑工程质量和安全监管工作，加大安全监督执法力度，完成各项任务指标。

【整治施工环境】抓好建筑施工扬尘污染治理及建筑工地现场创卫集中行动等工作，制定扬尘整治工作总体目标和长期规划，按照“六个百分之百”要求，投入资金1800余万元，硬化现场道路24万余平方米，购置现场洒水降尘车118辆，增设自动冲洗设备70余台（套），完成城区在建工程裸露土地覆盖、绿化47项、20余万平方米。

【保障合法权益】收缴建筑业企业养老保障金1958万元，其中催缴往年欠缴398万元。强化农民工欠薪举报投诉机制，畅通农民工讨薪维权渠道，探索防欠长效机制建设。

建筑工地强化扬尘污染防治

【提高建筑技能】探索创新职教培训机制，把竞赛活动与提高职工安全操作技能结合，落实持证上岗制度，提升一线务工人员技能、安全素质。以建协建设职业培训学校和建筑施工特种作业人员实操基地为依托，开展教育培训工作。完成施工企业关键岗位、技能工人、继续教育等各类人员培训鉴定2万余人次。

【规范市场秩序】组织龙头骨干企业赴青岛、盐城、南通等建筑业发达地区学习考察，形成系统考察报告，起草建筑市场管理相关文件，创新招投标管理模式，强化外地入滕企业管理，严查违法分包、转包、挂靠、围标串标等行为。

（市建筑工程管理局）

房地产管理

【概况】全年受理各类房屋登记2.6万件，抓好前后洪、程堂、鲁南机床厂等区域房屋征收产权鉴定、价值评估等工作，20个已上房小区房屋初始登记历史遗留问题得到解决。

【健全档案】房地产档案业务

资料入库合格率100%，建立“三维立体档案库房”，实现纸质档案向电子档案转化。做好二手房交易监理工作，办理公、私房地产转让3500余件，转让面积约42万平方米；商品房转移登记6100余件，面积约70万平方米；房屋租赁登记备案116件，备案面积近1.1万平方米；房地产抵押登记监理5000余件；实施“二手房交易资金监管”和二手房网签工作，办理网签3640件。

【规范服务】 房地产中介服务、营销机构登记备案工作基本完成，发布最新房源信息600余条；完成房地产测绘面积450万平方米；出具房屋安全鉴定检测报告26份，鉴定面积约2000平方米；开展房地产担保业务2600件。收取公房租金80万元，办理公房房改1户、房改房过渡14户，公房完好率95%以上。房屋登记职能划转到市不动产登记局，25名人员由交易所划转至不动产登记中心。

（张泽标）

环境保护

【概况】 全市深入贯彻实施新《环保法》、新《大气污染防治法》，以生态文明建设为统领，以民生问题为导向，坚持节约优先、保护优先，治理能力显著提升，环境质量明显改善。河流出境断面水质达到三类水质标准；SO_2、NO_2、PM10、PM2.5较上年同期分别改善36.2%、2.8%、12.2%、18.8%，空气优良天数达到213天，比上年增加69天。

【提高空气环境质量】 召开生态滕州建设暨大气污染防治工作会议、大气污染综合治理百日攻坚动员会议和今冬明春大气污染防治工作会议，印发大气污染防治技术导则，督促有关部门分类抓好治理。抓点源治理，实施火电、水泥、玻璃等行业提标升级，新源电厂1#、2#、3#、4#机组实现超低排放，联泓集团、新能凤凰等13家企业治污设施全面升级改造，达到省区域性大气污染物综合排放第三时段标准；停产整治砖瓦生产企业38家，关停取缔12家，整改26家。抓扬尘治理，统一管理城区11辆洒水车、抑尘车，分时段增加洒水、抑尘频次；配合市建工局对48个建筑工地实施扬尘综合治理；配合市煤炭局整治经营性储煤场146家，清理取缔37家，关停转型9家，整顿提升100家；开展物料堆场扬尘综合治理，20家物料堆场完成整治19家。抓油烟油气治理，配合市经信局改造加油站油气回收，83家加油站全部安装油气回收设施；配合市综合执法局治理油烟污染，取缔露天烧烤80余家，督促300余家商户升级改造油烟净化设施。抓秸秆禁烧，综合施策，督促镇街搞好禁烧工作。

【水污染防治】 实施新薛河（滕州段）人工湿地水质净化工程、郭河流域人工湿地水质净化和中水回用后续工程、北沙河人工湿地水质净化后续工程、荆河上游水源地综合治理工程等项目建设。清理取缔东郭镇土小企业，拆除小塑料等土小作坊70余家。关停拆除位于羊庄水源地二级保护区内的恒强碳化硅和鑫发碳化硅、卫生防护距离不够的隆强碳化硅和鑫盛碳化硅，以及无任何手续、污水直排的鑫强碳化硅和鑫诚碳化硅企业6家，为整改后达到防护距离要求的鑫利达碳化硅企业办理相关手续。编制完成

《滕州市城市饮用水水源保护区划分方案》，重新划分水源地保护区。强化农村水环境治理，争取省级专项资金5670万元，连片综合整治农村环境，在17个镇街建设农村污水处理设施和农村饮用水水源地保护项目。保障河流断面水质达标，每月5次监测王晁桥、群乐桥、洛房桥、白龙湾、泉上桥、西王庄桥、马河水库等7个地表水河流、水库断面，根据水质监测情况，对断面超标立即启动应急程序，采取倒查法快速溯源，通过数据分析，严查企业非法排污行为。

【加强项目监管】 批复项目环评手续109个，否决山东邦泽新材料公司、张汪畜禽养殖场等不符合产业政策、选址不合理、存在环保风险项目11个。加大环保违规建设项目清理整顿力度，一企一策，分片包干，帮助项目完善相关资料，全面加快工作进度。按期完成清理整顿项目77个，其中淘汰关闭17个、停产治理8个、取消建设1个、完善备案51个。

【强化环境执法】 制定环境行政处罚案件审查程序和建设项目环境影响评价审查规则，规范违法行为立案处罚和建设项目环评审批工作；印制下发《滕州市环境保护“党政同责、一岗双责”管理机制实施意见》《关于进一步加强环境保护工作解决突出环境问题的通知》，明确镇街、市直有关部门环保职能，强化镇街考核机制；出台《关于全面推行说理式执法的实施意见》，打破“命令－服从”执法模式；从严审批环境问题突出的鲍沟镇、级索镇辖区内涉水项目；深入开展专项行动，以经济开发区、木石化工园区、鲍沟玻璃基地等工业园区为重点，多次开展集中行动进行大检查，查处违法案件157起，处罚1588万元，依法移送案件16起，行政拘留8人；督促配合镇街清理取缔土小企业350余家，快速办结信访案件890余起，及时消除环境污染风险；依法征收排污费，对拖欠排污费企业下达催缴、限缴通知书，直至申请法院执行，实现排污费应收尽收，征收排污费1886万元，比上年增收21.9%；加强危废企业监管，帮助企业办理处置手续，安全处置危险废物48268吨。强化边界执法，与上下游的山亭区、微山县环保部门分别签订《行政边界地区环境执法联动协议》，建立边界环境问题定期会商制度，积极协商配合查处边界环境污染案件。联合微山县环保局清理取缔张汪镇、西岗镇和微山县交界地区的小塑料、洗羊皮、小炼油等土小企业30余家；开展联合执法行动查处山亭区西大河、前大河等村数十家淀粉和粉条加工作坊。

【解决环保积案】 加快实施卫生防护距离内居民搬迁工程，盛隆公司涉及的程楼村、程楼小学以及新能凤凰公司防护距离内剩余26户居民，全部搬迁；搬迁任务最重的兖矿鲁化已启动首批4个村庄1300余户居民搬迁工作。开展专项清理行动，关停拆除天利水玻璃有限公司、华美皮业公司、百斯特新材料科技有限公司等企业17家，解决污染问题。实施香精香料行业污染专项整治，帮助瑞元、润隆、天水3家企业加快新厂区建设，指导企业高标准建设散放气体集中收集器、尾气喷淋吸收塔、活性炭吸附装置等治污设施，全封闭车间、仓库等重点区域，督促企业拆除原厂区，消除异味污染。停产整治悟通、天祥、吉田企业3家，严格排放标准，建设高级氧化有机废气处理、低温等离子反应堆等异味处理设备，香精香料企业仅环保一项投入5700余万元。

（市环保局）

工　业

Gongye

责任编辑：李　明

工业综述

【概况】 全市坚持"工业强市、产业立市"和工业集群化发展战略不动摇，把握和引领发展新常态，纵深推进"265"产业培育和"5633"企业培植工程，工业经济保持稳中有进、稳中向好、稳中提质发展态势。滕州入选全国产业集群区域品牌建设（机床产业）试点地区、山东省小微企业创业创新示范基地试点地区，玻璃深加工基地被评为国家火炬特色产业基地，童车童床产业基地服务平台创建为全国轻工业中小企业公共服务示范平台。规上工业增加值同比增长6.2%；规上工业企业实现主营业务收入1280亿元，同比增长6%；规上工业企业利税、利润分别实现98亿元、62亿元。

【产业培育】 制造业增加值占比达89.3%，同比提高2.3个百分点；非煤产业总产值占比达98.8%，同比提高2.4个百分点；高新技术产业产值占比达24.8%，同比提高1.36个百分点。一是机械机床产业。深入实施"短板突破"计划，万户数控与北京航空航天大学联合研发航空发动机叶片加工中心、腾达不锈钢核电用紧固件技改等高端项目扎实推进；机械机床产品实现"上天入海""高端突破"，产值数控化率达到45%，威达重工、鲁南机床入选中国机床工具行业30强；集群实现主营业务收入660亿元。二是煤化工及精细化工产业。瑞达化工年产6万吨聚丁烯项目填补国内空白；新能凤凰水煤浆加压气化多联产节能改造、北京建研院新型减水剂等项目顺利实施；煤化工产业链延伸到烯烃、EVA等中高端产品，附加值提升近20倍；集群实现主营业务收入570亿元。三是六大百亿板块。华阳玻璃AG手机玻璃项目实现国内电子玻璃领域（高端手机屏幕）重大技术突破；玻璃深加工、食品加工、纺织服装、家居装饰、汽车配套、不锈钢制品等六大百亿产业板块分别实现主营业务收入112亿元、106亿元、56亿元、55亿元、37亿元、38亿元。四是五大新兴产业。新能源产业集群被认定为省级产业集群；联泓新材料成为国内高熔均聚聚丙烯最大供应商；总投资40亿元的中材科技锂膜材料项目一期已开工建设；生物医药、新能源、电子信息、新材料、节能环保五大新兴产业分别实现主营业务收入61亿元、26亿元、25亿元、55亿元、13亿元。

【企业培植】 新增规上工业企

业16家，规上工业企业发展到455家。鑫迪集团投入1500万元在央视做广告，提升企业人气和品牌影响力；组织威达重工等3家企业赴日照考察学习；推进大企业集团培植，联泓新材料、恒仁工贸等10家企业主营业务收入超10亿元，其中联泓新材料首破50亿元；新源热电、盛隆化工等24家企业纳税超1000万元，上缴税金10.9亿元，工业对地方财政贡献率达到44.3%。新发展小微企业3450家，总数达到1.65万家，同比增长19.5%。组织235人次企业董事长、总经理参加北大EMBA高级总裁、清华高级总裁、浙大企业经营管理等培训班4期；选派100余人次企业高管参加枣庄市企业经营管理领军人才培训班、省中青年企业家培训班等活动6次；评选表彰十大优秀企业家，编印优秀企业家风采录《工业脊梁》。非公经济单位突破12.7万个，从业人员达到47万人；纳税67亿元，占全市税收总额的70.5%。

【技改创新】 实施各类技术创新项目263项，完成233项，58个项目被列入山东省技术创新项目计划。威达重工卧式加工中心和龙门五面加工中心等6个项目被列入山东省高端技术装备新产品推广目录（第五批）；联泓新材料建成国内领先、行业一流的新材料领域综合创新研发平台，研发31个系列、110个产品，实现产业化产品46个，拉动煤化工高端产品占比提高7.2个百分点；国恒机电研发中心、十方机电研发中心创建省级“一企一技术”研发中心；雄狮建筑装饰、锦旺食品、吉路尔轮胎、吉田香料等被认定为省级“一企一技术”创新企业；与北京理工大学签约，共建北理工鲁南研究院及数控机床智能制造协同创新中心、精密微细加工技术研究开发中心等共性技术研发平台，成为北理工在县级设立的唯一一家高科技企业孵化载体；与北京航空航天大学签约，共建枣庄市北航机床创新研究院，并推进万户数控与北航合作的阵列机床产业化及航空发动机叶片加工基地项目建设。实施工业技改项目338项，完成技改投资213.3亿元，占工业投资比重达到78.4%。其中华阳玻璃新型家居环保装饰材料等85个重点技改项目竣工或部分竣工投产，34个项目被列入省技术改造导向计划。常发工贸与洛阳拖拉机研究所合作，成立滕拖集团；投资5亿元实施180马力的大型拖拉机生产项目，开始小批量生产。截至年底，拥有中国名牌产品1个、中国驰名商标11个、省著名商标36个、省名牌产品47个，企业参与制定国家标准19项、行业标准10项。

【两化融合】 实施智能制造推进工程。中科蓝天、恒仁工贸等企业实施“机器换人”；威达重工、腾达不锈钢等企业在产品、装备、生产、管理和服务等方面实现智能化；辰龙集团高精度伺服控制技术、3D打印、康复医疗机器人、华杰豪医疗器械年产50万件（套）医疗器械（含3D打印、医疗机器人）、威达重工高精密数控机床等项目的实施，在高端智能制造方面取得更大突破。两化融合发展指数为62，在枣庄五区一市位居首位。腾达不锈钢完成国家两化融合管理体系贯标试点，进入评定阶段；辰龙集团张元栋被评为国家优秀首席信息官，振兴玻璃产业创业园成为首个省级智慧园区；39家企业完成两化融合网上自评估、自诊断、自对标，山森数控等3家企业被评为枣庄市“两化”融合示范企业。推进扶贫重点村及义务教育学校宽带覆盖工程，基本实现村村通、校校通。腾达不锈钢等11家企业入选省中小企业互联网+制造业示范培育计划；农副产品物流中心入选省中小企业互联网+服务业示范培育计划；新能源、现代玻璃等2个产业集群入选省中小企业互联网+产业集群示范培育计划。

【节能降耗】 万元GDP能耗比2015年下降3.7%以上。12家单位太阳能集热系统财政补贴项目通过验收，日产热水433吨，年可节电1468万度，获省级节能奖补资金270万元；瑞达焦化通过国家淘汰落后和过剩产能工作联合考核组验收；华能线缆完成清洁生产审核；经济开发区园区循环化改造实施方案通过省经信委评审；14家重点用能企业通过国家重大工业节能专项监察。出台《化工产业转型升级工作实施意见》。深入镇街、企业摸底调研，汇总形成《化工生产企业基本情况统计表》《化工生产企业一县一册汇总表》《化工园区一县一册摸底情况汇总表》。组织水利、环保、发改等部门加快推进园区规划编制或修订工作。

【优化环境】 建立覆盖镇街、重点企业的调度和分析机制，120家企业实现运行直报；编写工业经济运行月报和重点工业企业运行监测月报11期；做好煤电油运等生产要素保障，为新源热电紧急协调7天用煤，保证居民和企业正常用电、供暖需求；搞好政府购买平台服务，与企业签订服务协议192个、协议金额260万元，提供各类服务1000余次；举办预约式专家私聊下午茶38期，编印《滕州企业报》3期，承办全省中小企业管理者巡回大讲堂；邀请《中国制造2025》重要执笔人屈贤明等知名专家学者来滕举办专题讲座10场次，培训中层以上管理人员1200人次；组织开展银企对接活动，向农业发展银行、国家开发银行等金融机构推荐34家企业的技术改造项目；助推建行“助保贷”业务，在保企业37家，余额1.453亿元，担保额度突破5.7亿元；帮助企业争取扶持资金1.5亿元，其中，为双创基地等40余个项目争取扶持资金6224万元；为联泓新材料、新能凤凰、腾达不锈钢等13家企业办理大用户直供电试点，节约电费8800余元；成功将华棉公司独生子女父母退休一次性养老补助列为省属困难企业补助范围，已为2批、629人争取补助资金762万元。

【安全信访】 接待职工群众来访320余起、1800余人次，办理网上信访43件、领导批示7件，并及时向上访人反馈结果，办结率为90%，满意率70%以上；在重大节会期间，系统未发生越级访、非访事件。开展安全生产监察检查活动56次，专项治理8次，下达检查记录121份，责令改正指令书28份，查出各类安全隐患217条，现场整改175条，限期整改42条，跟踪督察，整改到位。抓好油气管道安全生产突发事故应急演练和成品油生产经营企业专项整治暨大气污染综合治理百日攻坚行动。青岛啤酒（滕州）完成省级安全生产标准化创建工作；滕州卷烟厂和鲁南中联被评为省级安全文化示范企业；滕州卷烟厂卷包车间甲工段和盛隆化工煤焦二车间炼焦甲班被评为省安全生产优秀班组；盛隆化工和鲁南中联创建为省级应急管理示范点；盛隆化工、鲁南化工等企业率先完成企业安全隐患自查自改系统和网格化管理系统建设；推动鲁南机床、新能凤凰等企业开展双体系示范，逐一登记所有安全风险点，建立企业安全风险管控档案，形成“一企一册”。

（杨国桢　胡修鑫）

地方煤炭工业

【概况】 以实现安全发展为目标，适应煤炭经济新常态，强化管理，积极作为，各项工作呈现良好发展态势。市辖矿井生产原煤261万吨，比上年减少19.7%；实现销售收入8.43亿元，比上年增长25%；全行业扭亏为盈，比上年减亏2.67亿元。市煤炭局被评为省级文明单位。

【安全生产】 一是认真履行部门安全监管职能。实施隐患排查整治，健全事中事后监管制度，依法依规履职，强化失职问责。二是严格落实企业安全生产主体责任。推进煤矿自律机制和安全风险管控、隐患排查治理、安全生产标准化“三位一体”安全预防控制体系建设，做到把风险管控挺在隐患排查治理前面、把隐患治理挺在抢险救灾前面。三是加大安全投入，提升装备水平。开展煤矿“机械化换人、自动化减人”科技强安专项行动，新上综采工作面2个、综掘工作面2个，提升装备水平。加强重点矿井技术监管，在辖区煤矿开展“一优三减”（优化生产系统，减人、减采煤工作面、减掘进迎头）活动，抓好系统优化减员。四是强化应急处置管理。落实现场带班领导、区队长、班组长、安监员、调度员等紧急情况下停产撤人直接决策权和指挥权，完善煤矿安全避险六大系统，加强应急救援队伍建设，配足应急救援物资，定期组织开展应急预案演练。五是提升从业人员综合素质。强化从业人员资质监管和档案管理，全员持证上岗。推广实践教学、实景培训、岗位实训等模式，培训提升职工安全素质和操作技能。

2016年1月27日，召开全市煤炭工作会议

【经济运行】 调度汇总各煤矿经济运行数据，撰写经济运行分析报告，为煤炭企业经济运行决策提供参考；向市委、市政府建言献策，为企业减轻税费负担；争取到中央、省级财政无偿扶持等资金3335万元。

【化解过剩产能】 淘汰落后产能，刘村煤矿完成关闭退出；原计划2018年关闭的郭庄煤矿提前关闭，计划退出产能15

万吨，实际退出产能51万吨，完成年度任务目标的3.4倍，带动枣庄市完成年度目标的125%。

【储煤场整治】 开展“大气污染综合治理百日攻坚行动”，综合整治储煤场。111家储煤场，清理取缔45家，整治提升56家，关停转型10家，总投入资金2000余万元，完成整治任务，在枣庄市储煤场综合整治工作考核中名列五区一市第一名。

【塌陷地治理】 启动采煤塌陷地综合治理工作，编制《滕州市采煤塌陷地综合治理工作方案》，开展辖区采煤塌陷地摸底调查，委托中介机构编制采煤塌陷地综合治理专项规划，争取省政府专项资金300万元。

（市煤炭局）

化工工业

【概况】 全市煤化工产业集群实现主营业务收入570亿元，其中，规模以上企业实现主营业务收入379.5亿元，比上年增长5.1%。规模以上煤化工企业达到49家，具备年产焦炭240万吨、尿素55万吨、甲醇147万吨、醋酸75万吨、烯烃100万吨、醋酸衍生物40万吨、纯苯12万吨、聚丙烯20万吨、聚乙烯10万吨、环氧乙烷10万吨、表面活性剂10万吨、聚丁烯3万吨的生产能力。

【技术研发创新】 拥有国家级工程技术研究中心1家（水煤浆气化及煤化工国家研究中心）、省级2家（山东省煤气化及煤化工工程技术研究中心、山东省氨基模塑料工程技术研究中心），境内企业承担多项“863”项目建设，17项技术成果通过省科技厅、省经信委、中国石油和化工自动化应用协会鉴定达到国际先进水平，拥有专利55个。

【龙头企业培植】 培植形成盛隆化工、联泓新材料、鲁南化工、新能凤凰、瑞达化工等业内影响力大的企业集团。盛隆化工有限公司年产焦炭210万吨、甲醇25万吨，主营业务收入过百亿元；联泓新材料有限公司建成投产，具备年产20万吨聚丙烯、10万吨聚乙烯、10万吨环氧乙烷、10万吨表面活性剂、40万吨烯烃的生产能力，年主营业务收入100亿元、利税20亿元；兖矿旗下的鲁南化肥厂、鲁南化工两家企业，资产总额95.67亿元，总产能260万吨，其中醋酸产能80万吨，居全国前列，多项指标被认定为国家标准；瑞达化工有限公司引进美国先进技术，是全国第一家生产聚丁烯产品的企业，年产聚丁烯6万吨，主营业务收入13.6亿元。

【园区审核认定】 鲁南高科技化工园区、滕州生物医药产业园、枣庄循环经济产业园分别聘请资质机构，编制园区总体规划、产业规划、区域环评报告、水资源论证报告、区域安评报告。鲁南高科技化工园区、滕州生物医药产业园通过审核认定，成为枣庄市级园区，枣庄循环经济产业园通过枣庄市相关部门初审。

（周　明）

机械工业

【概况】 全市机械机床产业集群实现主营业务收入660亿元，其中，规上企业实现主营业务收入352.8亿元，比上年增长5.7%，实现利润16亿元，比上年增长0.6%，滕州入选“全国产业集群区域品牌建设试点地区（机床产业）”。

【运行状况】 威达重工实施差异化发展战略，实现主营业务收入5.4亿元，比上年增长3.5%；鲁南机床开拓国内外市场，实现主营业务收入5.1亿元，比上年增长0.5%；常发工贸开发特色农机产品，实现主营业务收入1.6亿元，比上年增长23.2%。重点监测的25种机械机床类产品中，数控车床、钻铣床、中型拖拉机等17种产品产量同比增长，占重点监测的68%；电力电缆、钢帘线、铣床、剪板机等16种产品价格同比增长或持平，占重点监测的64%。

【重点项目】 实施技术改造项目75个，13个项目被列入山东省技术项目导向计划，占全市总数的38.2%。威达重工数控精密机床、常发工贸大中型拖拉机和腾达不锈钢公司不锈钢紧固件项目被列入市重点项目库。常发工贸新成立山东腾拖农业装备有限公司，具备年产130马力以上大型拖拉机2000台、中型拖拉机8000台、旋耕机等农机具10万台的生产能力。

【技术创新】 与北京理工大学合作组建鲁南工业研究院，与北京航空航天大学合作组建枣庄市北航机床创新研究院，19个机械项目被列入省技术创新项目计划，山东鲁班机械科技的多功能应急救援装备和集中式光伏电站智能清洗装备、普鲁特机床的CTX650数控车铣复合中心、鲁南机床的DXM7132A曲面插补多轴电火花加工中心等项目，达到国际先进水平。鲁南机床生产的VTC2040车铣复合柔性加工中心、威达重工生产的卧式加工中心HMC500、龙门五面加工中心GMC2045U等5家企业6项产品，获省首台（套）技术装备认定。全行业研发新产品100个，多数达到国内领先或国际先进水平。山东腾达不锈钢制品有限公司成功研发2209型双相不锈钢熔化极气体保护焊丝。普鲁特机床与北京理工大学教授张之敬达成“精密车铣磨复合切削中心”合作协议，研发系列高中低档微小型车铣复合加工机床，功能优于国际同类机床，精度达到国际先进水平。万户数控与北京航空航天大学合作研发用于航空发动机叶片加工的五轴联动加工中心及阵列机床，填补国内空白。

【企业管理】 组织企业参加“2016机床制造业CEO国际论坛”“机床外观工业设计专题论坛暨第六届机床产品创新及设计高峰论坛”、到齐重数控、齐齐哈尔二机床、沈阳机床集团、大连机床集团等国内重点机械机床企业考察学习，积累经验指导产业发展。举办数控系统培训班、机床安全和电气标准化培训班，提高工作水平。威达重工、鲁南机床进入全国机床工具行业30强名单，三合机械荣获枣庄市市长质量奖，鲁南机床荣获山东省省长质量奖提名奖。

【市场开拓】 组团参加山东装备制造业博览会、中国数控机床展、北京国际机床工具展等行业内专业展会，引导三合机械、普鲁特、威达重工、鲁南机床等企业参加德国、意大利、越南等8个国家机床展。22家企业组团在北京国际机床展览会参展，展出立卧式和龙门加工中心、数控机床、工业机器人、冲床、自动化生产线、柔性制造单元等多个门类190台套产品。新大川机床牛头刨床成功打入肯尼亚市场；常发农机产品畅销埃及、埃塞俄比亚等国家；腾达不锈钢公司产品远销日本、韩国、澳大利亚、印度、西班牙、德国等40个国家和地区，成为亚洲质量最好、品种最多、规模最大的不锈钢制品产销基地。

【工会工作】 组织企业参加山东省机械行业职业技能大赛、潍坊工会建设现场会、山推经验交流现场会、工会干部培训等活动。“山森创新工作室”被枣庄市总工会认定为“高技能人才创新工作室”，申报山东省级技术创新工作室。

（郭绪洋　胡修鑫）

建材工业

【概况】 全市规模以上建材企业达到59家，建材产业集群实现主营业务收入176.2亿元，其中规模以上企业实现主营业务收入132.1亿元，比上年增长7%。建材行业形成生产、加工、销售、物流产业链条，水泥、玻璃等初级建材产品生产企业个头大，建材深加工企业数量多，生产各类建筑工程、装饰装修及特种性能材料，企业之间形成共融合作关系，行业整体竞争能力及抗风险能力显著增强。21家玻璃企业拥有自营出口权，完成出口贸易3000万美元，比上年增长40%。金明玻璃创汇600万美元，邦美镜业创汇550万美元，产品远销欧美、中东等国家。金明玻璃生产的无铜环保镜倍受欧洲市场青睐，连续三年被评为“全国玻璃十强企业”。

电力工业

发　电

【概况】 新源热电有限公司完成发电量51.75亿千瓦时，比上年增发1.05亿千瓦时；售热量409.9万吉焦，比上年增加55.24万吉焦；年内实现3个连续安全运行一百天，连续安全生产突破十九周年，实现6995天。

【经营管理】 争取可执行电量计划50.13亿千瓦时，超年初承包目标6.22亿千瓦时，其中额外争取基础电量计划2.38亿千瓦时、增补电量计划5.74亿千瓦时；积极扩展供热用户，供热面积比上年增加335万平方米；优化贷款结构，完成全部高成本贷款置换，资金成本率完成4.08%，比上年降低1.32%；财务费用比上年减少3286.5万元，资产负债率由年初的78.78%降至77.21%；累计进煤247.53万吨，比上年增加23.46万吨，创下单月进煤31.07万吨、单日接卸1.8万吨的记录。

【生产管理】 严格现场反违章管理，查处违章630项；持续开展隐患排查，发现整改各类问题1501项，及时消除设备隐患；抓实缺陷管理，利用MSR管理平台，跟踪落实解决方案，缺陷比上年下降8772条，下降率达51.9%；强化技术监督，全面梳理技术监督薄弱环节，查出问题106项，整改率100%。机组全部实现超低排放，提前一年达到国家和地方规定要求；分系统、分层次综合治理燃料系统，先后解决8个大项3000个治理项目，有效改变输煤系统现场工作环境；制定《“零超标”累计奖励办法》，加强环保监督，污染物小时均值超标102小时，比上年减少206小时；公司荣获“山东省发电企业环境污染治理先进单位”、枣庄市“环境保护先进集体”称号。

【节能管理】 机组开展机组节能启停操作评价34次，耗差完成2.18克/千瓦时，比上年降低1.19克/千瓦时，消耗燃油386.42吨，比上年降低299.85吨；开展专项攻关16次，成功解决#2炉制粉系统单耗偏高等问题16项；综合水耗完成27.7吨/万千瓦时，比上年降低0.49吨/万千瓦时；实施节能项目69项，其中，#1、3炉纯氧点火项目节约燃油量超过60%；细化节能效益清单，验收节能项目87个，核定节能收益368.5万元；加强热力管网节能优化，北线高温水网单位面积能耗完成40.01瓦/平方米，比上年降低5.06瓦/平方米，管损率完成3.07%，比上年降低1.05个百分点；公司荣获“枣庄市能效领跑者企业”称号。

【项目发展】 科圣路热网工程建设竣工；北线高温热水复线建设前期调研和项目发起申报获山东公司批复，进入可研报告编制阶段；承接君瑞城、玫瑰园等7个小区配套监管；拓展工业用汽热用户，完成荆庄工业园北区蒸汽管道施工监护、验收和投运；推进网源站一体化管理，接管二级站47个，节约运营成本64万元；做好柴胡店光伏发电项目备案、工程勘察设计、监理招标等开工准备，取得山东省增补光伏建设指标10MW，为华电在鲁唯一取得指标的单位。

【改革创新】 实施以环保技改及输（卸）煤系统为重点的7S治理工作，样板区覆盖率达100%，7S管理实现常态化；编制《精益管理大课题改善管理标准》《精益督导师管理办法》，发布精益大课题11项，实现增收节支6000万元；完成各类创新成果20项，其中，《供热首站热平衡在线监督在节能管理中的实践和应用》获集团公司管理创新成果三等奖，《一种湿式除尘器电晕线》等5项实用新型专利获得国家知识产权局授权。

（王玉梅）

供　电

【概况】 全年售电量完成26.72亿千瓦时，比上年增长6.44%；综合线损率完成6.42%，平均电价完成659.04元/千千瓦时，市场占有率、电费回收率100%。滕州供电部连续29年保持“省级文明单位”称号，并分别被评为省公司先进集体、枣庄市电力设施和电能保护工作先进集体。

【安全生产】 开展到岗到位监督820人次，查禁违章358件；完成春、秋检216项，消除级东、界河站主变氢超标等重大隐患13项；推行“一体化”不停电作业和高低压综合检修，不停电作业515次，比上年增长11%，多供电量240万千瓦时；加强线路“三跨”隐患排查治理，累计消除隐患782项；实施配网“四项治理”，完成180个配电室、96条配电线路、109个配电台区、382段电缆标识标准化治理，消除动态低电压2360户，城区配网全部实现“手拉手”；累计砍伐、修剪电力设施保护区内树木2.88万棵，制止、拆除违章建房及违章施工6处；常态化开展特种车辆统计、宣传工作，累计排查车辆3133辆，发送提示短信2.8万余条，有效降低线路外破机率。供电部实现安全生产23周年。

【电网建设】 110千伏柳楼、35千伏张汪等5个变电站扩建工程竣工，新装、更换主变5台、更换35千伏断路器7台、10千伏开关柜61面，新增变电容量167兆伏安，解决柳楼站单线单变及衡源、张汪、羊庄站变电容量不足问题；110千伏北城、墨善工程以及南水北调调蓄水库110千伏东河线改造工程完工；配合省直管500千伏工程属地协调，500千伏峄城输变电工程按期实现线路转序，500千伏枣金线基础浇制完成70%；农网工程专项资金项目累计完成781项，新建改造10千伏线路44条333公里，新增配变572台，新增容量224兆伏安，治理过负荷台区236个、低电压台区121个，如期通电机井3127眼、新建改造中心村67个，张汪、羊庄站改造工程提前15天竣工，一次送电成功。柴胡店镇大庙新村台区获省公司"百佳工程"，滨湖镇七所楼村中心村项目、洪绪镇玉楼村井井通电工程被评为省公司示范工程，西岗镇东王庄村作为省公司"一流配电网"第一次现场会观摩现场。

【优质服务】 落实"一次性告知""一证受理"和居民客户"免填单"要求，受理高压客户新装、增容申请347户，新增容量10.5兆伏安；受理分布式光伏客户598户，并网运行容量1.4兆伏安；开辟棚户区改造和小区配套费建设"绿色通道"，完成和家园、缇香郡等12个配套费小区施工送电任务；核实客户用电基础信息，入户走访72.9万次，发放用电服务卡152万份，解决客户用电问题202.44万条次，其中敏感服务问题623条；落实60条投诉预控措施，从严从重查处7类人为责任典型投诉，实施营业稽查检查3.47万户，查处违约用电、窃电52户，追补电费71.82万元；推广电子化服务，绑定电力微信、掌上电力客户12万户，电子化交费笔数53.73万次；搞好服务"双零"竞赛，公司19个营业厅模板化验收优秀率100%，洪绪供电所荣获国网五星级乡镇供电所；深化"五个一"抢修机制，积极主动抢修，推广"e来电"一键报修服务，故障恢复平均时间缩短20%。确保高中考、红荷节、市两会等重大活动安全保电工作89次。

【班组建设】 开展"强基提效·做最好"活动，排查消除各类隐患1632处，基础信息核查62.2万户；实行运营指标晾晒，形成指标"日调度、周通报、月晾晒"工作制度，变电运维九班等6个班组被评为"红旗班组"，供电部3次被评为红旗单位；公司"鲁班在行动"结对共建协议签署仪式在滕州举行；充分发挥"鲁班工作室"引领作用，累计获得专利43项，其中发明专利6项，QC成果《拉线制作工具的研制》获得省公司QC三等奖；输电检修二班获得"全国质量信得过班组"称号；供电部荣获公司年度"大讲堂"擂台赛第一名，四人被评为公司级金牌讲师；输电检修二班、抄表班、南沙河供电所被评为省公司"标杆班组"；洪绪供电所被评为公司"卓越班组"；营业班被评为枣庄市建功立业标兵岗；鲁班工作室获"最美滕州人"称号，入选感动枣庄十佳人物。

（滕州供电部）

轻工业

【概况】 市直轻工企业完成主营业务收入7.51亿元，比上年增加8.07%；实现利税1.63亿元，比上年增加12.37%，其中利润6806万元，比上年增加42.73%。

【重点产业】 “265”产业培育工程食品加工、家居装饰产业运行良好，食品加工产业集群实现主营业务收入106亿元，面粉、肉制品等产品市场需求旺盛，春藤食品、“北大仓”分别实现主营业务收入5.1亿元、2.4亿元，分别比上年增长10.3%和3.4%；东启肉制品受订单减少、检疫和管理成本较高等多重因素影响，实现主营业务收入2.3亿元，比上年下降38.6%。家居装饰产业集群实现主营业务收入55亿元，鑫迪家居受市场需求减弱影响，门业等家居装饰产品订单下滑，生产各类门24.7万套，比上年下降1.4%；实现主营业务收入3.9亿元，比上年下降30.2%，利润2650万元，比上年下降22%。

【重点项目】 总投资15亿元的今缘春酒业异地扩建项目，完成投资1亿元以及项目技改备案、可研、环评等立项工作和整体规划设计；办理土地相关手续，进行三次招标，实施部分基础作业及围墙砌筑。盛世红荷藕业异地迁建、中天门业升级改造、天然至美肠衣生产等一批项目建设进展顺利。

【行业发展】 专题调研童车童床特色产业集群，摸清集群发展状况和存在问题，会同枣庄市轻工办赴河北省平乡县考察，深入了解他们童车童床产业发展模式、政府扶持政策、集群培育思路，起草《关于扶持童车童床特色产业发展的实施意见》。

（颜静　赵恒）

纺织工业

【概况】 全市纺织服装企业达到130家，其中纺织企业73家、服装加工企业32家；实现主营业务收入56亿元，其中规模以上企业实现主营业务收入39.1亿元，比上年增长4.3%；实现利润1.7亿元，比上年增长4.4%。

【转型升级】 引导恒仁工贸等纺织企业发展纺纱成套设备智能化加工体系，引进一体化、智能化生产，减少人工干预，力争实现无人值守；美思特制衣等服装制造企业由“加工制造”环节向“研发设计、品牌营销”延伸发展，实现品牌加工向自主品牌转变；同德纺织等家用纺织品制造企业由手套、手帕等劳保产品向高附加值被类、毯类等床上用品过渡；锦腾弘达水刺无纺布、永喜无纺布等产业用纺织品制造企业新上无纺布成品加工项目，延伸产业链条；山鹰纺织等纺织装备制造企业研发新型纺织专用器材及配套件，形成优势互补和集聚效应。

【重点项目】 总投资4亿元的山东恒仁工贸有限公司6万锭针织生产线项目，完成立项和设备订制；总投资3000万元的大彦纺织有限公司高档功能墙布生产项目，完成配套厂房建设；总投资2600万元的山东大千纺织有限公司棉纱精织技改项目，完成钢结构生产厂房改造；总投资1400万元的骏驰纺织有限公司化纤纺织机械设备技改项目，完成4条新型生产线安装调试。

【企业改制】 实施破产清算华棉、天元公司，有序开展职工权益兑付工作，累计办理退休手续职工794名、失业手续职工1582名；为93名破产前退休人员兑付个人垫付的社会保险费，为105名破产前退休人员兑付个人垫付的医疗保险费。成功争取将华棉公司独生子女父母退休一次性养老补助列为省属困难企业补助范围，为629名符合条件职工兑付资金761.78万元。

【服务指导】 开展轻纺优势产业发展情况调研，向《枣庄轻工业》供稿《滕州市依托区域优势着力发展轻工特色产业》，宣传镇域特色化发展战略。山东省纺织设计院专家来滕调研纺织服装企业，为编制《枣庄市纺织服装产业转型升级规划》收集第一手资料。

（颜静　赵恒）

烟草工业

【概况】 滕州卷烟厂年产卷烟22.71万箱，比上年增加100箱，各级抽检产品合格率100%；枣庄、济宁、菏泽市场销售鲁产卷烟32.55万箱，比上年增加1.4万箱；实现税收11.78亿元；完成卷烟厂易地技改项目并顺利搬迁。荣获全国设备管理创新成果一等奖、被评为山东省企业设备管理优秀单位、枣庄市安全生产工作先进单位等。

【生产经营】 克服市场波动和易地搬迁对卷烟生产的影响，生产经营指标稳中有升。一是生产组织更加科学。实施精准化排产、精细化调控，万箱卷烟用工作日9.51天，同比降低0.25天，累计节约6个工作日。二是设备管理更加精益。提升设备效率，卷接、包装设备运行效率分别同比提升1.68、1.91个百分点，卷包设备综合运行效能同比增加9箱/班，提升2.64%。三是质量控制更加精细。严把材料入厂、加工过程监督、成品入库三道关口，推广“3N”作业法和防差错管理，制造过程总体西格玛水平达到4.3。四是成本管控更加精准。烟叶、嘴棒、盘纸、商标纸单耗同比降低，卷烟材料月均库存、备品备件期末库存比定额标准分别下降12.74%和53%。五是市场营销更富成效。销售卷烟32.55万箱，销量排名全省第1位，细支烟比上年增幅33.4%，新产品皇家礼炮（21响）、儒风细支市场状态稳中有升。

【易地技改】 一是严格实行招投标制、工程监理制和项目全过程跟踪审计制，实现项目过程质量控制目标；二是突出预防，强化监督，实现项目“六

市领导现场调研指导易地技改项目

无一控”安全目标；三是严格招标采购，严把“五个关口”，加强概（预）算管理，项目工程造价与资金管理始终可控；四是技改项目消防工程、电梯、锅炉、压力容器等通过主管部门验收，10月新生产线全线投入生产运行，实现“搬迁即生产、生产即精益”预期目标。

【企业管理】 一是深化目标管理。发挥目标考核激励导向作用，部门关键绩效指标完成率达到97.8%，在国家烟草专卖局公布的上半年卷烟工厂15项对标指标中，10项指标优于行业平均水平，12项指标同比提升。二是开展自主创新。围绕品质提升、效率提高、流程优化、人才培养、节能减排等企业重点工作，取得创新成果795项。三是加强制度建设。结合易地搬迁实际，调整14个部门职责48项，优化生产管理流程58个，建立新厂正式标准148个。四是实现安全管理。落实安全生产责任制，加强应急演练，加大隐患整改力度，安全管理工作得到持续提升。

（袁　瑞）

民营经济

【概况】 全市民营经济总收入实现3689亿元，比上年增长9.6%；民营经济单位12.29万个，比上年增长8.2%。其中，个体工商户10.63万户，比上年增长6.5%；民营企业16519家，比上年增长21.1%；注册资金达到575.55亿元，比上年增长32.9%；从业人员达到46.33万人，比上年增长9.2%；民营经济税收达到55.8亿元，占全市税收总额的70.6%。

【服务平台建设】 一是完善服务机制。研究出台《滕州市中小企业公共服务平台运营管理绩效考评暂行办法》（滕政办发〔2016〕32号），完善管理运营、奖励激励和政府购买服务体制机制。与服务平台签订购买公共服务合作协议，为36家企业兑现服务补贴13万元。二是推进服务个性化定制。围绕精益生产、企业法务人员能力提升、化工产业转型升级等，开展专家私聊下午茶42期，参加人员960人次；邀请中国企业规划研究院院长王克等专家举办大讲堂3期，骨干企业董事长（总经理）520人参加培训；与企业签订服务协议192个，提供各类服务1100次；编辑《滕州企业报》3期。三是推进政府购买服务。创造性推出政府购买服务“管理升级”精益生产项目，帮助15家企业实现管理升级、绩效增长；举办“精益生产企业观摩培训”活动，组织40家企业观摩培训，推进精益生产。中小企业服务平台被认定为山东省中小企业公共服务示范平台。

【企业创业创新】 成功申报山东省小微企业创业创新示范基地试点地区，“双创”基地建成使用，联合成立鲁南研究院、机床创新研究院，成立智能制造军民融合、高端功能性材料军地融合两个产业化基地，国家级高新技术企业发展到53家。新增省级中小企业“一企一技术”研发中心和创新企业5家、枣庄市级4家，累计达到39家、48家。新认定省市“专精特新”中小企业28家，累计达到152家。嘉誉青年创业园、大学生创业园被认定为山东省小企业创业辅导基地；真爱商城、振兴玻璃等4家创业园被认定为市级创业辅导基地；班墨众创空间被认定为市级创客空间。

【突出特色产业】 新能源产业集群被认定为省级产业集群，西岗镇被认定为山东省特色产业镇，振兴玻璃产业创业园被认定为省级智慧园区；山东省玻璃监督检验中心获得省认定；中小企业公共服务平台等5个平台入选山东省中小企业互联网+服务平台示范培育计划；中小机床、玻璃深加工、新能源、木门和童车童床等5个产业集群被列入全省产业集群“十三五”发展规划重点。

【培育优质企业】 “双百”优质企业培育计划获得圆满成功，3年新增主营业务收入过亿元企业50家。大力实施“育苗扶壮”帮扶活动，优选500家小微企业，通过调研走访、宣传政策、亲情帮扶、平台优先服务等，帮助解决实际困难，60家小微企业成长为中小型企业，两批7家企业被认定为枣庄市骨干民营企业，27家企业被认定为枣庄市高成长性民营企业。三合机械荣获枣庄市市长质量奖，鲁南机床获山东省省长质量奖提名；威达重工数控系统优化QC小组和金达煤矿生产技术现场QC小组被评为省优秀质量管理小组；耀国光热科技窑炉车间甲班被评为省优秀质量管理信得过班组；金达煤矿、耀国光热、威达重工、东大矿业等企业荣获省优秀质量管理者称号。

（赵崇国　胡修鑫）

农 业

Nongye

责任编辑：李 明

农业综述

【概况】 全市农业总产值实现103.7亿元，比上年增长4.1%；农业增加值58.4亿元，比上年增长4.1%；农村居民人均纯收入13985元，比上年增长8.2%。滕州国家现代农业示范区建设监测评价综合得分78.88分，在全国率先基本实现农业现代化；农业改革与建设试点工作位列全国十强，跻身全国农业改革第一方阵；被列为全国新型职业农民培育工程示范县、山东省休闲农业与乡村旅游示范县。“滕州马铃薯”被评为山东省首批知名农产品区域公用品牌，“北大仓”面粉被评为山东省首批知名农产品企业产品品牌，龙阳绿萝卜获国家地理标志认证，鲁班寨土豆煎饼荣获中国好食品称号，正德康城蔬菜专业合作社入选全国100个农村创业创新优秀带头人典型案例。东亚合作社高端论坛、第八届中国（滕州）马铃薯节暨“互联网+马铃薯”产业高层论坛先后成功召开。

东亚合作社高端论坛（滕州）暨国际农业农村合作经济学会2016年大会召开

【产能提升】 重点建设40万亩优质粮食示范区、30万亩设施蔬菜示范区和10万亩农牧循环示范区，巩固优化“三带三区”产业发展格局。做好“农业结构调整”文章，立足资源比较优势，培植壮大粮食、蔬菜、畜牧、林果等优势主导产业，建设粮食生产功能区、重要农产品生产保护区、特色农产品优势区，粮食总产98万吨，马铃薯总产195万吨，马铃薯亩均效益8000元以上，产量、价格、效益均创历史最高水平。制定《滕州马铃薯战略发展规划》，与希森马铃薯产业集团签订战略合作框架协议，努力打造全国菜用马铃薯行业的“风向标”；引进发展马铃薯深加工产业，拉长产业链，开拓新市场，促进提档升级，加快建设马铃薯百亿产业；滕州马铃薯专题宣传图文，在中央电视台第七套节目《农业气象》栏目连续播出3个月。

【现代农业】 采取专题调研、现场观摩、资金支持等多种形式，探索都市现代农业发展新路径，重点扶持壮大十佳农业龙头企业、十佳家庭农场、十佳规范合作社、十佳标准化基地等新型经营主体，示范带动都市现代农业发展，认定正德康城、亿佳田园、龙振农牧、锦天农业等首批都市现代农业示范园区16个。正德康城合作社延长新型蔬菜产业链模式被农业部向全国推广。休闲农业和乡村旅游加快推进，滕州被评为山东省休闲农业与乡村旅游示范县（市），柴胡店、滨湖、龙阳等镇成功申报枣庄市休闲农业与乡村旅游示范镇，龙阳张山口村、界河鲁班湿地公园等成功申报枣庄市休闲农业与乡村旅游示范单位，休闲农业与乡村旅游“市、镇、点”三级网络基本形成。

【新型经营】 开展新型经营主体发展情况专题调研，通过规划引导、项目扶持等多种方式，各类新型农业经营主体发展到3000个，其中固定资产2000万元以上农业龙头企业129家，枣庄市级以上示范社114家，工商注册家庭农场180家，综合性社会化服务组织196家，特色农业示范园区32个。新东谷面粉公司等7家企业成功申报枣庄市级农业龙头企业，总数达到60家；山东龙振生态农牧业科技有限公司等16家企业入围枣庄市重点培育企业储备库；春泽农业发展有限公司等5家经营主体成为首批枣庄市精品特色园区。实施新型职业农民培育工程，规范建设新型职业农民俱乐部、农民田间学校10处，培训新型职业农民3万人次，滕州被列为全国新型职业农民培育工程示范县。争取粮食高产创建平台、高效特色农业发展平台、耕地质量提升、测土配方施肥、生态循环农业、财政资金撬动金融资本试点等项目12个，获得上级扶持资金5000万元。实施新增千亿斤粮食、整建制高产创建等项目，建设粮食高产示范方14.2万亩，累计建成示范方31.7万亩，获得省政府奖励资金951万元。实施土壤改良修复工程，酸化治理示范10处，推广有机肥和土壤调理剂1万亩，建设马铃薯水肥一体化示范区6万亩。统筹整合项目资金，实施小麦统一供种61万亩。加快激活农业资源潜能，开展财政资金撬动金融资本试点，引导信贷、保险等资金加大农业经营投入，构建财政引导、金融支持、保险保障、订单营销“四位一体”发展机制，破解农业融资难题。政策性农业保险承保105万亩，马铃薯目标价格保险35万亩，提升农业生产风险保障能力。

【新型服务】 创新农业社会化服务，粮食主产区开展小麦良种统供、农资团购、农机订单作业、飞机防治等专业化服务，探索“政府购买服务”新型服务方式，提高粮食生产组织化水平。蔬菜主产区以设施蔬菜标准园为平台，以合作社为综合服务主体，以家庭农场为标准化生产主体，开展土地、资金、劳务、技术等股份合作，推进“合作社+家庭农场+农户”规模经营模式。促进测土配方施肥，推广生物有机肥和微生物菌剂，实施小麦、玉米病虫害飞机防控20万亩，减少农药用量10%以上，实现农业节肥减药、提质增效。建设智慧农业信息服务中心和农业病虫害监测预警中心，组建智慧农业专家顾问团和《滕州农业》编辑中心，提升智慧农业服务水平。注册滕州农业局和滕州马铃薯两个微信公众号，维护运行农业信息网，打造农业网络宣传平台。抓好“互联网+现代农业”发展，盛世红荷、强盛食品、万盛得食品等农业企业发展迅猛，亿佳田园品牌农产品展销中心成功运营。做好农业扶贫工作，整合各类农业项目资金200万元，统筹用于扶贫重点村、贫困户发展高效特色农业。

开展玉米“一防双减”，提高病虫害防控水平

【质量监管】 建立农资监管长效机制，实现农资经营全程记录、监控、追溯管理。开展农资市场专项整治行动，查处无证经营、假冒伪劣等违法行为，审查农资经营单位2800家，告知农药2000种；加强种子市场管理，下发《关于进一步加强滕州市种子管理工作的意见》《关于加强马铃薯种薯生产经营管理的意见》，实施种子市场专项整治，检查品种300个，确保农业用种安全；推行“绿色农业”生产，实施粮食高效增产模式攻关、果菜水肥一体化、万亩马铃薯土壤改良修复、病虫害飞机防控等项目，推动农业可持续发展；新认证“三品一标”20个，总数达到216个；建设出口备案基地达到25处，建成全国绿色食品标准化生产基地20万亩，总面积发展到47万亩，实现“菜篮子”产品标准化生产全覆盖；建立从地头到餐桌全程质量安全追溯体系，保障食品安全。

（市农业局）

农业经营管理

【土地承包管理】 全面做好农村土地承包经营权确权登记颁证工作，成立市镇村三级综合办事机构，制定工作流程图和工作推进表，探索建立“五个环节、十八个步骤”的工作模式和一套以“一书、一表、一图、一簿、一证、一库”为主要内容的确权登记办法，农村土地承包经营权确权登记颁证村居1025个，耕地面积96.6万亩。创新土地流转模式，建立健全土地流转有形市场，引导农村土地承包经营权合理有序流转，实现土地流转由无序到有序、由自发到规范转变，新增土地流转面积2.2万亩，累计流转面积达39.2万亩，促进土地规模化经营。

【农村“三资”管理】 市、镇（街）两级建立农村集体“三

全市集体产权制度改革工作培训会议

资”委托代理中心，1164个涉农村居全部实行“三资”委托代理服务，实现有场所、有制度、有人员、有设备、有平台规范化管理，代理资金余额2.46亿元。开展为期6个月的农村集体“三资”集中整顿，抽查村居168个，反馈问题264个，下发整改通知单63个。清理村居集体资金1.54亿元、资产7.1亿元、资源135.88万亩；经济合同3193份，涉及金额3.03亿元；核实债权2.41亿元、债务7.46亿元；核销不实资产8562.33万元。

【农民负担监管】 做好小麦种植面积核定和种粮大户补贴工作，核定小麦种植面积74.5934万亩，发放耕地地力保护补贴9324.2万元；核定种粮大户和家庭农场236户，发放奖补资金189.1455万元。落实减负目标管理责任制和农民负担监督卡制，发放农民负担监督卡35万份。严格按照议事程序申报村级公益事业建设一事一议财政奖补项目，促进农村公益事业发展。

【新型经营主体】 一是发展新型经营主体。新增农民合作社159家、家庭农场20家，累计发展农民合作社1970家、家庭农场180家。二是实施示范社建设。实行农民合作社（家庭农场）名录备案制度和动态管理，107家合作社和30家家庭农场被纳入名录管理，创建国家级示范社1家，省级示范社2家、省级家庭农场2家。三是助推精准扶贫。以农业经营主体为载体，通过结对帮扶、项目带动、提供就业岗位，帮扶带动贫困户1079户、2115人。

【改革试验区建设】 一是深化农村土地使用产权制度改革。完善组织交易、科学评估、金土地担保、抵押贷款等贷款流程，推进抵押范围、经营主体、产业发展、资本注入“四个延伸”，利用农村产权抵押贷款2.8亿元。二是搭建农村产权交易平台。市财政投资150万元建立市、镇（街）两级农村产权交易中心，注册成立枣庄市农村产权交易中心有限公司分公司，21个镇街分别成立农村产权交易所，统一监督管理、统一交易规则、统一信息发布、统一交易鉴证、统一平台建设，开展农村产权交易事项702宗，涉及金额10353.21万元。其中，土地流转325宗，涉及金额4037.03万元；房屋租赁流转86宗，涉及金额2875.3万元；办理《农村产权鉴证书》45笔，发放他项权证7笔，抵押贷款300万元。三是展开农村产权制度改革。严把重点环节，37个村居完成农村集体产权制度改革试点任务，量化资产1.36亿元，明确人口25069人，累计分红1102.27万元，试点村居初步实现“家家有资本、户户成股东、人人有股份、年年有分红”。四是探索农村资金互助。以全省农民专业合作社信用互助业务首批试点为契机，开展农民专业合作社内部信用互助和社区性信用互助试点工作，13家农民合作社通过金融部门资格认证，互助资金规模达到2336万元，参与社员人数764人，累计借出互助资金1030万元。全省和枣庄市试点工作座谈会在滕召开，农民专业合作社信用互助“四四八”模式在全省推广。国家农村改革试验区建设得到农业部专家组高度评价。

（市经管局）

农业综合开发

农业综合开发项目企业厂房鳞次栉比

【竣工项目】 完成农业综合开发项目6个，其中土地治理项目3个，产业化发展项目3个。一是羊庄镇高标准农田建设项目，投资600万元，改造治理土地面积5000亩；二是西岗镇高标准农田建设项目，投资600万元，改造治理土地面积5000亩；三是界河镇高标准农田建设项目，投资600万元，改造治理土地面积5000亩；四是年产6000吨肉制品深加工新建项目，由山东春藤食品有限公司承担实施，投资1411万元；五是1500吨蔬菜基地扩建项目，由正德康城蔬菜专业合作社承担实施，投资152万元；六是年出栏49万只肉鸡养殖基地改建项目，由山东鲁南牧工商有限公司承担实施，投资386万元。

【在建项目】 立项建设项目10个，其中土地治理项目5个，产业化发展项目5个。姜屯镇高标准农田建设项目，投资602万元，改造治理土地面积5000亩；洪绪镇高标准农田建设项目，投资604万元，改造治理土地面积5000亩；山东龙振生态农牧业科技有限公司高标准农田建设项目，投资1002万元，改造治理土地面积4000亩；笔架山粮食种植专业合作社高标准农田建设项目，投资142万元，改造治理土地面积1000亩；泓安马铃薯专业合作社高标准农田建设项目，投资141万元，改造治理土地面积1000亩；年出栏3000只肉羊养殖基地扩建项目，由运成种羊养殖专业合作社承担实施，投资175万元；1万吨马铃薯初加工及仓储新建项目，由万恒马铃薯专业合作社承担实施，投资159万元；年出栏30万羽肉鸡养殖基地扩建项目，由春雨养殖专业合作社承担实施，投资202万元；年产24万吨高档营养小麦粉深加工贷款贴息项目，由北大仓面粉有限公司承担实施，项目申请中央贴息资金112万元；2000吨马铃薯储藏保鲜新建项目，由建信农产品产销专业合作社承担实施，投资205万元。

（市农业综合开发办）

林 业

【创建森林城市】 制订《全国绿化模范市巩固提升暨森林城市建设实施方案》，科学分解任务目标，部署造林绿化和创建工作。3月，向国家林业局提出创森申请；5月，获得国家林业局正式批复备案；9月，创森总体规划正式通过国家林业局评审，成为全国第4家申请创森的县级城市。启动森林镇村创建活动，创建森林镇街5个、森林村居13个。

【绿化造林】 利用国家长江防护林项目资金，投资1180万元，新增造林面积4.26万亩，其中雨季造林2万亩；在京台高速、枣木高速、104国道两侧完成采伐更新复种面积1000亩；投资50万元在青龙山绿道两侧新栽植黄栌、元宝枫等彩叶树种4万株，完善提升隔离网、标识牌等附属设施；实施森林抚育5万亩，提升全市森林质量。

【湿地保护与恢复】 加快湿地公园建设，在滨湖国家湿地公园、薛河省级湿地公园，投资400万元实施湿地植被保护与恢复建设工程，新建水源涵养林1800亩，建成湿地监测站和鸟类救护站各2处，栽植杞柳、芦苇、蒲草等5万株；完成墨子湿地公园二期工程；滨湖国家湿地公园被评为"中国慢生活休闲体验区"，鲁班湿地公园被评为省级湿地公园；全市湿地保护与恢复面积达10.5万亩。

【产业发展】 新发展经济林1.8万亩、种苗花卉6000亩、林下经济1万亩，经济林达到19万亩，花卉苗木达到6.5万亩，林下经济达到10万亩；新增南沙河春泽观光园、张汪元宝枫基地等林业产业基地21家，林产品加工企业发展到459家；新发展上善人家、百果采摘园等森林湿地人家10处，森林湿地旅游接待游客600万人次，林业产值达到46亿元。鑫迪门业被评为国家林业重点龙头企业，张汪融合花木种植专业合作社被评为国家级林业专业示范社。

【经营权改革】 召开林地经营权流转（证）试点改革工作启动会议，建立林地经营权流转

墨子湿地公园

交易平台，规范流转“申请、受理、审核、勘验、公示、发证”6道程序，发布林地经营权流转交易信息21起，流转林地5起，流转面积2441亩。培育家庭经营、集体经营、合作经营、企业经营等多种形式并存的新型林业经营主体，鼓励和引导农民自愿联合，组建林业专业合作组织参与林地经营权流转，各类林业经济合作组织、家庭林场发展到136家，其中国家级林业专业合作社1家，省级林业专业合作社16家。

【国有场圃转型】 抓住国有林场改革契机，推进场圃一体化改革。木石林场围绕生态公益林建设，补植元宝枫、黄栌等苗木3万株，开展森林抚育5000亩，启动防火通道建设；西岗苗圃成立林木良种科研所，投资100万元建设3860平方米的智能日光温室，培育苗木10万株，引进石榴等果树新品种20种，繁育元宝枫、侧柏轻基质容器苗、毛白蜡等苗木60万株。

【资源保护】 抓好林业“两防”体系建设，签订林业有害生物防控和森林防火责任状，实行24小时值班制度和每日零火情报告制度，组建森林防火专兼职队伍，投资100万元，新购置森林防火专用运兵车2辆，水罐车1辆，新购置大功率灭火水泵组2套；在柴胡店、羊庄、界河、滨湖等镇新建标准化护林房4处；维护升级界河、柴胡店镇防火通道20余公里；投资490万元实施森林重点火险区综合治理项目，新建消防专业队伍营房400平方米、训练场1000平方米及森林防火指挥中心2处，建立远程林火视频监控系统，安装视频探头21处，重点防护林视频监控率达到85%以上；投资220万余元新购置森林有害生物防治喷雾车1辆，完成飞防美国白蛾26万亩、春尺蠖面积3万亩，地面防治有害生物50万亩；高标准建设省级林业有害生物检疫测报标准站，森保工作经验在全省范围推广；依法开展林木采伐审批、木材检疫和林业综合执法，接待各种咨询355人次，办理采伐证256件、苗木种子生产经营许可证8件、木材经营加工许可证2件，审核上报征占用林地2件；发放木材运输证5600份、森林植物检疫证7900份；现场检查运输木材、林产品车辆1500辆次；启动政策性森林保险工作，完成公益林投保10.6万亩。

【生态文化】 设立墨子湿地公园、龙泉植物园、北辛植物园

全市森林防火指挥中心和森林眼

枣庄市级生态文明示范基地3处；利用世界湿地日、植树节、爱鸟周等节日，举办灵活多样的科普活动，发放宣传资料4.1万份，增强市民爱绿护绿意识；编印《滕州林业》杂志3期，编辑《滕州墨子国家森林公园探秘》；开展生态文明教育，在各级媒体刊发林业文章200篇，粉刷墙体标语200块，制作展牌37块。

（杨尚基）

果树业

【概况】 全市实施现代果业“增效”计划，新增果树面积1.3万亩，新建果品采摘园12处、家庭农场10家，市果树中心被评为枣庄市农业工作先进集体、文明单位等。9月，中国农业科学院主办第二届中华杯全国优质梨评比大赛，参赛果品获得最高奖——全国“梨王”奖和“优质风味金奖”。

【果业开发】 “秀美荆河、柳绿桃红”桃园实现挂果采摘，上善公园桃采摘园亩产达到500公斤，抢鲜价10～12元/公斤，亩产值达到5000元以上；东郭、羊庄、龙阳等有山镇新发展果树种植基地面积大、管理精、成活率高；羊庄镇新发展蓝莓500亩，南台村设施大樱桃园所产大樱桃4月初即上市，每公斤售价300元，亩产值达到15万～20万元。

【技术引进】 邀请省果科所专家来滕培训、现场指导，及时编印下发《果树冻害补救措施》等技术意见，为重点片区争取发放冻害补助资金，最大限度挽回强降雪天气造成的果树冻害损失。

【标准园创建】 承担的2015年枣庄市唯一一个国家级苹果标准园创建项目，通过农业部验收。苹果标准园位于滨湖镇田桥村，建设规模达到省内领先、国内一流，标志着果业技术水平又上新台阶。

【生产培训】 采取现场参观培训办法，先后在羊庄镇大棚樱桃园、姜屯镇葡萄采摘园、滨湖镇苹果标准园、上善公园桃采摘园等现场，举办参观培训6次，推广先进果业成功经验做法和生产技术，加快果业发展步伐。

（市果树服务中心）

畜牧业

【概况】 全市畜禽存栏量1417.4万头/只，出栏量4325.7万头/只，其中猪出栏64.1万头，活家禽出栏3921.7万只，兔出栏279.7万只，肉蛋奶总产量16.1万吨，畜牧业产值实现31.4亿元，增加值13.4亿元。

【畜牧业生产】 推进畜禽标准化示范场创建，新建、改建标准化畜禽养殖小区（场）101处，创建国家级标准化示范场2处、省级3处、枣庄市级6处；借助惠农项目，扶持规模养殖场进行标准化、设施化、智能化改造，规模养殖场设施化程度达到75%；抓好粮改饲工作，专用青贮玉米种植面积3250亩，青贮秸秆15万吨，有机肥场发展到7处，年产有机肥18万吨；实现能繁母猪保险、育肥猪保险和生猪价格指数保险全覆盖，参保能繁母猪1万头、育肥猪8万头，目标价格指数保险参保4.2万头，促进畜牧业健康稳定发展。

【养殖污染防治】 推动生态畜

牧业发展，严格“三区划定”和养殖场“三同时”审批，复审养殖场防疫条件360家，扶持治污设施建设改造养殖场20家；鼓励农牧循环生态发展模式，新发展林下养殖场3处，指导建设沼气池8处，实现养殖污染总量控制目标。

【动物疫病防控】 落实重大动物疫病强制免疫措施，集中免疫畜禽1200万头（只），调查畜禽40余万头（只），监测畜间样品3400份，保持无重大动物疫病发生的防控成效。加大畜间布病监测范围和频率，无害化处理阳性羊只165只；狂犬病强制免疫犬、猫2万头（只）。

【质量安全监管】 完善畜产品安全监管平台、检疫电子出证、动监e通系统建设，实施畜产品生产环节信息化监管，开展肉品药残和投入品质量抽检400批次，“瘦肉精”抽检样品2600份；组织“元旦、春节”畜产品安全、羊肉及其制品、毛皮动物、生猪屠宰等畜产品专项整治活动20次，检查养殖场、屠宰场2000个次，立案查处案件2起。投资3000万元在枣庄市率先建成病死畜禽集中无害化处理企业，日处理能力达50吨。

（邓　勃）

水产业

【概况】 全市渔业生产实现稳步增长，完成标准化池塘整理改造6300亩，水产养殖面积达到10.5万亩，水产品产量达到6.2万吨，渔业总产值达到9.7亿元。申报山东省现代渔业发展优质鱼产业项目1个、农业技术推广项目2个，争取省级项目资金680万元。

【重点项目】 龙振集团优质鱼产业项目竣工，总投资1465余万元，争取省级资金500万元。3月，省海洋与渔业厅厅长王守信调研现代渔业建设，实地察看龙振集团优质鱼产业项目建设现场，给予充分肯定；12月，项目通过枣庄市级验收。

【结构调整】 以现代渔业示范点建设为突破口，依托各类渔业项目带动，成功引进推广“台鳅、水蛭、小龙虾、中华鳖、河蟹”等优质品种，形成“优质水产品”特色养殖区10个。其中，泥鳅养殖面积3000亩、中华鳖300亩，孵化泥鳅、水蛭苗6亿尾，中华鳖5万只。总投资1.8亿元的“一笑堂”中华草龟健康养殖基地落户滕州，项目投产可新增年产值6亿元。加强渔业示范园区建设，分类指导20家渔民专业合作社，形成“园区+合作社+养殖户”生产模式。投资30万元为渔业养殖户发放消毒剂、微生物制剂5吨，增养机40台，全自动投饲机35台，鲤鱼、草鱼、南美白对虾等优质配合饲料20吨。各类渔业园区及养殖基地全部配备投饵机、增氧机、渔业通管理软件等设施。

【技术提升】 连续五年实施“基层渔技推广体系改革与建设项目”，健全渔技推广责任制、渔技人员竞聘上岗绩效考评制、多元化推广等管理制度，突出一线培训指导，创办“渔民池塘学校”，解决偏僻地区交通不便和农忙季节无暇参与培训问题，举办培训班18期，培训人员1200人，发放宣传资料2000份，渔技推广成效明显。

【安全监管】 抓实水产品监管“五项制度、两项登记”，与全部养殖户签订《水产品质量安全责任书》，定期进行检查，逐步实现养殖生产全过程质量可追溯，实行不合格产品一票否决制申报渔业项目。4月，首次承担国家水产品质量安全风险监测任务，承担国家及省、市各种强制性抽检任务50次，抽检合格率均达到100%。

【惠农政策】 一是推进水域滩涂养殖证制度。依法做好养殖证申请受理、踏勘、核发等工作，核发新版水域滩涂养殖证89本，覆盖水域养殖面积6.9万亩。二是连续第五年在荆河水系开展渔业资源增殖放流活动。投入资金50万元，分别在微山湖沿岸、龙泉广场区域、马河水库及城市荆河水系，投放鲢、鳙、草、鲤鱼等鱼种200万尾，通过“放鱼养水”改善荆河水系水域生态环境。三是做好渔船燃油补贴发放工作。坚持“两公示”“三公开”，及时足额将53万元渔船燃油补贴资金直接拨付到渔户手中。

（孙卓朋）

农业机械

【概况】 全市农机总动力达到195万千瓦，比上年增加5万千瓦；农业综合机械化率达到89%；农机合作社发展到122家，其中国家级示范社2家，省级示范社12家，枣庄市级示范社11家。

【购置补贴】 将玉米籽粒收获机、指夹式深松免耕玉米单粒精播机、深松免耕粉层施肥小麦宽幅精播机等大型复式环保绿色机械纳入补贴重点，实行应补尽补、敞开补贴，连续第5年实施农机报废更新政策。加强补贴机械的监督过程，进村入户“一站式”办理机具挂牌、补贴核查等手续，严格实行人机合影、全程公开。争取农机购置补贴资金2660万元，补贴各类农机具1405台（套），受益农户1072户。

【机械化生产】 发挥农机主力军作用，春耕、三夏、三秋等重要农时季节，合理调度农业机械投入农业生产，一周时间86万亩小麦收获完毕，两周时间84万亩玉米颗粒归仓，保障粮食安全。围绕秸秆禁烧大局，把机械化秸秆粉碎还田作为秸秆禁烧的主推措施，严格技术标准，严把作业质量，做到“低留茬、细粉碎、匀抛洒”，小麦机收秸秆还田率达100%，玉米机收秸秆还田率达98%，缓解秸秆禁烧压力。实行24小时值班制度，提供后勤保障服务，拉网式开展巡回技术指导和安全隐患排查，接受咨询180次，整改安全隐患76处，设立农机

2016年6月30日，省人大农业与农村委主任委员战树毅到滕州调研农机社会化服务及农机合作社创新发展情况

用油保供站23个。

【技术推广】 坚持以农机化技术推广为总抓手，形成种子处理—耕、种、收、植保—粮食烘干全程机械化生产模式。继续实施“机械化生态沃土”工程，推广小麦机收—秸秆粉碎还田—机械灭茬—玉米直播和玉米机收—秸秆粉碎还田—土地深耕（松）—小麦宽幅精（少）量播种两个“一条龙”作业，重点推广玉米籽粒收获和小麦深松分层施肥精量播种技术。新发展籽粒收获机20台，建成示范基地4处，作业面积3万亩；新增小麦深松分层施肥精量播种机110台，播种面积3万亩。与临沂华盛等公司广泛合作，引导企业研发马铃薯带芽播种和残膜回收机械；在东郭镇和界河镇召开马铃薯机械化作业现场演示会，示范带动马铃薯机械化发展，马铃薯综合机械化水平达到84%。

【农机合作社】 坚持把农机合作社作为农机社会化服务的重点，积极为合作社协调资金、土地等资源，新建农机具库房2000平方米，引导开展跨区作业、订单作业和土地流转、托管服务、烘干服务。打造农机“4S”店，设立网上零配件调配中心，形成农机销售、维修、技术培训和信息服务“四位一体”发展模式。合作社机械拥有量达到16562台（套），占全市的31%；农机总动力达64.8万千瓦，占全市的33%；农机作业服务面积占全市的60%。在枣庄市农机合作社分级认定中，一级示范社5家、二级示范社6家，在五区一市中居第一位。

机械化深松

【安全监管】 规范农机监理执法行为，连续第27年实现农机安全无事故。通过签订安全生产责任书等形式，落实农机合作社、农机大户、农机手主体责任；设立“流动监理站”，进村入户办理牌证手续，挂牌96副，办理驾驶证101个；推行农机“送检下乡”活动，检验车辆1666台，办理惠农加油卡320张、邮政储蓄卡140张、联通农机通卡35张、农机保险580份；规范执法行为，入村安全检查235天，纠正违规违章行为355起；加强农机教育培训，举办新机具现场演示会5次，农机驾驶员培训班5期，培训各类农机技术人员1万人。

（张　允）

水　务

【概况】 全市完成多层次投资11.2亿元，争取上级资金2.8亿元，扩大改善灌溉面积4万亩，治理水土流失面积8平方公里，行政事业收费9000万元，经营产值收入2.7亿元，实现城乡安全供水3.2亿方，年处理污水量达到5840万方。

【重点工程】 一是南水北调续建配套工程。工程总投资15.55亿元，年调水规模7000万方，年内133.5公里输水管道及3座加压泵站建成，调蓄水库建设加快推进。二是庄里水库建设项目。完成枣庄市政府下达的征地拆迁任务，将大坝及淹没区1569.6亩土地净地后移交给建设单位，西江村移民安置房已完工，后台村移民安置房建设招标结束。三是全国农田水利示范县项目。总投资6833万元，分三年实施高效节水灌溉工程5.87万亩，其中2016年度投资2278.73万元，在张汪镇发展高效节水灌溉面积1.98万亩，竣工通过枣庄市验收。四是十字河官庄闸加固工程。投资2630万元，建设橡胶坝、交通桥各1座，新增蓄水70万方。五是小流域治理及移民扶持项目。投资700万元开展滨湖镇黄石门及龙阳镇邱石小流域治理，投资1582万元实施库区移民扶持项目。

南水北调供水管道铺设现场

【防汛供水】 严格落实各项防汛责任制，组织开展备汛拉网式大检查，实施病险塘坝加固治理等度汛应急工程10项，依法清理河道内阻水树木3万株，做好防汛预案、队伍料物等常规工作，确保全市安全度汛。投资2198万元实施东郭、西岗镇43个村6.1万人农村饮水安全工程；投资1.26亿元完成羊庄水源扩容及马河水库应急水厂建设，铺设输水管道52.5公里，日增供水能力6万方；利用南水北调、岩马水库水实施鲁南化工、新能凤凰等企业水源置换，将魏庄、西石楼、后石湾3处水源并网联通向城区供水，保证持续稳定安全供水。

【资源管理】 深入开展水法宣传教育，依法查处水事违法案件46起，办理水行政审批事项97件；落实最严格的水资源管理制度，统筹配置利用各类水源，保障居民生活、工农业和生态用水需求；抓好污水排放管理及处理回用，城区污水集中处理率达93%以上。

【水利经营】 调整方式开展多种经营创收，水利建安工程处工程产值及供水收入实现1.41亿元，供水中心售水收入实现4610万元、工程产值7500万元，服务公司经营收入实现120万元，马河、户主水库及河道供水收入实现949.3万元。

（宋世腾）

扶贫开发

【概况】 全市紧紧围绕精准扶

贫、精准脱贫目标，统筹实施专项扶贫、行业扶贫、社会扶贫三大行动，安排使用各级财政专项扶贫资金3150.9万元，3023人建档立卡贫困人口实现稳定脱贫，2649人已脱贫建档立卡贫困人口得到有效巩固，23个枣庄市定贫困村实现脱贫摘帽，完成年度脱贫攻坚任务，取得枣庄市区（市）党委、政府扶贫开发考核第一名和财政专项扶贫资金绩效评价第一名的成绩。

【精密组织】 建立高位推进扶贫开发工作组织架构，成立党政主要负责同志任组长的扶贫开发领导小组，组建扶贫开发领导小组办公室，调配专职人员，独立办公；出台《坚决打赢脱贫攻坚战的意见》和31个专项实施方案，形成“1+31”脱贫攻坚政策体系；各镇街抽调精干力量成立扶贫办，市、镇、村层层签订责任书、立下“军令状”，形成三级书记一起抓、党政一起上、部门齐参与的大扶贫格局。

【产业项目】 立足各镇街产业优势，通过土地流转、土地托管、特色种植、牲畜代养、吸纳就业、扶贫资金入股、乡村旅游、电商扶贫等途径，带动贫困户增收；创新探索以“三种形式、三权分离、三次分配、两项调整”为内容的“三三三二”项目管理模式，在扶贫项目制度建设、资产运营、收益分配以及贫困户动态管理等方面进行试点；安排使用产业扶贫资金2294万元，实施产业项目103个，其中脱贫项目57个、已脱贫巩固项目22个，贫困村项目23个，电商培训项目1个，为贫困户实现长期稳定脱贫提供有力保障。

2016年7月4日，全市扶贫开发推进工作会议召开

【金融扶贫】 引导辖区金融机构，创新推出金融扶贫信贷产品“让利贷”，发放小额扶贫贷款1371万元，其中富民农户贷15万元，富民生产贷1356万元。通过金融机构和经营主体两次让利，有效带动失能贫困户脱贫增收，金融扶贫做法得到副省长王书坚和枣庄市长李峰的批示，先进经验在全省推广。探索扶贫资金信用互助模式，向西岗镇马庙惠信等5家信用互助专业合作社注入扶贫资金40万元，贫困户通过享受集体红利、入股分红、内部“贴息”，拓宽增收渠道，提升创业能力，促进有效脱贫。

【结对帮扶】 开展“市级领导帮镇、市直单位帮村、机关干部帮户”结对帮扶工作，印发《市级单位党员干部精准扶贫结对帮扶工作责任分工方案》，组织全市3533名干部，帮包贫困户1877户，全面落实帮扶对象和帮扶措施。开展“送温暖”活动，市慈善总会从慈善资金中拿出40万元购买慈善扶贫棉被3754床，通过帮扶干部发放到贫困户手中。

【行业扶贫】 为3314名重度残疾人落实政府代缴保费33.1万元；为264名重度残疾人办理提前领取待遇手续；为符合条件困难人员代缴医保险费639.17万元；加强贫困户低保规范化建设，做好入户核查和低保扩面工作，被纳入兜底保障范围的贫困户全部享受低保保障；实施危房改造建档立卡贫困户113户；为接受普通高中教育、中等职业教育的贫困学生4212人，发放国家助学金421.2万元，减免学费1522.75万元；对23个枣庄市定贫困村免费进行小麦“一喷三防”。

【社会扶贫】 工青妇、残联、工商联等群团组织搭桥牵线，广泛发动社会组织、各界人士等爱心力量，以多种形式参与扶贫。开展“青春扶贫”“千企帮千户”“同心·光彩助学行动”“巾帼扶贫·岗户共建”等活动，形成人人关心扶贫、人人支持扶贫、人人参与扶贫的社会扶贫新格局。

【贫困退出】 印发《滕州市贫困退出工作方案》，规范贫困村、贫困户脱贫退出标准、程序；按照“建表立账、按表要账、据表查账”原则，分别列出经营务工账单、项目收益账单、政策保障账单、结对帮扶账单、救济抚恤账单等条目，全面算清脱贫账单，落实、梳理、确认、巩固贫困户帮扶措施，及时查缺补漏，确保贫困户收入达到标准，实现吃穿“两不愁”，教育、医疗、住房“三保障”；制定《滕州市扶贫对象动态调整检查验收暂行办法》，抽调11个部门21名工作人员，分成五个工作组，对镇街扶贫对象动态调整检查验收，查阅贫困退出程序资料，入户核实贫困户退出情况；聘请第三方评估机构评估贫困户脱贫和贫困村退出，确保贫困退出程序规范，防止“数字脱贫”，全市贫困人口脱贫准确率达到100%。

（高训豪）

交通运输和信息业

Jiaotongyunshuhexinxiye

责任编辑：李　明

交通运输

【概况】 省道343北留线建成通车，拉动滕州、山亭、微山三地融合发展；省道345枣济线全面开工，进展顺利；枣菏高速全面启动，附着物清理补偿金下拨至各涉及镇，施工单位已进场；滕州新港项目手续办理完毕，投资400万元建成新港配套建设疏港路。

整洁优美的“户户通”工程道路

【农村公路】 建成“户户通”1251公里，785个村（居）实现“户户通”；投资4000万元，相继完成东岗路大修、驳官路大修、木石“墨子故里行”参观路、410公里小修挖补等项目，为沿线镇村居民安全便捷出行提供保障；强化安全生命防护工程建设，投资3500万元，完成隐患路段9处、交通信号灯2处、标线117公里、路面隐患处置330公里；滕州被评为“全省群众满意村级公路网化县”。

【运输管理】 一是基本完成城乡公交一体化。争取各类奖补资金4亿元，购置纯电动公交车617部；8月29日，城区至王晁、滕州港、下河头、姜桥、国防教育基地、韩村等6条城乡公交线路正式通车；优化调整城区至三山、东焦村、田陈等城乡公交线路3条，改善群众乘车条件；开通公交线路55条，其中：城际公交3条，城乡公交26条，城市公交26条，基本实现城乡公交全覆盖。二是实施市场整治。开展集中检查10次，检查企业15家，发现、整改隐患26处；完成道路运输企业年度质量信誉考核，严格管理机动车驾驶培训行业，净化驾培市场教学环境。三是做好行政审批。许可道路货运和维修企业16家、城市公交班

西部公交开通

线5个、配发道路运输证1614个，行政审批交通窗口月、季度考核及综合考评均为第一名，荣获滕州“五一劳动奖章”及枣庄“工人先锋号”。

【交通执法】 一是实施“一超四罚”。成立运管所“一超四罚”执法中队，确立执法主体，把事前许可、事中监管和事后执法监察有效整合，形成监督处罚合力。二是治理超限车辆。查处各类违章车辆2028辆次，卸载货物1.5万吨。三是出租车管理。查处违规经营出租车528辆次、“黑出租”151辆次，乘客投诉量比上年下降30%。

【安全生产】 开展道路运输车辆集中审验和春检活动，把牢营运车辆资质关和技术状况关。严格从业人员资格证考核及继续教育培训，落实营运道路运输从业人员退出机制和“黑名单”制度，提升从业人员安全驾驶意识。加强运输企业管理，开展安全隐患排查专项检查行动，累计检查客运企业、客运站80家次，消除隐患12处；检查危险货物运输企业200家次，查处安全隐患51处，有效防范和遏制事故，全系统无重大安全生产责任事故发生。

（王磊　王军）

公　路

【概况】 S343北留线改建工程（滕州段）完成主体工程并通过交工验收，S241平滕线大修工程南沙河红绿灯至104国道段主体工程建设完工，S345枣济线工程（滕州段）立项建设。

【公路养护】 一是完善公路日常保洁市场化运作。定期检查考核各保洁公司责任路段，采取打分评比等方式奖优罚劣，提升保洁质量和效率。二是严把小修工程质量关。坚持路面坑槽挖补补早补小原则，完成山官线、枣济东线、枣济西线、济微线等路面小修，累计挖补油层2375.3平方米、挖补基层2540.64平方米、路面封油10153平方米，贴抗裂胶带1125米。三是加强桥梁监管力度。紧急处置S241滕平线东郭桥，及时封闭交通发布通告，联络桥梁专家现场勘查论证，委托东营桥检中心进行特殊检查，开展设计方案评审上报，优化安全畅通环境。四是做好经济发展服务工作。开展管养路段行道树、路肩板粉刷、路面标线施划及沿线综合整治等工作，提高辖区公路整体品位。

【依法行政】 定期开展路政业务培训和法律法规教育，增强执法人员法制意识和服务意识；抓住路政宣传日、“路政宣传月”有利时机，扩大路政宣传和沿线厂矿企业针对性宣传，争取社会各界的理解和支持；巩固“马路市场”治理成果，明晰治理马路市场地方政府主体责任，采取强化宣传、堵疏结合、定时管控等措施，集中治理104国道张汪镇蒋庄段、枣济线郭河桥段马路市场，维护路产路权。

【防治污染】 注重源头管理，工程施工采取现场覆盖围挡、洒水作业等措施，确保无浮土、无扬尘；落实渣土、砂石料等散体物料封闭运输，治理无防护措施运载煤沙土石及“带泥上路”车辆，防治抛、撒、漏污染；辖区路段实施全面保洁，重点实施104国道、济微线洒水降尘作业，每日出动清扫车3台、洒水车4台、人工280人次，有效降低路面扬尘污染。

（市公路局）

邮　政

【平台建设】 一是建设综合服务平台。淘汰单一代收费的非商超型站点，培育“N站合一”的多功能商超型站点，建设商超型便民站530处，累计达到1100处，其中农村站点1007处，城市站点93处，完成市公司下达目标计划的101.85%；安装邮掌柜1205处，完成市公司下达目标计划的111.57%，全市行政村基本实现全覆盖；邮政业务收入实现8982.06万元。二是增强网运投递能力。优化缩短邮件处理流程，新增揽投汽车1辆，更新生产车辆1辆、电动三轮车16辆；省内互寄“明见天”T+1率达到98%以上。三是抓好网点建设。重新装修改造木石、级索等6个支局，增配空调、桌椅、沙发等用品，推进员工小家建设，提升支局形象和服务能力。四是配备自助机具和设备。加大手机银行、POS机具、ATM/CRS自助存取款机、高速存取款机、移动展业设备等渠道建设，新增手机银行22689户、POS机316部、ATM及CRS4台，布放自助设备62台、高速存取款机1台、移动展业设备26台、联合核查打印一体机11台、自助填单机15部，有效缓解网点柜台压力。

【财务管理】 借助ERP上线运行，创新财务管理机制，深化集中管控，推进计财管理精细化和集约化，提升财务管理水平；加强往来款管理，加快应收、应付款项清理，跟踪调度重点单位、重点项目，确保清理成效；组织邮政企业资产清查，涵盖房屋、土地、无形资产、运输设备、信息技术设备、存货各类资产；开展欠费清理专项活动，清理欠费445万元，占总欠费额的74.29%，其中起诉10起，金额133.69万元，及时回笼资金，降低经营风险。

【人力资源管理】 8月下旬至9月上旬，开展三批全岗位竞争上岗，192人次参加竞岗，做到岗位落实到位、人员落实到位；补充医疗保险，受理报销案例100人次，理赔金额超过30万元；组织支局长轮岗6人次，储蓄营业员轮岗131人次；举办学习培训班41期，其中，部室培训班10期，培训600人次，专业培训班31期，培训2000人次。

【基础管理】 开展“关注客户用邮体验，提升客户满意度”活动，突出抓好金融违规积分行为和人员管理，金融违规积分比上年下降466分，人员减少13人；为重点部位、支局及电动三轮车，配足配齐灭火器材，新增与维修检测灭火器360具，加强储蓄网点报警设备维护；加大邮件、资金安全和规范经营等检查力度，组织开展营业服务规范管理达标评比、邮件收寄验视专项整治及金融“飞行检查”活动，机要通信实现60年质量全红，邮政安全形势总体平稳，服务质量不断提升。

（市邮政局）

通 信

中国移动滕州分公司

【概况】 全市移动用户数量达到100万户，4G客户累计51万户；建设有线宽带热点村（居、社区）数量达到1700个，城区社区覆盖率达到98%、农村覆盖率达到95%，宽带用户达到12万户；无线宽带WIFI覆盖公共场所、主要居民小区、村庄，建设热点715处，使用用户5万户。

【网络工程】 做好网络优化和通信保障，开发移动网络问题信息平台，加强主要区域、关键道路网络覆盖和优化测试，满足红荷节等重大节日网络通信需求；根据城乡建设需要，实施整改或迁改线路14处，提交232处镇基站建设、100处室分建设申请，确保省道343工程、南水北调墨子湖工程、北沙河水利工程建设顺利进行。

【提速降费】 加快高速率网络建设，持续下调通信资费，推出“任我用省内流量不限量套餐”等一系列流量畅享行动，手机上网平均单价降幅63.5%；开展极光宽带提速升级行动，为客户提供速度更快、资费更优的宽带体验；实施“速率倍增”，大幅下调互联网专线资费；举办中小企业优惠活动，助力当地经济发展。

【信息化拓展】 凭借技术优势、网络优势、服务优势和资金优势，争取上级资金3亿元助推滕州信息化发展。一是高标准建设滕州大数据中心项目。申请2.1亿元资金用于滕州大数据中心建设，该项目为中国移动集团第一个县级大数据中心。二是推进政府信息化建设。完成市政府“云视讯”会议系统建设，升级改造政府内外网，提高办公效率；投资300万元参与指挥中心项目建设，投资700万元用于智慧城管建设，投资500万元完成“警务通”项目建设。三是参与集团信息化建设。投资200万元完成枣庄科技学院智慧校园二期项目建设，实施化工学院新校区智慧校园项目建设，与中心人民医院等多家单位进行信息化项目合作。

（市移动公司）

中国联通滕州分公司

【概况】 以“宽带滕州、智慧城市”建设为重点，发挥4G融合拉动优势，实施政务、企业、农村、社区、家庭信息化工程，加快通信网络优化升级，为经济社会发展提供坚实保障。

【全光网建设】 持续实施网络优化工程，一级干线济南合肥WDM80λ（100G）-1主备用系统、石济宁WDM80λ(100G)-1备用系统、二级干线高速中环100G安装开通，处理各类资源管理调度单3600个；IP专线、VPN专线上联设备标注2000个，镇驻地24台各类汇聚交换机安装、开通、割接及115台OLT的上联扩容（万兆）工程完成；墨香苑、龙泉湾三期、观湖社区二期等23个新建小区通信设施配套建设竣工，新建FTTH端口16408个；专项改造PON+AD、PON+LAN、传统光纤+LAN小区41个，做好G20峰会和全国“两会”通信干线重保工作，设备运行正常。全市宽带出口带宽达到260Gbps，比上年增加160Gbps，普通用户网速达到30Mbps，宽带接入能力达到100Mbps，实现电话、宽带和有线电视三网合一。

【4G网络建设】 在校园、风景区、高速高铁以及城区主干道、交通枢纽、核心商圈、住宅小区、医院等地区打造4G精品网络，新开通基站220个，解决4G室分35个，4G网络以100Mbps-150Mbps速度下载，速度通常比3G快20—30倍；在用户密集区域开通基站CA功能，基站下载峰值300Mbps/s，满足用户在线视频、手机支付、手机地图、微信聊天以及在线游戏等不同移动互联网服务需求；在农村有针对性地搞好基站规划、建设，加大农村区域基站覆盖的广度和深度。

（市联通公司）

商务　旅游

Shangwu　lvyou

责任编辑：李　明

商贸流通业

【概况】　全市实现社会消费品零售总额404.4亿元，比上年增长11.0%。全国首家大宗干货交易平台“干货1688网”成功上线，入驻经销商4000户，其中干杂海货市场商户2000家。

【电子商务】　制定出台《关于加快电子商务发展的意见》，成立“电子商务服务中心”，专门负责电子商务应用推广、人才培养、产业规划服务等工作；实施电商进村工程，以电商龙头企业通康集团“来自购平台”推广应用为抓手，开设“来自购便利店”200家；推进与阿里巴巴合作实施的农村淘宝项目，规划建设3500平方米运营中心及仓储物流中心；推动传统专业市场与电子商务融合发展，组织人员赴菏泽考察农村电子商务经验做法，开展“电商乡村行”千人培训活动，培训2600人次，促进电子商务发展。

【民生商务】　实施“放心早餐工程”，依托正德康城、惠众餐饮2家省级放心早餐示范企业发展便民早餐，新增早餐车、社区便利店30家；举办第四届滕州年货博览会，真爱商城购物节、品牌汽车展、购物大酬宾、贺年礼、贺年宴、贺年乐等一系列主题活动，丰富市场供应；新办和换发酒类流通备案登记证73个，发放酒类流通随附单1800份，实现酒类流通全流程可追溯；牵头组织商贸流通企业安全大检查4次，检查企业75家次，防范事故发生。

（朱钢林）

阿里巴巴农村淘宝滕州服务中心

服务业

【概况】 全市服务业增加值完成459.6亿元，比上年增长8.9%；占GDP的43.2%，比上年提高1.4个百分点；服务业固定资产投资完成311.3亿元，比上年增长6.6%，占固定资产投资的47.5%。

【商贸物流转型】 围绕专业化、品牌化建设，以引进国内外知名品牌为重点，加快商贸集群布局，打造核心商圈，奥特莱斯购物小镇、大润发超市等项目建设加快推进；大力发展现代物流业，农副产品物流中心三期投入运营，滕州新港开工建设。全市现代物流企业发展到48家，货运总量连续四年位居全国县级第一。

【专业市场升级】 调整和整合改造市场布局，培育有区域性影响、专业化经营的专业批发市场，推进滕州（义乌）真爱商城、金源装饰大世界、百地茂商城、居然之家等项目建设；促进市场向集群化发展，形成干杂海货、家居建材、玻璃制品、童车童床、水产粮油、百货副食、钢材、花卉等专业市场群。各类专业批发市场47处，其中过100亿元的3处。

【新兴服务业】 电子商务迅速崛起，魅力滕州、滕州商城、滕州童车网、来自购、优正商城等电商平台上线运行，培育形成鲁华、嘉誉等电商创业园区10家，电子商务企业发展到2860家，年交易额达到100亿元，滕州在“中国快递服务五十佳县”中位列第30位；金融业发展迅速，引进青岛银行、交通银行、日照银行、中信证券、浙商保险等金融机构，成立民间融资登记服务中心，银行业金融机构发展到13家，保险机构发展到37家，证券公司营业部发展到2家；会展经济繁荣活跃，红荷节、墨子文化节、鲁班文化节、梨花节、马铃薯节、温泉节等成为知名节会品牌；养老服务业快速发展，规模养老服务机构发展到30家、养老床位8500张，其中民办养老服务机构10家、床位3000余张，在建社会养老服务机构3家、设计养老床位2000张，建成城市社区老年人日间照料中心21处，农村幸福院79处；搞好文化创意产业，促进洪山口、葫芦套等文化创意产业园建设，发展影视传媒等新兴产业。

【重点项目】 实施投资过5000万元的重点项目129个，其中过亿元项目103个，过5000万元项目26个，完成投资206.2亿元。真爱商城项目被列入省服务业重点项目，中万国际广场、奥特莱斯生态购物城一期、董村花卉小镇等27个项目被列入枣庄市服务业重点项目。

（旅服局）

商　业

【概况】 全年实现经营总收入23亿元，比上年增长7%；完成增加值1亿元，比上年增长8.6%；实现利税3000万元，比上年增长9%；交纳职工养老医疗保险金1200万元，比上年增长10%。

【服务大局】 服从服务南水北调配套工程高铁新区墨子湖建设大局，按时完成春藤公司东沙河分公司征地拆迁工作，移交企业用地面积3736平方米，拆迁生产车间、猪舍、办公楼

2016年10月22日，春藤公司与山东农业大学签订合作协议，成立"教学科研基地"

等房屋面积765平方米，确保重点项目建设实施。

【龙头企业】 山东春藤食品有限公司出栏生猪3.5万头，屠宰生猪26万头，加工肉制品2.3万吨，生产调味品7500吨，实现销售收入5.2亿元，利税1400万元；枣庄市春藤生猪养殖有限公司一级种猪繁育场一次性通过省畜牧局专家组验收，升级为"山东省原种猪场"，填补枣庄市无原种猪场的空白；"鼎盛牌清香米醋"荣获山东省调味品行业产品感官质量金奖，"鼎盛牌甜面酱和原汁酱油"荣获产品感官质量银奖；"鲁藤墨宴牌金银蹄"荣获第31届山东畜牧博览会优质产品金奖，"枣庄黑盖猪肉"荣获优质产品银奖。10月22日，春藤公司与山东农业大学签订合作协议，成立"教学科研基地"，提升企业科技水平和核心竞争力，研发"仿生牛排"产品投放市场，产品供不应求。

【重点项目】 10月1日，五交化公司引资2000万元，集数码通讯、饰品成衣、鞋帽箱包、儿童乐园等系列产品于一体的太平洋服饰广场建成开业；12月18日，总投资6000万元的山东春藤食品有限公司洪绪肉联厂一期工程启动运营；百货公司引进总投资1.2亿元的食代美食广场项目，实施数码手机、美食、酒店等多种业态于一体的商业综合体建设；糖茶公司加大华联大楼招租力度，建成全市最大的联通手机业务主营业厅；柴里商业公司引资100万元升级改造老旧市场，建成4000平方米的购物中心，优化购物环境。

【平安商业】 加大安全隐患排查整治、安全生产宣传教育、人员密集场所消防安全专项治理、专家查隐患等专项行动12次，举办安全生产专题培训班2期、消防安全和事故应急处置演练活动20次，下达各类执法文书40余份，整改隐患150余条，预防安全生产事故发生；开展社会矛盾纠纷排查化解活动，归口处理职工关心的热点难点问题，排查矛盾纠纷40件，化解积案要案4件，接待群众来信来访60次，调解成功率98%。

【民生事业】 山东天合拍卖有限公司以考评第一名的成绩夺取公车改革拍卖中标权，举行公车拍卖、厂矿企业废旧物资等拍卖会70场次，完成经营收入2.18亿元；商业典当行加强风险控制，实现典当金额2007万元；商业幼儿园实施"一园一品"特色教学体系建设受到社会、家长赞誉。探索帮扶救助新机制，争取市总工会、慈善总会救助金32

万元，救助困难职工240人；自筹资金50万元，春节走访慰问困难职工390人。

（刘　斌）

供销合作商业

【概况】 全年实现商品总购进20.2亿元，比上年增长36.5%；销售21亿元，比上年增长35.5%；实现利税1352万元。市供销社承担的三项改革试点任务通过上级验收，先进经验在全省乃至全国复制推广。

【为农服务】 针对农业转型、农民进城、农村青壮劳动力转移和农村土地流转新形势，以“3控3*6+1”“双线运营机制”为核心，构建起以供销农业服务公司为龙头、为农服务中心为支撑的为农服务体系，建立运营供销社为农服务中心16处，为新型经营主体提供测土配方和智能配肥、统防统治、农机作业、烘干仓储（冷藏加工）、庄稼医院、农民培训及涉农部门服务窗口等覆盖生产全程的产业链服务，培训农民10000人次，实施“保姆式”“股份式”全托管和“菜单式”半托管土地面积40.2万亩。

开展大田作物生产经营服务收割小麦现场

【商品流通】 加快推进供销传统业务转型升级，建成农村综合服务社1066家、农村社区服务中心58处、镇级商贸中心6处；上线运营“网上供销社”，成功对接“全国供销e家”及“山东供销e家”，融入全国、全省电子商务“一张网”，建设电商服务站37家，实现电商销售额1.3亿元；加快实施总投资17亿元的佳美广场和融城国际建设项目。

【合作组织】 围绕特色优势产业，通过共同出资、共创品牌、共享利益等方式，领办参办农民合作社216家，组建农民合作社联合社18家，其中镇级农民合作社联合社12家，与基层社实现融合发展。市级农民合作社联合社与市供销社“一套机构、两块牌子”合署办公，初步形成上下贯通、联结紧密、运营高效、充满活力的合作经济组织体系。

【信用互助】 坚持“社员制、封闭性”原则，强化监管确保风险可控、安全高效、稳步发展，按照农民合作社信用互助“四四八”模式，在17家农民合作社内部开展信用互助业务，互助资金总额2434万元，缓解农民生产经营活动“小额、分散”资金需求；新增取得信用互助证书农民合作社4家，总数达到8家。

【社村共建】 以农民合作社、生产服务队、城乡社区服务中心等共建项目为切入点，申请扶持资金1372万元；密切与村“两委”利益联结，发展社村共建村262个，实施共建项目516个；帮助农民年均增收5000万元，村集体年均增收600万元，实现农民和村集体“双增收”。

【产业扶贫】 发挥供销社系统“服务规模化+农民组织化”优势，将精准扶贫纳入经营服务体系中，依托领办创办农民合作社、社村共建项目、为农服务中心、农村社区服务中心、电商服务站等服务网络，通过利益联结、创业扶持、就业安置等方式，帮扶贫困户400户。

（陈锡鹏　刘静）

粮油购销

【夏粮收购】 组织参加省市粮食局举办的质检、仓储培训班，印发8600份《关于做好2016年小麦收购工作的通知》入村张贴；加强同农发行沟通，落实夏粮收购资金，提前与种粮大户联系对接签订购销协议；公开服务承诺和便民措施，设立举报电话，委派驻库监管员，全过程监管粮食质量价格、收购资金安全等；严格执行国家粮食收购政策，以嘉禾粮油有限公司为龙头，采取组织、贷款、质量标准“三统一”和严格资金、标准、票据、库存“四管理”方法，理性收购、敞开收购，确保夏粮收购工作顺利进行。

【粮食安全】 落实粮食安全省长责任制要求，多次召开粮食安全责任考核工作组各部门沟通协调和自查评分会议，做好考核准备与反馈，在规定时间内对照考核标准，查漏补缺，自查自纠，研究落实措施，提高粮食安全保障水平，在粮食安全省长责任制枣庄市考核中排名第一。

【监督检查】 一是加强法制粮食建设。推进依法治粮，完善粮食监督检查人员行为规范和粮食行政执法过错追究，粮食行政执法工作零差错、零投诉。二是加强粮食流通市场监督检查。开展粮食流通市场、放心粮油和小麦质量监督检查，加大违规查处力度，抓好粮食收购资格、节日市场监管等专项检查，严厉打击无证收购、违法收购、损害农民利益行为，维护粮食流通市场秩序。三是组织粮食库存清查。按照“有库必到、有粮必查、有账必核、查必彻底”原则，检查辖区内中央储备粮、国家临时存储粮、地方储备粮以及国有粮食企业的商品粮库存，通过全省检查。

【安全保障】 一是积极推进“危仓老库”维修改造。先后投资191万元维修20个库点15间库房，落实空仓6.7万吨；维修检验输送机115台、检测仪器90台、清理筛60台、通风机70台等机械设备；为收购托市库点全部安装‘一卡通’设备。二是适时轮换往年储备粮。轮换小麦3.24万吨，实现储备粮推陈储新。三是加强粮食应急管理。开展应急预案集中学习、培训和演练活动。四是扎实做好安全生产工作。实施月度安全生产执法检查7次，专项检查5次，检查企业单位76家（次），下达责令改正指令书4份，整改各类安全隐患210条。

（市粮食局）

烟草专卖

【概况】 全年销售卷烟48819.86箱，占全枣庄市销量的43.71%；

实现销售收入12.67亿元，卷烟单箱销售额25961元；实现利税30257万元，比上年增加860万元，增长2.92%，占全市利税的48.61%；实现利润11256万元，占全市利润总额的72.49%。三项费用支出3653万元，比上年减少54万元，下降1.45%。

【卷烟营销】 新办零售许可312户，恢复24户，暂停277户，依法注销215户。一是落实“稳销量、强调控、育品牌、优服务”卷烟营销方针。优化营销线路，将送货线路、专卖稽查、客户拜访线路进行合并，加强“一户一码”管理，增强辖区市场净化率；坚持“以上柜促动销”，狠抓品牌上柜、新品培育，以各基层服务站为依托，协助滕州卷烟厂在各镇（街）举办泰山品牌推介会，提高市场份额。二是开展“走基层、访终端、进农村”网格化市场调研活动。强化21个镇街、1246个行政村（居）网格化管理，做好城区、镇区主要街道沿线卷烟零售客户价格标签粘贴与整理。三是抓好客户服务站建设。配齐配强服务站人员力量，制定岗位工作细则，实施目视化看板管理，推动服务站工作标准化、规范化。

【专卖管理】 查处各类涉烟违法案件927起，查获卷烟88868.7条，价值722.86万元；行政处罚822户，罚金29.31万元；刑拘涉烟违法人员27人，逮捕8人，判刑4人。一是坚持依法行政。组织全体执法人员学习《烟草专卖法》和《烟草专卖法实施条例》等法律法规，每月进行一次考试，提高依法行政能力。二是搞好市场整治活动。以“线路”为单元严格零售户管理，坚持“破网络、打大户、查乱码”专卖方针，查获国标网络案件4起，省标案件4起；全面筛选、重点监控辖区内25档以上卷烟销售大户，持续加强管理；对泰山红将军、白将军、泰山（大鸡）、绿孔府、醇香哈德门和苏烟（软金砂）等8个规格进行“一户一码”管理。三是推进联合执法。5月31日、9月1日分别组织开展卷烟市场集中整治活动，出动人员871人次、执法车辆256台次，检查零售户438户，查获涉烟违法案件76起，涉案卷烟5215.7条，烟丝12500公斤，案值123.62万元。

（滕州烟草专卖局）

2016年9月，市政府召开全市卷烟市场集中整治工作动员会议

食盐专营

【概况】 全年实现各类盐销售25243吨，占年计划的128.8%，其中小包装食盐4363吨；合格碘盐覆盖率达到96%，市盐业总公司荣获山东省盐业系统先

进单位、枣庄市盐业系统先进单位等称号。

【食盐计划】 倡导“绿色、营养、健康”理念科学引领食盐消费，引进海花盐、菇盐、平衡低钠盐、澳洲自然海盐、澳洲湖盐等高档食盐和热敷盐、洗浴盐、洗涤盐、盐效牙膏、美肤盐皂、盐灯等生活保健用盐；食盐品种低、中、高档搭配，均衡购进各类盐产品，保证城乡供应，购进各类盐产品26505吨，占年计划的118.7%，超额完成计划指标。

【碘盐配送】 一是建立健全营销网络。设立食盐零售店3695个，实现经营网络无缝覆盖，实行加碘盐和无碘盐同时供应，满足不同消费者和特殊人群需求。二是规范网点经营行为。加强核发食盐零售许可证、悬挂许可证标识、填写配送服务卡、签订食盐购销合同“四个一”管理，保证食盐安全卫生。三是开展访销送货服务。加大资金投入，升级电脑软件等设备，建立全市工业盐用户档案，落实“网格化”管理，实行客户经理统一着装、统一胸牌、统一用语，强化送销服务与监督检查，不给私盐留有销售空间。销售食盐17035吨，占年计划118.5%；工业盐8208吨，占年计划的102.9%。

【法规宣传】 集中开展“3·15”国际消费者权益保护日和“5·15”防治碘缺乏病宣传日活动，设置盐业违法案例展板6块，在城区主要路口悬挂宣传标语10幅，城区人员密集场所设立咨询台7处；出动宣传彩车5辆，在各镇（街）巡回宣传《盐业管理条例》《食盐专营办法》等涉盐法规，向群众发放《防治碘缺乏病知识》《科学用盐知识》《健康生活从多品种盐开始》等宣传材料9000份；开展进村庄、进集市、入户、入校、入店、入企“二进四入”活动，现场讲解私盐危害和食用碘盐的好处，传授碘盐储存办法。

【市场安全】 加强碘盐调运、储存、配送、零售等各个环节质量监控，分批次跟踪检测，确保食盐质量安全；抓好餐饮业用盐管理，食盐配送服务到店，春季、夏季、秋冬季依次专项检查全市宾馆、饭店、学校、厂矿企事业单位食堂、小吃部、建筑工地食堂等，检查餐饮业户780家，查处盐业违法案件267起，没收不合格食盐10吨；完善盐政执法长效机制，严厉打击以不合格盐充当食盐和制售假冒食盐包装不法行为，查获盐业违法案件730起，没收违法盐产品21吨，收缴罚款66万元，维护食盐市场安全。

（葛瑞存　甄忠启）

石油供应

【概况】 全年成品油销售14.7万吨，其中，汽油5.5万吨，柴油9.2万吨；非油品销售收入3145万元，实现油、非双增长。

【经营服务】 坚持以市场为导向、以客户为中心扩销创效，发挥加油卡发行优势，统筹资源，抢占先机，精准营销，在加油卡充值和消费环节常态化开展“油非互动”营销，提升服务水平，满足客户多元化需求，增强客户粘性，实现油非互促，油非共进。扎实做好“三夏”“三秋”期间柴油保供，落实支农、惠农措施，强化现场服务，开辟供油绿色通道，保持24小时营业，确保农业生产用油平稳供应，提升客户满意度。

【安全管理】 强化安全管理，持续开展安全教育和事故警示教育，不间断实施隐患排查、监控监督和综合治理，加强应急预案演练，增强应急反应和处置能力，时刻做到警钟长鸣，夯实安全基础，为安全运营提供坚强保障。

（市石油公司）

对外经济贸易

【政策扶持】 抓好“外贸企业服务年”活动，组织百家外贸企业参加第十二届进出口政策及海外市场说明会、跨境电商培训广橙大讲堂、枣庄市外贸业务培训、“省跨境电商进万企”等活动10次，培训人数600人次；为86家企业争取各级外贸扶持资金653.36万元，56家中小微外贸企业享受市财政出口信用保险扶持。

【壮大主体】 开展零业绩企业“唤醒行动”、外贸业绩回归服务等活动，推动外贸公司由代理进出口转为自营进出口，“新开壶”企业20家，新增备案登记企业33家，全市有进出口实绩企业达到144家，外贸进出口队伍稳步壮大。

【开拓市场】 举办“国际市场开拓年”活动，先后组织50家（次）企业参加德国法兰克福春季消费品展、德国科隆五金工具展、广交会、南美国际机床机械展、中国（土耳其－波兰）贸易博览会、巴西国际食品及加工设备展览会、德国杜塞尔多夫国际玻璃展等重点展会20余个，扩大国际市场；引进山东广橙信息技术有限公司、山东骏驰外贸综合服务公司两家跨境电商企业，引导79家企业与骏驰、兄弟外贸、艾林公司等外贸综合服务平台签订合作协议，实现出口900万美元，70家中小外贸企业借助阿里巴巴、亚马逊等跨境电商平台开拓国际市场；鼓励山东华瀚轻工业品有限公司在美国投资购置公共海外仓，辛化硅胶、艾菲尔管业等分别在法国、美国设立分公司，晨晖电子公司在非洲成立合资企业，拓展出口营销体系；支持腾达不锈钢、辛化硅胶等3家企业在美国、日本、西班牙等新注册境外商标3个，艾菲尔管业新开展美国NSF体系认证；境外商标注册企业发展到6家，境外注册商标11个。

【对外合作】 指导山东雄狮建筑装饰工程有限公司与威海国际合作，签订赤道几内亚机场、赞比亚机场建设项目，工程合同总额5100万元；利用市对外劳务合作服务平台职能，扎实开展“春风行动”；发挥东郭镇、洪绪镇外派劳务服务基地作用，完善“市－镇－村”外派劳务招收网络。

（朱钢林）

招商引资

【产业招商】 制定出台《关于做好2016年招商引资工作的意见》，明确产业招商任务目标、工作任务、保障措施；12个产业招商组加大力度，主动出击，引进外来项目286个，其中，煤化工及精细化工类57个、机械制造类55个、新型建材类51个、战略新兴类32个、食品医药类31个。

【招商成果】 参加枣庄·北京招商周、枣庄·长三角地区招商周等重大招商活动，签订项目合同协议17个，合同利用市

参加2016枣庄长三角地区招商周活动

外资金210.3亿元。总投资40亿元的中材科技锂电池隔膜、30亿元的协鑫现代农业新能源科技示范园、12.5亿元的航天发动机叶片磨削技术及阵列机床产业化、12亿元的环球跨境电商仓储物流产业园、10亿元的真爱广场、4.5亿元的华杰豪医疗器械生产、3.5亿元的高端半导体集成电路芯片CMP工艺模块制造设备国产化、1.9亿元的大自然醋酸酯生产等项目，相继成功签约、引进建设。引进的外来投资项目中，投资过亿元项目91个，过10亿元项目11个，过30亿元项目4个。

【利用外资】 组织企业参加韩国、日本、新加坡、台湾、欧洲等系列经贸洽谈活动，促进对外交流合作。参加省政府主办的“香港山东周”活动，签约外资项目1个，总签约金额9000万元。注册总投资2888万美元的中峰化学有限公司、612万美元的枣庄国泰金泉建筑有限公司、260万美元的枣庄国泰能源科技有限公司等3个项目以及总投资2亿美元的台湾生态农业综合示范区项目、3080万美元的海峡御景城·台湾风情街项目稳步推进。指导威智中科医药项目完成1143万美元增资手续，滕州威诺意尔增资35万美元。督促光大环保能源到齐剩余外资631万美元，山东威智医药、中峰化学凯莱能源物流分别到位外资401万美元、302万美元和97万美元。

（朱钢林）

旅游业

【概况】 全年接待游客1318.2万人次，比上年增长3.6%；旅游消费总额81.7亿元，比上年增长6.4%。滕州被列为首批“国家全域旅游示范区”创建单位，荣获“山东省休闲农业和乡村旅游示范县”称号；微山湖湿地被评为省级原生态旅游景区、省级地质公园、中国最美生态文化旅游目的地、中国十大生态旅游景区。

【重点旅游】 一是中心城区休闲游。市民公园、养德公园、北辛植物园、龙泉植物园相继开放；荆河公园东大门景观改造工程竣工；凤凰乐园开业运营；城市新空间B区建成开放，A区建设加紧进行；墨子湖、清水湾公园建设进展顺利。滕州成功创建国家园林城市，休闲宜游功能进一步增强。二是北部山水生态游。莲青山景区恐龙园一期建成，地质博物馆完成布展；龙山景区实施标准提升工程，修建高标准步道5.5公里、星级旅游厕所4处和林荫停车场，新建和改造提升中华孝文化长廊、玉皇庙等景点38处，重新向社会开放。三是西部湿地温泉游。微山湖湿地围绕创建国家5A级景区，全面提档升级景区，建设地质展厅，成功创建省级地质公园；实施旅游厕所改造、游客中心提升、精品睡莲观赏池改造、红荷塔提升、“盛世红荷，福禄有余”植物彩绘建设、湿地修复及新电瓶车站建设等工程；开通高铁站和汽车西站直达景区公交专线；微山湖古镇温泉酒店和供热工程建设扎实推进；新盈泰温泉度假村成功改制。四是中南部历史文化游。龙泉塔保护维修工程实施，接官巷古玩城一期投入运营，孟尝君礼贤馆和毛遂墓整修工程完工，北辛文化遗址公园、薛国故城城墙保护二期、汉文化园展示工程启动建设。

【乡村旅游】 一是乡村旅游规模不断壮大。围绕“一心两带三廊四区”布局，推动董村花卉小镇、墨子湿地公园、鲁班湿地公园、刘村梨园旅游综合体、金庄农场、龙振农牧科技示范园、蓝莓休闲观光采摘园等乡村旅游项目和特色镇村建设。抓好秀美荆河上善公园两侧重点村庄立面改造和环境整治，打造沿岸传统古村落，新建农家乐8家和精品采摘园5处。龙阳绿萝卜等9种产品被评为2016“枣庄市乡村旅游特色商品”、界河镇被命名为省旅游强乡镇、姜屯镇东滕城村等3个村被命名为省旅游特色村、祥锦中药材种植合作社等3个单位被命名为省农业旅游示范点、羊庄镇长峰蜜桃种植专业合作社等5个单位被命名为省精品采摘园、羊庄宏远家庭农场等2个单位被命名为省开心农场、龙阳镇刘三全羊馆被命名为省好客人家四星级农家乐、龙阳镇庄户人家饭庄等5个单位被命名为省好客人家三星级农家乐。截至年底，共有全国农业旅游示范点1个、省农业旅游示范点14个、省休闲农业与乡村旅游示范点1个、省生态休闲农业示范园区1个、省精品采摘园9个、省开心农场2个、省旅游强乡镇9个、特色村16个、星级农家乐50家、省乡村旅游示范村1个、省乡村旅游示范户6户。二是旅游扶贫成效明显。争取上级旅游部门和本级配套旅游扶贫资金80万元，采取“公司+贫困户、专业合作社+贫困户”等模式，促进贫困村、贫困户发展乡村旅游项目，带动贫困户脱贫。三是加大乡村旅游培训力度。组织全市乡村旅游带头人30人赴台湾、日本、韩国等地，学习乡村旅游经验，提高致富能力。

微山湖湿地风景区赏荷

【设施建设】 完成181座景区

加油站和城镇旅游厕所新建改建工程。在枣庄市率先启动机关企事业单位厕所向社会免费开放工作，先后三批98家单位加入旅游厕所开放联盟。枣庄国际旅行社迁址滕州，枣庄境内首家互联网旅游企业——同程旅游枣庄分社落户滕州。全市三星级以上酒店达到6家，旅行社21家，特色旅游购物商店29家。

【提升旅游品牌】 一是强化旅游主题形象宣传。在中央电视台播放“墨子鲁班故里·湿地红荷之都”旅游形象宣传片，利用滕州旅游公众微信号和微博推出旅游专题营销活动，宣传城市形象，扩大影响力；二是开展旅游节会活动。成功举办第八届中国·枣庄温泉文化节、2016年春节湿地免单欢乐行、龙园古镇新年民俗民生祈福文化节、第八届“纵情2016·逐梦梨乡”梨花节、第三届“生态滕州”油菜花节、第六届墨子文化节、第十三届微山湖湿地红荷节、第六届刘村酥梨采摘节等节会活动；三是强化重点客源地定向营销。赴济南、石家庄、淄博等地举办旅游推介会，组织微山湖湿地景区、盈泰生态温泉度假村等景区参加省内外各类旅游交易会，组织旅行社参加官桥历史文化一日游推介会、枣庄乡村旅游踩线考察等活动，提高知名度和关注度。

（市旅服局）

微山湖湿地管理

【概况】 微山湖红荷湿地景区发展呈现生态资源变生态资本、平面景观变多维内涵，市场占有率和影响力、美誉度同步攀升态势，先后获得“中国慢生活休闲体验区”“中国最美生态文化旅游目的地”“中国十大生态旅游景区”“山东最美湿地”“山东省原生态景区”“山东省服务名牌”“山东省旅游服务名牌”“山东省诚信旅游示范单位”等品牌荣誉。

【创建5A级景区】 把5A级景区创建作为总抓手，与东方园林合作，邀请美国易地斯埃景观设计公司（EDSA）编制景区《总体旅游规划》及创建5A级提升深化方案；抓好全员素质提升工程、“金牌导游”引领工程、“营销精英”培育工程、“服务标兵”辐射工程，做到景区人人是导游、湿地处处是景点；实施游客中心提升工程，

微山湖湿地风景区游客服务中心

购置托马斯小火车、封闭电瓶车、卡通电瓶车，设立158（我要帮、要我帮）雷锋服务站和保洁工人歇脚点，增设电子导游、电子显示屏、旅游标识标牌、二维码导引标，推进国家5A级景区创建工作。

【营销宣传】 在央视播出“墨子鲁班故里、湿地红荷之都”宣传片，在高铁站点、高铁专线及高速路沿线高密度宣传，借助省旅发委官网、官方微博微信、新华网、新浪网推出景区系列报道，形成轰动效应；开展夕阳红湿地游、旗袍秀、摄影大赛等一系列大型特色主题活动，举办北京、济南、石家庄等专题推介会15场，在全省旅游工作会议做典型经验介绍，组团参加中国国际旅游交易会、华东贺年会、山东年博会，派出30个营销小分队赴83个各线城市进行市场推广，与黄河口、太阳部落、崂山等31处风景区、28家大型旅游组织及600余家旅行社和旅游网站达成合作协议，吸引大量旅行社、网络媒体和游客到景区游览。

“盛世红荷 福禄有余”大型植物彩绘

【景观提升】 邀请东方园林专家现场指导，将体验区1400余棵水杉重新规整，绿化改造停车场刺槐2100棵，新栽广玉兰、大叶女贞、银杏、法桐等1500棵；设置景观小品20处，种植“盛世红荷、福禄有余”大型植物彩绘区3万平方米；实施占地349亩“四季花海”工程和投资400万元湿地修复项目，规划建设鸳鸯、黑天鹅等珍禽观赏园；与中科院武汉植物园合作，实施荷花精品园提升工程；盘龙岛木栈道提升复新工程及星级旅游厕所升级改造工程进展顺利，12个旅游厕所全面改造完成，星级旅游厕所实现景区全覆盖。

【第十三届红荷节】 8月8日，成功举办第十三届中国（滕州）微山湖湿地红荷节，以“中国梦·红荷情”为主题，突出文化引领、市场主导、群众参与宗旨，精心策划组织央视大型儿童旅行剧《神奇之旅－畅想微山湖》开机仪式，邀请山东省摄影家协会共同举办第一届“红荷杯”微山湖湿地摄影大赛，举行枣庄市首届“印象红荷·百印咏荷”篆刻展、旅游嘉年华等一系列特色主题活动。

（微山湖湿地管委会）

开发区建设

Kaifaqujianshe

责任编辑：李　明

滕州经济开发区

【概况】 入开发区企业达到335家，其中规模以上企业129家；规模以上企业实现总产值450亿元、利税40亿元，分别增长7.8%、8.1%；滕州经济开发区在全省134家省级经济开发区发展综合评价中名列第5位，连续第9年位次提升。

【招商引资】 围绕重点区域推进对外招商，赴深圳、东莞、北京、南京、杭州、宁波和徐州等地开展小分队招商活动20次，接待来滕客商考察130人次，有序承接发达地区和国际产业转移；围绕支柱产业推进企业招商，依托机械机床、煤化工等支柱产业和中材科技、腾达不锈钢等龙头企业，开展产业对接活动，通过技术合作、股权转让和并购等多种形式，新引进中材科技锂电池隔膜、腾拖农业装备制造、华杰豪医疗器械等项目13个，投资总额88.8亿元。

【项目建设】 坚持“保姆式一站式”服务，明确专人协助办理从项目选址、审批、工商注册、银行开户、税务登记到开工建设整套手续，在最短的时间内让企业落地建设。落实项目帮包责任制，实行“一个项目、一名帮包领导、一个责任单位、一抓到底”工作机制。坚持重点项目联席会议制度，成立由管委会、市直部门、项目方为成员的协调推进领导小组，深入项目现场，及时解决相关问题。艾贝姆服饰、腾拖农业装备制造等项目投产达效，中材锂膜、万户数控、中峰化学等重点项目加速建设。

【产业培育】 结合全市“265”产业培育和“62131”企业培植两大工程，改造提升机械机床、煤化工两大支柱产业，推动食品轻工、电子信息等优势产业规模膨胀。机械机床产业主营业务收入实现660亿元，机床产值数控化率达到45%，滕州被评为全国机床产业集群区域品牌建设试点地区；化工新材料产业实现主营业务收入570亿元。联想控股滕州化工基地一期投产运营，瑞达化工聚烯烃项目填补国内空白，产品由合成氨、甲醇、醋酸等初级产品发展到烯烃、聚甲醛、EVA等30余种中高端产品，价值提升近20倍，形成企业优势互补、产品上下连接、价值链不断攀升的良好局面；生物医药、汽车配套、家居装饰等六大特色产业逐步发展壮大，东方钢帘线、腾达不锈钢、鑫迪家居、威智医药等龙头企业迅速膨胀，滕州经济开发区被科技部评为“国家火炬特色产业基地”。

【科技创新】 抓好创新平台建设，依托总投资1.67亿元的滕州人才创新驱动中心暨创新创业基地，成立北京理工大学鲁南研究院、枣庄市北航机床创新研究院，北京航空航天大学发动机叶片磨削阵列机床研发基地落户开发区；加快企业上市步伐，三维钢结构、雄狮装饰公司先后在新三板挂牌上市，山东腾达紧固科技有限公司上市工作加紧推进；实施品牌强区战略，打造“开发区创造”品牌形象，成功创建省知识产权示范园区，申报“全国知名品牌创建示范区”通过文审论证答辩，拥有中国驰名商标7个、山东名牌及山东著名商标62个，成为鲁南地区名企名牌集聚地。

【集约发展】 开展节约集约用地评价工作，探索存量建设用地二次开发机制，省国土资源厅公布的开发区土地集约利用评价成果中，滕州在全省125个工业主导型省级开发区名列第三；加大资源整合力度，整合低效项目，盘活利用闲置土地、厂房、设备，清理中俄产业园、港台工业园、六桂集团等项目，新上航空发动机叶片、双创中心、富强包装高档瓦楞纸箱等7个项目，吸引投资60亿元，盘活土地近千亩，厂房10万平方米。

【对外开放】 举办企业外贸人员专业培训，为开发区40余家外贸企业配备第一联系人，建立外贸增长点管理库，引导企业保存量、抓增量、盯流量、扩总量；实施“外贸回归”工程，开展零业绩企业“唤醒行动”。新引进外商投资企业3家，新增合同利用外资约5000万美元，实际利用外资约3500万美元，有出口实绩企业48家，实现进出口总额4.2亿美元，30余种产品出口到美国、日本、欧盟、东南亚等40余个国家和地区，实际吸收外商直接投资7.6亿美元，滕州经济开发区被评为省科教兴贸出口创新基地、省服务贸易特色服务出口基地。

【园区建设】 完善基础设施配套，集中力量抓好影响烟厂投产运行的宏大路及北辛西路等道路建设，推进中材锂膜建设供热、供电等重点工程。强化安全生产，严格履行安全生产“一岗双责”，成立经济开发区安全生产网格化监管领导小组，每月组织开展一次安全生产大检查活动。

（市开发区管委会）

金　融

Jinrong

责任编辑：李　明

金融业

【概况】 截至年底，全市金融机构存款余额625.63亿元，较年初增加129.78亿元；贷款余额397.84亿元，较年初下降17.65亿元，其中处置不良贷款38.5亿元，贷款总量实际净增加20.85亿元；保费收入达到20.07亿元，比上年增加3.14亿元，累计支付赔款和给付保险金6.43亿元，比上年增加2.41亿元。

【服务体系建设】 一是加大异地金融机构引进力度。青岛银行滕州支行、交通银行滕州支行、太平财险开业运营，日照银行滕州支行完成选址，银行网点数量达到164个。农业银行“施可丰”模式金穗惠农通助农服务点开业运行7家，枣庄银行“银行卡助农服务点”发展到41家；二是增强保险稳定器作用。保险机构达到36家，保费收入和保险给付逐步提升，马铃薯目标价格保险试点稳步推进，累计投保面积62万亩；三是促进民间融资。2家民间资本管理公司累计投资2.34亿元，民间融资登记服务中心累计登记借出需求2.83亿元、借入需求3.24亿元，成交151笔2.75亿元，平均月利率为2.03%，资金对接成功率为95.4%；四是加强融资担保体系建设。搭建银担平台，累计担保贷款27亿元，支持三农和中小企业发展。

【农民信用互助试点】 农民专业合作社信用互助“四四八”创新模式在全省推广，先进经验在中办刊发，8家农民专业合作社通过资格认定，互助资金规模1624万元，参与社员人数413人，累计借出互助资金92笔336.4万元。开展社区性农村信用互助专业合作社试点，批复设立4家，累计发放互助金126笔454.9万元。在潍坊青州市召开的全省新型农村合作金融试点工作经验交流会上，西岗镇半阁村信诚农村信用互助专业合作社作典型发言，社区性农村信用互助合作社模式得到省长郭树清充分肯定。

【风险预防化解】 成功将农商行不良贷款金额由29.5亿元压降到5亿元以内，不良贷款率压降到5%以下，达到银监部门监管要求；召开专题会议研究化解辰龙集团的风险；帮助银行通过资产重组、资产置换、批量转让、核销等措施处置不良资产，各银行累计处置不良资产38.5亿元；发挥过桥还贷周转金作用，为54家企业提供过桥还贷资金支持13亿元。

全市企业上市（挂牌）暨企业股份制改制动员会议召开

【企业上市挂牌】 制定《关于进一步加快推进企业上市（挂牌）工作的意见》《关于加快推动滕州市企业股份改制工作的意见》，召开全市企业上市挂牌暨股份改制动员会议，开展专题培训，雄狮装饰成功在新三板挂牌，吉田香料上报新三板挂牌材料，“新三板”及区域性股权托管交易市场挂牌企业发展到12家。企业利用资本市场直接融资取得突破，完成企业规范化公司制改制49家，推进腾达紧固科技、威达重工、鑫迪门业、耀国光热等企业上市和海吉雅环保、艾菲尔管业、益康药业、嘉诺电子、亿源石化等企业新三板挂牌。

【金融生态环境】 加强互联网金融专项整治，摸清互联网金融企业底数，开展“拒绝高息诱惑，远离非法集资”宣传活动，通过播放公益广告、悬挂横幅、发放宣传单页、金融机构网点LED屏幕滚动播放提示信息等方式，宣传非法集资风险。协调九州清晏燃爆事故受损车辆保险超范围赔偿事宜，燃爆事故车辆损失均由保险公司赔付，减少车主经济损失。

（市金融办）

银行监管

【质效提升】 加强新报表、新法规学习，严格审核非现场监管报表，完成滕州农商银行和滕州建信村镇银行非现场监管报表审核，强化监管报告报送，加强辖内法人机构非现场监管分析，提高报送质量和监管质效。

【监管评级】 对滕州农商银行和滕州建信村镇银行采用非现场监管与现场检查结果、报表分析与实地调查相结合等方法，通过收集资料，分析实际情况，逐项评定监管评级定性因素，完成监管评级初评。

【督促稳健经营】 根据非现场监管、现场检查、监管评级和日常监管掌握的滕州农商银行和滕州建信村镇银行情况，分析其存在问题和不足，召开审慎会议通报监管发现的问题，有针对性地提出监管意见和建议，促进审慎稳健经营。

【风险防范】 强化非现场监管监测和预警作用，通过加强数据信息监测分析，抓好信用风险防范，严控区域性和系统性风险。关注辖区银行业动态、经营管理，掌握银行机构经营数据变动情况，分析风险因素，提出防范措施，提升监管水平。

【协调联动】 立足监管职责，推动辰龙集团成立债委会，按照“一企一策”原则研究制定具有可操作性的处置方案和措施，确保辖区金融秩序稳定。

（孙 超）

中国人民银行滕州市支行

【概况】 截至年末，全市本外币各项存款余额635.63亿元，较年初增加129.78亿元，增长25.66%；各项贷款余额397.85亿元，较年初下降17.65亿元，回落4.25%。滕州市支行先后获得济南分行文明单位、山东省省级文明单位等荣誉称号。

【机构调整】 6月，按照济南分行《关于进一步加强辖区县支行建设的意见》要求，调整内设机构，由原来的“三部两室”(办公室、纪检监察室、综合业务部、调查信息部、管理检查部）调整为“一室四科”，即：办公室、货币信贷调统科、金融稳定科、金融服务管理科、外汇管理科，突出对外履职功能。

【业务发展】 一是推动农民住房财产权抵押贷款试点。印发《滕州市农民住房财产权抵押贷款试点工作实施方案》，建立600万元的风险补偿机制。截至年底，农房抵押贷款余额4262万元，累计发放贷款笔数为578笔，比年初增加570万元，累放金额19913万元；二是做好金融助推脱贫工作。出台《金融助推脱贫攻坚“1122”工程实施方案》《金融助推脱贫攻坚工作考核管理办法》，组织12家银行业金融机构召开金融扶贫会议，扶贫贷款13946万元，直接和间接带动贫困户发展475人；三是加强管理，维护金融稳定。加强法人及涉农金融机构管理，引导改进“三农”和小微企业金融服务。抓好外汇管理，支持外向型经济发展，向滕州农商行和建信村镇银行派驻反洗钱监管专员，提升反洗钱工作水平。制定《滕州市脆弱性法人银行机构突发性事件应急处置预案》，建立风险提示和约见谈话制度。组织修订《金融管理标准化手册》，执法检查滕州工行、农行、邮储行等，维护辖区金融秩序。

【创新服务】 发挥“12363”咨询投诉服务热线作用，及时处理消费者投诉。采取人民银行推动、政府上下联动、金融机构考核驱动、财政资金撬动模式，采集农户信用信息5.3万户，社会信用体系建设实现新突破。打造人民银行窗口优质服务工程，安装个人信用报告自助查询设备，提高查询服务效率，优化账户核准流程，简化“三证合一”账户变更手续。推进农村支付基础设施建设和助农取款服务，优化城乡支付和现金流通环境。

（孙玉林）

中国工商银行滕州支行

【概况】 截至年末，存贷款规模突破159.52亿元，存贷比101.26%、贷存比98.75%，累计发放各类贷款23亿元，吸引全市70%的规模以上企业落户，2万户中高端客户与工行牵手。

【业务发展】 一是完成项目贷款审批。审批项目4个，贷款金额9.2亿元，涉及教育、现代物流、城市公共事业以及电力生产等多个领域，实现投放6.17亿元。二是排查、筛选地方经济支柱产业。对前30名、纳税前500名的企业，累计发放小企业贷款1.55亿元。三是强化个人贷款业务管理。住房贷款增量5.81亿元，累计发放

9.42亿元；累计办理汽车分期付款业务4651万元。

【优化服务】 一是助推金融脱贫攻坚。深入官桥镇帮包贫困村入户慰问贫困户，赠送御寒被14套、捐助慰问金3500元；与木石镇龙振牧业公司、大坞镇恒裕食品公司进行对接，帮助扶贫户到企业就业；发放恒裕食品公司“富民生产贷”250万元，精准扶贫个人贷款53笔860万元。二是推动经营科学发展。适应经济金融新常态，年末各项存款余额80.26亿元，净增14.7亿元，比上年增幅22.4%；各类贷款余额79.26亿元，四行占比33.76%居第1位；实现拨备前利润2.956亿元，人均实现利润155.6万元，比上年增幅6.79%，四行占比位居第1位；实现中间业务收入7514万元，比上年增幅9.75%，四行占比位居第1位；缴纳各项税收3108.6万元；三是政银企合作化解风险。采取转让、续贷、展期、再融资和新增贷款转化等措施，为生产经营暂时困难、还款压力较大的企业办理存量流贷续贷8亿元，对部分企业7.05亿元到期项目贷款办理展期，为部分企业新增融资5695万元；通过组包批量转让债权损失核销等方式处置不良贷款2.48亿元，不良率保持1.30%。

【创新服务】 一是创新服务方式。新增离行式自助银行10家，智能化网点改造实现“全覆盖”，各网点各类自助设备达到150台（套）；设立绿色服务通道、老人及残疾人窗口，为客户提供差异性、人性化服务。二是大力推广融e购电商平台。抓好优质企业上线入驻工作，开展移动银行业务精准服务，实现“互联网+”移动金融大格局。三是举行“文明办行、诚信经营”优质服务示范竞赛活动。加大对外服务监督力度，客户柜面服务满意度达到99.82%。

（张金峰　苗永峰）

中国农业发展银行滕州市支行

【概况】 2016年实现帐面利润4397万元，比上年增加1517万元；实现投资到位项目6个，金额5.33亿；投贷结合项目4个，完成批复项目3个；滕州市支行经营绩效考核连续三年荣获全市第一名，被省、枣庄市行评为先进集体。

【支持粮棉油收储】 发放县级储备小麦资金2450万元，完成地方储备6万吨小麦规模；拨付县级储备小麦轮换资金5326万元，轮换小麦1240万公斤；拨付县级储备油轮换资金440万元，轮换豆油50万公斤；支持托市小麦收购3360万公斤，监管托市小麦4980万公斤；监管中央储备小麦4680万公斤、玉米970万公斤、稻谷820万公斤，保障粮食安全。

【支持基础设施建设】 完成批复金额22.5亿元，支持农村基础设施贷款项目3个，改善居民住房条件2100户，征收房屋建筑面积54.7万平方米，购买安置房4077套，购房面积50.25万平方米，改善群众交通条件和居住环境。

【支持商业性客户】 支持商业性自营客户3家，累计发放贷款4800万元，解决就业人数1000人，促进产业化龙头企业做大做强。

（市农发行滕州支行）

中国农业银行滕州支行

【概况】 滕州支行围绕“面向三农，服务城乡”市场定位，依托网点优势，持续为广大客户提供优质金融服务，有力地支持地方实体经济发展，价值创造力、市场竞争力和风险控制力不断增强。截至年底，各项存款余额120.56亿元，较年初增加9.95亿元，其中，个人存款余额100亿元，比年初增加7.61亿元，对公存款20.56亿元，比年初增加2.34亿元；各项贷款余额59.28亿元，其中对公贷款余额40.38亿元，个人贷款18.9亿元；实现中间业务收入4353万元、利润1.13亿元。

【业务拓展】 一是抓好个人客户维护、营销。以网点转型为契机，立足网点大堂，充分运用系统工具，做好个人客户日常维护和提升，增强客户粘性和价值创造能力。二是搞好对公账户拓展。结合“扩户提质”活动，新增对公人民币结算账户357户，净增现金管理折效客户258.5户。

深化网点转型推进会议

【信贷业务】 一是加强法人客户营销。针对区域重点客户营销，为核心客户办理短期流贷业务19.14亿元。二是加快个人贷款营销。发放个人住房按揭贷款392笔1.13亿元，其中，农民安家贷231笔6882万元、农民购建房贷款67笔1550万元。三是强化分期业务营销。累计办理信用卡分期1.05亿元，其中现金分期1228万元，专项分期227万元。

【服务三农】 一是做好社保卡发卡工作。新增社保卡制卡5.92万张，累计48万张；发放居民社保卡21万张，累计25.8万张；办理激活9.2万张。二是助力农村信用体系建设。采集农户信息9300份，系统内录入3000户。三是加大惠农服务力度。在21个镇街667个村设立助农取款服务点，布放智付通等设备2200台。与施可丰公司合作，建设施可丰模式新型惠农服务点7个，增设转账电话、自助终端等电子机具设备，提供更多普惠金融服务。

【风险管理】 推动不良贷款打包处置，实现不良贷款余额较上年大幅下降；加快不良贷款清收核销，防止不良贷款淤积，核销不良贷款1.34亿元；化解法人信贷风险，组织催收出现风险信号的企业贷款；推进诉讼清收，利用法律手段催收不良贷款，诉讼立案440笔，纳入“老赖”467人次。

【网点建设】 全面实施网点转型，选派年轻化、知识化、专业化人才充实到网点大堂，为网点设置超级柜台 50 台，增配服务设施，优化功能分区，提升客户体验。

（姚 腾）

中国银行滕州支行

【业务发展】 截至年末，本外币存款余额 37.41 亿元，比年初新增 7.01 亿元；贷款余额 35.93 亿元，比年初新增 3.6 亿元；实现国际结算 16996 万美元，跨境人民币 3698 万元，远期结售汇 20257 万美元；实现账面营业净收入 12534 万元，账面税后净利润 4656 万元。滕州支行被山东省分行授予个人信贷岁末年初营销竞赛活动“卓越支行奖”。

【市场开发】 客户拓展取得进展，授信客户（新模式中小企业和中型客户）数量和质量均有提升，新模式中小授信户数占全辖的 43%，授信金额占全辖的 34%，拉动代发工资、园区 IC 卡、代理保险和福利计划等相关指标发展，交叉营销带动作用明显。产品创新实现突破，在全省率先叙做中小企业新模式下公立学校贷款投放业务，促进相关业务指标发展。以服务民生为引领，加大个贷投放及公积金投放，成功叙做状元府、龙泉湾、涵翠苑、星尚城、墨乡圣府、香舍水郡等楼盘项目，贷款余额 63148 万元，投放 344 笔 10482.4 万元，其中住房类贷款 270 笔 8264.6 万元，投放占比 78.8%；公积金贷款余额 7.8 亿元，贷款户数 4222 户，投放 615 笔 1.6 亿元，手续费收入 146 万元。落实山东省分行农村蓝海战略，拓展助农业务，建成并运营助农点 47 家，其中有效点 32 家，发卡 18175 张，沉淀存款余额时点 7800 万元，日均存款余额 5647 万元。

【运营管理】 落实主动风险管理和内控体系建设，加大对贷后管理工作检查和监控力度，全面排查授信资产，制订现金清收、信用恢复、呆账核销及不良划转措施，逐户明确主办客户经理和分管人员，通过创新基金化解不良资产 5297 万元，现金清收不良资产 410 万元，不良资产证券化化解 450 万元，滕州支行荣获枣庄市分行“不良清收优胜单位”。

（方 兴）

中国建设银行滕州支行

【概况】 截至年底，一般性存款余额 89.42 亿元，比上年增加 20.11 亿元，余额和新增四行占比分别为 27.47%、38.99%，分别居第二位和第一位；贷款余额 60.4 亿元，比上年减少 9.67 亿元，其中对公贷款余额 34.76 亿元，比上年减少 14.01 亿元；个人贷款余额 25.64 亿元，比上年增加 4.34 亿元；实现中间业务收入 6609.57 万元，比上年增加 1105.6 万元，增幅为 20.09%；实现账面利润 22076 万元，比上年增加 1565 万元。

【信贷业务】 支持骨干企业和重点项目建设，城镇化建设、电力、化工等行业对公贷款 16.74 亿元，成功办理中铁置业 5000 万元、华电新源热电 2 亿元资产收益权固贷承接类理财产品，满足企业融资需求；助推“三农”产业发展，发放贷款 2315 万元，涉农企业 6 家；通过“助保贷”投放 1.25 亿元，解决中小微企业缺少抵押物担保难题；创新推出“五贷一透”信用贷款产品，贷款1592万元；推动房地产市场发展，个人住房贷款8.5亿元。

【压缩不良贷款】 利用现有再融资政策及总行快速化解机制，抓住风险化解有效时机，全年核销贷款4669.02万元，为辰龙集团办理贷款展期，防止逾期贷款不良下迁，有效提供风险化解时间和空间。

【转型发展】 结构调整稳定性增强，个人类存款占比59.55%，个人中收占比65%。注重表外业务拓展，票据贴现业务量突破12亿元，稳居市行第一名，办理首笔百易安股权交易资金监管业务。实施产品带动战略，新增信用卡发卡量14027张、信用卡客户12180户，“金管家”签约2092户，营销POS商户4137户，安装ETC4815台（对公ETC累计签约146户），市分行系统内排名第一；代发工资单位188户、个人20.85万户，代发金额29.91亿元，同比增加2.81亿元；新开活期账户4.3万户，签约网上银行2.27万户、短信银行2.29万户、手机银行2.8万户、电话银行1.28万户。6月份推出分期通产品，半年实现分期通交易额2535.9万元，占市分行该产品份额的41.32%，成为专项分期新亮点。

【渠道建设】 优化网点规划布局，申请增加新网点，加大自助设备布放力度，抢占电子银行制高点，延伸服务触角，新增营业网点1个、自助网点3个，1月9日综合营业办公楼改建完成并启用，营业大厅功能分区更加规范合理，智慧柜员机、自助取款机等设施为客户提供高效服务。

（邵长宝）

中国邮政储蓄银行滕州市支行

【概况】 滕州市支行坚持“服务三农、服务社区、服务中小微企业”宗旨，不断加大信贷投放、创新金融产品和服务方式，各项业务呈现良好发展局面。截至年末，各项存款余额518357.20万元，比年初增加144369.74万元，增长38.60%；各项贷款余额132299.38万元，比年初增加24515.48万元，增长22.75%；实现业务收入5581.38万元，比上年增加567.29万元，增长11.31%，位居邮储银行全省县级行第8位；利润2510.39万元，比上年增加318.07万元，增长14.51%。被邮政储蓄银行山东省分行评为“农产品批发行业特色支行”，被枣庄市精神文明建设委员会授予“2016年度文明单位”称号。

【业务发展】 一是支持小微企业转型发展。发放小企业贷款13户，结余1.33亿元，缓解部分小微企业资金需求。二是推动公共事业单位升级改造。将民生类贷款作为业务增长点，开办“学校贷”“医院贷”“供热贷”等信贷业务，提供信贷资金近亿元，促进社会基础设施建设。三是助推城乡大众安居、创业。为百姓提供全功能金融消费服务，个人消费类贷款结余突破10亿元大关，二手房贷款份额占全市的80%，大学生创业贷款、再就业担保贷款累计发放1.28亿元。四是建立城乡结算网络，实现普惠金融。依托网点多、覆盖广优势，在镇村发展设立助农服务点660个，满足城乡居民新农合、新农保支付结算需求。

（苗 勇）

滕州农村商业银行

【概况】 截至年末，各项存款余额166.57亿元，比年初增加19.35亿元；各项贷款余额99.21亿元，比年初增加1.16亿元，其中，公司类贷款余额47.65亿元，抵质押贷款余额31.05亿元；实现资金业务收入2.13亿元，比上年增加9417.93万元，增幅79.1%；实现账面利润14571万元，经营利润25178万元。

【业务发展】 一是抓好存款组织。优化存款结构，强化重点客户营销公关，调整网点布局，提升服务水平，推动存款快速增长。二是加强信贷管理。实施信贷流程再造，调整优化信贷投向，创新推广“家庭银行”，推出“幸福e家”商业模式。三是发展货币市场业务。面向债券、同业、票据和代理理财等金融市场，培育新的利润增长点。四是扩展电子银行业务。加大微信公众平台宣传力度，增加优质商户，发展个人网银用户52635户、手机银行客户65613户、企业网银用户2470户，电子银行替代率达到60.8%，微信关注客户增长17857户。五是提高经营效益。强化利息收入，拓展中间业务，严格成本核算，着力增收创收，资本充足率达15.47%，比年初提高11.66个百分点；核心资本充足率达14.36%，比年初提高10.55个百分点；拨备覆盖率达176.78%，比年初提高132.1个百分点；贷款损失准备充足率达311.61%，经营效益稳步提升。

【品牌形象】 一是加强网点建设。完善营业网点服务设施和环境建设，清洁网点门头标识，城区3家支行实施亮化工程，提升品牌形象。二是维护重点客户。走访董事、大股东、大客户，稳定优质客户群体。三是扩大金融宣传。开展送金融知识进万家活动，6月份开始，在《滕州日报》每日刊登金融知识，在《中国县域经济报》《山东科技报》和滕州电视台等媒体宣传22次，利用《金纽带》、微信和网点LED平台宣传，提供社会知晓度。为农民客户订阅《山东科技报》2000份、《科技致富向导》杂志1700册，发放各类宣传材料6万份。四是加大自助设备布设力度。安装自助设备147台、农民自助终端84台、POS机2560台，惠及360个农村、社区。五是履行社会责任。实施金融扶贫，发放扶贫贷款1313.5万元；助推青年创业就业，发放“贷你圆梦”青年创业贷款386万元、“鲁青基准贷”贷款279万元，支持92名青年创业；开展慈善捐款和为贫困儿童送暖冬包裹活动，为40名贫困儿童送去温暖。

（李其鹏）

枣庄银行滕州支行

【概况】 截至年末，辖区各行存款余额29.2亿元，贷款余额17.3亿元。新增幸福卡3200张，达到16166张，卡均存款余额8000元；新增网上银行开户量506户，达到3555户；新增手机银行506户，达到1887户；新增POS机布设量32台，达到258台。滕州支行先后被评为“山东省银行业普惠金融示范单位”“枣庄市级文明单位”。

【金融产品】 推出可以存本取息“幸福三金”存款业务品种，吸收幸福养老金、幸福陪伴金、幸福孝顺金存款达到50710万元；“幸福易贷”“即时贷”等便捷居民信贷产品，其中幸福易贷产品“无抵押、无担保”，手续简单方便，个人“即时贷”在明确贷款用途及约定情形下按照交易差额或网银自助放款实时提供放款服务。

【金融服务】　加强“助农服务点”建设，新设离行式自助银行2处，布设助农取款服务点6家，为农村居民开立银行卡700张，储蓄存款余额1000万元。支持中长期贷款，重点投向化工、橡胶、医药、玻璃等支柱产业，助推转型升级。探索转型发展新途径，建立分层次、多层面营销体系，实现财政存款、企业存款、居民储蓄、第三方合作、新产品推广全面增长。

【宣传营销】　开展春季“助力刘村梨花节抽奖送门票”、端午节“粽情好礼”、国庆节办理业务送旅行套装等活动，让更多居民享受热情微笑服务。拓展营销进商铺、进社区、进企业、进学校，加大金融工具和新业务推广宣传，配套延伸服务、跟踪服务，确保多元化营销质量。

【风险防控】　一是严控操作风险。加强前台业务流程控制，严格票据业务查询、查复流程，认真查验现金收付业务，力争“零差错”。二是规避信贷风险。充实信贷审批小组，建立贷前调查登记表，实施贷后检查跟踪调查，保持良好资产质量。三是落实安防措施。强化安防培训，完善各项安防、技防、人防措施，确保经营安全无事故。

（枣庄银行滕州支行）

保险业

中国人民财产保险股份有限公司滕州支公司

【概况】　截至年底，滕州支公司累计实现保费收入8570万元，比上年增幅6.15%；缴纳地方税金及附加420万元；实现营业利润898万元；支付各类赔款3345万元；全险种报案量11229件，万元以下车险案件报案到结案周期比上年缩短。

【渠道建设】　一是政府渠道。开拓政策性险种，试点办理精神病监护人责任险。二是车商渠道。实施“一店一策”抢夺新车市场，加强与理赔部门密切配合，动态分配送修资源，调整充实驻店员，加大公关力度，拓展市场发展新店。三是电商团队。加强续保团队建设，以存量促增量，专人专岗推进续保工作，平均每月保费规模都在100万元；四是重点客户渠道。搞好集中性非农业务及各大专业运输公司日常跟踪服务，巩固发展优质营业性车队渠道业务，定期上门走访，根据市场情况改变竞争策略。

【服务三农】　发挥基层6个三农营销服务部作用，充实木石和级索两个服务部人员，选拔工作能力和责任心强的年轻同志担任负责人，荆河、西岗、木石3个服务部保费收入均突破1000万元，西岗营销服务部被总公司评为“示范三农服务部”。

【产寿共建】　探索产寿共建发展模式，以级索服务部为试点，与寿险公司相互合作发展共建，人保财险滕州支公司建设职场，寿险公司提供其农村销售队伍，双方共同考核服务部，共同管理相互促进。

（人保财险滕州支公司）

中国人寿保险股份有限公司滕州支公司

【概况】 全年实现总保费收入3.2亿元，比上年增幅19.33%；首年新单保费13505万元，完成任务的95.57%，比上年增长27.2%；长险首年标准保费3188万元，完成任务的95.57%，比上年增长41.18%；长险首年期交保费7460万元，完成任务的90.6%，比上年增长48.46%；短险2110万元，完成任务的96%，比上年增长23.49%；三渠九部架构总人力达成2295人，比上年增长43%；累计给付各类保险金1亿元。

【渠道建设】 一是个险主渠。集中增员和常态增员相结合，新人四会常态运作，队伍突破发展。二是团险渠道。架构人力达到74人，月度平均举绩率达到70%，其中法人业务3个部，人力从年初的12人增加到47人，月度平均举绩率90%。三是银保渠道。抓好后续满期客户资源利用、再开发及前期服务拜访，提升客户满期转保率；维护四行一邮渠道关系，搞好巡点和驻点服务；加大销售技能培训和辅导，通过每周两场创说会、长期增员面谈及集中增员方式，新进增员人力目标200人，完成率92%。

【创新平台】 借助省市公司企划政策，利用“创业说明会”“产品答谢会”“1+N增员”“开门红”等创新创业大赛活动载体，成立公司精英“培训部”；与滕州经济开发区、兖矿鲁化及银行等部门展开合作，推动建立“青创板”，构建“基地、基金、机制、机构”四位一体支持体系，提供孵化培育、规范辅导等综合金融保险服务，打造全新青年创新创业平台。

（徐宜淦）

中国平安财产保险股份有限公司滕州支公司

【概况】 全年实现保费收入5789万元，市场份额17.77%；报告赔款2958.7万元，报告赔付率46.6%；赔案4692件，赔款2721.5万元；农险保费收入550万元。

【提升服务水平】 一是推行平安好车主APP3.0版本。以车险服务切入维修保养服务，建立综合性汽车生活服务平台，核心功能模块“平安行”在安全驾驶管理方面处于国内领先地位，为车主打造贴心的安全管家。二是制定品牌保养计划。依托数量众多的合作商家，平安车主随时随地预约保养，享受免费或者优惠保养服务。三是搞好差异化、精准化服务。连续第六年开展“假日护航”行动，通过一键救援等服务，在高峰路段设置“中国平安护航服务站”，提供现场援助及急用物资，24小时为车主提供保障。

【创新服务模式】 开展口袋理赔服务，开发客户自助理赔服务模式，简单事故短时间内完成查勘定损全流程理赔，实现全程自助，赔款及时到账；电话直赔线上服务，无需现场等待，自助拍照，快速获得赔款；人伤案件出院即赔服务，缩短案件处理时间，让伤者尽快拿到赔偿，减轻客户压力。

（平安财保滕州支公司）

教育 科学

Jiaoyu kexue

责任编辑：朱广亚

教 育

【概况】 全市现有各级各类学校285处，在校学生213868人。其中，高中9处，学生30512人；初中39处（含体育学校1处，学生125人），学生43648人；小学217（含教学点7处）处，学生109869人；特殊教育中心1处，学生92人；职业学院1处，学生8102人；中等职业学校4处，学生21645人；镇街职业成人教育中心21处。各级各类幼儿园238处，在园幼儿36329人。在编在岗公办学校教职工13838人，民办学校教职工3042人。

【教育发展】 投资1.53亿元建设教学楼25幢、餐厅15处、厕所18处，学校标准足球场17处；投资2700万元为46处中小学增配设施设备；投资600万元进行校园绿化。加快高中学校内涵式发展，一中、二中、二中新校、三中、五中连续五年获得枣庄市高中教学质量奖，一中被清华、北大认定为山东省28所名校之一。大力发展职业教育，市中等职业教育中心学校被确定为山东省规范化中等职业学校，在全国职业院校信息化教学大赛中摘金夺银；枣庄科技职业学院投资2200万元的机电实训楼投入使用，综合实力在全省76所高职院校中上升至第16位。推进第二期学前教育三年行动计划，投入资金1900万元新建幼儿园14处，创建复评省级示范园11处，全市学前三年入园率提高到86%，被确定为全省学前教育改革发展实验区。

【解决大班额】 市政府先后召开推进会议6次，集中力量解决土地、资金、拆迁等制约难题，累计完成投资8.1亿元，占3年规划投资的63%，新征教育用地1060亩，建设校舍49万平方米。当年实施的18处项目，全部完工11处，在建7处，提前完成2017年度项目1处。主动协调规划、国土、住建等部门，集中办理“四证一书”133件，在农发行、国开行、工商行和邮储银行上报27.4亿元的贷款手续。4月份，省委常委、常务副省长孙伟来滕调研，对解决大班额工作成效予以充分肯定。

【教师队伍】 公开招考新教师131人，为城区大班额学校调整系统内编制340人，组织城乡教师交流支教544人。坚持把师德建设摆在首位，健全师德承诺宣誓、监督约束和考核问责机制，严肃查处违反师德规范的教师。采取按需施训、专家报告、异地学习等多种形式，培训干部教师近1.5万人次，不断提升教育教学业务水平。评选表彰明星教师、教学能手、滕州名师和三"十佳"教师1105人，1名教师、2名校长被确定为齐鲁名师和名校长建设工程人选。

【教育改革】 推动落实"以县为主"教育管理体制，镇街教师工资实现县级统筹发放，为全面推行"县管校聘"管理改革打通最关键环节。城乡学校发展共同体增加到17处，成员学校达到57处，由强校带弱校、由城校带乡校，推动优质教育资源共建共享。全面推行义务教育学区制度，根据学校服务区域人口数量及学位容量，"一校一策"下达招生计划、明确招生范围，严查违规招生行为，"择校热"明显降温，实小、二实小、四实小、北关小学等热点学校招生较上年减少1102人。与南澳洲、中国教师发展基金会联系洽谈，签订合作办学协议，苏州国际外语学校拓展班开班运行。

【教学质量】 加强社会主义核心价值观教育，深入实施全员育人导师制、家长委员会建设、心理健康教育三项工程，层层组织评选"美德少年""阳光创新少年""最美教师"，市教育局荣获首届全国青少年学生法治知识网络大赛优秀组织奖、全国中小学生艺术展演活动优秀组织奖。推进课程和教学改革，完善教学质量评价体系，抓好城乡学校发展共同体和教育信息化建设，促进优质教学资源共建共享，中小学教育教学质量持续提升，中考优秀率、合格率等指标在枣庄市遥遥领先，19处学校获枣庄市初中教学质量优秀奖，获奖数量为其他五区总和；高考本科录取6062人，为近5年新高，录取率高出全省平均水平11.7%。

实验小学大同校区立体风雨操场

【从严治教】 开展"作风建设提升年""学校管理规范年"活动，解决干部教职工作风方面存在的10个问题，强化学校管理方面7个重点环节，先后两次开展工作纪律和工作作风明查暗访，处理违规违纪干部教师12人。联合市公安局、人社局开展为期三个月的有偿家教专项治理行动，责令限期整改培训机构31处，依法取缔培训机构9处，严肃处理和问责查实的2名违规教师及其所在单位。强化财务内部审计监督，先后审计中小学食堂25处、民办学校16处，离任审计调整干部7名，委托中介事务所结算审计学校建设项目150个。

（胡　杰）

枣庄科技职业学院

【招生就业】 全年招收高职学生3027人，计划使用率达117.34%；报到人数2557人，报到率达83.81%；“三二连读”和五年制转段470人，高职在校生总数达到8225人。中职春夏两季招生2364人，在校生总数达到6474人。举办2016届毕业生就业双选会，组织小型就业招聘会20次，专场招聘会36场，提供就业岗位12000个，人均就业岗位5个。当年高职毕业生就业率为94.68%，中职毕业生就业率为96.88%。

【专业建设】 新开设物联网应用技术和老年服务与管理等2个专业，专业总量达到40个。职教中心新开设焊接、电子商务、音乐、旅游服务与管理等4个专业，专业总量达到17个，形成与滕州中小机床产业集群、建筑产业集群、医疗服务产业、信息产业、煤炭产业相对接的5大专业群。加强省级特色专业和品牌专业群建设，新增护理专业品牌专业群1个，新增“3+2”分段贯通培养专业1个（与山东建筑大学合作举办机械设计与制造专业）。开展专业人才培养方案修订工作，评审验收《专业调研报告》项目34个并得到专家组高度评价。牵头组建滕州市中等职业教育专业联盟，修订各专业人才培养方案，完成枣庄市“双证互通”数控、机电、计算机、汽车四个试点专业申报工作，高水平通过中职规范化学校复查。

【教学改革】 深化课堂教学改革，抓好省级精品资源共享课建设、人文素质选修课建设和教学信息化建设，实施一体化教学、翻转课堂，采用微课、慕课等先进教学手段；职教中心继续推广“优效课堂”，课程改革收到良好成效。完善教学质量保障体系，做好“人才培养工作状态数据采集网络平台”数据采集工作，撰写“平台分析报告”“年度质量报告”“专业人才培养状况年度报告”“毕业生就业年度质量报告”并上报教育厅。教科研成果丰硕，荣获省级科研成果奖励22项，市级奖励52项，省级教科研部门课题立项35项，省级课题鉴定结题16项；推荐省自然科学基金申报项目2项，申报山东省软科学项目1项；省高校科技计划项目立项1项，结题1项。校企合作不断加强，召开枣庄市现代制造业职业教育集团一届三次理事长大会，先后与山东天元建设集团、中国电子科技集团公司等8家企业举办“订单培养”班，职教中心先后与今缘春酒业、北汽福田等5家省内外知名企业开展“订单培养”，开创校企合作新局面。

【师资建设】 加强人才引进和培训，引进博士1人、硕士19人，聘任校外兼职教师59人，参加全国培训19人，省级培训48人，国内访问学者1人，参加境外培训2人。开展名师评选活动，评出院级教学名师2人、专业带头人3人、中青年教学与科研骨干教师10人、教学团队1个、“双师型”教师18人，韩玉勇被评为省级高校教学名师，刘端海被评为枣庄市有突出贡献中青年专家，护理教学团队被评为省级教学团队，明波被评为“全国机械职业院校实践教学能手”，张静被评为山东省青年名师。组织参加各类教学大赛，累计荣获省级信息化教学大赛一等奖5项、二等奖5项、三等奖9项，全国职业院校“信息化教学实训

枣庄科技职业学院教师在全国职业院校信息化教学大赛中获一等奖

教学比赛”一等奖1项，全省高职高专微课教学比赛一等奖1项、二等奖1项、三等奖1项，全国三等奖1项，全省教师技能大赛二等奖1项、三等奖1项。张静团队获全国信息化大赛一等奖，胡文茜团队获二等奖，朱伟荣获山东省技能大赛一等奖。

【育人水平】 通过升旗仪式、毕业典礼、社会实践、技能大赛、主题班会、社团活动、两史教育、法制教育等富有内涵的教育形式，拓宽途径、创新载体，努力构建思政育人、文化育人、专业育人、实践育人“四位一体”德育体系。高度重视技能大赛，承办全国职业院校“建筑装饰综合技能”大赛并取得优异成绩，荣获各级学生技能大赛奖项102项，其中国家级34项、省级68项。职教中心荣获第四届全国煤炭行业职业院校技能大赛一等奖2项、二等奖2项、三等奖1项、国家级优秀组织单位1项，承办枣庄市技能大赛8个项目。在第九届全国中职学校“文明风采”竞赛决赛中，上报作品173件，荣获一等奖5项、二等奖8项、三等奖17项、优秀奖12项，第四次荣获全国决赛优秀组织奖。切实做好学生资助工作，评选发放国家、省奖助学金471.5万元，学院奖助学金81.7万元。学院荣获省征兵工作先进单位、省无偿献血先进单位称号。2013级学生花凯强被省高校工委评为2016年“山东高校十大优秀学生”，荣获“中国电信奖学金·飞Young奖”。职教中心学生胡修河荣获省齐鲁学子出彩奖学金，被授予“山东省最美中职生”称号。

【办学提升】 制定学院建设整体规划，北大门建成启用，机电实训楼建成投入使用；完成学生公寓外墙粉刷、体育场看台防水修复、看台膜结构钢架油漆等工程，校园面貌焕然一新。招标采购2200万元的实验实训设备、价值200万元的图书，用于省中职规范化学校、省高职建筑品牌专业群建设；加强餐饮管理，优化服务水平；推进绿化美化工程，荣获“山东省绿化模范单位”称号。

【完善管理】 编制学院“十三五”规划并经教代会通过，完成学院章程配套20项制度的起草、创新发展行动绩效数据、综合改革推进情况上报工作。开展高、中职人员身份确定和职教中心岗位设置调整，做好职教中心首聘和学院高校职称聘任工作。抓好精神文明建设、平安校园建设、信息化建设、信访稳定、财务审计等工作，维护校园安定和谐，被评为2016年度“省级文明单位”。

【社会服务】 响应“大众创业、万众创新”号召，创建滕州市创业大学暨学院创新创业学院。与市建工局、财政局、民政局、公交公司和有关学校、社会培训机构合作，开展建筑业企业人员、退役士兵、老年护理人员、会计从业资格考试人员、公交公司职员、乘务员、育婴师等培训，累计培训7644人。成人教育招生322人，在校生自考本科班招生274人。

（李书文　翟祥傑）

科学技术

【概述】 全市实现高新技术产业产值334.5亿元，占规模以上工业总产值的比重25.6%，比上年增长2.1%；新认定国家高新技术企业9家，企业总数达到53家。

【产学研合作】 北京理工大学鲁南工业研究院和北京航空航天大学机床创新研究院项目快速推进，其中北理工功能高分子材料研究所、数控机床智能制造协同创新中心等机构成立运作，首批5个合作项目实施。省级工程技术研究中心总数达到10家。引进培养山东省“泰山产业领军人才”2名，2名企业家入选国家“万人计划”科技创业领军人才。

【科技攻关】 益康药业与中国医学科学院药物研究所联合研发的“化学药物晶型关键技术体系的建立与应用”项目获国家科技进步二等奖，实现国家级科技奖励的重大突破。累计申报和实施市级以上科技计划项目74项，2个项目被列入省重点研发计划。玻璃精深加工产业集群成功创建为“国家火炬计划特色产业基地”，成为继中小数控机床特色产业基地后第二个国家级火炬特色产业基地。

【知识产权】 专利申请1198件，授权专利750件，其中发明专利申请239件，授权82件，有效发明专利达到237件。

（市科技局）

科学技术协会

【提升科学素质】 开展青少年科技创新大赛，表彰项目173个，经大赛评审委员会层层推荐，获枣庄市级表彰75项，省级表彰16项；举行“七巧科技”竞赛，74名学生获奖，经向上级推荐，共有51名学生获枣庄级表彰，23名学生获省级表彰；举办“科普报告百校行、希望行”活动，中科院专家焦维新、山东省科普专家讲师团成员黄大翔和王以琳分别在书院小学、邓联小学和龙阳中学作科普讲座，深受师生欢迎。9月13日，以“创新放飞梦想，科技引领未来”为主题的2016年枣庄市暨滕州市全国科普日主场活动在张汪镇后坝桥村举行。启动仪式上，市科协向坝桥文开小学捐赠科普图书1000本。滕州市被中国科协评为“2016—2020”年度全国科普示范市。

【科普惠农】 按照“五个一”标准，新培育农村专业技术协会1个、农村科普示范基地6个、农村科普带头人1名、科普示范村8个、推广新技术8项，获“枣庄市基层科普行动计划”表彰项目8个；市惠民种业协会和坝桥小麦种植科普示范基地被中国科协、财政部分别表彰为全国优秀农村专业技术协会和全国优秀农村科普示范基地，各获惠农资金20万元；加大帮扶村科普硬件设施改造，向帮扶村发放科普挂图1000份，科普书籍800本；5月份，枣庄科普工作会议在滕州市召开，“百会联百村”工作作为典型在枣庄市推广；组织开展全国农民科学素质网络竞赛活动；做好科技扶贫工作，通过项目帮扶和技术帮带，在洪山前村建立香菇科普示范基地1个、香菇大棚4个，购买办公桌椅、相机、多媒体建成科普书屋，捐赠图书500本，先后邀请市果树协会、太和香菇基地专家及农技人员到洪山前村开展技术讲座和培训3次。

【成果举荐】 实施第十八届自然科学优秀成果奖评选，举荐申报优秀学术成果22项；枣庄市第二届青年科技奖推荐和评选，推荐闵坚等青年科技人才5名。10月份，国家“千人计划”滕州行活动成功举办。

【科普设施】 在科技扶贫帮扶村洪山前村新建一批科普宣传栏、科普画廊、科普宣传一条街、科普广场及科普学校2所；新建社区科普大学2处，完善科普大学硬件设施；投资10万元为龙振农牧业科技示范园安装科普显示屏，投资24万元在荆河街道马号街社区建设社区科普体验馆。

（鲁开兵　王哲）

枣庄市科协向张汪镇坝桥文开小学捐赠科普图书等学习用品

气　象

【基础服务】 常规观测资料、大监自动站传输及时率达标，预报质量稳定；在微山湖红荷湿地景区中心建立自动气象站，可连续观测风景区中心气象要素，收集地面气象观测资料，为开展景区精细化预报服务发挥重要作用。

【决策服务】 发布决策服务材料107期，其中预警信号71期、专项服务材料36期，通过传真、手机短信、预警机、LED显示屏、网站等载体，搞好决策气象服务和公共气象服务。

【汛期服务】 汛期发布暴雨预警信号10次，其中暴雨蓝色预警1次、黄色预警2次、橙色预警5次、红色预警2次。准确预报6月23日、7月15日、7月20日出现的3次大范围大到暴雨过程。7月28日、8月2日、8月6日、8月19日出现4次区域暴雨过程，及时发布预警信号。开展人工影响天气业务7次，发射火箭弹89枚。

【行政服务】 实施防雷设施年

度监测单位200家，出具检测报告207份。强化行政审批服务，承诺行政许可事项74项、721件，无错办、漏办、投诉现象。

（市气象局）

防震减灾

【地震监测】 一是强化地震监测。严格遵守值班、监测制度，保障监测信息上传、下达；二是化解社会舆情。2月24日下午2时到3时之间，级索镇、滨湖镇交接区域，连续发生4次1.8级左右的矿震，个别网民在滕州贴吧散布谣言某矿发生爆炸，引起社会恐慌，市地震局立即组织人员通过滕州贴吧发布矿震详细情况，迅速辟谣。5月26日，东郭镇京沪高铁线路附近，出现一个深15米、直径13米的地表坍陷大坑，塌陷坑周围农田出现部分裂痕，市地震局和省、枣庄市地震局组成联合调查小组实地查看，塌陷属于地下水位下降引起，无明显断层，不属于地震活动，及时通报有关情况，消除群众恐慌心理；三是抓好预警台站建设。在14所中小学校建设预警台站和预警信息服务系统，定位13个一般站点经纬度及其安装位置，实地进行信号测试。

【科普宣传】 一是宣传防灾减灾知识，5月份开展“防震减灾知识普及周”宣传，在龙泉文化广场举办“5.12防灾减灾日”大型广场主题宣传活动，围绕“减少灾害风险、建设安全城市”主题，向市民宣传防灾减灾知识，摆放展板40块、挂置条幅20条、发放宣传资料2万份，接受现场咨询6000人次；与市广播电台和滕州日报社合作推出防灾减灾知识普及和专访活动。二是发挥地震科普馆基地作用。接待参观群众10万人次，让群众亲身体验、直观感受模拟地震场景，掌握更多地震知识和逃生技能。

【应急演练】 联合市教育局向中小学校发出《给滕州市中小学生的一封信》，向中小学生普及防震减灾、应急避险和自救互救小知识，组织全市200所中小学校、机关、社区、企业20万人参加防震减灾应急疏散演练活动，提高突发地震时应急避险和自救互救能力。

【群测群防】 推进全市地震群测群防工作，4月组织21个镇街分管负责人、工作人员和社会宏观观测员及各个学校地震科普宣传辅导员，就地震监测预报与群测群防、地震宏观异常分析判定等进行专题培训。10月组织各镇街防震减灾助理员及社会宏观观测员参加枣庄市地震群测群防工作培训班。

【抗震设防】 发挥窗口服务作用，实行建设工程抗震设防“源头上管理、程序中管住、建设中落实、规范中运行”管理机制，全程监管重点工程，确保抗震设防达标；坚持依法行政，坚决纠正不依法进行地震安全性评价和抗震设防要求管理的建设单位和业主，责令限期整改；对于地震安全性评价项目，做到应评尽评，审批项目33个，地震安全性评价率100%。

（市地震局）

文化　体育

Wenhua tiyu

责任编辑：朱广亚

文　化

【体系建设】　一是推进基层综合性文化服务中心建设。完成6个镇街综合性文化服务中心和408个村居综合性文化服务中心改造提升工程、23个枣庄市级贫困村综合文化活动室建设。二是加强市区文化阵地建设。市博物馆新馆主体工程和外部装修工程完工，累计投资5000万元。实施王学仲艺术馆、市图书馆升级改造工程，提升公共文化服务供给能力。三是开展群众性文化活动。组织春节、元旦、墨子文化节、红荷节等市级层面大型文艺活动36场次，新编排大型历史柳琴戏《墨子与鲁班》，6月在滕州剧院首演成功，并作为第十一届国际墨子鲁班学术研讨会暨第六届墨子文化节期间一项重要活动隆重演出，舞蹈《战情》获得泰山文艺奖一等奖；举办各类大型书画展、特色文化竞赛活动23场次，完成“一村一年一场戏”文化惠民目标；推出“国学大讲堂”“善国讲坛”等阅读品牌，举办全民阅读“七进”活动，紧抓精品文艺创作，扩大滕州文化影响力。

《墨子与鲁班》剧照

【遗产保护】　一是完成第一次全国可移动文物普查采录登记。上传全国可移动文物数据采集登录平台55857件（套），市文广新局荣获全省先进集体称号。二是推进重点文物保护工程。投资2200万元的薛国故城城墙保护一期工程竣工；投资1580万元的二期工程，经过招标确定施工单位，启动实施附着物清理工作；投资906万元的北辛遗址保护与整治工程全面启动；投资350万元的龙泉塔修缮保护和防雷工程以及张氏祠堂二期修缮保护工程、陶山顶遗址摩崖石刻维修工程、西辛安民居、关王殿和中兴楼修缮保护工程完工。十间楼、渠村堂楼及孟氏旧居保护修缮

2016 月 11 月 15 日，北辛遗址保护与整治工程开工动员大会举行

方案经省文物局组织专家完成评审。官桥村南汉墓群、莲青山皇陵旧址、大坞龙氏旧居、姜屯兴国寺、张汪钟氏家祠、西岗王家大厅等保护工程项目被列入省、枣庄市专项资金补助范围。三是抓好历史文化展示工程建设。实施乡村儒学、社区儒学推进计划，建成孔子学堂 12 处；弘道公园滕州市历史文化展示馆接待观众 30 万人次。四是加强非物质文化遗产挖掘保护。举办第三届非物质文化遗产暨民俗文化节，邀请枣庄五区一市的 55 项非遗项目参加活动；组织《滕县松枝鸟》《滕县木版年画》申报省级非遗保护补助经费。市国家级柳琴戏传承人王传玲入选文化部 2016 年戏曲扶持项目“当代戏曲名家收徒传艺工程”，是山东省唯一入选的县级项目。

【产业发展】 第一季《小小鲁班》208 集在央视首播；微山湖古镇项目一期展示区第一、二标段全部对外开放，被评为第五批山东省文化产业示范基地；接官巷历史文化街区项目一期、凤凰乐园一期投入使用；印象滕州婚宴中心建成营业；葫芦套文化创意产业园、洪山口文化创意产业园、龙腾水郡文化创意产业园等重点文化产业园区建设进展顺利。

【市场建设】 组织开展两节两会、假期等重要节点文化市场集中整治行动，加大网吧、歌舞厅、游艺场所等文化市场巡查和处罚力度。持续加强“扫黄打非”工作，相继开展暑期出版物市场集中检查、中小学教材教辅专项治理等检查活动。加强全市电影放映场所和 32 家视听节目网站检查，依法整改和查处违规经营单位，维护卫星电视广播市场安全有序运行。做好行政许可事项和非行政许可事项清理，逐条逐项分类登记，列出并依法公开权力清单，固化行政审批程序，强化权力制约监督，群众办理业务更加便利。

（市文广新局）

墨子鲁班文化研究

【创新传承】 1 月，山东省委、省政府公布齐鲁优秀传统文化传承创新工程重点项目 31 项，其中，“墨子研究工程”被列入该工程研究阐发项目，成为枣庄市唯一入选的文化项目。协助重排柳琴戏《墨子与鲁班》，在第十一届国际墨子鲁班学术研讨会暨第六届墨子文化节期间公演，展示滕州优秀传统文化魅力。

【学会奖励】 在中国墨子学会第二届评选表彰中，谭家健等

9名学者荣获墨学研究突出贡献奖；《墨经训释》等9部著作、《“三墨”学说与楚国墨学》等3篇论文获墨学研究优秀成果奖；童恒萍等4名学者获墨学研究学术新人奖；《〈墨子〉伦理思想研究》等6篇博士研究生毕业论文获墨学研究研究生优秀毕业论文奖。

【墨子文化节】 山东省政府常务会议研究批准滕州市举办墨子文化节（鲁政字〔2016〕75号），为今后墨子文化节持续举办奠定坚实基础。7月8～10日，成功举办第十一届国际墨子鲁班学术研讨会暨第六届墨子文化节，邀请海内外专家学者120人参会，收到论文101篇，其中墨学研究论文81篇，鲁班研究论文20篇。

2016年7月9日，第十一届国际墨子鲁班学术研讨会暨第六届墨子文化节开幕式现场

【墨子公开课】 10月，历时3个月，由市政府、《光明日报》国学版、山东大学儒学高等研究院联合举办的“墨子公开课”落下帷幕。“墨子公开课”12讲，主讲人均来自各学术方向的权威专家，受到学术界高度重视和全社会广泛关注。

【升级改造】 按照两馆升级改造30年不落伍定位，邀请山东大学国际教育交流学院原院长姜宝昌教授制作墨子纪念馆布展文案，并按照5A级景区标准要求，加强各种配套、服务设施建设；上海世博会山东馆设计主创、总设计师，山东工艺美术学院展示设计教研室主任王延羽团队讨论制作墨子纪念馆升级改造规划设计方案；山东临亚装饰有限公司总经理、中国建筑装饰协会专家张勇团队讨论制作墨砚馆升级改造规划设计方案。

【文化研究】 利用省委宣传部墨子研究工程专项扶持资金，加大墨子典籍收集、整理、研究、编辑工作，先后协助山东大学姜宝昌教授、中国人民大学孙中原教授等墨学研究专家出版《墨论训释》《墨子大辞典》《墨学大辞典》等学术著作；重印《古今名人评墨子》《墨子名言》《墨子兵书》等文化书籍；《墨学研究》杂志创新编辑思路，调整栏目内容，增强可读性、通俗化和大众化，免费向国内部分高等院校、中央、省和枣庄市相关部门、各镇街、市直各部门、重点企业以及中小学赠阅。

【网站建设】 依托山东大学、山东建筑大学等高校和研究机构，收集整合各方信息资源，全力打造中国墨子网和中国鲁班网两大网站。聘请山东交通学院专业人员升级改版两大网站，将共计100册、60000页、收录战国至2002年间墨学研究著作300种的《墨子大全》全书上传到中国墨子网，“墨学文献数字化”工程初见成效。创新开展手机客户端宣传，在第十一届国际墨子鲁班学术研讨会暨第六届墨子文化节期间，向手机用户推送节会新闻，手机用户浏览超过50万户，扩大宣传覆盖面。

【讲解服务】 在墨子纪念馆科技厅增设LED屏幕和展板，播放和展示“墨子号”量子卫星以及科学原理等相关知识；重新调整鲁班纪念馆部分展厅，添置新展品、新设施，完善场馆基础设施、配套设施和服务设施；加强讲解员队伍专业培训，提高业务水平和综合素质。全年墨子纪念馆、墨砚馆和鲁班纪念馆先后接待国内外嘉宾、专家、游客35万人次，公务接待3000场次。

（鞠文周）

文学艺术

【概述】 全年在省级以上报刊发表小说、诗歌、散文等文学作品100篇（首）；创作音乐舞蹈剧5部；出版文学作品集20部；书法篆刻、美术、摄影等作品集30部。

【文艺惠民】 组织市优秀书画家开展一系列“到人民中去”文艺惠民活动，其中走进社区（海德佳园等）2次，军营（济南军区市训练大队、消防大队）3次，厂企（滕州卷烟厂、市房地产金融中心）2次，农村（羊庄、张汪）4次，校园（实验小学、滨湖望冢中学、滕南中学等）4次。筹划组织元旦晚会、春节联欢晚会、春节民间游艺展演、鲁班文化节、红荷节广场文艺汇演等大型文化活动20项。

【创作交流】 发动会员和文艺工作者开展多种形式的文艺创作和文艺交流活动，开展美术书法作品展览交流活动10次。组织全市80名农民艺术家参加山东省首届农民艺术家书画展，邀请全国知名、著名书画家来滕州开办展览，举办“盛世红荷”微山湖湿地红荷节书画艺术展、“党旗飘扬”滕州市纪念建党95周年书画展、“相约滕州”第二届全国名家展邀请展，促进艺术交流。主办作家陈融小说集《捕风的人》首发式，成立缇香郡读书会。

（市文联）

广播电视

【创新发展】 9月12日，全省设立的首个市、县联盟山东广播电视台乡村广播市、县联盟——“滕州台”揭牌，省广播乡村频道《农资大集》节目正式落户滕州，农民可第一时间了解全省农资、农技及农产品销售等农业信息，“专家讲座”版块帮助农民了解新型农业技术，并能连线专家进行技术咨询；开发“滕州手机台”，实现广播、电视在线直播、栏目点播、信息发布及互动等功能，全国手机用户均可通过手机随时观看、点播滕州电视台节目。

【承办活动】 承办大型励志真人选秀节目“精彩滕州人”——广场舞大赛、少儿才艺大赛，历时3个月，先后有500支队伍近万人参加比赛；策划举办首届广电少儿艺术节，参与人数多达1500人。依托媒体资源优势，面向社会发展壮大广电少儿艺术团，以课堂教学与实地采访相结合教学模式，先后开展教育培训60期，培训学员360人；利用广播电视、滕国网、滕州手机台、条幅横幅、LED大屏等媒体和主持人现场解说等形式，广泛植入全市创建国家级文明城市、国家级卫生城市和群众满意度电话调查等内容，传播党委政府声音。

最美滕州人颁奖

【外宣创优】 一是配合山东乡村广播新春走基层栏目，圆满完成《新春走基层——走进滕州》两小时直播节目。《滕州农业新技术助力春季马铃薯种植》《滕州通过“互联网+”马铃薯实现精准扶贫》等新闻在山东广播各频道、栏目播出。二是按照“上联播、上头条”工作思路，一大批反映滕州发展进步、展现滕州精神风貌的电视作品在枣庄台、山东省台、中央台播出。其中《柳编赛运动会·特色比赛显身手》《亲近自然·约会春天》等分别在山东新闻联播栏目作为重点报道播出；《山东：简政放权提速行政效能·释放改革红利》《坚定文化自信·铸就文艺高峰》等在山东新闻联播栏目头条播出；《赵峰——从维修工到首席技师》等6部作品在山东卫视专题播出；《大宗村弘扬孝道美德》《紧急救援·开辟绿色通道》等7部作品在中央电视台《新闻直播间》播出；《滕州首支原创乐队GPS唱谈青春梦》《滕州市首届“彩虹跑”激情开跑》《诗路滕州》《黄土地里淘金人》《最美滕州人》等分获省级一、二、三等奖。广播电视对上报道发稿300条，位居全省前列、枣庄五区一市第一名，广播宣传连续27年获得省台先进集体一等奖，电视宣传连续25年获得省台先进集体一等奖。

【文化传承】 由市广播影视总台策划、总编辑执笔撰稿的10集人文纪录片——《诗路滕州》拍摄完成。期间，选调30名业务骨干组成编导、摄像、制作团队，利用6个月时间，辗转城乡之间，先后考究全市及周边山亭区、薛城区、微山县等地的60个历史遗迹，实地探访，原创制播，成为宣传滕州、推介滕州的文化名片，获中国广播电视协会“纪录中国”评奖三等奖、山东省电视艺术家协会纪录片类一等奖。

（李庆　傅正坦）

滕州日报社

【重点宣传】 采取专题解读、深度报道、连续报道等形式，组织开展和策划系列宣传战役，把重点做深、把热点做透、把亮点做大，先后完成全市经济工作会议、人大政协“两会”、农村工作会议、经济建设等专题报道；按照中央、省市委的统一部署，坚持以问题为导向，组织策划“两学一做”专题学习教育宣传，开设“践行‘两学一做’、争当合格党员”和“‘两学一做’学习教育微体会”专栏，收到良好效果。围绕市委、市政府工作重心，开设“精彩十二五·滕州答卷”“实现‘十三五’良好开局”“大气污染综合治理在行动”“创建全国文明城市·国家卫生城市”“引领新常态·彰显新作为”等栏目，推动工作开展。围绕创建全国生态园林城市和推进城乡环卫一体化进程，开设“推进生态文明·共建美丽家园”专栏，营造浓厚舆论宣传氛围。

【版面定位】 一是时政新闻版块。组织记者深入各部门、镇街和单位实地进行采访，开设“新常态·新观察”“办惠民实事、建幸福滕州”等栏目，展示在新常态下全市各级各部门贯彻落实中央和省、市各项决策部署，围绕民生解决事关群众切身利益问题，统筹推进稳增长、促改革、调结构等方面工作亮点；二是社会新闻版块。以践行社会主义核心价值观为主线，突出凡人善事，先后刊登《卖菜夫妻捡七万元现金如数上交》《我要把爱心延续下去》《“拉魂腔”里唱人生》《无影灯下的守护》《孝顺儿媳韩生凤十年如一日照顾患病公公》等篇目，产生较大社会反响，起到引领示范、成风化人作用。发挥“媒瑰之约”爱心义工组织作用，开展“春雨润物”“金秋助学”“冬季暖手”等爱心行动，相继推出《“爱心之花”竞相绽放》《温暖徜徉在微山湖畔》《跨越海峡传递爱心》《爱如春雨滋润最美人的心田》《春风送暖传递“最美”精神》等深度报道，让慈心善爱在古滕大地流淌；三是民生新闻版块和热线新闻版块。坚持以服务和监督为主导，围绕百姓关注的衣食住行等话题，开设“记者帮你问”“创城曝光台”“记者求证”“赶集问价”“天气走势”“资讯速递”“生活实验室”“社区新鲜事”“社区热心人”等栏目，提供全方位信息资讯。加强监督问效，设立“新闻追踪”“热线回访”专栏，跟踪报道整改成效。

【创新经营】 确立“以制度创新带动管理创新，以体制机制改革激发内在活力，加大新闻产品和广告服务供给侧改革力度”思路，制定改革方案。围绕中心、服务大局，增强使命感和责任意识办好报纸，提升纸媒主阵地影响力。运用新媒体，与报社各账号互动，有效延伸影响力和传播力，形成组织规范、层级明晰、声势浩大的全媒体矩阵。重组内部机构，设立新闻发展中心、民生供给中心、全媒体经营中心、商务拓展中心、印务服务中心、发行服务中心等六大中心，形成全员、全方位、全媒体、全营销风险利益共同体。建立科学分配机制，改革薪资体系，采取基础薪资+绩效薪资基本结构，完善编采考核和经营管理考核方案，中心负责人、部室负责人绩效薪资实行差异化。围绕小记者发展、视频制作、公考类培训等业务，利用滕州日报影响力，拓展经营创造非报业务利润空间，举办公务员、事业编培训 8 期 70 余人，小记者发展到 800 人。发挥品牌优势，策划开展系列公益性、经营性活动，举办海参酒水直销会、植树节、第十四届房地产交易展示会暨第十三届全国百强县（市）汽车巡展、“涵翠苑杯”金秋爱车文化展暨 2016 满意楼盘评选、广州服装城开业等活动。

【发行工作】 稳定农村发行市场，扩大城区有效发行覆盖面，推行报纸进社区、进家庭、进学校、进宾馆、进工厂，扩大零售市场，畅通报纸零售渠道。在市政务中心设立阅报点，每天投放报纸供读者浏览。在10个报摊建立投放点供读者购买，受到群众一致好评。滕州日报每期总发行量稳定在3.1万份，其中自费订阅1.2万份。

【传播创新】 建立健全新媒体运行和经营机制，丰富手机报、官微、网站发布内容和页面设计，重新在腾讯公司注册，认证滕州日报官方微信订阅号，并在微信平台上开设“问政广场”“掌上服务”“掌上新闻”等栏目，官方微信粉丝量达到17000户，“掌上滕州”APP客户端用户达到24000户，滕州日报官方微博粉丝达到60万名，“滕州手机报”用户稳定在8000户，被济南舜网评价为“全省县级手机报样板”。滕州日报数字报、滕州在线网站点击率不断增加，各子频道（房产、教育、视频）内容持续充实和完善，影响力日益显现。11月，与被誉为“中国县市报领头羊”的《萧山日报》缔结成为友好报社，分批选派20名报纸、经营和新媒体编辑、记者、经营人员赴萧山日报社挂职。

（陈志强）

图书发行

【图书发行】 一是主动做好党的文件、文献、学习读物发行。全年发行《习近平系列重要讲话》《习近平文艺座谈会上的讲话》12000套、《2016理论热点面对面》3900本、《重读抗战家书》1200本。二是开展“送书下乡”“读书日”“读书月”活动。配合各类活动发行《苦难辉煌》590册、《民之所望－两会声音》600册、《习近平关于严明党的纪律规矩论述摘编》556册、《十三五规划建议》辅导读本951册、《一带一路机遇与挑战》800册；三是改扩建升级改造善北书店。提升实体书店的功能性、体验性、品牌化和个性化，推进门店由单纯图书卖场向综合性文化体验中心转变，营造温馨、时尚、特色购书环境，成为全市文化产业新坐标。

【教材征订】 克服“教材选用晚、征订晚、到货晚”“配套练习册由免费改为收费征订”等诸多不利因素影响，根据省教委下达的中小学生教材征订目录，按照“先报订数，后定品种”思路，稳步推进全市教材征订发行工作，保证全市中小学生用书征订发行工作进度、质量和效果。

【名家进校园】 打造“名家进校园”文化品牌，开展名家进校园活动3场，邀请著名儿童文学作家曹文轩莅临滕州举办名家进校园签售活动，当天签售10500册；徐德诗教授走进校园，开讲“你做好灾害应急准备了吗”主题报告，销售图书2342册；“阳光姐姐”伍美珍走进校园与小读者们见面交流，当天销售图书2800册。

（葛玉水）

档　案

【档案征集】 一是接收不动产登记资料。召集国土、林业、房管、不动产登记中心等相关单位召开档案资料移交会议，按照整理一批、规范一批、查验一批、移交一批原则，8月30日前完成全市不动产登记资料电子档案移交；二是强化到期文件移交和年度文件材料归档整理。整理并接收市总工会、市水产服务中心、市审计局等单位到期文书档案及市审计局、市编办等单位业务档案368卷/740件，充实档案馆馆藏内容；三是广泛收集特色档案进馆。接收1947年《中共临时党员证》等特色档案进馆。

【业务培训】 3月22～23日，举办全市档案业务培训班，组织机关及部分单位档案业务人员参加省局、市局举办的业务培训，与市扶贫办联合举办精准扶贫档案管理学习培训班，为市总工会、市水产服务中心、市妇联等20家单位提供30人次档案整理归档专题培训服务，指导市检察院、市城建档案馆等单位创建，联合市经管局督促检查镇街农村土地承包经营权确权登记颁证档案。

【档案宣传】 在国家级档案网站刊登信息11条，《山东档案》信息2篇，《齐鲁档案论丛》论文12篇，扩大滕州档案工作影响力；采取走上街头、走进商铺、走进校园、走进田间地头等形式宣传档案工作，联合龙泉街道、市住建局开展以“档案与民生”为主题的集中宣传活动，在龙泉广场和善国中路设置宣传站，现场发放宣传资料1000份，接受60位群众咨询；充分利用微信等新型媒体宣传，向全市机关、事业单位、社会团体人员转发“6·9国际档案日”短信，在《滕州日报》刊登档案知识答记者问，建立滕州档案交流群，让基层档案人员及时了解档案动态；举办“走进档案馆”活动，邀请滕州日报小记者30人走进档案馆，零距离接触珍贵档案，体验查阅服务。

【档案保护】 一是加强档案安全管理。配备与互联网完全隔离的电子档案管理系统，形成专人专机专网管理，定期对电脑进行杀毒，严格按照信息安全管理规定实施数据交换，确保档案管理系统安全运行。二是改善档案保存条件。按照“九防”（防水、防盗、防火、防潮、防尘、防虫、防高温、防强光、防鼠）要求，半年集中进行一次投放防虫药物，统一检查和补充现有消防设施；与东方飞扬公司北京总部专家洽谈，防砖化技术处理清代道光四年出版的线装本“二十四史”，确保重点档案资料安全。三是扩大档案馆容纳能力。新购置密集架40节，新上氮气灭火器4台、防磁柜2台、高性能电脑2台。

【信息化工作】 一是开展数字化建设。优先进行数字化加工和数据资源整合馆藏涉民档案，充实档案馆机读目录数据库和全文数据库内容。完成市人大、市政协、市党校、市人事局、市劳动局等单位永久、短期档案扫描工作，实现计算机检索档案原文全文显示功能。二是推进档案管理系统提档升级。购买全新档案管理系统，东方飞扬公司升级档案管理软件，实现文书档案信息化管理以及远程查询，查询速度提高10倍，由原来小型局域网扩大至山东省政务内网中，增强档案查询安全性，为全市档案在线归档、查档、接受档案奠定基础。

（市档案局）

体　育

【群众体育】 一是抓好公共基础设施建设。游泳馆完成主体工程建设，资助23个枣庄市扶贫重点村健身器材，规划弘道公园、北辛植物园体育健身设施，弘道公园、市民公园等一批全民健身场所建成投入使用，投资50万元提档升级2009年以前安装的100个行政村（居）农民体育健身工程器材，维修更新三角花园、龙泉广场、荆河公园、荆河两岸休闲长廊等全民健身活动站点健身路径。二是开展全民健身活动。举办元旦长跑、新春拔河、少儿国际象棋锦标赛、武术展演、中小学生乒乓球联赛、中小学生篮球联赛、滕州市全民健身月活动启动仪式暨“捷安特杯”莲青山登山比赛、枣庄市第六届全民健身运动会武术比赛暨枣庄市第五届武术大会等活动60项次。三是进一步完善体育组织和公共服务体系。组织参加国家级社会体育指导员培训班2人次，山东省一级社会体育指导员培训班4人次，举办滕州市健身舞社会体育指导员羊庄、姜屯培训班2期、广播体操社会体育指导员培训班1期，培训三级社会体育指导员500人次，新发展226人；开展全民健身志愿服务“进社区、进农村、进学校、进企业、进机关”活动6次，体质监测市民1500名；社会体育指导员发展到4077人，体育协会28个，体育俱乐部93个，健身活动站点1367处，每万人拥有健身活动站点8个，达到国务院《全民健身计划2011—2015》A类要求，滕州市荣获全国群众体育先进单位称号。

2016年全国女子足球锦标赛第二阶段比赛在滕州举行

【竞技体育】 选拔测试体育苗子126人，选材招生92人，向省、市运动队输送运动员20人，培养输送的运动员任文君、杨斌、张琳彬、孔亮、段文静等在国际大赛上获得1金13银3铜和第4名2个、第5名3个、第6名3个、第7名1个；任文君、杨斌2名运动员代表中国参加里约奥运会，是滕州市有史以来参加奥运会人数最多的一次；体育新秀张琳彬、颜培容、张宇、田玥、张洪纲、段文静、周瑜等在当年国家级赛事中获得10金5银3铜、第4名1个、第5名2个、第6名1个。全力备战和参加山东省各项赛事，完成469名运动员报名注册建证，组建田径、篮球、摔跤、举重等参赛队伍，竞走、跆拳道、武术散打、武术套路、拳击等项目代表队在省级赛事中，获得10金8银15铜、第5名22个、第6名2个、第7名4个、第8名3

个；组队参加枣庄市第九届运动会跆拳道、武术套路、篮球等项目资格赛，获得21金15银11铜成绩；投入220万元，高标准实施校园硬化绿化、钢结构训练馆、笼式足球场、多媒体教学、训练设施设备、校园文化墙等硬件设施建设；通过申报、初审、复审、专家组实地检查等程序评定，成功创建2017～2020周期国家高水平体育后备人才基地。

【体育产业】 实行体育场馆运营管理市场化运作，推进体育产业品牌化发展，先后承办、举办中国乒乓球俱乐部甲B比赛、三联家电展、汽车展、城建投资集团开盘盛典、君瑞城奥斯卡国家金奖大马戏演出等活动60项次，体育场馆综合经营效益不断提升，为体育市场发展注入新的活力；体育彩票销售再创新高，累计新增、盘活体彩终端机20台，体彩在售终端数达165台，新增竞彩升级店35家，竞彩站点数达到85家。体彩销售额达3.29亿元，比上年增长72%，为市财政贡献体彩公益金1092万元。

【承办赛事】 承办省级以上赛事赛会10项。5月6～10日，中国乒乓球俱乐部甲B比赛（第一站）在市体育中心体育馆举行。比赛由国家体育总局乒羽中心主办，市体育局承办，是滕州市承办的最高水平的乒乓球赛事；4月23日～6月19日，中国城市足球联赛H组比赛在市体育中心举行；7月2～31日，中国城市足球联赛32强比赛在市体育中心举行，进入32强阶段，全国分成4个赛区，滕州市承办B组和G组全部比赛；5月14日，山东省第六届全民健身运动会风筝比赛暨第三届风筝锦标赛在秀美荆河风筝放飞基地举行。设竞技风筝赛、传统风筝赛、地方特色风筝表演赛等3个大项、12个小项；5月20～30日，“丰华玻璃杯”全国女子足球U18联赛第三阶段比赛在市体育中心举行；7月8～15日，中国足协D级教练员培训班在市体育中心举行；7月9～10日，“江阴周庄”2016中国体育彩票全国象棋业余棋王赛山东赛区“中万广场杯”滕州分站赛比赛在体育中心举行，比赛由山东省棋牌运动管理中心、山东省棋类运动协会主办，山东生活日报群康象棋俱乐部、市体育局、市体育总会、枣庄市象棋协会、滕州市象棋协会承办。比赛期间，山东省棋类运动培训基地在市少儿棋院成立并揭牌，这是山东省体育局在滕州成立的第一个棋类运动培训基地；8月22～29日，2016年中国足协全国女子

山东省第六届全民健身运动会风筝比赛暨第三届风筝锦标赛在秀美荆河风筝放飞基地举行

足球锦标赛第二阶段比赛在市体育中心举行；9月22～25日，“中国体育彩票杯”2016年山东省足球冠军联赛第二阶段比赛在市体育中心和滕州一中同时举行；9月26～30日，2016年山东省竞走锦标赛暨竞走进校园赛在市北辛中学举行；10月23日，首届“君瑞城”杯CAA国家级钓鱼大赛在市莲青山渔王垂钓中心举行，比赛由中国钓鱼运动协会、市委宣传部、市体育局、市体育总会、滕州德意君瑞置业有限公司联合主办，市钓鱼运动协会、市钓鱼运动协会垂钓基地、市水产中心、山东省体育彩票中心协办。

（杨　静）

老年体育

【概况】 以开展老年体育“创新发展年”活动为主线，以健康老龄化为导向，以赛事活动为动力，以惠及全市老年人为根本，发挥老年体协服务平台作用，老年人踊跃参与健身活动，形成文化养老、体育健身养老良好局面。

【主题活动】 6月24日，由市老年人体育协会牵头，市委老干部局、市总工会、市老龄委办公室、市体育局联合在龙泉文化广场举办纪念建党九十五周年、红军长征胜利八十周年全市老年人才艺展演活动，由市老年体协童心艺术团、体育舞蹈、京剧票友、新时代艺术团、太极拳、柔力球、抖空竹7个辅导站200余名老年人参演，节目紧扣主题、内容丰富，柳琴戏、京剧、豫剧、大合唱、武术表演、柔力球、太极拳（剑）、抖空竹等，体现老年人健身浓厚文化底蕴。

【参加赛事】 5月，山东省第六届全民运动会风筝比赛暨山东省第三届风筝锦标赛，在滕州秀美荆河风筝放飞基地举办，来自省内的12个代表队参加，市老年体协代表队荣获团体第三名；10月，参加在济宁举办的山东省第六届全民运动会万人太极拳比赛，荣获规定套路、自选套路表演奖；市老年体协代表队荣获2016年山东省第十届中老年邀请赛冠军；诗词书画辅导站参加省老龄委省文联举办的山东省第五届老年人书法美术大赛，健身秧歌队荣获山东省第六届全民健身运动会健身秧歌比赛优胜奖；市老年体协队和老干部队分别荣获在滕州举办的枣庄市2016离退休干部健身益智系列运动会总分第一名和第三名；市老年体协代表队荣获枣庄市第六届全民运动会柔力球和健身操比赛总分第一名；在枣庄市第六届全民健身运动会台球、大众广场健身操和健身秧歌比赛中分别荣获团体优胜奖和总分第一名；童心艺术团参加枣庄市老龄委、老年体协举办的纪念建党九十五周年、红军长征胜利八十周年文艺演出，荣获优秀节目奖。

【文体健身】 新增老年体协会员360人，新增老年健身活动点46个，常年参加健身活动的老年人达10万人。组织200人健身秧歌、腰鼓方队参加市委宣传部组织的元宵节民间游艺活动，与市电视台联合举办百队千人精彩滕州人广场舞大赛，参加贺新春惠民演出活动。采取以赛促练形式，广泛开展丰富多彩的老年健身比赛。4月，在市政广场举办市老年人第二十三届养鸟比赛；5月，在华腾小区门球场举办市老年人第二十六届门球比赛；6月，在市体育馆举办纪念建党九十五周年、红军长征八十周年老年人太极拳、械比赛；7月，举办市老年人第七届游泳比赛；8月，举办市第三届老年人柔力球比赛和第二十五届老年人台球比赛；9月，举办市第三届中老年人交谊舞比赛和第二十四届老年人钓鱼比赛；10月，举办庆“重阳”老年人登山活动和第十六届老年人乒乓球比赛、第六届老年人羽毛球比赛；11月，举办市老年人麻将比赛。

（市老年体协）

社 会 生 活

Shehuishenghuo

责任编辑：朱广亚

卫生和计划生育

【概况】 全市拥有各级各类医疗卫生机构1000家，开放床位7802张；各类专业技术人员10062人，其中，执业医师2887人，注册护士3726人；医疗机构总诊疗827.68万人次，出院病人累计27.18万人次；新出生28895人，已婚育龄妇女33.22万人。

【医药卫生体制改革】 以公立医院改革为切入点，统筹推进医疗、医药、医保“三医”联动，印发《深化医药卫生体制改革重点工作任务分工方案》等文件，明确具体改革措施。在市中心人民医院和中医医院试点改革的基础上，7月1日，市妇幼保健院、工人医院、精防中心和财贸医院4家公立医院全面取消药品加成，全市公立医院综合改革全面启动。截至年底，累计零差率销售药品9.45亿元，取消药品加成1.42亿元，减轻群众就医负担2840万元，CT、磁共振等大型设备检查、检验价格总体降低20%以上，医疗服务呈现“两升两降两控”良好态势。分级诊疗体系建设快速推进，建成覆盖全市医疗机构的人口健康信息系统和卫生信息数据中心，基本实现跨医院就医“一卡通”，完成区域影像中心平台建设，心电中心、检验中心建设稳步推进。

【计划生育服务管理】 1月1日，“全面两孩”政策在全市正式落地实施。结合实际，制发《关于进一步做好计划生育工作的实施意见》，稳妥有序落实“全面两孩”政策，简化再生育审批和生育登记办理手续，实行生育登记服务制度，为育龄群众办理生育登记服务44938例，其中一孩9610例，二孩35328例。综合治理出生人口性别比，8月12日，召开全市打击“两非”专项治理工作会议，重拳打击“两非”行为，查结“两非”案件22例，超额完成省市下达的案件查办任务。加强出生人口监测，建立涵盖生育服务登记、孕产期保健、住院分娩、新生儿疾病筛查等数据的性别比统计网络，准确分析人口变动态势。在开展常规查环查孕基础上，增加健康查体服务试点项目，采取由政府购买服务、免费发放健康查体卡、一年两次分AB套餐方式，创新开展卫生计生送健康活动，为育龄妇女提供精准健康服务，服务育龄群众48.75万人次。全面落实出生缺陷综合防治措施，孕产妇两癌检查、产前筛查和新生儿疾病、听力筛查等项目惠及计生家庭。按照“老人老办法、新人新办法”，严格奖励扶助政策兑现，兑现奖扶资金2459.75万元。落实目标考核责任，表彰奖励完成责任目标的镇街、单位、村居156个和先进个人349名；处理未完成责任目标的镇街、单位、村居102个，落实“一票否决”37个。12月29日，国家卫计委授予滕州市“2014～2016年全国计划生育优质服务先进单位”荣誉称号。

【医疗卫生服务能力建设】 市妇幼保健院新院主体工程建设、内外装修和内部设施安装竣工，热力、道路、绿化等配套设施有序施工。市中医医院完成现址升级改造，8月国医堂建成投入使用，新增建筑面积1.9万平方米。“互联网+智慧医院”初见成效，市中心人民医院实现通过网络、电话、微信、支付宝、APP等多种方式预约挂号和交费。医疗质量管理不断加强，新成立眼科、口腔、耳鼻咽喉、高血压病、临床输血等5个质控中心。基层医疗机构规范化管理水平逐步提升，西岗中心卫生院被推荐参加全国群众满意的乡镇卫生院评选。健康扶贫深入开展，将全市因93种疾病致病致贫人口1428人基本情况纳入人口健康信息化平台，落实“八个一”工程，明确镇街医疗机构为患病贫困人口定点医院，负责组建家庭医生团队、提供健康查体、管理健康档案，向患病贫困人口发放健康卡和明白纸，与患病贫困人口签订承诺书，协助完成健康会诊。学科建设进一步加强，拥有国家级技术协作中心2个，省重点学科4个，枣庄市重点学科（专业）11个，滕州市重点专科15个、特色专科29个。中医药服务能力显著提升，中医师承教育深入开展，组织参加各类中药特色技术传承人才培训1000人次，市中医医院成功举办首届膏方节，骨伤科通过省级第四批中医药重点专科建设单位评审验收，7处镇街卫生院国医堂、中医馆通过省级考核评估。

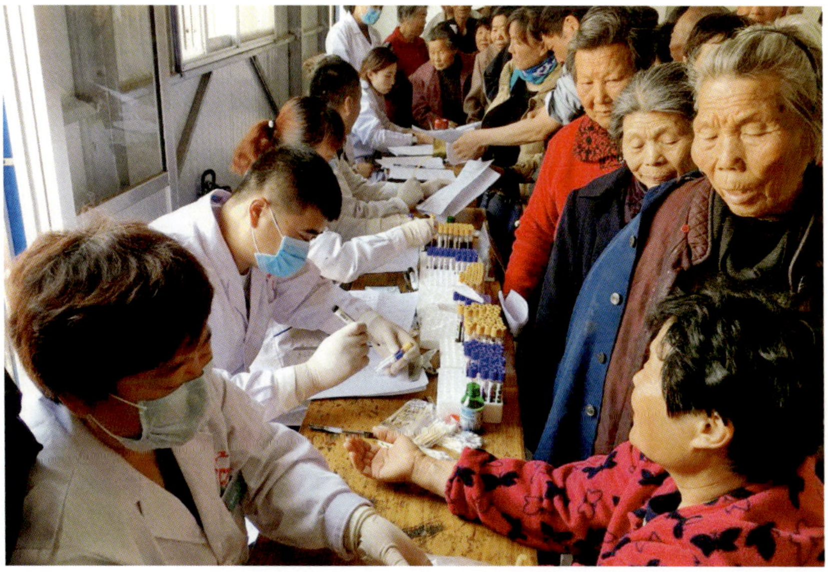

卫生计生送健康服务活动进村入户

【公共卫生计生服务】 建立电子健康档案130.8万份，健康管理老年人11.4万人，规范管理高血压患者8.3万人、糖尿病患者2.2万人、重性精神疾病患者7967人；重大疾病防控得到加强，报告法定传染病18种4282例，发病率为251.88/100000，处于全国较低水平，人感染H7N9禽流感等重点传染病防控有力有序，市传染病疫情总体保持平稳态势；以全域数字化接种门诊建设加强免疫工作，建成数字化接种门诊18处，村级接种点23处，接种各类疫苗46万人次，市适

市中医医院新建国医堂

龄儿童接种率达95%；推进优生优育服务，为8946对夫妇提供免费孕前检查；开展多种形式的健康教育和健康促进宣传咨询活动，利用各类卫生宣传日，制作发放宣传材料22种25万份，滕州被评为“省级健康促进示范市”。

【卫生计生综合监督】 深入开展“卫生计生服务监督年”活动，强化监督执法能力建设，滕州被评为“省卫生计生综合监督示范区（市、县）”。严格落实公共场所卫生监督量化分级管理，加强生活饮用水、职业卫生和放射卫生监督管理，保障公共场所卫生安全。加大传染病执法力度，重点监督检查学校、托幼机构传染病防控各项规章制度落实情况，确保学校卫生安全。组织二类疫苗预防接种工作监督检查，全面检查疾控机构1家和预防接种机构28家，确保全市无疫苗管理和预防接种方面违法违规行为。加强妇幼保健和计划生育技术服务监督，实施打击非法行医“百日行动”，保障医疗市场秩序。落实社会抚养费征收“两卷管理、两次见面、一案一议”行政处罚执法程序，开展“三规范一公开”专项行动，健全规范收费、严格监管长效机制，执行社会抚养费“收支两条线”及“四缓收”等规定，及时调整征收标准，对拒不缴纳社会抚养费的，依法申请人民法院强制执行。开通“健康滕州”官方微博和“滕州卫生计生”微信公众号，开展群众满意度调查，落实医疗卫生行风建设“九不准”，持续加强行风建设，接受社会监督。

【创建国家卫生城市】 扎实推进“七大歼灭战”和“十大攻坚决战行动”，抓好“脏乱差”等突出问题整治，取得明显成效。6月，通过省级暗访考核、明查评估，并向国家爱卫办申报。以创建国家卫生城市为契机，加强行业监管，统筹推进“四小”行业整治、健康教育与健康促进、医疗服务机构规范管理、病媒生物防治等重点工作，提升卫计工作水平。

（王勇　董红梅）

人力资源和社会保障

【人才队伍建设】 完成人才资源统计调查，调查企业6015家、村1039个，上报人才6.3万人；组织参加省第九届“海洽会”“山东名校直通车”“枣庄招才引智（北京）推介会”等活动，广泛发布供需信息，引进各类高层次人才306人；举办“千人计划专家滕州行”活动，常州正选软件科技有限公司总经理彭秀东等12名“千人

2016年7月30日，国家"千人计划"专家滕州行活动启动

【事业单位公开招考】 事业单位新进人员除国家政策性安置、按干部人事管理权限由上级任命及涉密岗位等确需使用其他方法选拔任用人员外，全部面向社会公开招聘，坚持阳光透明、公开公正，严格遵守招考操作规程，2016年事业单位公开招聘招录187人，其中综合类35人、卫生类20人、教育类132人。

计划"专家来滕州考察合作；开展人才推荐选拔，4人入选齐鲁技师，1人获得2016年度省政府公派出国留学项目录取，新增枣庄"突贡专家"3人、滕州"技术能手"75人。新增省级以上外专项目3个，滕州市悟通香料有限责任公司设立省博士后创新实践基地，完成滕州市华海新型保温材料有限公司和山东益康药业股份有限公司国家博士后科研工作站设站授牌、建章立制。

【公务员考录管理】 严格把握考试报名、资格审查、考察体检、录用审批等关键环节，圆满完成考录工作，录用公务员30名。向各单位反馈干部档案存在问题，出具、发放、审核、接收全国干部人事档案专项审核专用《干部任免审批表》4082份，接收补充干部档案材料7500份，同步更新干部信息库1500条。

【工资制度改革】 做好当年度机关事业单位3.1万人工资正常晋升审批和调整津贴补贴标准审批。完成2015年度工资统计汇总上报，市机关事业单位31266人，其中机关单位职工3297人、年平均工资66325元，参公事业单位职工472人、年平均工资64155元，事业单位职工27497人，年平均工资69495元。抓好县以下机关公务员职务与职级并行工作，晋升职级审批1446人。乡镇特岗津贴补贴审批79个单位11074人。

【专业技术人员管理】 完成专业技术人员继续教育培训报名38707人次；专业技术资格和执业资格考试报名30个项目2600人，办理发放资格证书900个；年度大中专毕业生专业技术职务定职252人；做好2016年度中高级职称评审材料推荐申报，涉及教育、建设工程等系列中高级申报材料570份；开展2016年晋升初级专业技术职务评审，涉及档案技术等6个专业类别523人；稳步推进全市事业单位岗位设置及调整，做好事业单位专业技术人员聘任工作，初、中、高级职称聘任分别为575人、645人、225人。

【军转干部安置】 接收军转干

部和随调配偶26人，为自主择业军转干部发放住房补贴、取暖费等65万元，企业军转干部保持总体稳定。

【城乡劳动者就业】 举办“春风行动”等招聘洽谈会50场，提供岗位5.5万个，达成初步就业意向3.4万人；畅通劳务输出渠道，设立盐城、松江等劳务输出基地，在镇街、社区发布求职招聘信息8万条；实现城镇新增和农村劳动力转移就业5.1万人，完成年任务的102%；突出抓好重点群体就业，推进就业精准扶贫，通过挖掘社区公益岗位、建立扶贫车间等方式，帮扶586名就业困难人员实现稳定就业，发放岗位补贴和社保补贴1713万元；引导毕业生网上签约，实时监测就业状态，借助就业微信平台提供“一站式”掌上服务，毕业生实名登记7609人；“双零家庭”动态消零，城镇登记失业率控制在3%以内。

【促进大众创业】 开展创业意识培训进社区、进校园活动，走进嘉誉商贸城、农副产品物流中心等创业集中区域，宣传创业担保贷款、创业补贴等政策。强化创业孵化基地（园区）规范化建设，启动真爱商城“双创示范基地（试点）”。发挥鲍沟玻璃城等创业集聚体带动效应，镇街、社区设立创业服务站和创业指导中心，实施创业担保贷款“快易贷”工程，成立滕州创业大学，振兴玻璃城创业园入选省级创业示范园。全年组织创业培训1282人，发放创业担保贷款3100万元，落实贴息资金273万元，直接扶持347人创业。

【基层平台建设】 完善市、镇、村三级公共就业服务网络，推进就业创业职能业务下沉，将就业失业登记、毕业生报到、创业贷款申请等业务全部下放到镇街，打造“一公里就业服务圈”。善南街道荆善南苑社区、荆河街道马号街社区获评省级“充分就业星级社区”；级索镇、洪绪镇颜楼村、龙泉街道梁场居和双庙居入选省级首批“创建创业型镇街（社区）”；北辛街道文坛社区获评省级试点“数字化就业社区”。

【职业技能培训】 健全覆盖城乡的终身职业培训体系，实施就业技能提升五年规划和农民工“技能提升三年行动计划”，推行“四单培训”模式，招标认定定点培训机构15家，结合岗位需要和劳动者需求，开设电工电焊等11个技能专业，开展培训10929人，发放培训补贴605万元。

2016年2月15日，“春风行动2016”大型招聘洽谈会拉开帷幕

【社会保险费征收】 强化社会保险费征收工作，实现企业扩面8010人，征缴各类社保费22.8亿元，社保费征收再创历史同期新高。推动机关事业单位养老保险改革，制定出台机关事业单位社保缴费奖补政策，建立养老保险和职业年金账户，征收职业年金15839万元。企业养老保险征收106319万元，完成年任务的151.9%；机关事业养老保险征收53917万元，完成年任务的109.1%。审批机关事业单位退休550人、企业退休4350人，采用虹膜认证、预约上门等方式，稽核认证离退休人员53270人，认证率达到98%；机关企事业单位退休待遇首次同步调整，人均增加6.5%。扎实推进居民养老保险参保续费，新增扩面15374人，征缴养老保险费1.72亿元。城乡居民基础养老金从85元提高到100元，发放养老保险金2.97亿元。抓好经办管理“示范点”创建，统一配置办公桌椅、档案柜等办公设备，分别创建村级、社区和镇街“示范点”106个、8个、15个。医疗保险，征收职工医保43760万元，完成年任务的113.7%；居民医保参保123.97万人，征缴医保费69423万元，其中个人缴费17355万元、各级财政补助52068万元；完善医保总额控制办法和经办流程，开展定点医疗机构年终考核，兑现预留保证金4100万元、扣除保证金8.6万元，查实不属于基本医保基金支付100份、挽回基金390万元；医保窗口实行柜员制服务模式，一级医院报销比例提高5个百分点，创新实施特殊人群医疗费二次补助机制，拨付城镇职工医疗费43367万元、居民医保费65304万元。失业保险，征收失业保险金4302万元，完成年任务的157.1%；新增领取失业金人员786人，失业保险金月发放标准由900元提高到950元，发放失业保险金5000万元。工伤生育保险，征收工伤保险金2752万元，完成年任务的115.7%；征收生育保险金1104万元，完成年任务的71.1%；分别拨付工伤金、生育金1926万元、1187万元。

【劳动人事仲裁】 强化用人单位劳动保障法律法规和劳动合同制度宣传指导，发放简易劳动合同样本，审查用人单位自拟劳动合同32份，新增劳动用工备案企业39家、数据2018件，规模以上企业劳动合同签订率达到98%，已建工会企业集体合同签订率达到96%，劳动用工备案总数7.17万件。规范仲裁办案程序，成立“矛盾纠纷多元化解调解工作室”，选拔调解员16名，启用“山东省劳动关系平台”；受理劳动人事争议案件460起，调解结案271起，占案件总数的59%；法律援助申请“零距离面对面服务”，帮助申请法律援助119件。市劳动人事争议仲裁院获评全省人社系统2014～2016年度优质服务窗口。

【劳动保障监察】 加强劳动监察“两网化”管理，健全部门综合执法联动机制，建立防控结合、城乡统筹劳动监察网络；接待处理信访咨询510件，处理群体性欠薪及社保案9起；开展农民工工资支付专项检查、规模企业社保稽核等活动，检查用人单位720户次，涉及职工7.42万人次，追发拖欠工资828万元，督促用人单位缴纳社保费1090万元。

（曲献峰）

民　政

【城乡社会救助】 实现城乡低保41988户58383人，保障标准城市居民每人每月460元，农村居民每人每年3400元；救助大病困难群众1374户、715.14万元；为841名孤儿发放基本生活费732.024万元，为633名符合条件的孤儿办理12种重大疾病保险，为162名困境儿童发放基本生活费56.97万元，安排符合手术条件的5名低保家庭“先心病”患儿到济南进行免费手术。开展“5.12减灾日”宣传和综合减灾示范社区创建活动，科学制定防灾减灾预案；大力发展社会福利事业，福彩销量持续攀升，销售额达到2.2亿元。

【基层社会管理】 推行“四社联动”城乡社区协商机制，推广“五位一体”基层民主协商工作机制；启动政府购买社工项目，打造“情系桑榆”“快乐同行”“情暖家园”“暖心港湾”四个省级社会工作服务品牌，逐步形成社区、社会组织、社会工作者和社区志愿者资源共享、优势互补良好局面，滕州市被确定为全省社区治理暨养老服务创新实验区；加快建设公共管理服务综合平台，投入资金3360万元，建设城市社区办公服务用房、农村社区服务中心128个，促进城乡基本公共服务均等化。

【优抚双拥】 一是扎实做好优抚褒扬工作。确保军人军属等优抚对象在经济社会发展中享有适当优厚待遇。二是创新退役军人安置工作。阳光安置”退役士兵94名。三是加强国防科技教育基地建设。设立烈士陵园官网，加强零散烈士墓集中管理保护，提升烈士纪念设施社会教育功能，累计接待游客240万人次，成为名副其实的“红色名片”。四是深化双拥共建工作，滕州连续七届被评为“全省双拥模范城”。

【社会养老】 一是加快农村敬老院规范化建设。全市共有五保供养对象7880人，发放五保供养金3387.75万元，农村五保对象分散供养标准提高到每人每年3500元、集中供养标准提高到每人每年4600元。二是提升社会养老服务水平。社会化规模养老服务机构达到31家，城市老年人日间照料中心19处，农村幸福院74处，养老床位累计8500张。在建社会养老服务机构7家，设计养老床位4000张，其中医养结合养老机构3家，养老床位2000张。三是注重专业服务队伍建设。培训初级养老护理人员620名。

【社会组织】 通过优化社会组织发展环境、管理制度改革、日常监管三项措施，社会组织发展到409家，其中社会团体123家，民办非企业单位286家，落实“三证合一”政策，为377家社会团体、民办非企业单位换发新证书。

【社会事务】 一是加强地名管理。建立地名公共服务体系，先后审批新建小区命名23处，设立门牌号码37处，在北园街、善文街等36条历史老街老巷增设路名指示牌176块。二是深化殡葬改革。推行惠民殡葬政策，为653名困难群众减免基本殡葬费用24.16万元。指导1250个村（居）建立红白理事会。三是依法开展婚姻登记和儿童收养登记。探索建立人性化、亲情化工作方式方法，办理婚姻登记19200对，儿童收养登记74人，登记合格率100%，市婚姻登记处被评为国家AAA级婚姻登记机关；四是健全流浪乞讨人员救助管理服务网络。强化部门联动协作，落实医疗救助办法，救助流浪乞讨人员1280人，发放孤儿、困境儿童、失能老年人救助金720万元，重症病人、残疾人、弃婴和跨省跨地区救助对象超过80%。

（步昭瑞　倪丫茹）

慈善事业

【概况】 全市各级慈善组织募集善款2200万元，比上年增加77万元；发放善款1540万元，受惠群众9100人次。

慈善大会

【慈善募捐】 5月30日，召开全市慈善大会，组织开展“慈善一日捐”活动，涌现出一大批慈善先进单位和爱心公民。城郊房地产综合开发公司等33家企业捐款407.2万元，滕国律师事务所律师吕高宾连续8年每年捐款2000元，市民政局干部、首届“齐鲁和谐使者”张雷捐款5万元，省建行满晶女士定向为级索镇港沟崖村19名70岁以上困难老人捐款2万元。原滕县第一任县委书记王丹墀夫人刘孝民女士，委托子女及亲属，不远千里从武汉来到滕州，向市慈善总会捐6万元，累计三次向滕州捐款15万元。各镇街分别召开慈善会议，募捐额均实现新突破，北辛、龙泉、级索、荆河、西岗、木石、张汪等7个镇街分会募捐额突破100万元，其中北辛、龙泉募捐额过200万元。

【慈善救助】 1月29日，召开“迎新春情暖万家”慈善救助大会，救助特困群众916人，发放救助金193.8万元；8月19日，在滕州剧院举办“慈善助学圆梦”暨慈善义演音乐演唱会，上海音乐学院师生表演精彩节目，救助特困大学生399人，发放救助金106.6万元；12月初，拨出善款40万元，与市扶贫办合作，购买棉被3754床，发放到1877户贫困户手中；向市残联发放救助残疾人善款10万元，并拨出善款24万元，免费治疗贫困白内障患者300名；向市老龄委发放救助贫困老年人善款10万元，并拨出善款15万元，帮助改造镇敬老院3个；发放善款17万元，实施应急救助因病因灾等造成困难群众85名；发放善款35万元，实行定向救助困难群众。各分会、工作站亦开展形式多样的救助活动。全年发放善款1540万元。

【慈善宣传】 在报纸、电台、电视台等媒体开辟慈善专栏或专题，宣传慈善先进典型；滕州网和滕州慈善网及时报道慈善活动，在网上同步公示捐款情况；编发《慈善信息》，报道情况，交流经验，加大对外宣传力度，并向上投稿，各级媒体刊发慈善稿件20篇；创新工作渠道，开通“滕州慈善”官方微信，为公众提供便捷互动信息平台。

【慈善组织建设】 举办基层慈善组织业务培训班，认真学习《慈善法》，推动慈善工作依法运行、依法规范、依法监管。4月，市慈善总会组织监事会成员单位市审计局、市财政局和市民政局，联合审计总会和分会上年度财务状况。

（生俊杰　牛广德）

民族宗教

【政策法规宣传】 5月，宗教政策法规宣传月期间，举办全市宗教团体、宗教活动场所和宗教教职人员培训班，引导树立“爱国爱教、遵纪守法、维护稳定”意识；9月，民族团结进步宣传月期间，举办全市科级领导干部培训班，邀请枣庄市民族宗教局局长朱瑞志作专题辅导报告；组织各镇街采取以会代训等方式宣传民族宗教，各中小学开展主题班会、演讲比赛、文化交流、“手拉手”结对帮扶等活动，悬挂宣传标语2000幅，发放宣传资料6000册，举办民族宗教培训班30场次，培训2000人次。

【落实民族政策】 全年争取省、枣庄市少数民族发展资金和民族宗教事业专项资金98万元；投资70万元，实施东古便民服务中心、位庄人畜饮水、城区少数民族服务中心等民生工程建设5个。组织开展清真食品安全大检查，发放穆斯林农户和城市穆斯林低保户牛羊肉价格一次性补贴14.82万元。加大招商引资力度，推进市民族大厦企业改制，深入滨湖镇、木石镇和两个民族村，督导检查少数民族发展资金使用管理和项目建设情况，提高资金使用经济效益和社会效益。大力发展少数民族特色产业和少数民族专业合作社、民族企业、民品企业，滨湖镇东古民族村依托微山湖红荷湿地景区，建设少数民族特色村寨，发展养殖、清真食品加工和少数民族文化旅游业；木石镇位庄民族村依托鲁南高科技化工园区，发展工业、物流商贸服务业，拓宽少数民族群众增收渠道。截至年底，全市有民族企业1家、民品生产企业6家、少数民族专业合作社6个，年实现利润600万元，民族大厦、东古村均被评为“枣庄市民族团结进步创建活动示范单位”。

【民族团结进步】 高度重视民族关系分析研究，建立民族关系研判工作机制，每月召开一次研判会议，开展风险隐患排查整治，巩固发展和谐民族关系。4月20日，省民委副主任马辉带领全省民族团结进步创建“互观互检”检查团到龙泉街道杏坛社区检查创建工作；5月25日，省委副秘书长李永红，省委统战部副部长、省社会主义学院党组书记马啸率领省委调研组来滕调研统战工作；7月6日开斋节，市委常委、组织部长、统战部长高鹏，市政协副主席高广胜，到清真寺慰问穆斯林群众，送去党和政府的关怀和温暖；10月28日，举行市民族团结进步宣传月活动座谈会暨城区少数民族服务中心落成仪式。

【依法管理宗教事务】 实施私设聚会点集中整治、佛道教乱建滥塑专项治理、私设功德箱整治等，依法制止非法宗教活动，查处私搭乱建问题，打击封建迷信、借教敛财违法行为。组织执法力量巡回执法，摸底排查“马可楼教会”“中国真理教会”渗透情况，严密防范、坚决抵御非法宗教渗透，联合执法40次，下达执法文书28份，依法制止取缔非法宗教活动20起。加强宗教团体规范化建设，落实管理责任，指导宗教团体依法依章程开展工作。强化宗教教职人员认定管理，严把入口关，做好宗教团体年检审核、宗教主要教职人员备案工作，依法审核上报3名伊斯兰教教职人员和1名出国朝觐穆斯林群众。严格执行《宗教活动场所财务监督管理办法》，规范宗教活动场所财务管理，为伊斯兰教教职人员发放政策性生活补贴。开展宗教场所设立私人会所“回头看”大排查，全面启动民间信仰场所管理，统一组织做好备案统计。11月8日，迎接省委统战部民间信仰管理调研活动。

【加强宗教引导】 支持基督教界神学思想建设、天主教界民主办教、伊斯兰教界解经交流活动，开展和谐宗教活动场所创建、教风年、慈善周等系列主题活动；加强协调配合，促进基督教新建教堂相关手续办理，争取枣庄市民族宗教局批准洪绪龙庄龙王庙依法开放，协调解决东郭莲青山景区佛教信众免费出入景区等问题，维护信教群众合法权益和宗教生活需要。

（徐广艾）

老龄工作

【老年优待工作】 落实高龄补贴政策，分别为80、90、100岁以上老年人每人每年发放不低于360元、720元、7200元的高龄补贴金，发放1485.3470万元；做好低保工作，为4470名80周岁以上享受低保老年人发放救助资金568.63万元；继续实行基本医疗保险减免优惠政策，70岁以上老年人及60—69岁被列入低保范围的老年人，免交个人应缴纳的全部费用，60—69岁其他老年人减半收取个人应缴纳的费用，26万老年人政策减免资金2920.312万元。

【保障老年人权益】 一是加强老年人法律援助组织建设。调整充实各级老年人法律援助联络组织，统一规范市、镇（街）老年人维权机构名称，完善老年人维权工作机制。二是健全维权网络。依托镇（街）司法所建立老年人法律援助工作站，将老年人维权工作延伸到村（居），构筑“城镇半小时、村居一小时法律援助服务圈”，开通“12348”法律服务热线，在线解答老年人涉法问题。三是创新服务举措。探索开通“快速通道”“绿色通道”“点援制”服务法律援助之路，为行动不便的老年人提供上门服务。开展“法治阳光·温暖老龄”集中宣传活动，组织实施“老年人普法维权大篷车走进老年公寓公益行动”，邀请专家向老年人释疑解惑、现场说法。

【关爱老年人工程】 一是实施“老年人精神关爱工程”。向30名贫困老年人赠送电动代步车；集中帮扶高龄特困老年人240名，发放救助金9.6万元；向3600名高龄特困老年人赠送助行器，为老年人提供生活照料、精神慰藉服务。二是联合各镇街和部门义工协会等组织，开展为老志愿服务“暖冬行动”。在寒冷冬季为老年人送去实实在在的温暖。三是推动“银龄安康工程”提速扩面。参保人数7.87万人，生效保费241万元，赔付案例809例，赔付金额199.8万元，赔付率82.9%。其中死亡赔付35人，赔付金额63万元；意外医疗赔付774人，赔付金额136.8万元。

【营造敬老氛围】 一是“敬老月”活动形式多样。组织开展走访慰问、助老解困和权益维护等敬老活动，“老年人精神关爱工程”取得显著成效。二是老龄宣传调研成绩斐然。在省级以上报纸、杂志、网站等新闻媒体发表老龄宣传信息稿件103篇，枣庄市级141篇；撰写老龄政策研究调研论文34篇，《宜居环境建设与老年人健康长寿》等13篇论文在山东省第五届老年健康长寿理论研讨会上获得一等奖2个、二等奖3个、三等奖4个、优秀奖4个，并在论坛上作典型发言；10月29日，上报的10篇调研论文均在中国老年学和中国医学学会举办的2016年度学术大会上获得优秀奖并作典型发言，滕州老龄宣传信息调研工作走在全国前列。三是老年法宣传活动亮点纷呈。在滕州电视台、滕州日报等媒体集中开展老年法律法规宣传活动，各镇（街）法律援助工作站制作、发放老年人权益法律法规宣传品，提高老年人依法维权意识。

（市老龄办）

镇（街）概况

Zhen (jie) gaikuang

责任编辑：朱广亚

鲍沟镇

【概况】 2016年，全镇生产总值实现53.2亿元，同比增长12.7%；地方财政收入实现1.52亿元，同比增长5.6%；固定资产投资实现22.7亿元，同比增长36.7%；农民人均纯收入达到1.83万元，同比增长9%。

【工业经济】 坚持把玻璃园区作为经济建设的主战场，全年玻璃产业企业实现总产值132.6亿元，同比增长22.4%，新增玻璃创业企业37家，就业人数达到2.6万人。玻璃园区荣获“国家火炬滕州市玻璃精深加工特色产业基地”“山东省智慧园区”和“山东省创业示范园区”等称号。投资5200万元的中国玻璃城玻璃检测中心项目建设完成，投资5620万元的华阳玻璃自主研发AG玻璃生产项目、投资1.2亿元的金明玻璃启辰双曲面车用钢化玻璃生产项目试运营。不断加大政策扶持力度，强化跟踪服务，全力发展外向型经济，先后组织玻璃企业参加印度、美国、巴西、德国等国际玻璃展会，玻璃产业完成出口贸易6420.26万美元，同比增长37.2%。

【重点项目】 重大项目实行责任领导牵头制度，实施过千万元重点项目12个，全社会固定资产完成22.7亿元，同比增长36.7%。规模以上工业销售收入达97.4亿元，同比增长27.3%。规模以上工业企业总数达到33家，位居全市各镇（街）首位。翱宇驾校培训基地项目、金飞物流仓储物流项目、华益木业环保实木门生产项目、鑫丰源铝塑板生产项目、丰华玻璃高端夹胶玻璃生产项目、

山东省玻璃质检中心

润升辊业辊类制品生产项目等进展顺利。

【招商引资】 坚持招商引资与招才引智相结合，加强人才队伍建设，全面提升招商引资水平。新上项目19个，其中，过3000万元项目6个，过5000万元的项目5个，过亿元的项目2个，实际利用境内资金26.7亿元，同比增长32.7%。总投资1.2亿元的华凯－金飞现代仓储物流中心等建设项目全面完成。

【现代农业】 一是积极推进农业改革。创新构建以农业综合服务中心、联合社、万亩粮食合作社、专业合作社、村两委“五位一体”的新型农业社会化服务体系，“鲍沟模式”经验在枣庄推广。刘西保底＋分红、姜店土地多元入股等经营模式逐步完善，新增农民专业合作社6家、家庭农场3家。二是大力实施农业项目。总面积1.5万亩的“千亿斤粮食项目”、1万亩和3万亩的高标准农田创建项目、张村－邢寨－杨庄7公顷土地整理项目建设完成，农业项目基本实现镇域农田全覆盖，农业生产水平稳步提升。三是全面落实惠农政策。新购联合收割机22台、拖拉机43台，总计享受农机补贴150余万元。大力扶持壮大鑫剑农机合作社，合作社投资200余万元建成粮食烘干仓储中心，在被评为山东省农机合作社示范社的基础上，申报全国先进农机合作社。

【镇村建设】 按照《鲍沟镇2008～2020年城镇总体规划》，推动玻璃产业基地和原镇驻地相融合，致力打造山东省特色小镇——鲁南工艺玻璃小镇。完成环卫一体化市场化移交工作，村级环卫市场化稳定运转，在村级开展环境卫生“大清理、大整治、大提高”活动的基础上，重点实施104国道和笃西路等主要道路整治提升工程，取得扎实成效。配合完成综合行政执法改革，理顺职责关系，提高综合执法能力和水平。不断优化公共设施布局，着力抓好燃气管道、南水北调工程支管网、公交K118、22路延伸等工程，在完成镇村道路硬化110公里的基础上，户户通硬化路42.4公里，促进公共资源均衡分布。加快“生态鲍沟”建设，新建文明幸福村5个、绿化示范村5个，人居环境显著改善。

【民生事业】 把民生工程作为提升群众满意度工作的重中之重，镇中心小学、立新小学、郝寨幼儿园建设完成，杨村小学、石庙幼儿园建设全面启动。投资800余万元完成农村电网改造工程22个村，投资350万元的111玻璃城线、投资200万元的108薛岩线等电网技术改造项目进展顺利。救助贫困大学生36人，发放救助金7.6万余元。创新实施种羊集中代养、入股合作社、光伏项目等七种脱贫模式，枣庄市产业精准扶贫现场推进会到鲍沟进行观摩，全年完成脱贫77户、188人。扎实开展卫生计生送健康服务活动，免费体检11000余人。全面推行社区网格化管理，不断强化信访问题的预警和报告机制；社会治安、安全生产持续保持稳定，人民群众的安全感、幸福感和满意度显著提升。

（鲍沟镇党委政府）

滨湖镇

【概况】 2016年，全镇生产

总值完成53.97亿元，增长7.3%；地方财政收入实现2.83亿元，增长10%；全社会固定资产投资完成37.4亿元，增长18.8%。先后荣获全国千强镇、山东省特色小镇、山东旅游产业品牌建设领军镇等称号。

【全域旅游】 坚持以5A级景区创建和全域旅游为抓手，深入实施镇园融合发展战略，微山湖古镇建设面积10万平方米。抓好西迭生态休闲垂钓、沿河生态治理、朱寨核桃种植等工程，持续开展景区周边旅游经营秩序整治，湿地景区被省旅游局确定为国家5A级景区重点创建单位，旅游产业增加值实现24.1亿元，占GDP的比重达到43.1%，比上年增加2.21个百分点。成功举办第十三届红荷节和山东省第二届运河论坛。

【城镇建设】 完成总规、控规和新兴产业发展、旅游发展、生态发展等规划编制，启动“多规合一”。完成“荷塘月色”小镇社区一期群众回迁和观湖社区剩余村庄群众回迁与旧村拆除工作，回迁群众9000余人，拆除旧村土地近400亩。日供气8万方的燃气站和2处社区污水处理站建成启用，供热、污水处理厂加快推进；电网改造23个村。实施农村旱厕改造3350户，完成疏港路和“户户通”硬化路41个村、129公里，新建文明生态村21个、高标准美丽乡村3个，全面完成农村危房改造任务。通过省示范镇考核验收。

观湖社区完成四个村回迁上房工作

【创新经济发展】 引进各类项目13个，其中过亿元项目4个；市定重点项目完成投资15.38亿元。围绕现代物流，完成临港产业园规划编制。滕州新港开工建设；滨湖通用机场完成前期工作。围绕新型服务业，市人民医院滨湖分院与上海复星、市人民医院达成二甲级建设协议，微山湖古镇产业核心区谋划实施。围绕节能减排，实施技术创新、技术改造项目各7个，完成技改投资2.28亿元。实际利用境外资金90万美元，完成年度任务的100%；外贸进出口总额完成265万美元。新发展民营企业、个体工商户分别为93家、128户；规模以上工业企业达到11家，工业主营业务收入增长6.4%，民营经济营业收入总额达到189亿元。

【特色农业】 三夏三秋安全生产，滨湖镇连年被评为“枣庄市秸秆综合利用和禁烧工作先进集体”。朱村片区2万亩中低产田改造、向阳站人饮及灌溉配套维修二期、凤凰山体复绿等工程竣工，阳温片区2万亩中低产田改造进展顺利，统筹抓好塌陷地光伏、微山湖特色水产养殖等项目。成片造林4170亩，新建完善农田林网控制面积5000亩，新发展花卉苗木面积4500亩，创建绿化示范村6个。新建标准化养殖小区1处，总数达到42处，畜禽存栏量达到200余万头（只）。新发展嘉利康、微山湖特色水产养殖等龙头企业4家。全面完成农村土地承包经营权确权颁证工作，农村集体产权股份制改革、农村产权交易鉴定各1个，新发展农业新型经营主体23家，建立农业社会化服务组织3个。新增流转土地5000亩，总数达到5万亩。统筹抓好农产品质量安全监管，农民人均纯收入实现20593元，增长11.2%。

【行政改革】 镇党政事业机构“大部制”整合，梳理编制全省首个镇级政府行政权力、政务服务事项和责任3张清单，探索推行综合服务、综合改革、综合治理和联合办税机制，建成启用市政务服务中心滨湖分中心和综合执法、联合办税、综合治理（廉政警示教育）服务场所。搭建成立城镇建设融资、国有土地储备、集体资产交易三大平台。通过省行改考核验收，经验模式在全市推广。

【民生事业】 2处小学教学楼新（扩）建和观湖幼儿园装饰装修完工，启动滨湖中心小学异地新建工程。按照“六个精准”的要求，识别贫困户138户、330人，完成枣庄市定东黄、东双井和北部17个村1001人的专项财政扶贫工程。高标准完成特色民族村寨建设，新建社区服务中心2处。精心组织计划生育集中整治活动，圆满完成年度责任目标。新农合参合率连年达到100%，新农保参保率达到96%，五保、低保做到应保尽保。成功举办首届“尚善滨湖人”评选活动，四德工程示范村、村级“红白理事会”实现全覆盖。深入开展大气污染防治行动，储煤场清查登记33家，设置卡点1处，关停取缔储煤场9家，改造提升8家，整理土地60余亩。深化“平安滨湖”建设，精心组织开展非法改造制造采砂船只集中整治、矛盾多元化解、安全生产大检查等活动，新建网格化示范村54个。做好七所楼村妇代会改建妇联工作，顺利通过省卫生镇初审。民兵预备役、妇女儿童、信息化、民族宗教等均取得新成绩。推行清单制落实、村级承诺践诺和“四帮一”薄弱村帮扶机制，改造提升薄弱村22个，解决三年以上未发展党员的村6个，新创建党建示范点3个，评选三星级及以上村党支部书记16名。

（李新华）

柴胡店镇

【概况】 2016年，全镇生产总值实现28.2亿元，增长5.7%；地方财政收入实现1.27亿元；固定资产投资实现12.9亿元，增长9.6%；实际利用市外资金7.9亿元、境外资金95万美元。先后荣获“国家级农业景点”、“枣庄市2016年度休闲农业与乡村旅游示范镇”等称号。

【旅游产业】 投资1亿元的刘村梨园旅游综合体项目被列入全市重点项目，重点实施景区提档升级工程，投资2600余万元的刘村大桥工程建成通车，游客服务中心、儿童游乐园、绿色长廊等项目已建成投入使

凤凰谷风景区

用，栽植薰衣草、格桑花等300余亩，成功举办第八届梨花节、第六届酥梨采摘节和首届花海观光节。围绕“森林公园绿道”，加快沿线景区提档升级，推进“一路六园”休闲经济示范带建设，葫芦套老村被国家住建部列入“第四批中国传统村落名录”；葫芦套影视基地累计拍摄各类影视剧30余部；总投资3000余万元的休闲观光植物园，精品植物园、动物观赏园、四季采摘园、叮咚湖休闲垂钓区和森林氧吧养生区等建设稳步推进。凤凰谷风景区核心区的“三园一湖”四大版块建设完成，栽植经济林果采摘园400余亩，花卉苗木观赏园600余亩，生态防护林500余亩。

【现代农业】 积极发展现代农业，加大土地流转，调整种植结构，培育新型产业组织，流转土地1.5万亩，发展专业合作社34户，家庭农场23户，种粮大户28户。海联农业有机蔬菜示范基地一期项目投资600余万元，建设高标准钢结构大棚100余个，实施马铃薯种植300余亩。把开发庭院经济作为实现农民增收的突破口，鼓励引导农民科学规划、充分利用房前屋后的闲置空地发展以精种、精养为主要生产经营形式的庭院经济，提高土地利用率，改善农民居住环境。其中安后村种植葡萄2000余株，搭设钢结构棚架3公里，人均增收4000余元。完成造林面积4000余亩，承接枣庄滕州两级市春季、雨季造林现场会。承接省林业厅林地经营权流转试点工作，发放林地经营权流转证2家。东润农业开发公司投资500万元流转林地2000余亩，实施林果业种植、畜牧养殖、旅游开发等项目；林茂生态农业公司总投资2200万元流转林地680余亩，实施林业种植、生态休闲、旅游采摘等项目。破损山体治理、土地整理和高标准基本农田升级改造等项目扎实推进。

【工业经济】 不断加大转调促力度，更加注重发展质量，培育发展新动力。开工建设项目20余个，实施技改项目9个。大力推进“腾笼换凤”，引导传统涉煤企业转型发展，26家涉煤企业中有18家实施转型升级。其中，佳银贸易有限公司总投资6000余万元，转型建设枣庄市乡镇级最大的驾驶员培训中心，中心完成教练车辆购置、12000平方米教学场地和3000平方米综合服务大厅建设。加快推进鑫隆特煤业、昊燃新型建材转型发展新型建材项目建设，促进威达精密铸造中心、鲁樱高档纺织、建树玻璃、华润科技环保设备、向磊装饰材料、千山商砼等项目继续提高产品质量，扩大生产规模，增强市场竞争力。全镇逐步形成以精密铸造、高档纺织、矿山机械、新型建材、新能源等为支柱产业的发展格局。

【镇村建设】 提升城镇品质，完善功能配套，改善人居环境。推进城乡环卫一体化市场化运作，进一步健全管理体制机制，实现环境卫生工作规范化、专业化、日常化。定期开展环境卫生综合整治，按照创城的标准和要求，坚持每月利用最后一个星期天，由领导干部带头，各部门各单位、各村联合保洁公司，全域整治环境卫生。在上半年和下半年枣庄市城乡环卫一体化和移风易俗群众满意度调查活动中，柴胡店镇综合得分分别为9.65分、9.49分，分别位列滕州市第三名、第七名。全面完成省道345柴胡店段4.3公里征地拆迁等任务，做好枣菏高速微山连接线工程相关工作，完成户户通工程13.4公里。

【民生事业】 扎实办好惠民实事，其中，投资1800万元的柴胡店大桥和投资1200万元的集中供水工程完成建设。投资600余万元的美丽校园工程扎实推进，新建、改扩建中小学校舍7000余平方米。其中，投资350余万元、建筑面积2300余平方米的中学小学部综合楼项目建设完工，中心幼儿园完成主体工程建设。大力提倡移风易俗，树立节俭文明新风，41个村均成立红白理事会，其中安后村投资60余万元建设红白理事大厅，按照统一标准操办红白事。通过光伏扶贫、旅游+扶贫、健康扶贫、助学扶贫等项目，55户119人脱贫，实现精准扶贫不落一人。推进天然气镇镇通工程，完成农村危房改造和旱厕改造500户；开展送戏下乡、农村电影放映、广场舞培训等，加强“平安柴胡店”建设，社会持续平稳健康稳定，柴胡店镇荣获枣庄市级“平安镇街”称号。

（柴胡店镇党委政府）

东郭镇

【概况】 2016年，全镇生产总值实现53.2亿元，全社会固定资产投资完成18.6亿元，地方财政收入实现7738万元。先后荣获中国美丽乡村建设典范镇、全国生态示范镇、全国特色景观旅游名镇、全省农机安全示范镇和枣庄市文明镇等称号。

【项目建设】 全年谋划实施重点项目21个，其中过亿元项目5个，过千万元工业项目8个。投资2亿元的装配式建筑产业

国家装配式建筑产业示范基地

基地项目、投资1.5亿元的高档微米级二氧化硅消光剂、投资1亿的高端纺纱，以及强盛食品、百麦奇和家乡麦面粉技改、军的电动车等项目建设成效显著。东郭水泥新上装配式建筑产业基地项目，总投资2亿元购置生产设备124台套，集装配式建筑研发、设计、制作、开发与一体，可年产10万立方米住宅构配件，是全省首批4家试点项目之一。山东辛化新上高档微米级二氧化硅消光剂项目，延长产业链，增加附加值，年出口创汇3000余万美元，出口额占全国同行业的60%。恒仁工贸新上高端纺纱项目，投产达效，年增高档纱线4500吨，产值1.2亿元，填补恒仁工贸在高端纺纱领域的空白。

【城镇建设】 完善城镇供气、供热、绿化、亮化等配套设施，铺设镇驻地燃气管道2公里；实施集中连片供水项目，在镇驻地西侧新建加压水厂1座，新打机井5眼，完成管网铺设；投资1800万元的幸福河湿地治理，新建拦水坝3座，栽植水生植物近3万株。供销社商贸综合体加强配套设施建设，先后入驻商户120余户，年营业额达到2000万元，成为鲁南地区最大的乡镇商贸综合体。

【生态旅游】 投资2100万元实施景区基础设施、生态体验区、漂流和滑雪场提升等旅游项目。新修环山道路10公里，栽植绿化美化树木6000余棵；完成漂流项目升级改造，新建情人谷小型游客服务中心3处，建设星级旅游厕所3座。成功举办全市“全民健身登山比赛”以及全市重阳节登山活动，推介莲青山旅游品牌，提高旅游知名度。李沟村成功申报省级旅游特色村，“情山绿水”农家乐被评为省三星级农家乐，有效带动北部山区农家乐、生态采摘等旅游产业健康发展。

【现代农业】 成立合作社28家，流转土地6000亩，发展种植大户230家；积极争取政策和资金，实施2万亩基本农田改造项目，新打机井46眼，新建桥涵22座，硬化生产道路11公里。实施绿化生态工程，植树造林6140亩。以“其祥”家庭农场为代表的马铃薯种植，以下户主、小党山等村为代表的春雪桃等特色种植，获得良好经济和社会效益。

【民生事业】 投资1.5亿元的硬化道路户户通、投资2600万元的村村通自来水、投资1000万元的电网改造等“十大”民生工程和村级承诺的惠民实事全部完成。下户主、前村、屯里等27个村硬化道路160公里。玉泉、下户主、中村实施全建制旱厕改造，铺设污水管网1.5万米，旱厕改造1600户、危房改造76户。投资1000万元实施教育基础设施提升工程和村级卫生室改造、农村社区服务中心等项目。探索创立“党建+扶贫”模式，采取入股分红等形式，带动93户187名贫困户增收脱贫；完成枣庄市贫困村基础设施建设和种羊发放项目，发放种羊726只，贫困户危房改造22户。环卫一体化工作创新管理模式，与莱芜利民保洁公司签约托管，新聘保洁员310余名，实现常态化、规范化、标准化管理，镇村环境面貌焕然一新。开展文化惠民工程，创建省级文明生态村22个。全面推进农村网格化管理，加强“平安东郭”建设，依法防范和严厉打击各类违法犯罪活动，为经济社会发展创造稳定、和谐良好环境。

（韩　玮）

东沙河镇

【概况】 2016年，全镇生产总值实现23.74亿元，地方财政收入完成5320万元，固定资产投资实现29.05亿元。荣获“2016年中国最佳投资环境镇”“2016年山东省童车童床产业第一镇”“山东省档案工作科学化管理先进单位”“山东省卫生镇”等称号。

【产业升级】 三次产业比例调整为8.5:44.2:47.3；以多种形式流转土地承包经营权，流转土地2600余亩，农民专业合作社达到56家、家庭农场3家；大户承包经营达到48个；畜牧养殖业稳中有升，规模养殖户达到123户；粮食生产连年增长，小麦平均亩产502公斤，玉米平均单产410公斤，蔬菜总产量达到240万公斤。步云茶树菇、利民黄粉虫、新岭中药材、东木路核桃、磨坑鸵鸟、聚鑫樱桃、史村狐狸、刘岗长毛兔等特色农产品发展规模逐步扩大。全镇新增个体工商户177户，新增企业72家。开展技术改造项目12项，完成技改投入4.5亿元；实施技术创新项目9项，投入资金8240万元。16个规模以上工业企业生产经营情况正常，经济效益与上年基本持平。服务业增加值实现11.98亿元，占全镇GDP的比例达到50.5%。凤凰乐园项目一期投入试运营；总投资23.5亿元、25万平方米的奥特莱斯购物小镇项目A区3.5万平方米开工建设；初步完成墨子湖和调蓄水库的融合及景观设计。

【重点项目】 投资27.5亿元的南水北调调蓄水库（墨子湖）完成土方开挖90%；投资5.6亿元、长达2.7公里的墨子湖隧道加快建设；投资6.67亿元的山东化工技师学院新校区项目，化工系、化机系实训车间及第一餐厅主体建设完工，汽车系实施基础建设，两栋实训楼完成招投标；投资5亿元的光大环保能源发电项目一期并网发电；实施的平安路和上善大道地下综合管廊建设，完成3.6公里，被确定为全省唯一的县级地下空间规划建设和管理工作试点；高铁新区产业园项目、北大附属滕州实验学校、山东理工职业学院滕州校区、供热制冷工程、智慧城市大数据网络与服务项目、人民医院分院、育才新校、中瑞高科技创新孵化基地建设扎实推进。

【招商引资】 招商引资项目11个，总投资约160亿元。投资14.2亿元的中铁一级土地开发项目，投资3亿元的凤凰乐园项目，投资6.67亿元的山东化工技师学院迁建项目，投资5亿元的光大环保能源发电项目，投资22亿元的供热制冷项目，山东高速投资20亿元的道路、桥梁、隧道建设项目，投资4.7亿元六合社区A区项目，投资8150万元六合学校项目，投资4000万元东沙河医院项目，投资4200万元东沙河中心养老院项目，投资660万元东沙河中心幼儿园项目等进展顺利，部分项目建成运营。

【城镇建设】 创新工作模式，采用征地工作“十步曲”工作法和房屋搬迁“六一六六”工作模式，搬迁万年庄、陈岗两个村1005户、房屋1373处，拆除面积44.5万平方米；完成4家企业1.2万平方米厂房搬迁；土地征收2800余亩。深

养德公园

入推进与中铁置业合作，实施平安路、飞龙大道、漷河南路、上善大道等7条道路和2座桥梁、1条隧道建设，省道343改扩建及跨京台高速桥梁等工程基本完工，初步形成“三纵四横”骨干路网框架；完成朝阳社区二期工程建设并上房；六合社区A区全面开工，城镇化建设步伐加快；实施荆河、漷河、小洪河景观长廊规划、设计与建设；打造集运动场地、休闲健身广场、停车场、充电站、园林绿化于一体的养德公园，城市功能不断完善。

【环境治理】 完成上级下达的造林绿化任务，全镇绿化覆盖率达32.5%；继续抓好秸秆禁烧工作，采用“九六五一”工作法，实现无烟三夏和无烟三秋目标；推进秸秆还田，每年夏秋两季分别给予每亩20元的秸秆清理及综合利用奖补资金；实施建筑工地规范化管理和燃煤锅炉改造工程，努力减少大气污染；认真开展环保专项执法检查，实现镇内污水达标排放；加快调蓄水库（墨子湖）建设，同步实施墨子湖公园景区建设，打造滕州“生态绿肺”；开展环境卫生综合整治，投资500万元，配置660升垃圾箱528个，垃圾桶1.5万个，垃圾压缩清运车2辆，发放保洁三轮车及保洁工具160套，实现环卫工作全时、全域、全覆盖；深入推进综合行政执法体制改革，全力抓好拆违控建；完成“户户通”道路建设42千米；实施旱厕改造5个村776户。东沙河镇被评为“山东省卫生镇”。

【社会事业】 教育事业健康发展，中考成绩持续名列全市农村中学第一名，42人考入滕州一中、53人考入滕州二中，再创历史新高；中心小学、小宫小学代表滕州迎接国家义务教育阶段质量检测，并顺利通过义务教育发展基本均衡化验收。卫生计生事业不断提升，完善公共卫生服务站建设，全面落实计生奖励扶助政策，实施“全面二孩”政策，创新推行育龄妇女免费健康查体“AB套餐”服务，提升育龄妇女幸福健康指数，被滕州市列为试点单位。精准扶贫稳妥推进，建立完善贫困户档案和结对帮扶档案，落实股权收益分红、产业项目、征地搬迁、社保扩面等扶贫项目和措施，累计1124户2317人成功脱贫。社会保障体系覆盖城乡，全面推行城乡居民社会养老保险、医疗保险和城镇职工基本医疗保险制度，各项参保率均走在全市前列。其他社会事业齐头并进。实施总投资640万元的“天网工程”全覆盖。档案管理日趋规范，并荣获"山东省档案工作科学化管理先进单位"称号。

【精神文明建设】 深入实施"四德"工程建设，举行首届"最美东沙河人"评选活动；成功举办慈善一日捐和教师节颁奖典礼，慈善募集善款连续两年突破百万元大关，创历史新高。不断丰富广大群众的文化生活，成功承办"幸福舞起来"山东省第二届中老年广场舞大赛和滕州市老年大学庆祝建党九十五周年·舞动高铁新区文艺演出，举办"精益新区·幸福东沙河"广场舞大赛；投资150万元高标准建设镇综合性文化服务中心。

（东沙河镇党委政府）

大坞镇

【概况】 2016年，全镇围绕建设"幸福大坞、和谐大坞、生态大坞、人文大坞、富强大坞"总体目标，保持经济平稳健康发展和社会和谐稳定。实现国内生产总值45.04亿元，地方财政收入1.26亿元，固定资产投资23.95亿元，工业主营业务收入41.1亿元，利用境外资金401万美元。先后荣获省爱国拥军模范单位、省卫生先进单位，枣庄市食品安全工作先进单位、枣庄市文明村镇等称号。

【工业经济】 全面落实园区4.66平方公里的区域总体发展规划，加快供水中心至界朱路、供热中心前东西道路硬化工程，完善园区"三纵三横"道路建设。解决园区污水处理厂保底水量等问题，实现正式运营。完成一企一管污水管网、供水、供热管网扩建工作，园区承载能力进一步增强。建立项目帮扶责任制，优化企业建设环境，强力推进入园企业建设进度及相关生产、试生产手续办理。入园生物医药企业7家，山东威智二期、瑞元生物科技、龙泽医药中间体、润隆医药中间体等项目被列入市级重点项目，威智医药一期、天水生物科技正式运营，瑞元生物科技、润隆生物科技等项目实现试生产，为鑫和医药、龙泽生物科技、天祥生物科技等新上项目办理完善各种手续，申请土地指标。引进招商引资项目12个，其中过亿元项目10个，过5000万元项目2个。完成技改投资15.5亿元，主要项目集中在化工、食品、建材等老企业生产线升级改造，其中技术创新项目9个，主要集中在威智医药等医药中间体生产企业。为天水化工、润隆化工、瑞元香料、威智医药四家企业申报国家化工企业迁建、转型、升级改造扶持资金，为威智医药申报枣

建设中的瑞元生物科技项目

庄市级科技型中小企业培育计划和省级科技企业孵化器项目。

【现代农业】 实施总投资600万元的1.5万亩高标准农田建设。依托农业合作社和龙头企业，积极发展订单农业、加工农业，农产品远销国内外100余座城市。完成植树造林3162亩，森林抚育3000亩，森林覆盖率达到42%。鼓励农业龙头企业加大研发力度，重点发展农产品加工、生物肥料、测土配方等农业科技。沃地丰生物肥料有限公司主研的“华北典型农田土壤碳氮调控技术研究与应用”被农业部授予中华农业科技三等奖，“山东省主要类型农田土壤碳氮调控技术研究与应用”获得山东省科学技术一等奖。建设标准化种植基地13个，科技支撑作用不断增强。推进农村集体资产股份制改革试点，规范集体经济组织运行，明确股权分红比例，增加农民收入，防止集体资产流失。持续推进土地、宅基地等确权登记颁证工作，土地确权55个村、2.01万户，确权面积7.6万亩，占总面积的90%；宅基地确权2.1万户，占总户数的93%；集体建设用地确权176宗，占总任务的80%；实行农村产权流转网上挂牌交易，网上交易26宗，涉及土地2860亩，交易金额1300万元；新发展合作社5家，认定枣庄市级示范家庭农场2家，完成瑞弘合作社枣庄市新型经营主体重点储备项目申报工作。

【旅游服务】 抢抓机遇，做好微山湖红荷湿地和微山湖古镇节点文章，促进旅游服务业向现代化、专业化、品牌化方向发展。继续丰富洪山口文化创意产业园规划，提升品位和档次，大雄宝殿、居士楼和素斋馆等投入使用，成功创建国家2A级景区。大力发展特色乡村旅游产业，洪山口等村顺利通过省“旅游特色村”验收，组织凫山风情园参加山东省好客人家“四星级”农家乐评审，完成红荷路、济枣路沿线饭店“改厨改厕”工作和旅游厕所建设。

【民生事业】 实施总投资1200万元，140.09公里的“户户通”道路工程建设。农村危房改造37户。城乡一体化工作扎实推进，天然气地下管道已铺设到镇驻地，自来水完成前期测绘工作。教育改薄工程推进顺利，中小学实现全部新建。城乡居民医疗保险、养老保险群众认可度、参保率逐年提高，五保、低保做到应保尽保。着力改善群众生产生活条件，实施修路、打井、架线等民心工程203件。成立扶贫办，细化工作任务，强化精准识别，达到“户有卡、村有档、镇有册”，分类施策，实行入股企业、合作社等方式，实施光伏发电等项目扶贫。积极推广马铃薯秧还田、小麦机械化收割、玉米标准化直播等技术，实现马铃薯秧还田率83%，小麦秸秆还田率100%。深入开展大气污染治理，取缔砖厂3家，整治储煤场13家。多次开展镇村环境卫生综合整治活动，进一步完善城乡环卫一体化长效管理机制。坚持“亲情接访、全程代理”信访机制和社会矛盾隐患排查“三固定”工作制度，落实党政领导信访接待日、信访案件“属地管理、归口办理”等制度，化解调处一批涉及塌陷补偿、项目征地、拆迁安置、环境保护等信访积案。强化企业安全生产主体责任，深入开展安全隐患排查治理活动。

（大坞镇党委政府）

官桥镇

【概况】 2016年，全镇立足县域“副中心”发展定位，大力实施工业集群化、全域城镇化、农业特色化、民生项目化“四项战略”，较好地实现产业转型、城镇品质、生态环境、民生福祉“四个提升”，经济社会保持良好发展态势。镇域生产总值完成41.22亿元，比上年增长6.5%。固定资产投资完成22.98亿元，比上年增长17.6%。地方财政收入完成11129万元，比上年增长12.56%。主要经济指标均达到预期目标。先后被评为山东省生态乡镇、山东省文明村镇，枣庄市招商引资先进集体、农村土地承包经营权确权登记颁证工作先进集体、平安建设先进集体、安责险先进单位、普法依法治理先进集体、反邪教工作先进集体、绿化模范镇。

【工业经济】 围绕培植壮大机械和化工两大主导产业，坚持以大项目建设为抓手，全力推动企业内涵挖潜，拉长产业发展链条，工业经济转型加速、稳中有进。进出口总额完成289万元。工业主营业务收入实现33.6亿元，比上年增长5.4%。利税3.9亿元，比上年增长5.1%。完成各类技改项目12个、技术创新10项，累计技改投入14亿元。依托辰龙化工基地，引进实施华安虹江赛克、奥卓聚氨酯等一批产业接续项目和余热余压发电、乙烯管道直供等产业配套项目，形成环氧乙烷—赛克—聚氨酯新材料全产业链布局。引进实施过千万元项目12个，其中过亿元项目6个，实际利用外资18.6亿元、境外资金176万美元。充分挖掘和整合产业优势，支持引导企业加大技改创新投入，先后完成汇金重工精加工扩建、天工精铸自动化生产线改造等一批技改扩规项目，其中汇金公司成为鲁南地区铸钢产品单体铸造能力最大、拥有较强精密加工能力的专业厂家，天工公司实现产品制造向精密铸造领域的跨越。

2016年1月15日，华安虹江公司年产2万吨赛克项目开工奠基

【城镇建设】 立足打造滕南“门户城镇”，强力推进生态绿化、道路网化、“三清六化”和镇区城市化改造“新四化”工程，先后完成镇驻地天然气主管道铺设、育才路连接线道路硬化和城镇综合体、为农服务中心项目占地清障。投资8000万元的商业综合体项目——华联购物广场如期建成运营。加强小城镇网格化、精细化管理，完善长效保洁机制，城镇环境实现畅、洁、绿、美。扎实抓好美丽乡村建设，户户通道路

硬化累计15个行政村61.9公里。旱厕改造倪楼、轩辕庄、东公桥等8个村，通过市级考核验收。城乡环卫一体化常态化运行，在枣庄市群众满意度电话调查中，获得滕州第四名。深入开展大气污染专项治理百日攻坚行动，完成3家储煤企业、2家砖瓦生产企业除尘设施达标和9家企业环保提升改造。

【农业经济】 以土地流转为手段，大力培育设施农业、家庭农场和农业托管典型，新增土地流转面积1200亩。新发展家庭农场5家，累计达到12家，农民合作社累计达到86家。完成十字河官庄大桥及拦河闸、南水北调辰龙支线管网和联想化工排水管网建设。实施郑庄区域高标准农田建设和磨庄、志门土地复垦项目，申报实施掌大区域高标准农田建设项目。魏楼银杏、郑庄香椿、大康留皂角等一批特色种植发展良好，山东电视台农科频道进行采访播报。“全域绿化”行动深化实施，水系绿化、道路绿化、山林抚育、农田林网“四项工程”成效明显，薛河省级湿地公园一期建设通过枣庄市级评审验收，小魏河人工湿地项目一期工程竣工。

【民生事业】 完成西洪林、西王宫、中洪林等7个村安全饮水工程建设，解决群众吃水难题。加快教育设施工程实施，新建中心小学投入使用，苏坦小学实现迁址教学，西郑小学教学楼、官桥中学宿舍楼主体工程完工。加大历史文化传承与保护，薛国故城遗址一期保护工程、古薛汉文化园遗址保护展馆建设完成，启动实施北辛遗址保护与整治工程，前掌大遗址保护方案通过上级文保部门评审论证，国家级历史文化名镇创建顺利通过省级评审。综合文化中心如期建成使用，倪楼、苏坦等14个村文化广场建设完成，农村广场舞运动深入普及，前莱村“喜洋洋”广场舞队走入央视“群英汇”。深入实施精准扶贫战略，落实针对性帮扶措施，阶段性脱贫90户、211人。

（官桥镇党委政府）

洪绪镇

【概况】 2016年，全镇实现生产总值47.33亿元，增长7.6%；地方财政收入18669万元；固定资产投资194087万元，增长6.2%。

【经济发展】 三次产业结构调整到5∶59∶36。新立项工业

山东华能线缆有限公司现代化生产车间

项目6个，实施重点工业项目22个，项目建设投资16.25亿元。总投资15亿元的今缘春酒业异地迁建项目进展顺利，总投资1.7亿元的丰尔达强化环保轴承钢砂技改一期、总投资1.3亿元的振兴光伏和太阳能玻璃特种纸生产、总投资1.2亿元的中科蓝天平板分体式太阳能热水器等项目建成投产。完成进出口总额2017万美元，实际利用境外资金106万美元。规模以上工业主营业务收入实现636765万元，增长6.8%。洪绪食品产业基地获得市政府批复，山东华能线缆有限公司建成山东省电线电缆标准化技术委员会，山东中科蓝天科技有限公司荣登2016年度中国太阳能十大品牌榜第4名。服务业增加值达到17.7亿元，增长9.6%；限上批零、住餐企业营业额实现46221万元，增长17.2%。总投资2亿元的养老综合服务中心项目完成立项、环评等前期工作。新盈泰温泉度假村运营良好，春节期间游客接待量突破8万人次。整建制探索扶持村级集体经济“合作双赢制”改革试点，推行“一三六”工作法，实现集体增实力、农民增收益，被评为枣庄市农村土地承包经营权确权登记颁证工作先进集体。

【城乡建设】 委托上海同济城市规划设计研究院，完成镇总体规划修编，编制镇区控制性详细规划。委托浙江天尚建筑设计有限公司，编制美丽乡村连片治理规划。实施腾飞西路改造提升工程，前洪绪社区二期建成上房。南水北调城区支干线洪绪段工程竣工。成立市综合行政执法局洪绪中队，设立洪绪镇行政执法办。扎实开展环境卫生“双迎一提升”集中整治，搬迁金庄集贸市场，健全村级环卫市场化托管机制，在全市满意度测评中名列第6名。

【民生事业】 探索“一帮二托三金”精准扶贫机制。完成投资660万的教育设施改造、投资60万元的国医堂和医保报销大厅建设、投资189万元的11个村低压线路改造和29个村井井通工程，供电所被评为国家级“五星级供电所”。“户户通”农村道路硬化11个村26公里、农村无害化厕所改造8个村697户，17个美丽乡村通过验收。成功创建山东省安全社区，连续6年被评为“平安枣庄”建设先进镇，人民群众的获得感、幸福感不断提升。

（洪绪镇党委政府）

界河镇

【概况】 2016年，全镇围绕农业和生态旅游目标定位，全面建设滕邹两城融合发展中心、公铁联运物流中心、马铃薯产销中心、水泥产业配套服务中心、鲁班文化传承中心“五大中心”，倾力打造富美薯乡、幸福界河。2016年，生产总值实现45.2亿元，增长8.2%；地方财政收入实现7951万元，增长8.7%。被评为山东省旅游强乡镇。

【项目建设】 实施创新驱动战略，加快产业转型升级，大明科技公司被评为山东省创新型试点企业、瑞泰窑炉公司被中国建材集团重组控股。新上过千万元项目15个，完成固定资产投资20.7亿元、利用境外资金75万美元。其中，投资1600万元的通达电子二期工程建成投产；投资1440万元的废旧地膜回收利用项目设备安装完毕；鲁班国际综合开发、灵泉山矿泉水、马铃薯精深加工等项目进展顺利；国宁装饰、华杰豪医疗器械项目入园建设；投资2.6亿元的光伏太阳能项目完成立项。

【特色农业】 建成设施化、生态型马铃薯基地2000亩，土壤改良、水肥一体化等一批循环农业项目效应逐步显现，推广先进栽培技术28项，春马铃薯亩产量与经济效益实现“十连增”。枣庄市首家马铃薯良种育繁推一体化项目建成运营，自主选育的“滕育一号”推广使用，“滕州马铃薯”地理商标入选“中国百大地理商标”，认证“三品一标”4个。马铃薯目标价格保险全覆盖，农作物秸秆基本还田，农业继设施栽培之后实现第二次生产方式革命。成功举办第八届马铃薯节、“马铃薯王”评选活动，全省首家新型职业农民俱乐部规范运作。建成省级标准化示范养殖小区2个，造林绿化2600亩，发展农民专业合作社167家，承包地确权登记、农机推广、农业普查等工作稳步推进。

【城镇建设】 积极融入全市“一体两翼、四副六点”发展布局，坚持开发建设、设施完善、环境优化并举，突出抓好城镇重点工程，实施投资600万元的供销社区域改造工程，建设集商业贸易、农机服务、粮食烘干、仓储物流于一体的综合服务中心，主体工程完成。镇驻地污水实行集中处理，全面完成天然气管道铺设，环卫一体化实现市场化、规范化运作。鲁班湿地公园成功创建AA级景区、省级湿地公园，农村公共服务运营、连片治理等项目成为全市亮点工程，闫楼村建成省级美丽乡村，美丽乡村总数达到36个。

省级美丽乡村北闫楼村

【民生事业】 牢固树立干在当下、成在实处理念，集中精力抓好“十件实事”，新建农村道路360公里，高标准承办枣庄市“户户通”工程现场会。东朱路改造工程全面通车，建设用电标准村11个、文化场所52处。5000亩农业综合开发项目，获得枣庄市第一名。闫楼村土地整理项目通过验收，万亩片区高标准农田、唐楼工矿地整理等项目完成立项。扎实推进无害化厕所改造工作，建设示范村10个、改厕2181户。稳步推进移风易俗工作，村级红白理事会组建率、村规民约修订率达到100%。人口计生工作获全市综合目标考核一等奖。全面推行矛盾多元化解、法治副主任工程，安全生产、信访稳定等措施有效落实，社会形势和谐稳定。

（界河镇党委政府）

级索镇

【概况】 2016年，全镇实现生产总值76.58亿元，增长7.9%；公共财政预算收入5.24亿元；农民人均纯收入21500元，增长12.3%。先后荣获全国千强镇、国家投融资模式创新小镇、山东省特色产业镇、山东省绿色生态示范城镇、山东省美丽宜居小镇、山东省卫生镇等称号。

【工业经济】 引进实施过千万元项目23个、过亿元项目4个。投资1.1亿元的现代机动车检测中心项目建成运营，是迄今山东省首个乡镇级机动车检测中心。投资2亿元的艺格云门业项目，集中高端木门研发、设计、生产、销售于一体，是企业由传统机械制造向“互联网+”云门业定制成功转型的典范。采取腾笼换鸟方式，实施投资2亿元的龙彩新材料项目一期建成投产，项目从签约落地到投产运营用时不到3个月。投资5000万元的亿达华闻煤电化技改、投资3000万元的耀国光热扩建等项目均建成投产；投资1.4亿元的润龙太阳能光伏幕墙完成一期厂房建设；投资3000万元的荷兰滕州天然至美肠衣项目完成79.2亩土地出让和厂房整体规划设计；投资1亿元的陆台智能装备制造、投资5000万元巨福龙制衣等项目签约落地。加快园区提档升级，实施枣庄市首个乡镇级中小企业公共服务中心建设，强化园区用地、取排水规范化管理。规模以上工业企业达到34家，形成以新能源新材料为主导，食品、电力、纸业、纺织等产业同步发展格局，成为江北最大的太阳能玻璃管材生产基地和碳化硅精细微粉加工基地。9月，新能源集群被评为“省级产业集群”，12月，级索镇被列为山东省特色产业镇创新发展20强。

【城镇建设】 采取完全市场化运作模式，完成面积3.9万平方米的同济小区建设，成为枣庄市乡镇范围内首个多层电梯花园洋房小区；规划建设面积12.6万平方米的幸福家园综合体加快推进，城镇建成和在建面积达到110万平方米。不断完善城镇大路网，北留路级索段完成改建，同济大街南段完成排水管网建设，超前高标准达到省示范镇“八个一”标准。城镇基础设施配套项目被列入山东省首批50个PPP试点项目，获得国家第二批4300万元专项建设基金支持；被评为国家投融资模式创新小镇，获得中央预算内3000万元资金扶持。

【现代农业】 建成小麦一级种子田2万亩，粮食整建制高产创建面积达到6万亩。集良种繁育、推广、生产、展示于一体的滕州余松烈院士小麦科技馆有序建设。新增土地流转面积3000亩，家庭农场和农民专业合作社13家，农村资产股份合作社2家，被评为国家农村改革试验区核心示范区和国家现代农业粮食项目核心示范区。加强农业基础设施建设，完成投资1500万元的3万亩基本农田升级改造、投资1.56亿元的110千伏变电站等财政项目4个，落地资金超过2亿元。

【民生事业】 投资360万元的级索中心小学新教学楼、投资380万元的水磨庄幼儿园建成启用，投资310万元的龙岗小学新教学楼完成主体建设。高标准硬化道路29个村62公里，户户通实现全域覆盖。创建潘楼村省级美丽乡村示范村，开通城区至级索公交，实施农村改厕示范镇建设，健全完善矛盾纠纷多元化解机制，级索镇调委会入选全国模范调委会。搭建镇、企、村三级平台，建成光伏发电站3处，撬动社会资金1800余万元，帮扶建档立卡贫困户591人。

（级索镇党委政府）

姜屯镇

【概况】 2016年，全镇依托区位和产业特色，持续推进全域城镇化、工业集群化、农业现代化、服务业专业化“四化”战略，经济运行稳健，发展持续向好，圆满完成各项任务目标，地方生产总值实现42.19亿元，比上年增长9.2%；财政收入实现1.32亿元，比上年增长7%；固定资产投资达到23.69亿元，比上年增长19.3%；服务业增加值实现16.01亿元，比上年增长8.5%。被评为国家级生态镇、山东省基层“双拥”模范单位、省“一村一品”示范镇、枣庄市农村改革先进镇等称号。

【城镇建设】 精准把握定位，城镇建设品质明显提升。总投资100亿元的百地茂商城（原兴盟国际商城），一期具备运营条件，二期拆迁稳步推进；总投资2.2亿元的滕国锦城项目，一期“姜屯第一街”开业运营，二期民意家园沿街店铺投入使用；环卫一体化实现市场化运作，建成市级示范村9个，其中洪西村被评为省级卫生村；持续开展美丽乡村创建，启动实施7个村美丽乡村连片治理，沿红荷路、新104国道打造美丽乡村精品景观路线，建成乡村绿道15公里，打造美丽乡村精品片区10平方公里。

【现代农业】 彰显特色优势，现代农业提质增效。努力在设施农业、特色农业、近郊农业做文章，推动一二三产业融合发展。新流转土地5000亩，发展专业合作社4家、采摘园2处，打造特色种植专业村5个，土地确权颁证率完成90%，正德康城被评为省级农业科技示范园，滕国鸿发展为鲁南地区较大规模花卉苗木繁育基地；总投资650万元的土地整理项目完成勘测和规划，总投资110万元的农田水利项目、总投资600万元的5000亩农业综合开发项目完成设计并通过评审，实施招投标。

【工业经济】 强化项目抓手，投资拉动作用持续增强。新签订招商引资项目14个，新开工建设项目11个，合同利用资金18亿元，实际到位资金13.8亿元。其中，总投资7000万元的空气源热泵生产制造项目、总投资3700万元的宁升电力4.3兆瓦分布式光伏发电项目

正德康城设施蔬菜示范园

完成立项；总投资9800万元的建筑垃圾处理项目、总投资9750万元的智能温室项目、总投资4980万元的数控液压机械制造项目先后开工建设。

【旅游服务】 狠抓专业市场、商贸物流和乡村旅游三大优势产业建设。以新104国道为中轴，大力发展现代物流和服务体系，重点加快“金三角钢材、花卉交易、工程机械交易、农机交易、二手车交易”五大专业市场建设；依托秀美荆河，积极推进自然景观、产业特色、文化旅游融合发展，全力打造以生态保护、农业体验、休闲观光为一体的城市近郊乡村旅游，建成风筝基地暨户外互动体验中心1处，葡萄种植园300亩，黄金梨、蓝莓采摘区500亩，农家大院、农家乐10余家。

【民生事业】 大力推进硬化道路户户通、自来水通、排污管道通农村基础设施“三通”建设，新通自来水5个村，“户户通”道路硬化86.1公里，规划旱厕改造1.6万户，完成4940户；持续加大科教文卫投入，完成8所小学塑胶跑道、5所小学餐厅建设，9所薄弱学校改造；大彦小学新建工程顺利启动；新建或提升文化大院6个、文化广场9个；文化惠民演出200场次；推进精准扶贫，累计脱贫326户792人；深化社会管理创新，狠抓安全生产、信访稳定和社会矛盾调处化解，“411”法治惠民工程全覆盖，社会大局持续保持稳定。以“四定双诺三挂钩”为主线，扎实做好镇域“十件实事”和村级“三件实事”，累计办成水、电、路等实事300余件。

（姜屯镇党委政府）

龙阳镇

【概况】 2016年，全镇实现生产总值29.56亿元，地方财政收入5672万元，农村居民人均可支配收入1.62万元，分别增长8%、11.7%、13.2%，先后被评为枣庄市文明镇、枣庄市休闲农业与乡村旅游示范镇、枣庄市平安建设先进集体。

【现代农业】 一是深入推进农业农村改革。农村土地承包经营权、集体土地使用权、宅基地使用权和农民住房确权登记颁证基本完成，开展合作社信用互助及土地承包经营权、住房财产抵押权贷款试点，规范和发展农业新型经营主体89家。二是加大投入改善农业生产条件。实施投资160万元的高岭片1.5万亩高标准农田改造项目、投资270万元的焦庄、邱石等村库区移民项目、黄岭至尚河圈地表水管道铺设工程等一批农田水利建设项目，春、秋马铃薯种植面积6万亩，绿萝卜面积近万亩，林果面积7200亩，畜牧产品存栏量165万头（只）。三是加快农业品牌建设。实施马铃薯产业提升工程，早春马铃薯三膜覆盖率达到36%，生物有机肥施用率达到96%，测土配方施肥面积达到37%，产品上市时间提前，品质进一步提高；实施“龙阳绿萝卜”地标产品开发，新建绿萝卜良种繁育基地1处。取得“绿色食品”认证4个、“无公害产品”认证27个，“三品一标”认证面积3万亩。四是切实抓好农业保险普及，实现全面参保。推行小麦、玉米政策性保险和马铃薯、大葱等蔬菜目标价格保险，为农民提供兜底保障。

【旅游服务】 确立“政府管山、

管委会管事、公司化运行、市场化运作”理念，实施龙山胜境AAAA级风景区创建工程，完成基础设施、服务体系配套，新建和修复景点38处，形成“中华龙山、健康福地”准确定位，9月28日顺利开园运营，引入善国书院、家添翼教育培训基地、三人行真人CS基地等一批文化旅游项目，完成锦天牡丹园一期建设，实现鲁班文创园开工复建。发展特色农家乐、精品采摘园等乡村旅游项目12个，建成省级特色旅游村2个、乡村旅游示范村和示范点3个、星级农家乐10家，卧龙村被列为山东省传统村落，打造出活力初见的旅游产业集群。持续办好登龙山青年健身节、环龙山龙湖自行车赛等龙阳民俗文化旅游节会活动，丰富怡游龙阳文化旅游内涵。

龙山胜境风景区开园

【工业经济】 实施投资1100万元的吉田公司生产线升级改造工程、投资1200万元的吉路尔轮胎真空胎生产线、投资1500万元的华宝卫生制品办公及研发综合楼等企业技改项目，北大仓面粉公司在市食品工业园新上的新东谷生产线、吉路尔公司在市经济开发区投资建设的山田橡胶、吉田公司在市精细化工园区的新厂区建设等一批入园项目进展加快，拥有中国驰名商标3个，启动吉田香料新三板上市步伐，各类企业规模和档次不断提升，飞地工业成为镇域经济的重要支撑。

【镇村建设】 完成驻地中心大街亮化、农业结构调整线复铺、东朱公路西段升级改造工程；实施“户户通”硬化道路工程34公里，农村清洁卫生厕所改造1658余户，在3个村实现整建制改厕和污水管网配套。实现城乡公交一体化；持续推进镇村绿化、美化、亮化，每个村均有农家书屋，建成村民健身广场52个、文化大院36处、社区服务中心4处；实施龙水湾、金龙嘉苑新型社区建设，城乡环卫一体化市场化运作、规范化运行，城市花园面貌焕然一新。

【民生事业】 建成便民综合服务中心、职工餐厅，完成办公场所搬迁，形成新的行政服务中心，机关办公彻底告别老旧危房，群众办事实现一站式办结。建好旅游扶贫平台，完善精准扶贫措施，顺利实现48户、121人脱贫。完成龙山屯小学提升改造、中心小学改厕等校舍建设工程6项，新建村级文化大院8处，改造村民健身广场12个，建成孔子学堂1处，所有村级卫生室均达到枣庄市标准化建设要求。切实抓好基本养老和医疗保险体系建设，做好最低生活保障、慈善救助、优抚优待等工作，深入开展社会治安综合治理，认真做好信访和矛盾纠纷排查调处，确保生产安全、社会稳定，群众满意度进一步提升。

（龙阳镇党委政府）

木石镇

瑞达化工聚丁烯项目

【概况】 2016年，全镇围绕建设“国家级化工新材料基地”目标，坚定不移调结构，脚踏实地促转型，强力打造“煤基之都、和谐康城、墨子故里、山水木石”，保持经济社会持续稳定发展态势。实现生产总值47.88亿元，同比增长8.2%；固定资产投资37.9亿元，同比增长29.6%；地方财政收入2.02亿元，同比增长4.7%；农民人均纯收入16012元；进出口总额959万美元。荣获枣庄市重点项目建设先进集体称号。

【项目建设】 新引进过亿元项目5个，实际利用境外资金200万美元。在建过亿元项目8个、技改项目11个，完成固定资产投资34.6亿元。瑞达化工聚丁烯、光大环保发电、新能甲醇扩产等项目加速推进；三元前驱体电池正极材料、三氯异氰酸等项目前期工作进展顺利。新发展个体工商户325家，民营企业41家；规模以上企业实现主营业务收入44.7亿元，同比增长5.5%，利税3.8亿元。

【现代农业】 农业专业合作社、家庭农场发展到58家，其中示范社场8家，新增种粮大户5家；新发展农业特色专业村3个；累计流转土地面积9300余亩；新发展林果面积4500余亩；龙振水产养殖、市组培中心建成投入使用，有机肥厂即将竣工。服务业单位增加到140个，服务业增加值实现15.32亿元，同比增长8.7%；在建服务业项目12个，完成投资2.7亿元；依托墨子湿地AAA级景区和龙振庄园国家AA级景区，积极发展旅游业，举办第三届“生态滕州”油菜花节暨美丽木石摄影大赛，承办第六届墨子文化节“墨子故里行”活动。

【配套设施建设】 南水北调管网、天然气供应二期工程全部完成；污水处理厂一期正常运行；园区污水管网改线工程竣工；伩庄社区污水处理设施运行平稳；湿地二期建设全面完成，金石银滩及拉膜结构新建、主席像广场改造、环湖路及毛竹路硬化等工程完工；大力实施生态补偿工程，创建绿化示范村4个，“森林木石”完成片林建设2100亩，覆盖率达到43%；加强大气污染综合防治，依法取缔土小企业3家，燃煤锅炉煤改气6家，取缔储煤场、煤灰场3家，危化品运输和粉尘煤尘专项整治成效显著。

【民生事业】 精准扶贫工作扎实推进，环卫一体化水平稳步提升；升级改造村居电子监控设备，实现电子监控镇域全覆盖；独前小学综合楼建成使用；新建文化大院5处；提档升级村居健身广场5处，新建墨子湿地公园健身广场投入使用；旱厕改造工程稳步推进，“户户通”道路建设完成40公里；文化下乡送戏、播放电影270余场次，成功举办第二届广场舞大赛和第二届村级运动会，开展村级广场舞培训活动4次；发放五保、低保资金及各类补贴720余万元；新农合、新农保覆盖率达到100%，本级报销医药费420余万元，企业社保工作继续稳居全市首位。

（木石镇党委政府）

南沙河镇

【概况】 2016年，全镇大力实施新型工业化提升、高新技术产业振兴、新兴服务业壮大、现代化农业培育、镇村城市化建设统筹推进五大工程，推动经济社会科学发展。全镇生产总值实现30.62亿元，地方财政收入实现10103万元，固定资产投资实现23.1亿元，农民人均纯收入实现18066元。先后荣获枣庄市城乡环卫一体化工作群众满意优秀镇街、枣庄市农村土地承包经营确权登记颁证工作先进集体等称号。

【项目建设】 围绕开发区产业招商，引进产业链缺失项目，推动产业集群发展。实施过3000万元项目21个，其中过亿元项目6个，投资11.48亿元的山田橡胶子午线汽车轮胎生产项目、投资1.2亿元的三合机械公司研发中心等13个项目进展良好；8个项目竣工，其中投资1.1亿元的信诚阳光老年公寓、投资6000万元的童格拉米月子会所成为南沙河镇服务业发展的亮点工程。到位市外资金17.04亿元，企业总数达到235家，规模以上企业达到27家，工业主营业务收入实现73.1亿元，比上年增长8.2%；利税实现7.5亿元，比上年增长6.9%。

【工业特色】 坚持把高新技术培育和提升工程作为特色项目打造。新建企业科研中心2处，其中建筑面积1.3万平方米的山田橡胶高性能子午线汽车轮胎科研办公楼、建筑面积6692平方米的三合机械公司研发中心均完成主体工程建设。建有博士后科研工作站1家、院士

三合机械公司研发中心车间一角

工作站2家、拥有山东省博士后创新实践基地等省级研发平台14个，枣庄市企业技术中心达到10个，高新技术企业达到8家。16家企业与中科院上海分院、中国医科院等20余家科研院校建立长期稳定的产学研合作关系，引进院士、长江学者、泰山学者和高等院校、科研单位专家、教授等“柔性”人才57人。高肇林被评为国家“万人计划”领军人才、“国家科技创新创业人才”；李志裕被评为“泰山产业领军人才”；高肇林、吕扬获得“枣庄英才”称号。研发及专业技能人员570人，其中高中级职称专业技术人员116人；实施技术创新和技改项目28个，其中16个纳入省级项目，益康药业公司的“化学药物晶型关键技术体系的建立与应用”获得国家科技进步二等奖。7家企业参与国家标准制定，其中4家为行业副理事长单位，获得多个领域行业标准制定的话语权。新申报专利39项，专利总数达到272项，获得“中国专利镇”称号。14家企业具有自营出口权，其中2家企业获得海关AA类管理资格，出口创汇连续五年全市各镇街第一位。

【城乡一体化】 按照中心城区标准建设镇域，全力推进环卫、道路、自来水、公交、供电、卫生厕所改造“六个一体化”。一是环卫一体化市场化运作，调整管理方式，实现“全方位覆盖、无缝隙对接、常态化管理”。在2016年枣庄市城乡环卫一体化工作群众满意度调查中，南沙河镇得分位居镇街第一位。二是不断加快城镇基础设施建设。新建道路55.38公里，农村道路硬化总里程达到160公里，16个村全面实现“户户通”，7个村基本达到“户户通”；农村无害化卫生厕所改造2000户；“美丽乡村”创建34个村，城镇功能日趋完善。三是全力打造现代化生态园林城镇。在上营、北王村森林抚育2000亩，新增成片造林1200亩，全镇林木覆盖率达到37%。围绕打造富有特色的生态水系，实施总投资2300万元的郭河流域人工湿地水质净化和中水回用工程，成为群众休闲、健身新场所。加大笃山口山体治理力度，南侧山体治理取得阶段性成效，山体生态植被逐步恢复。

【现代农业】 按照全市“两区一试点”建设总体要求，加快农村改革步伐，激发农村活力，实现农民生产方式与城市化进程同步推进。一是农村资产确权登记全面推开。在全镇38个村整建制开展集体土地所有权确权登记、土地承包经营权确权登记，33个村实施宅基地确权，2个村完成《房屋所有权证》发放工作。二是产权改革先行先试。积极推进土地集中流转、全程托管等适度规模经营，土地规模经营面积达到1.32万亩。上营、北池等7个村实施集体资产股权改革，实现“家家有资本、户户成股东、年年有分红”。在上营村开展闲置宅基地盘活利用试点，拓宽建设用地利用空间，主要做法被省委内部刊物《山东农村工作》采用。三是积极发展现代农业。在北池、南池村土地整建制流转的基础上，引入工商资本8500万元，建设2600亩现代生态示范园。四是完善农业基础设施。开工建设投资485万元的基本农田综合改造项目，涉及冯东、上徐等7个村1万亩土地，农业基础设施显著改善。

【社会事业】 连续六年实施“十

项民生工程”和“百件惠民实事”，其中校舍工程累计投资近3000万元、路网累计投资3600余万元，实现环卫一体化、农村高清数字视频监控、健身广场、校舍及校园餐厅建设全覆盖。完成城市管网水建设4个村、“多村一表”改造14个村，东部山区群众吃上城市管网水。争取延长19路公交车运行路线，坚持开展送戏下乡，免费开放镇综合文化中心。聚焦产业扶贫，依托瑞宇光伏项目、宝鼎机械厂、种植合作社、养殖合作社、家庭农场，通过产业发展带动贫困户脱贫，产业扶贫分红资金全部打入贫困户“一卡通”账户，完成2016年度53户134人脱贫任务。严格落实安全生产责任制，加大重点行业和领域监管力度，全年无安全生产责任事故发生。计划生育、环境保护、平安稳定等各项工作扎实有效开展。

（南沙河镇党委政府）

西岗镇

【概况】 2016年，全镇实现生产总值84.1亿元，公共财政预算收入7.03亿元，社会消费品零售总额23.77亿元，进出口总额1950万美元，农村居民人均纯收入22633元。获得山东省“百镇建设示范行动”示范镇综合考核第4名，荣获中国美丽乡村建设示范镇，山东省特色产业镇、山东省幸福进万家活动先进单位、枣庄市“美在农家”示范镇、平安枣庄建设先进集体等称号，被省委、省政府列入全省10个“新生小城市”试点。

【棚户区改造】 经过积极争取，获得省政府3197户棚户区改造项目，被称为全省棚改第一镇。牢牢把握项目机遇，利用棚改政策实施“八拆两建”，城镇建成区达到17.5平方公里，中心城社区建成在建面积160万平方米，城镇人口达到9.6万人。

【村社共建】 依托土地流转平台，与市供销社联合，促进村社共建，流转耕地1060亩，成立舜耕粮蔬专业合作社，推动订单种植、农超对接，实现农商互补、三方共赢。全国供销总社领导调研给予充分认可，要求全省推广。

【美丽乡村建设】 按照“规划

优美宜居的城镇环境

先行、因村制宜、典型带动、整体提升”思路，实施美丽乡村全覆盖计划，建设东王庄、高庙等美丽乡村示范村32个。结合美丽乡村，建设西岗记忆民俗馆、泰山行宫、岳石书画艺术馆等文化载体，广泛开展移风易俗、“四德工程”创建、广场舞全民健身等活动，人民生活环境全面提升，精神面貌焕然一新。

（西岗镇党委政府）

羊庄镇

【概况】 2016年，全镇紧紧围绕“差异化”定位，全力推进“山水资源生态保护开发区、特色农业绿色品牌集聚区、两城三地休闲旅游度假区、富美文明幸福共享示范区”“四区”建设，经济社会发展保持稳中有进良好势头。生产总值实现29.82亿元，地方财政收入达到5371万元，固定资产投资突破16亿元，被评为山东省旅游强镇、山东省文明镇、山东省书香之镇、山东省卫生乡镇。

【重点工程】 庄里水库是国务院确定的172项重大水利工程中27项重点工程之一，是全省近30年来建设的唯一大型水库，设计总库容1.33亿方，坝长3124米，大坝占地约90%在羊庄镇境内，涉及4个村3932人，需搬迁2个村，拆迁房屋2万余平方米，清理树木5万余棵，建设移民安置区2个。按照水库坝址提前迁占的任务要求，抢抓节点、突破推进，截至9月6日，202户、2.2万平方米房屋和宅基全部拆迁完毕，涉及4个村、1536.19亩占地全部移交水库建设施工方。庄里水库配套设施及移民安置项目总投资1.2亿元，西江安置区建设完成，于年底上房。后台村移民安置区和配套工程建设顺利实施。

【项目建设】 重点推进总投资1.4亿元、年产500万吨建筑骨料的鑫岩建材项目，采取世界先进封闭环保设备，填补枣庄区域重点项目应用高品质骨料空白；做好年产80万吨大宗集团脱硫钝化石灰、滕州中联新上建筑垃圾和化工废料焚烧技改以及市园区4家“飞地经济”项目跟踪服务工作。

【特色农业】 依托优质水资源和生态土壤条件，引进由山东谷德公司总投资6000万元、规划占地3000余亩出口芦笋种植基地项目；实施5000亩世行中低产田改造项目和3个村土地整理项目；新发展大樱桃、薄皮核桃、生态蜜桃、冬枣等林果1.2万亩，新建马铃薯种植基地5处、总面积突破5000亩；新建“三农”服务中心1处，全面推广粮食生产“托代管”“六统一”服务模式，土地规模经营面积达到1.2万亩。

【民生事业】 实施18处中小学、中心幼儿园教学楼、宿舍、餐厅建设工程，教育教学条件得到根本改善；新建镇卫生院5000平方米综合病房楼1处，新增床位130余张，成功创建全市第一家“全国群众满意的乡镇卫生院”；严格落实财政资金专项扶贫政策，投入20万元实施侯庄、洪山前贫困村光伏发电、香菇养殖扶贫项目，深入开展结对帮扶，积极探索小微企业、合作社助脱贫模式，整体工作取得初步成效。

【镇村建设】 实施涉及46个村、总里程近100公里户户通道路硬化、5公里驳官路南段修复、10.3公里镇驻地天

薛河湿地

然气管网铺设、900户旱厕改造工程；加强水源地保护和生态治理，全镇森林覆盖率达到44.5%；实施投资400万元的南马山破损山体治理项目，争取投资3000万元的薛河人工湿地水质净化工程项目；东辛庄村成功入选第三批“中国传统村落名录”，北台村入选第一批“山东省传统村落名录”；累计创建美丽乡村、文明幸福村、生态村46个。

【文化发展】 规划建设全市第一家六位一体的文化大院和孔子学堂，接待参观群众万余人次；连续3届开展“感动羊庄人物”“最美羊庄人”“羊庄好榜样”道德模范评选表彰活动，展示新时期羊庄人精神风采；羊庄镇总工会被中华全国总工会授予“全国工会职工书屋示范点”，成为全省唯一一个设在镇级的示范点；中共滕县县委、滕县抗日民主政府旧址纪念馆被批准为省党史教育基地，入选国家2A级景区、第四批省级文保单位。

（羊庄镇党委政府）

张汪镇

【概况】 2016年，围绕打造煤电工业强镇目标，全镇上下创新务实、攻坚克难，扎实推动经济社会又好又快发展，圆满完成各项任务目标。国内生产总值实现45.8亿元，地方财政收入实现1.3亿元，全社会固定资产投资完成20.8亿元，农民人均可支配收入实现16408元。31个村通过“枣庄市生态文明家园示范村”验收，24个村建成滕州市级“美丽乡村”，张汪镇荣获“山东省生态文明镇”称号。

【项目建设】 立足煤电特色发展定位，培植壮大枣矿集团非煤产业，助推大宗集团“二次创业”，工业经济转型升级步伐加快。煤电主导产业优势突出。总投资3.8亿元的富源生物质发电项目发电运行。总投资33亿元的枣矿田陈富源2×35万千瓦煤矸石综合利用项目，获省发改委立项核准。3.5兆瓦“金太阳”光伏发电、大宗煤矸石热电二期技改、金宗新能沼气发电等重点项目投产达效。年发电量达10亿千瓦时，形成煤矸石、光伏、生物质、沼气等发电门类齐全的煤电特色产业集群。骨干企业裂变升级步伐加快。大宗生物实施20万吨原淀粉生产线技改、年产10万吨变性淀粉项目建设，水泥厂与中国联合水泥集团公司并购技改扩建、鲁南装备制造有限公司再制造分公司等项目均已按期竣工。天益工贸、祥润化工、永喜无纺布等企业技术创新进展顺利。规模以上工业企业

14家，规模以上工业主营业务收入实现30.3亿元；民营企业430家，个体工商户1900户。

【现代农业】 突出农业品牌建设、特色园区建设，着力打造农业现代化发展新亮点，多措并举促进农民增收。累计发展农民专业合作社78家，家庭农场20家。融和花木种植专业合作社被评为全市首家“全国林业专业合作社示范社”“山东省十佳林业专业合作组织”；泥腿子家庭农场荣获首批“省级示范性家庭农场”。元宝枫生态产业园完成投资4200万元，总种植面积发展到6000余亩，被山东省林业厅授予首家“省级元宝枫苗木繁育基地”。张汪镇被评为“山东省苗木花卉百强镇”“山东省板材加工名镇”。实施农田基础设施升级改造全覆盖工程，高效节水灌溉工程、农田水利项目县建设、千亿斤粮食建设、高标准基本农田升级改造等项目全面竣工。

【旅游服务】 国家“AAA”级旅游风景区—大宗村基础设施不断完善，先后荣获全市首批“十大最美乡村”、“中国十大最美乡村”、首批“中国乡村旅游模范村”称号。薛国故城城墙抢救性保护工程一期工程竣工，二期工程启动附着物迁占清理工作。成立薛国故城前掌大文物保护管理所。大宗电子商务青年创业园一期商户全部入驻营业，二期工程实施装修设计。综合商贸城开业运营，华联大型生活超市入驻经营。中通、中兴、海燕、金鹏等12所具有培训资质的驾校在镇设立分校。

【城镇建设】 立足打造南部副中心城区，不断完善基础设施。配合104国道、344省道升级改造，完成104国道白楼至张汪村路段建筑物墙面立体改造及绿化、亮化工程，实施富源路、柴张路等主干道路大提升工程。改造提升蒋庄、夏楼等农贸市场，规范整治水泥制管厂18家。扎实推进村庄道路硬化“户户通”工程，累计硬化镇村主干道路330公里，安装太阳能路灯580余盏。十字河自来水厂扩建工程竣工并投入使用，集中供水管网实现全覆盖。完成镇驻地燃气管网建设、78个村的电网升级改造和低电压分台区治理工程。实施农村危房改造240户，旱厕改造1160户。总面积7.3万平方米的杨仓社区实现回迁上房。成立市综合行政执法局张汪执法中队，完善综合执法机制，城镇科学化、精细化管理水平明显提升。城乡环卫一体化实现市场化运作，累计投资1100余万元用于环卫基础设施建设，狠抓环境卫生整治攻坚，镇容村貌显著改善。深入开展大气污染综合治理行动，累计关停、取缔土小企业80家，28家储煤场落实防尘措施或被依法取缔，实施6家企业煤改气、2家砖瓦窑厂技改工程，整治燃煤锅炉82台，淘汰黄标车462辆。建成高标准水系生态林带10公里、道路林带20公里，林地总面积达到3.3万亩。

【社会事业】 加大民生事业投入，坚持每年集中力量办好“十件实事”。认真做好精准扶贫分类施策和结对帮扶工作，统筹抓好产业扶贫、就业扶贫和社会扶贫，光伏发电、折股量化分红、已脱贫贫困户巩固产业等扶贫项目建设顺利推进。教育工程建设累计投入5000余万元，改造农村中小学13处，新建学校餐厅13处、校舍面积4.4万平方米。建成省级规范化小学2处，省级规范化幼儿园1处；全市第一所集幼儿园、小学、初中于一体的十二年一贯制张汪实验学校建成投入使用，教育教学资源布局得到进一步优化。城乡居民养老保险、居民医疗保险实现应保尽保。慈善事业蓬勃发展，募集善款连续三年突破百万元大关。医疗服务设施不断完善，总投资1462万元的病房楼、门诊楼和查体服务中心新建、扩建工程完成，建有一级甲等村级卫生室46所。连续两年获得全市“人口和计划生育责任目标管理一等奖”。新改建村级体育健身广场37处，发展数字电视用户10039户，组织开展村级广场舞大赛和农民健身运动会。83个行政村农家书屋实现全覆盖。首部地方志《张汪镇志》编纂出版。张汪竹木玩具连续三届参加中国非物质文化遗产博览会。平安张汪、法治张汪建设实现公共法律服务信息全覆盖，“四德工程”建设扎实推进，全镇安全形势持续稳定。审计、统计、工会、妇联、老龄、民兵预备役等各项事业取得新进展。

（张汪镇党委政府）

北辛街道

【概况】 2016年，全街道围绕建设“区域性中心城市”总体目标，以培植主导产业、建设精品城市、发展民生事业为重点，大力实施专业市场集群、重点项目带动、商贸物流辐射、民生事业优先、党建创新引领五大战略，不断强化社会建设、文化建设、生态建设、平安建设、干部队伍建设五项保障，经济社会各项事业继续保持稳中有进良好态势。实现生产总值58.52亿元，比上年增长8%；地方财政收入3.43亿元，比上年增长8.5%；完成固定资产投资46.59亿元，比上年增长16%；实际利用市外资金25亿元，实际利用境外资金100万美元；实现服务业增加值38.1亿元，比上年增长8%，占GDP比重65%；限上批零、住餐企业营业额256亿元，比上年增长16%。先后获得省级生态乡镇、全省幸福进家活动先进单位、枣庄市社会保障系统先进集体等荣誉称号。

【项目建设】 实施重点项目49个，其中，续建项目26个，新建项目16个，在谈项目7个，过亿元项目33个，被列入全市102个重点项目7个。一是主动作为，新建在建项目抓帮扶。总投资30亿元的德意君瑞国际广场等31个在建项目有序推进，总投资12亿元的环球商协会跨境电商仓储物流产业园等10个新引进项目落地，总投资10亿元的君瑞城银座项目签订框架协议。二是优化服务，建成项目抓提升。加强嘉誉三期、世茂商城等建成项目服务管理，有效聚集人气，促进市场繁荣；不断优化接官巷历史文化街区一期运营环境，二期工程开工建设，推进文化氛围与商业气息深度融合。三是综合施策，破解历史遗留问题。率先完成S343省道北辛段拆迁、北大洋楼区域拆迁、市民公园地面附着物清理等任务，消除遗留户19个，确保项目工程进度。

【现代服务业】 充分发挥区位优势，把发展服务业作为城市转型的推动力量，作为提升区域综合实力的有力抓手，服务业发展水平、品牌档次、效应影响都得到很大提升。一是电子商务集群初具规模。快速推进万户“实体店铺＋电子商铺”

工程，促进实体企业电商转型，培植壮大专业电子商务基地，嘉誉“互联网+”干杂海货专业市场入驻电商企业100余家；伦达科创园招商取得重大突破，与山东德兴集团旗下创梦空间、天津自贸区德州进出口商品直营中心签订入驻协议书；以“来自购”网上商城为带动，全面推广“互联网＋”电商新模式。二是“大物流”格局逐渐形成。依据辖区市场密集、品牌集聚优势，积极引进新型物流企业，发展专业配送、第三方物流、采购、代理经营等现代物流业，总投资12.5亿元的滕州国际冷链物流产业园一期3.6万平方米仓储区竣工，全部预租完毕；冷链物流果蔬区投入运营。以“怡之航”品牌为带动，引入跨境电商仓储物流产业园项目，带动物流产业集聚发展。三是品牌集聚效应逐步释放。大力实施品牌服务业引进战略，狠抓旅游配套设施建设，盯准世界500强、上市公司、国内知名品牌等行业巨头，先后引进银座综合体、北京全聚德、红星美凯龙等国内外知名品牌9个，大型专业市场发展到9家，美国速8、北京全聚德、美年大健康等连锁企业发展到19家，接官巷历史文化街区、小清河欧式风情街等特色街区4条。四是民营经济提质增速。推动企业技术改造和创新，辖区内企业完成技改投资4.1亿元、技术创新项目10个，新增省级高新技术企业1家。大力扶持、靠上服务现有20家规模以上工业企业，帮助解决企业发展过程中遇到的实际难题，组织企业参加市中小企业服务平台活动达80余人次。工业主营业务收入实现68亿元，比上年增长8%；工业利税6.7亿元，比上年增长9%；五是集体经济稳步发展。鼓励有条件的居通过资本运作、合作开发等方式壮大集体经济，抓好北关居项目兴业亮点，实现集体经济跨越发展，集体资产从不足1000万元发展为2亿元。推进北楼居集体经济产权制度改革试点工作，全面破解集体资产保值增值难题，该居集体资产迅速发展壮大，集体资产超过1亿元，股东股份价值从人均5000元增长到10万元。

【城市建设】 集中实施道路交通、惠民实事、管线设施、绿化亮化和住房建设等城建项目47个，促进城市基础设施和居住环境全面提升。一是搞好市

接官巷历史文化街区全景

级项目配套服务。联合综合行政执法局等部门，组织800余人攻坚克难，清理拆除附着物，彻底打通科圣路延伸道路；冯河学校、地表水厂项目完成土地征收和地面附着物清理，地表水厂管线开挖全部完工，实现全线通水试压。二是抓好惠民实事工程。扎实高效开展背街小巷整治工作，改造北园街、前进街、体北一巷等背街小巷3条。多方争取，自筹资金800余万元，硬化背街小巷28条、50公里；投资500余万元，完成34.33公里户户通工程任务目标；周楼区域、沈庄岳庄区域等总建筑面积256万平方米9个棚改工程进展良好，部分实现回迁。三是做好创城、创卫工作。采取军事化管理、“大兵团”作战、“小分队”攻坚、“凌晨行动”等专项活动，有力地推动“创卫”工作，累计投入1500万元，组织3.5万人次，先后清理整治主次干道28条、背街小巷73条，整治农贸市场7个，新建水产粮油等便民市场3处，改造提升老旧小区21个，清理各类垃圾300余吨，粉刷墙壁350余万平方米，新安装路灯150盏，出动宣传车20辆，发放创卫宣传挂历10万份，新配置垃圾桶1万个，“门前三包”覆盖率达100%，城乡环境显著改善，群众满意度持续提升。

【民生事业】 把保障和改善民生作为凝聚发展合力的根本举措，抓紧抓好。一是集中实施“十大民生工程”，深入开展“居级民生双向承诺”。加大校舍建设力度，投资1900万元，新建中心小学、北辛中学综合教学楼8120平方米，建成小学塑胶操场2个，改扩建学校餐厅6个，有效缓解上学难、大班额，以及师生吃饭难等问题。两处中学升入一中951人，正榜374人，北辛中学的孙浩腾、韩韧同学还分别夺得枣庄市中考第一名和第三名。冯河学校、善国中学国际化学校启动征地程序。新建改建新华南、教场、北关村居等社区办公用房5处，双坛社区5000平方米公共服务用房建成并投入使用。围绕“水、电、路、环境”等与群众生活息息相关事项，各居承诺好事实事210件，办结190件。二是深入实施社会救助工作。制定有力措施，精准识别、挂图作战，脱贫14户28人，完成全部任务。创新开展慈善一日捐活动，召开2016年度慈善大会，募集资金超过306万元，再次位居全市前列；三是推进就业和社保工作。城镇新增就业2653人，培训就业590人，新增农村劳动力转移363人，分别完成全年任务的102%、118%、123%。及时收缴2016年度城乡居民社会保险，参加养老保险缴费11756人，征收502.4万元。参加医疗保险缴费52695人。

【社会治理】 扎实推进社会治理网格化工程，狠抓安全生产和社会矛盾多元化解，组建街道矛盾纠纷多元化解中心，三级网格化管理运转良好。强化治安防范，加大“科技创安”力度，实施“天网”三期建设，与市天网工程联网摄像终端87个。扎实开展“法律服务进基层”活动，聘任26名法制副主任入居开展活动200余次，调解各类矛盾100余起，参与德意君瑞、冯河学校等市级重点项目风险评估5起。

（北辛街道党工委办事处）

荆河街道

【概况】 2016年，全街道以建设“区域性商贸中心”为目标，以重点项目建设为抓手，突出城建项目精品化、服务业发展品牌化、工业项目集群化、民生保障项目化、平安建设法治化、党建工作特色化六大重点，凝心聚力，抢抓机遇，真抓实干，强力攻坚，经济社会实现平稳快速发展。生产总值实现57.3亿元，比上年增长4.9%；地方财政收入完成2.3亿元，比上年增长14.4%；固定资产投资完成36.2亿元，各项社会事业稳步推进，先后被评为全国生态文明先进街道、全国和谐社区建设示范单位等。

【服务业发展】 以专业市场群建设为核心，以引进知名品牌为重点，大力推进“三大商圈”建设，累计实施过2000万元品牌服务业项目180个，广东服装城、速购生活超市、来自购生活广场等150个商业项目建成营业。真爱商城、农副产品物流中心、装饰大世界新型建材市场等8大专业市场投入运营；赐宴街、法式风情街等7条特色街区建成使用；银座、必胜客、肯德基、大润发、青岛银行、交通银行等400余家国内、国际一线品牌入驻。

【工业发展】 坚持“工业强街、产业立街”不动摇，充分发挥机械工业园区优势，大力开展招商引资活动，先后落地过5000万元工业项目102个，完成投资142亿元。全力抓好80个重点工业项目，普鲁特机床、威达重工等65个项目建成投产。总投资20亿元的红荷汽车制造项目获得国家工信部验收，填补枣庄地区大型专用车生产空白；总投资1.2亿元的宇航旋转接头项目投入生产，产品应用到航天、军工等高精尖产业；常发农机项目完成投资7亿元，年营业额超过14亿元，实现工业产值、利税、从业人数等主要指标连年翻番。

【重点项目】 累计承担市级重点项目112项，成立工作组，明确科级领导干部牵头帮包，实行一个项目、一套班子、一包到底。大力推进拆迁征地工作，先后完成问天区域、文化宫区域、兴盟国际商城等32个区域的拆迁征地任务，累计搬迁居民6000余户、企事业单位300余家、商户4000余户，完成征地6000余亩，拆迁总面积达到300余万平方米。积极破解发展难题，历时8年的润恒第一城回迁问题得到妥善解决，回迁房加快建设；废弃石油管道问题有效解决，确保清河锦

荆河两岸城市建设

城、熙城国际、真爱商城等项目顺利开工建设；化肥厂、焦化厂、铁路货场等企业实施搬迁，为西部城区腾出发展用地2700亩。

【城市建设】 抢抓全市建设“区域性中心城市”重大机遇，围绕全市“西改、中疏”战略部署，实施“两轴一中心”建设，先后落地重点城建项目225项，完成投资330亿元，开工面积达到670万平方米，建成面积550万平方米；突出大同南路城市建设中轴，实施大同南路、问天广场、大同天下、威尼斯等城建项目，区域改造总面积2.2平方公里，新建道路22条、总里程35公里，建成面积超过300万平方米，入驻居民4万余户，人口10万余人；突出振兴南路城市“西改”中轴，实施振兴南路打通、荆西商贸城区域改造等17个项目，总投资127亿元，完成投资90亿元。突出中心城区建设，实施步行街升级改造工程，基础设施升级改造主街1条、附街12条，巩固全市第一商业街优势。大力实施商贸综合体建设，书香大厦、城阳臻品六号院、九州清宴商业区等9个项目竣工使用，中万国际广场、银座东馆升级改造等项目基本完工。

【民生事业】 优先发展教育事业，累计投入1.7亿元，实施学校建设项目12个。平行路小学、西关小学幼儿园、书院小学改扩建等6个项目投入使用，总投资5700万元的滕南中学扩建项目完工，成为全市规模最大、师资力量最好、现代化程度最高的初中学校。大力推进创卫工作，累计投入1700余万元，全面治理四方城等75个老旧小区、安乐街等150余条背街小巷、荆河西路等64条主次干道、奎文市场等3处农贸市场以及步行街、火车站广场等19个重点区域。累计出动人力150万人次，粉刷墙壁160余万平方米，新增、改造垃圾收集点4000余个，及时清运垃圾，拆除各类违建3000余处，排查六小行业6200余家，悬挂门前三包责任牌8000余块。实施美丽乡村建设，23个农业居环卫一体化全覆盖，实行市场化保洁；实施“户户通”工程，硬化道路58公里，总面积27万平方米；张刘庄等16处社区综合文化服务中心、小河圈等29个居文体广场建成使用；推动“四德工程”、移风易俗、爱国卫生等精神文明建设入居入户，新建宣传文化墙86处、2万余平方米，农业居环境面貌、精神风貌得到根本改变。统筹开展其他民生工作，改造、取缔燃煤锅炉86台，整治黄标车886辆，切实改善城区大气环境；新增供热小区42个，新建换热站21个，惠及群众3万余户、10万余人；荆河公园东大门景观改造全部完成；清水湾公园、河阳路绿荫停车场建设加快推进，群众幸福感、满意度不断提升。

【社会化管理】 实施平安荆河建设，认真开展“反扒、护厂、护商、护学”等严打整治活动，加大网格化巡逻力度，打造良好社会治安环境。严格社区网格化管理，累计录入信息11万余条，开展服务6万余次。充分发挥法治副主任作用，举办大型普法宣传活动60余次，发放宣传材料17万余份。强化居级财务管理，规范居级财务、公章代管制度。加强信访稳定工作，累计化解各类信访积案13件，实现信访积案动态消零。严格落实安全生产“一岗双责”，狠抓安全生产源头管理，定期不定期组织专项检查活动，加强安全检查和隐患排查，提高企业自身认识，确保不出任何问题。突出抓好计生各项指标落实，深入打击“两非”和性别比综合治理，连续15年获评全市人口和计划生育责任奖项。

（荆河街道党工委办事处）

龙泉街道

【概 况】 2016年，全街道生产总值实现61.84亿元，比上年增长8.6%；地方财政收入实现3.53亿元，比上年增长17.5%；工业主营业务收入实现46.1亿元，比上年增长9.2%；服务业增加值实现35.12亿元，比上年增长10.3%；居民人均可支配收入实现35000元，比上年增长9%。新发展民营经济单位1422家，总量达到16153家，其中民营企业1777家，个体工商户14376户。

【城市经济】 实际利用境内资金25亿元；实际利用境外资金115万美元，占全年任务的104.5%；实现进出口3840万美元，完成全年任务的101.1%。实施各类重点项目72个，总投资255亿元，其中过亿元项目34个，累计完成投资105亿元。工业与市经济开发区实现互动融合，新上总投资5000万元的工业物流园项目。品牌服务业与中心城区实现深度融合，超前科学谋划建设董村花汇小镇，已建成投入运营项目3个，在建项目3个，在推进项目5个。保利海德佳园、鑫佳玫瑰园等一批重点服务业项目建设进展顺利。未来发展与高铁新区实现加速融合。围绕高铁新区建设大局，在先期征地580亩的基础上，完成辖区凤凰乐园西侧停车场征地89亩、墨子湖北侧40间老年房拆迁和养鸡场拆迁扫尾及跨度6公里的墨子湖西侧燃气管道迁占工作。

【城市建设】 配合实施国家儿童青少年健康教育园、墨子湖、城市新空间等市级城建工程35个。升级改造荆河东路、北辛路、荆泉路中段等主干道路3条，改造黄山桥街、黄山桥南巷、黄山桥五巷等背街小巷3条。新启动棚户区改造工程3处，攻克鲁南机床厂区域公房体量大、涉及承租户多等难题，集中全力率先完成文昌宾馆、文昌大楼、东郊医院等拆迁，征收拆迁面积5.65万平方米。针对程堂区域改造涉及面积大、情况复杂等难题，强力推进征收前各项工作，进入丈量摸底扫尾。稳步抓好赵楼区域改造，完成20家企业、5.1万平方米拆迁，搁置多年的原城郊建安公司部分私人所有房屋全面拆除。完成任村区域回迁上房、塔寺南路区域回迁选房、人和天地剩余户回迁选房和上房；北大洋楼区域完成房屋征收和拆迁，进入开工建设。举全街道之力推进创建国家卫生城市工作，顶烈日、冒酷暑，开展集中拆违治乱行动，清理整治道路16条，取缔马路市场4个，新建安康等农贸市场4处，提升老旧小区46个。创新建立“一二三四”工作法，全面启动全域环境卫生整治活动，严格按照城乡环卫一体化验收标准，逐居逐巷整治验收，并移交保洁公司进行常态化保洁，城市宜居品质不断提升。

【民生事业】 实施的181项民生实事全面完成。滕东中学扩建工程完工，并投入使用；龙

社区养老服务创新

泉中心小学新校建设扎实推进。城镇新增就业2650人，培训就业508人，农村劳动力转移就业370人，分别完成年任务的101%、100%、105%。居民医疗保险征缴66747人，完成年任务的104%。居民养老保险征缴22975人，完成年任务的100.4%。扎实开展精准扶贫，落实扶贫措施19户28人。龙泉颐和老年公寓主体建成；改造安装公司宿舍等老旧小区2个，全面完成辖区老旧小区供热设施改造任务。成功创建5家省级“食安山东食品安全示范单位”，前洪服务区作为滕州唯一的餐饮街区被枣庄市食安委申报为省级“‘食安山东’餐饮示范街区”。新投入使用社区办公服务用房9处，增加面积4827平方米。扎实推进全国文明城市创建，通过第二个测评年考核。街道先后被授予“山东省首届书香之乡（镇、街道）”“省级生态乡镇”“山东省示范乡镇（街道）工会”“枣庄市四德工程建设示范乡镇”“枣庄市生态文明乡村建设先进街道”“2015年度枣庄市关心国防建设十佳单位”、“枣庄双拥工作先进单位”称号。成功承办省五好基层关工委现场会和团省委社区团建现场会。

【社会治理】 围绕工作理念“两个转变”，加强和创新社会治理，开展大走访、大服务、大调解、大执法、大安全、大稳定“六大社会治理体系”建设，“党委领导、政府主导、社会协同、公众参与、法治保障”社会治理体制基本建立。累计走访群众29675户，梳理归纳具体问题617件，办结578件。累积多年、影响社会稳定和经济发展的任村回迁上房、府东市场启用、三利机床厂搬迁等10大难题，解决8项。探索建立“三三一多”工作模式，新建矛盾纠纷多元化解中心，同综治中心、社会治理中心实现“三合一”；建立居级解委会、调解小组和专兼职调解员“三级调解网络”；健全联席会议制度、限时办结制度和“以案定补”制度“三项制度”保障；明确分级跟进式调处、合力联动式调处等“多种调处”方式。开展矛盾纠纷隐患集中排查8次，发现并及时化解矛盾164件；接待群众来访135批次160余人，受理各类纠纷77件，组织调解86场次，结案74件，调处成功率达96.8%。先后承接滕州市级以上矛盾纠纷多元化解现场会3次。健全完善社会治安防控体系，加强社区警务管理，强化巡逻防控，全年未发生重大治安、刑事案件或群体性事件。搞好新居民服务管理，新建服务站点5个，排查登记新居民124人，解决各类难题200余件。继续完善“党政同责、一岗双责、齐抓共管、失职追责”制度体系，持续深入推进安全生产大检查，有效预防重大安全事故发生。街道荣获“全省安全生产工作先进单位”称号。

（龙泉街道党工委办事处）

善南街道

【概况】 2016年，全街道主动适应经济发展新常态，坚持以转变经济发展方式、调整优化产业结构为主线，紧紧围绕建设“宜业宜居城市新区”目标，着力提升经济发展质量和效益，经济社会事业保持持续健康快速发展良好势头。国内生产总值实现14.1亿元，比上年增长7%；地方财政收入达到1.12亿元，比上年增长10%；实际利用境内资金33.5亿元，比上年增长9%；居民人均纯收入实现15233元，比上年增长26%。

【工业经济】 按照“做强优势产业，做大特色产业，抢抓新兴产业”思路，实施“2+3”产业培育工程。规模以上工业主营业务收入、利润分别实现60.47亿元、4.24亿元，比上年分别增长7%、24%。木门家居装饰产业，着力培育山东鑫迪、华奥斯、固诺家居、君诚门业等龙头骨干企业，助推山东鑫迪实现上市目标。加大对尚品配饰家居、威诺意尔家居广场等配套产业、企业的扶持力度，完善产业链条，提升集群发展质量。截至年底，发展木门家居装饰企业30余家，其中规模以上企业4家，拥有自主品牌30余个，其中中国驰名商标2个，打响家居木门“善南制造”品牌。机械及零部件加工产业，围绕扩大集群规模，增强企业科技研发能力，产品科技含量和市场竞争力不断提高，形成以飞越机械、有荣机床、三英电器为代表的机械制造企业80余家，零部件外协加工户、小微企业260余家。坚持创新驱动，发展新兴产业，抢占产业发展制高点。积极培育“新型材料”“衡器制造”“服装加工”三个特色产业版块，促进产业链拉长、价值链攀高、财税贡献率提升。注重提升企业自主创新能力，加大产品技术研发投入，加强企业技术中心建设，累计完成技术改造投资18.6亿元，成功申报省级技术创新项目10项，山东鑫迪家居装饰有限公司被评为国家林业重点龙头企业。

山东鑫迪家居装饰有限公司

【服务业发展】 大力发展生产性、生活性服务业，实施特色服务业发展战略，促进产业发展规划由“重二轻三”向“二三协调、并重发展”转型。

突出发展特色，打造以整车销售、维修装饰、零配件销售以及相关配套服务于一体的汽车销售产业集群，形成汽车4S城、鼎源汽车城、申科汽车城、滕鑫重型汽车四大汽车销售聚集区，拥有汽车4S店10余个、品牌直营店30余个。大力发展现代服务业，推广“美团”、“大众点评”等面向普通消费者的电子交易方式，进一步提高服务档次和水平。加快发展电子商务，加大引导扶持力度，推广山东鑫迪“家居秀”网络客户体验系统、威诺意尔“020”网络营销模式，努力构建以网络应用技术为基础的品牌展示、营销渠道、客户服务“三位一体”网络运营新模式。服务业增加值实现4.1亿元，比上年增长25%。

【重点项目】 立足优势产业，突出招商选资，严把项目投资强度、税收贡献、科技含量、带动就业等关键指标，项目建设质量和水平不断提高。新、续建重点项目18个，其中重点推进项目3个，被列入市重点项目5个，年度完成投资23.1亿元。新增规模以上企业1家，总数达到21家。

【城市建设】 重点实施清华园棚户区改造，工程总投资14.4亿元，总建筑面积52万平方米，累计完成居民回迁715套、9万平方米。建筑面积3.85万平方米的经济适用房“滕阳花园”项目竣工。围绕创建国家卫生城市，累计投入资金500余万元，集中清理各类垃圾600余吨，疏通、砌垒排水管道10000余米，硬化路面4万余平方米。按照“以路为界、相对集中、便于管理”原则，将320余家沿街门店和280余家企事业单位细化分为六个“片区”，每个片区均设立劝导员，提高沿街门市和企事业单位对“门前三包”工作的知晓率、签约率和履约率，并承接全市“门前三包”工作现场会。围绕创建全国“文明城市”目标，牢固树立生态文明理念，切实改善生态环境质量，狠抓节能减排和环境污染治理工作，坚决取缔土小企业，大力倡导绿色、低碳生产生活方式，城市形象进一步提升。

【民生事业】 投资30余万元，建成社会服务管理综治中心和矛盾纠纷多元化解中心。改进信访矛盾化解方式，变群众上访为机关干部下访，有效化解信访矛盾和信访隐患。高度重视安全生产工作，累计开展各类专项安全生产检查60余次，下达现场检查记录117条，发现隐患278条，限期整改210条，当场整改69条，坚决杜绝安全事故的发生。完成城乡居民养老保险8168人、职工养老保险3683人，累计11851人，完成任务的114%。社会养老保险完成扩面280人、缴费115万元。参加城乡居民医疗保险17560人、职工医疗保险3603人，累计21163人，完成任务的101%。投资500余万元，新建善南街道文化中心；投资20余万元，新建小屯居综合文化中心。累计投资460余万元，完善善国苑小学等学校基础设施；完成街道教育均衡县创建任务。开展免费健康查体，建立居民健康档案3.5万余份，群众满意度不断提升。

（善南街道党工委办事处）

人 物

Renwu

责任编辑：朱广亚

新任市领导简介

邵士官 男，汉族，枣庄市薛城区人，1969年1月出生，研究生学历，理学博士，经济师，1990年6月加入中国共产党，1990年7月参加工作。历任枣庄师范专科学校中文系汉语言文学专业学生，枣庄市团校教师，枣庄团市委学校部干事，枣庄团市委学校部副部长、少先队总辅导员、枣庄市少工委副主任，枣庄市关工委办公室负责人（1993年9月至1996年1月，在中央党校经济管理专业函授学习；1995年11月至1997年5月，枣庄市委下派山亭区东皂山乡工作队秘书），枣庄团市委常委、办公室主任，枣庄市委统战部副部长，枣庄市委统战部副部长、市政协副秘书长（1996年12月至2001年12月，在山东师范大学高教自考汉语言文学专业学习），枣庄市政协经济委副主任委员（正县级）（2003年12月至2006年7月，在华东师范大学商学院在职攻读公共管理硕士学位），枣庄市峄城区委常委、副区长（正县级），滕州市委常委（正县级）、组织部部长，滕州市委副书记（正县级）、组织部部长（2007年9月至2012年12月，在华东师范大学城区系人文地理学专业攻读博士研究生），滕州市委副书记（正县级），枣庄市市中区委副书记（正县级），枣庄市市中区委副书记（正县级）、区政府副区长、代区长，枣庄市市中区委副书记、区政府区长。2016年11月，任滕州市委书记、市委党校校长。

一届枣庄市学联主席，五届、六届枣庄市青联常委，六届枣庄市青联副主席，枣庄市第十次党代会代表，枣庄市第十五届人大代表，枣庄市第六届、七届政协委员，峄城区第八次党代会代表，峄城区第十届人大代表，市中区第十一届人大代表，滕州市第十二次党代会代表，滕州市第十七届人大代表。

刘文强 男，汉族，山东栖霞人，1969年11月出生，大学学历，工学学士，1990年5月加入中国共产党，1992年7月参加工作。历任山东轻工业学院硅酸盐系硅酸盐工程专业学生，枣庄市市中区孟庄乡经委办事员，枣庄市委宣传部企政科科员，枣庄市委宣传部副主任科员，枣庄市委宣传部理教科副科长，枣庄市台儿庄区区长助理（正科级）、党组成员，枣庄市台儿庄区副区长（2004年9月至2004年12月，挂职广东省信宜市委副书记），枣庄市台儿庄区委常委，枣庄市台儿庄区委常委、办公室主任，枣庄市台儿庄区委常委、纪委书记，枣庄市台儿庄区委常委、副区长，枣庄市台儿庄区委常委、副区长、台儿庄经济开发区管委会主任，枣庄市人民政府副秘书长（正县级）。2016 年 8 月，任滕州市委副书记，市政府代理市长、党组书记，市红十字会会长。

台儿庄区第九次党代会代表，台儿庄区第十一届人大代表。

邹美帅 男，汉族，山东莱西人，1982 年 3 月出生，研究生学历，工学博士，2002 年 12 月加入中国共产党，2010 年 7 月参加工作。历任山东理工大学材料学院材料学专业学生，北京理工大学材料学院应用化学专业硕博连读学生，北京理工大学材料科学与工程博士后工作站工作人员、师资博士后，北京理工大学材料学院教师、副教授、硕士生导师（2014 年 12 月至 2015 年 3 月，美国新泽西理工大学访问学者），滕州市政府党组成员（挂职），滕州市政府副市长、党组成员（挂职）。2016 年 12 月，任滕州市委常委，市政府副市长、党组成员（挂职）。

苏学锋 男，汉族，滕州市滨湖镇人，1978 年 9 月出生，大学学历，工学学士，1999 年 11 月加入中国共产党，2000 年 7 月参加工作。历任西北纺织工学院经济管理系管理工程（工商管理）专业学生，枣庄市峄城区曹庄镇镇长助理、古邵镇镇长助理，枣庄团市委办公室科员、副主任科员，枣庄团市委办公室副主任、主任，枣庄团市委青工青农部部长（2008 年 9 月至 2009 年 2 月，在枣庄市峄城区派驻工作），枣庄团市委副书记、党组成员（2009 年 9 月至 2010 年 2 月，在枣庄市市中区团区委派驻工作）。2016 年 12 月，任滕州市政府副市长、党组成员。

李洪波 男，汉族，滕州市界河镇人，1968 年 8 月出生，大学学历，工学学士，1991 年 3 月加入中国共产党，1991 年 7 月参加工作。历任山东水利专科学校水资源系水资源与水文专业学生，滕州市水资源管理办公室技术员、助理工程师、工程师，滕州市东郭镇科技副镇长，滕州市东郭镇党委委员（1999 年 9 月至 2002 年 6 月，在中国农业大学农田水利工程专业函授学习），滕州市东郭镇副镇长，滕州市姜屯镇党委副书记，滕州市姜屯镇党委副书记、纪委书记，滕州市木石镇党委副书记，滕州市木石镇党委副书记、镇长、鲁南高科技化工园区管委会第一副主任，滕州市滨湖镇党委副书记、镇长，滕州市龙阳镇党委书记、人大主席，滕州市羊庄镇党委书记，枣庄市庄里水库建设管理处副主任、滕州市羊庄镇党委书记。2016 年 12 月，任滕州市政府副市长、党组成员（挂职），枣庄市庄里水库建设管理处副主任，滕州市羊庄镇党委书记。

枣庄市第十次党代会代表，枣庄市第十五届人大代表，滕州市第十次、十一次、十二次党代会代表，滕州市第十五届、十六届、十七届人大代表。

（市委组织部）

山东省富民兴鲁劳动奖章名单
（2 名）

吕守旭 国网枣庄供电公司滕州客户服务分中心主任

侯同运 枣庄科技职业学院教授

枣庄市劳动模范名单
（17名）

王　玫　滕州市广播影视总台高级会计师
刘凤鸾　滕州市妇幼保健院副研究员
满建才　滕州市广大洁净煤公司职工
王显峰　滕州金晶玻璃有限公司锡退工段主操
黄建民　滕州市安信建设工程有限公司工程科科长
张晓勇　山东滕建建设集团有限公司助理工程师
马洪光　滕州市财政局副局长
高　玮　滕州市地方税务局副主任科员
徐　彬　山东美华装饰材料有限公司技术研发部部长
胡子立　滕州市华厦商品混凝土有限公司工程师
马兆鹏　滕州市国土资源局局长
翟华栋　滕州高铁新区管委会主任
秦应炼　南沙河镇北池村党支部书记
狄崇杰　姜屯镇沙东村村支部书记
刘怀彬　龙泉街道办事处董村居委会主任
张令纲　滕州市龙阳镇富硒马铃薯协会理事
钟卫桦　山东华卫建设集团董事长

滕州市五一劳动奖章获得者名单
（67名）

张永东　山东中烟公司滕州卷烟厂
邵　波　山东神达化工有限公司
马培安　山东滕建投资集团有限公司
樊　猛　善南街道党委
陈伟泰　北辛街道办事处
赵联喜　界河镇党委
高金生　滕州市质量技术监督局
王峪宏　滕州市交通运输局
邱家平　鲁南高科技化工园区管委会
赵文安　滕州经济开发区招商分局
陈亚锋　滕州金晶玻璃有限公司
王长青　滕州市大地鞭炮烟花有限公司
王　伟　滕州市丰华玻璃有限公司
李存亮　滕州市祥运化工公司
张　静　滕州市祥龙马铃薯种植专业合作社
马彩虹　级索镇政府
陈玉民　姜屯镇政府
邱晨光　东郭镇党委
王玉峰　柴胡店镇人大
孙福斌　东沙河国土资源所
任雨春　滕州市工人医院
付　强　滕州市粮油贸易公司
孙　强　滕州市深水深滕污水处理有限公司
丁　可　滕州广播影视总台
单金凤　善南街道办事处
宋秀梅　张汪镇总工会
胡　鹏　滕州市医疗保险事业处
翁孝颜　滕州市教育局
张厚永　滕州市地税局级索中心所
张　静　滕州市柳琴戏研究保护中心
李　庆　青岛啤酒（滕州）公司
周　琨　新能凤凰（滕州）能源有限公司
陈　宇　山东威达重工股份有限公司
张金河　山东鲁化天九化工有限公司
王正奇　滕州市经济和信息化局

曹淑敏 滕州市职工技术协会办公室
俞景奎 滕州市中心人民医院
闫　伟 滕州市农业机械安全监理站
徐昌建 滕州市林业局森保站
徐　昊 滕州市房地产综合开发公司
马召海 滕州市交通运输局
贾福永 滕州市安全生产监督管理局
黄士辉 滕州市煤矿安全监察执法大队
孙玉清 滕州市物资行业管理办公室安监中队
徐同意 龙泉街道安监中队
唐成军 荆河街道安监中队
张胜利 西岗镇安监中队
张明波 洪绪镇安监中队
段成英 滕州市中医医院
张兆登 羊庄镇总工会
张　涛 滕州市政府法制办
杨　浩 滕州市人民检察院
胥　栋 滕州市人民法院
燕中民 滕州市司法局
狄连河 滕州市社会矛盾排查调处中心办公室
张　岩 滕州市建筑工程管理局
郑　杰 大坞派出所
王洪建 滨湖派出所
刘兴锋 滨湖镇司法所
朱海燕 滕州市政务服务中心管理办公室
秦　军 滕州市政务服务中心滨湖分中心管理办公室
张　慧 滕州市交通运输局
陈德亮 滕州市国税局
刘明辉 滕州市地税局
孟晓燕 滕州市质量技术监督局
杨　娟 滕州市商务局
刘继扬 北辛街道办事处

（市总工会）

附　录

Fulu

关于滕州市2016年国民经济和社会发展计划执行情况与2017年计划（草案）的报告

——2017年1月21日在滕州市第十八届人民代表大会第一次会议上

市发展和改革局局长　翟传虎

各位代表：

我受市人民政府委托，向大会提交2016年国民经济和社会发展计划执行情况与2017年计划（草案）的报告，请予审议，并请市政协委员和其他列席会议的同志提出意见。

一、2016年国民经济和社会发展计划执行情况

2016年，是“十三五”规划的开局之年，是全面深化改革的攻坚之年，也是滕州转型发展的关键之年。面对复杂严峻的宏观形势和经济下行压力，在市委的正确领导下，在市人大、市政协的监督指导下，全市上下贯彻落实五大发展理念，主动适应经济发展新常态，牢牢把握稳中求进的工作总基调，坚持以提高经济发展质量和效益为中心，全力推进供给侧结构性改革，抢抓机遇、奋力攻坚、积极作为，经济社会发展呈现出总体平稳、稳中有进、稳中有好的态势，实现了“十三五”良好开局。

（一）经济保持平稳健康增长，综合实力进一步提升。预计全市生产总值实现1035亿元，增长6.8%；地方财政收入完成69亿元，同口径增长1.2%；固定资产投资完成656亿元，增长9%；社会消费品零售总额达400亿元，增长10.6%；城镇居民人均可支配收入达30605元，增长7%；农村居民人均可支配收入达13985元，增长8%；先后获评国家园林城市、全国绿化模范市等荣誉称号。

（二）加强供给侧结构性改革，质量效益进一步提高。强化创新驱动，加快经济发展动能接续转换，预计三次产业比例为7.1∶49.4∶43.5。“三去

一降一补”扎实推进。政策性关闭刘村煤矿、郭庄煤矿，退出产能51万吨。清理“僵尸企业”15家，商品房空置面积下降27.5%。按照上级政策减免税收和办理退税4.3亿元，为54家企业提供了12亿元的过桥还贷资金支持。3008名贫困人口得到稳定脱贫，23个枣庄市定贫困村摘帽。科技创新能力不断提高。预计专利申请量突破1200件，高新技术产业产值占规模以上工业总产值比重提高1.3个百分点。投资1.67亿元建成滕州人才创新驱动中心暨科技创新创业基地，振兴玻璃产业创业园入选省智慧园区建设试点。全年引进高层次人才306名，2名科技人才入选国家“万人计划”，院士工作站达7家，省级企业技术中心发展到29家，完成各类技术创新项目233项。农业基础地位更加巩固。粮食总产达98万吨，再创历史新高，65万亩马铃薯亩均效益达8000元以上，规模经营耕地面积达75万亩。全市经济林达19万亩，花卉苗木达6.5万亩，畜禽出栏4300余万头只，肉蛋奶产量16万吨。农机总动力195万千瓦，综合机械化水平达89%。水利建设完成投资11.2亿元，扩大改善灌溉面积4万亩，庄里水库、全国农田水利示范县等项目顺利实施。农村土地改革深入推进，耕地承包经营权确权登记颁证88.4万亩，累计流转耕地39.2万亩，农民专业合作社发展到1970家。工业转型升级步伐加快。预计规模以上工业企业实现主营业务收入1280亿元，同比增长6%，利润、利税分别实现62亿元、98亿元。产业集群化水平不断提升，机械机床、煤化工两大产业集群主营业务收入分别实现660亿元、570亿元，机床产值数控化率达45%，成功入选全国产业集群区域品牌建设试点；玻璃深加工、食品加工分别实现主营业务收入112亿元、106亿元，玻璃深加工基地入选国家火炬特色产业基地；生物医药等五大新兴产业共实现主营业务收入181亿元；主营业务收入超10亿元的企业达10家，三维钢结构、雄狮建筑装饰在“新三板”挂牌。中国驰名商标达10个，山东名牌产品达52个。实施工业技改项目340项，占工业投资比重达68.2%。服务业发展态势良好。全年开工过5000万元的服务业重点项目129个，完成投资206.2亿元。文化旅游步伐加快，入选首批“国家全域旅游示范区”创建单位，乡村旅游繁荣发展，实施了276座旅游厕所建设。商贸物流繁荣活跃，过亿元专业批发市场发展到47处，专业市场群达8个，现代物流企业达48家。现代服务业蓬勃发展，成功举办微山湖湿地红荷节、梨花节、油菜花节等节会活动；龙园互联网小镇稳步推进，嘉誉商贸城实现“互联网+”转型升级；特色网店发展到3500余家，村居淘宝服务站发展到60个，全国首家大宗干货交易平台“干货1688网”入驻经销商4000多家。

（三）稳步推进重点项目建设，发展后劲进一步增强。完善重点项目推进机制，深入开展“电视问效”活动，加大帮包帮扶力度，强化“一对一”“流水会议”调度模式，全力推进项目建设。全年开工重点项目108个，完成投资294亿元，2个项目列入省重点。卷烟厂异地技改、农副产品物流中心三期、光大国际环保能源发电等项目竣工或部分竣工，南水北调续建配套、瑞达化工聚丁烯等一大批支柱项目快速推进。优化项目建设环境，采取“腾笼换凤”“零地招商”的方式盘活闲置土地，加大对上争跑力度，争取上级资金32.5亿元，同比增长8.7%。园区承载能力显著提升，经济开发区规模以上企业实现总产值450亿元、利税40亿元，同比分别增长7.8%、8.1%，在136家省级开发区中列第5位，成功创建省知识产权示范园区。

（四）全面深入推进改革开放，动力活力进一步激发。深化商事制度改革，推进“五证合一、一照一码”，促进大众创业、万众创新，发放小额担保贷款4200余万元，落实贴息资金370万元，扶持500人创业，中小微企业总数突破1.6万户。抓好“双随机、一公开”工作，完成综合行政执法体制改革，复制推广滨湖改革模式。稳妥推进公务用车制度改革，节支率达12.56%。充分发挥12个招商组作用，开展精准产业招商，引进外来投资项目243个，实际利用市外资金720亿元，实际到账外资3000万美元，实现进出口总额3.58亿美元、对外承包工程营业额3450万美元，荣获最具投资潜力中小城市称号。加快金融业发展，成功引进青岛银行、交通银行等，银行机构发展到12家；12家合作社开展信用互助业务试点，累计发放互助金775.3万元。

（五）协调推进全域统筹发展，城乡融合进一步加快。深入开展省新型城镇化试点、“多规合一”试点、地下空间规划建设和管理试点工作，开工建设城建项目149个，完成投资125亿元，常住人口城镇化率达58%。加快推进高铁新区建设，实施了7条道路和桥梁隧道建设，凤凰乐园建成运营，墨子湖隧道、综合管廊等项目进展顺利，化工技师学院新校区、奥特莱斯生态购物小镇、六合社区及配套设施等项目扎实推进。着力解决城区“行路难、停车难”等问题，启动实施道路、桥梁工程12项，升级改造道路面积35万平方米，完成14条背街小巷和7个老旧小区综合整治。拓展城市公共休闲空间，市民公园、荆河公园东大门升级改造、养德公园等建成开放，实施重点亮化工程80余处，城市建成区绿化覆盖率达37.6%。城区主干道和公共广场机械化保洁率达85%以上，公共自行车站点达92个。加大棚户区改造力度，金河湾等22个棚改项目加快实施，回迁上房率达96%。城乡一体化全面加快，投资3.6亿元建成农村道路“户户通”1251公里，全市公交线路发展到55条；我市列入全国农村生活污水治理示范市，4个村已启动试点；对照全国文明城市、国家卫生城市标准，抓好市容市貌整治、环境卫生提升，完成4万余户农村无害化卫生厕所改造；铺设天然气管网121公里，18个农村社区实现供气。

（六）强力推动绿色低碳发展，生态环境进一步改善。实施工业“绿色动力”计划，严格落实煤炭等量或减量替代制度，完成70家化工企业安全、环保、节能评级工作。深入推进大气治理，实施火电、水泥、玻璃等行业提标升级，13家企业治污设施实现全面升级改造，关停取缔12家砖瓦生产企业，统筹抓好扬尘、油烟油气治理及秸秆禁烧工作，SO_2、NO_2、PM10、PM2.5分别同比改善36.2%、2.8%、12.2%、18.8%。严格水污染防治，实施了新薛河、郭河流域等重点治污工程，做好农村环境连片整治和水源地保护工作，河流出境断面水质达到Ⅲ类水质标准。大力开展土地综合治理，新增耕地入库2100余亩，治理破损山体面积20余万平方米、水土流失面积8平方公里。推动森林城市建设，新增成片造林4.3万亩，完成墨子湿地公园二期工程，鲁班湿地成功创建省级湿地公园，湿地保护面积达11.5万亩。抓好美丽乡村建设，380个村居达到省级标准化美丽乡村要求。

（七）切实推进社会事业进步，民生保障进一步强化。社会民生保障不断加强，全市民生支出完成60.8亿元，增长6.9%，占一般公共预算支出的68.9%。城乡居民养老保险参保和发放实现全覆盖，企业养老保险扩面8010人，建立特殊人群医疗费二次补助机制。城镇新增就业和农村劳动力转移就业5.1万人，“双零家庭”动态消零，城镇登记失业率控制在3%以内。社会化规模养老服务机构达31家，各类养老床位达8500余张。突出解决大班额问题，全年投资3.5亿元，完成11处学校建设；推进“全面改薄”工程，完成校舍建设类项目44处；学前三年入园率达86%，高考本科录取6062人，创近五年新高。深化公立医院综合改革，累计零差率销售药品9.36亿元，让利患者1.36亿元，妇保院新院主体建设、中医医院现址升级改造完成。落实“全面二孩”政策，综合治理出生人口性别比。广泛开展全民健身活动，对100个村居的健身器材进行提档升级，游泳馆建设顺利推进，每万人拥有健身活动站点达8个，承办省级以上赛事赛会10项。举办了第六届墨子文化节，完成6个镇街和408个村居文化服务中心改善提升，薛国故城城墙保护一期、龙泉塔修缮等文物保护工程完工。平安滕州、法治滕州、精神文明建设、安全生产、食品药品监管、妇女儿童、老龄及民族宗教等各项社会事业均取得新的成绩。

在肯定成绩的同时，我们也清醒地认识到在发展过程中仍存在着问题和不足：一是经济下行压力依然较大，新增长点的支撑作用不足，发展动能尚需加快转换；二是转方式、调结构压力较大，高端人才、新兴产业领军人才不足；三是城市功能不够完善，镇域经济发展不平衡，精细化管理和城乡统筹发展水平需要进一步提高；四是土地指标紧张，节能减排形势严峻，金融支撑实体经济力度不够；五是发展环境还不够优化，社会信用体系建设仍待加强，影响社会和谐稳定的因素仍然存在，等等。对于这些问题，我们必将高度重视，在今后的工作中认真加以解决。

二、2017年经济社会发展预期目标

2017年是实施“十三五”规划的重要一年，也是供给侧结构性改革的深化之年。尽管宏观形势复杂严峻，但科学分析内外环境，我市仍处于可以大有作为的战略机遇期，具备加快转型发展的基础条件和政策优势。

当前，世界经济总体延续弱复苏态势，我国经济韧性好、潜力足、回旋空间大的特点没有改变，继续实施稳定的宏观政策、灵活的微观政策，供给侧结构性改革将实现新突破，为保持稳增长和调结构之间的平衡奠定坚实基础。省里连续出台了关于扩大消费、减费降税、扩大民间投资等方面的政策措施，明确加大对西部经济隆起带、县域经济的政策倾斜和资金支持力度，枣庄市将继

续享受国家新一轮转型政策扶持。我市区位优势突出，规划体系逐步健全，产业集群化效果显著，人才流、信息流、物流活跃；随着经济趋稳，煤炭、化工、建材等产品价格将会有所回升，庄里水库、枣菏高速、滕州新港、S345枣济线等重大基础设施项目持续推进，双创中心、科创园等创新驱动项目落地建设，人才政策即将出台实施，这些都为经济提质增效提供了强有力的支撑。

综合以上分析，2017年全市国民经济和社会发展主要预期目标安排为：生产总值增长7%左右；地方财政收入增长3.5%左右；固定资产投资增长11%左右；社会消费品零售总额增长11%左右；城镇居民人均可支配收入增长7.5%左右；农村居民人均可支配收入增长8.5%左右；城镇登记失业率控制在3.1%以内；万元GDP能耗下降3.7%，确保经济发展质量不断提升。

三、2017年经济社会发展工作重点和主要措施

2017年，要全面贯彻党的十八大和十八届三中、四中、五中、六中全会精神，深入学习贯彻习近平总书记系列重要讲话精神，牢固树立五大发展理念，始终坚持发展第一要务，突出实干兴业、发展富民，突出创新驱动、招商引资，着力推动工业经济、城市经济、农业经济、生态经济、民生经济转型发展，着力推进全面建成小康社会和全面从严治党，努力走在全省县域经济发展前列，加快建设宜居宜业富裕美丽文明新滕州。

（一）突出提高供给质量，推进结构性改革。通过推进供给侧结构性改革破除增长难题，提高供给体系质量和效益。重点推进“三去一降一补”。通过改造提升一批、整治规范一批、关停淘汰一批，支持困难行业去产能、去库存，因地制宜、分类有序处置“僵尸企业”。以消化库存为抓手，稳定房地产市场，推进“三个市民化”，促进有能力在城镇稳定就业和生活的农村转移人口进城落户。优化金融生态环境，打造中小企业融资服务平台，继续做好金融风险预防化解处置工作，为企业提供过桥还贷支持；加快企业上市和股改进程，实现1家企业上市、30家以上企业完成股改。落实结构性减税等降成本政策，清理取消不合理收费，对企业政策性税费负担进行适度减免。打好脱贫攻坚战，扶持1042名贫困人口脱贫，对已脱贫人口进行产业巩固。实施创新驱动战略。强化企业创新主体地位和主导作用，实施大中型骨干企业研发机构全覆盖行动，重点推进北理工鲁南研究院、北航机床创新研究院、中科院滕州新材料技术创新与产业化基地建设，新培育省级企业技术中心1-2个。深入实施“滕州智造”工程，加快“机器换人”步伐，鼓励鲁南机床、威达重工、常发工贸等龙头企业加大科研投入，实施一批智能制造示范项目。推进大众创业、万众创新。强化人才支撑，大力推进留学人员创业园区建设，探索建立滕州籍在外高层次人才联络站。充分发挥双创中心的作用，推进省小微企业创业创新示范基地试点建设，探索设立中小企业发展基金。发展“互联网+”创业网络体系，构建众创、众包、众扶、众筹空间，推动鲁华、嘉誉、美铭等孵化基地建设。降低市场准入门槛，加快推进中小微企业发展，全年新增个体工商户6000户以上、小微企业2000家以上。注重品牌

质量建设。鼓励机械机床、煤化工、玻璃深加工等行业探索建立“滕州”标准，筹建国家玻璃质检中心、国家化工新材料质检中心，新培育中国驰名商标1件，省著名商标和名牌产品8件，省长、市长质量奖2件。参与省农产品品牌创建工程，新增“三品一标”20个。

（二）突出产业转型提升，推进结构优化升级。实施更加精准的产业政策，大力振兴实体经济，推动产业发展迈向中高端。促进新型工业优化升级。牢固树立工业强市理念，充分发挥科技创新引领作用，着力增强工业集群化发展优势，提高核心竞争力。加快推进传统产业提升改造，力争煤化工、机械机床两大千亿产业集群主营业务收入分别实现600亿元和700亿元，做好化工产业转型升级涉化搬迁工作；力争玻璃深加工、食品轻工、家居装饰、纺织服装、儿童用品、汽车配套等六大百亿产业板块主营业务收入实现400亿元。重点打造新兴产业集聚区，加快大坞生物医药产业园、中材科技锂电池隔膜产业园、新能源产业基地等园区建设，扶植壮大益康药业、威智医药、华杰豪医疗器械、箭波通信、中科蓝天、依莱特硅业等重点企业，力争生物医药、新材料、新能源、电子信息、节能环保五大新兴产业主营业务收入突破200亿元。强化企业培育，扩大中小企业公共服务平台服务范围，着力扶持小微企业、培育“专精特新”企业、壮大大企业集团，培育认定“专精特新”企业20家，主营业务收入过10亿元企业达12家。加大技术创新和技改力度，完成技术创新项目200项，实施重点工业技改项目100项。促进现代农业加快发展。紧紧围绕市场需求，着力优化农业供给侧结构，提高农产品供给质量。提升农业产出水平，高标准规划建设优质粮食、绿色果蔬、健康养殖、加工流通“四大功能区”，粮食种植面积稳定在160万亩、总产突破100万吨，马铃薯面积稳定在65万亩、总产200万吨以上。提升农业经营水平，重点培育盈泰、春藤、恒仁工贸等十大农业龙头企业，规范发展农民专业合作社180家、家庭农场80家，新增适度规模经营面积5万亩，发展无公害、绿色、有机农产品基地20万亩，发展粮改饲作物种植面积1万亩，培育种养一体化示范农场100个，培育新型职业农民1万人以上。提升农业技术装备水平，建设高标准农田5万亩、肥水一体化示范基地5万亩，实施农作物病虫害飞机统防50万亩；加快农机农艺结合，农机总动力发展到205万千瓦，综合机械化水平达90%；大力实施南水北调续建配套、全国农田水利示范县等重点水利工程，扩大改善灌溉面积4万亩；试点开展冬暖大棚蔬菜保险，提高农业保障水平。促进服务业扩量提质。深化实施旅游全域化和服务业专业化战略，重点抓好98个投资过5000万元服务业重点项目建设。突出发展文化旅游业，微山湖湿地景区争创国家5A级景区，建设好龙山龙湖、墨子湖、墨子国家森林公园等景点，抓好董村花汇小镇、秀美荆河等乡村旅游项目，继续推进“旅游厕所革命”，打造旅游精品工程。繁荣发展商贸流通业，加快保利国际商业广场、君瑞城银座城市综合体、大润发等项目建设；着力培育高层次专业市场群，抓好真爱商城三期、金源建材装饰大世界、百地茂商城等项目，加快杏花村、嘉誉干杂海货市场“互联网+”建设；壮大现代物流业，支持华孚物流、国运物流、供销物流等延伸服务功能。大力发展现代服务业，建设电子商务产业园区，重点推广应用“干货1688网”“来自购平台”，加快农村淘宝建设，发展玻璃、不锈钢等行业电商平台，争创省电子商务示范市；培植会展经济，加快发展健康养老、服务外包等新兴业态，提升服务业发展档次和水平。

（三）突出扩大有效需求，推进经济平稳运行。充分发挥投资关键作用和消费基础作用，加大对外开放力度，形成对经济发展稳定而持久的拉动力。全力做好招商引资工作。围绕优势产业、缺失链条，实行专业招商、联合招商、引才招商，主动承接产业转移，建立招商项目联审评估和落地推进机制，力争引进投资过5000万元项目130个以上，实际利用外资2500万美元。继续实施“走出去”战略，做大做强机械机床等外贸出口基地，力争实现进出口总额5.2亿美元。抓好重点项目建设。全年确定实施重点项目100个，加快推进总投资31.8亿元的田陈富源2×35万千瓦煤矸石综合利用、总投资16.3亿元的今缘春酒业扩建、总投资9.5亿元的中材科技锂电池隔膜等项目建设，力争完成年度投资219亿元。优化项目帮扶机制，严格项目立项和节能把关，积极对上争取，力争更多项目纳入上级盘子。改善消费环境。落实城乡居民增收行动计划，拓展“老幼”两端消费，推动养老健康等服务市场多层次发展；大力推进“快递下乡”，完善农村宽带设施建设，扩大信息消费和网络消费。提升园区发展水平。创新特色园区管理模式，完善基础设施，大力发展“飞地经济”，加大现有企业清理整合力度，有效盘活低效闲置土地。瞄准智能制造、化工新材料等领域，将滕州经济开发区打造成资源枯竭型城市转型升级样板，创建国家级经济技术开发区。

（四）突出统筹互动融合，推进城乡协调发展。抓住纳入省级新型城镇化综合试点和中等城市试点的机遇，优化城乡布局，完善城镇体系，突出风貌特色，提升综合承载力，实现从“城市建设”向“城市经济”转变。加快民生城市建设。启动荆河东路东延、青啤大道东延工程，推进振兴南路全线贯通、科圣北路北延等20余条道路建设；加快背街小巷升级改造，实现城市“微循环”大提升。完成烟厂西宿舍等10个老旧小区改造，启动城区高温热水北线复线管网建设改造工程。加大棚户区改造力度，启动实施东七里沟区域、冯河区域等棚户区改造工程，推进程堂居区域、鲁南机床厂区域等22个棚户区改造续建项目。打造精品城市。重点实施好中轴线区域景观、清水湾公园一期、城市新空间等公园广场建设，为群众创造更多的休闲娱乐空间。做好全国文明城市、国家卫生城市、国家森林城市创建工作，实施公共自行车三期工程，增加公共自行车1000辆、新增站点40个。大力推动高铁新区建设。抓好道路、桥梁、隧道等基础设施建设，尽快实现新老城区互联互通；统筹实施好综合管廊、阿帕尼供热制冷、天然气综合管网改造等工程；加快奥特莱斯购物小镇、化工技师学院新校区、北大附属滕州实验学校、山东理工职业学院滕州校区等项目建设，集聚商机人气。推进城乡协调发展。大力推动基础设施向农村延伸，完成1100公里农村道路“户户通”建设和475公里农村公路小修挖补工程，持续改善村居通行条件；更新新能源公交车160部，新建BRT换乘中心1处、港湾式公交站点26个，完成城区至界河、张汪、柴胡店3个方向的公交化改造，实现城乡公交全覆盖；加快水源水厂、农村饮水安全工程建设，实现城乡安全供水3.8亿方，年处理污水量5000万方以上；改造农村无害化卫生厕所5万户。

（五）突出重点领域改革，推进体制机制创新。贯彻落实上级关于改革的重大举措，增强精确发力和精准落地水平，持续激发市场活力。加快“放管服”改革。继续深化行政审批制度改革，切实抓好清单调整落实、行政审批省市互联互通、涉审中介服务机构脱钩改制、“双随机、一公开”、滨湖改革模式复制推广等工作，推进商事制度改革，加强事中事后监管。稳妥实施事业单位分类改革，适时启动事业单位公务用车制度改革。深化农业农村改革。深入开展农村土地产权制度改革，全面完成承包经营权颁证工作，流转土地面积5万亩；推动农村集体产权制度改革，完成全部村居的30%；健全完善三级农村产权流转交易市场，村级建立农村产权交易服务点。稳步推进金融改革创新。完善金融服务体系，规范民间融资，确保日照银行开业运营，设立注册资金5亿元以上的融资担保机构1家，认定6家合作社开展信用互助业务试点；鼓励民营企业进入更多领域，推广政府和社会合作（PPP）模式。

（六）突出绿色低碳发展，推进生态滕州建设。牢固树立生态立市理念，切实改善生态环境质量，推动绿色发展。发展绿色循环经济。纵深推进“工业绿动力”计划，加快高效煤粉锅炉、太阳能集热系统、高效配电变压器的推广应用。推行清洁生产和循环经济，加快化工企业“进区入园”，开展好“三评级一评价”工作。持续改善大气质量。加强对重点废气污染源、建筑工地的监管，加快实施13家企业超低排放改造和17台10蒸吨及以上燃煤锅炉改造，推进香精香料企业退城入园，继续开展物料堆场清理整顿、秸秆综合利用和禁烧等工作。加大大气污染督查力度，强化应急响应措施。巩固治水成果。推进河长制管理模式，建设新薛河、北沙河、郭河及界河人工湿地，加快河道清淤和污水管网、污水处理站建设，实施农村环境连片综合整治，保障水环境安全。加大生态治理力度。加强破损山体治理、土地开发复垦整理、塌陷地治理，力争复垦利用土地600亩，抓好高铁沿线7个破损山体治理。实施小流域综合治理工程，治理水土流失面积6平方公里。全面开展国家森林城市创建工作，着力提升墨子国家森林公园景观和综合服务水平，新增成片造林2万亩。

（七）突出增进民生福祉，推进社会事业进步。加大民生投入，健全基本公共服务体系，做好民生实事，使全市人民在共建共享中有更多获得感。增强社会保障能力。实施就业创业工程，完善105个镇街、村居示范平台，构建“五位一体”就业服务机制。健全社保体系，推进全民参保登记，完善城乡一体的养老和医保制度，实现应扩尽扩、应保尽保。办好人民满意的教育。统筹推进城乡义务教育一体化，实施解决大班额问题学校建设项目20处、农村中小学幼儿园改扩建项目17处，学前三年入园率提高到88%；推行中小学教师县管校聘，抓好57处城乡学校发展共同体和教育信息化建设。提高健康服务水平。持续深化医药卫生体制改革，加快妇幼保健院新院建设，启动实施东沙河卫生院迁建、工人医院改扩建等工程。稳妥实施“全面二孩”政策，应对人口老龄化，建成日间照料中心5处，规划建设农村幸福院20处。开展各类全民健身比赛活动60次以上，对100个村居健身器材进行提档升级，完成游泳馆建设，举办好第三届微山湖湿地马拉松比赛，承办好全国女子足球联赛、全国城市足球联赛等赛事。繁荣发展文化事业。完善公共文化服务体系，高标准完成90%以上村居综合性文化服务中心建设，送戏下乡1000场以上；加快博物馆新馆建设，启动建设市档案馆新馆，实施好文物保护工程、“乡村记忆”工程，发展壮大文化产业。全面推进社会信用体系建设，深入推进“平安滕州”建设，加强食品药品安全监管，完善应急管理机制，严格落实安全生产责任制，推进精神文明和智慧城市建设，促进审计、物价、气象、老龄、防震救灾、新闻出版、民兵预备役等各项事业全面进步。

各位代表，潮平岸阔催人进，风正扬帆正当时。让我们在市委的坚强领导下，在市人大、市政协的监督支持下，坚定信心、鼓足干劲，充分调动各方面干事创业的积极性、主动性和创造性，以奋发有为、敢于担当的精神状态扎实做好各项工作，为加快建设宜居宜业富裕美丽文明的新滕州再立新功，为开创滕州更加美好的明天而努力奋斗！

附录Ⅱ

关于滕州市2016年预算执行情况和2017年预算草案的报告

——2017年1月21日在滕州市第十八届人民代表大会第一次会议上

市财政局局长　刘春雨

各位代表：

我受市人民政府委托，向大会提交滕州市2016年预算执行情况和2017年预算草案，请予审议，并请市政协各位委员和其他列席会议的同志提出意见。

一、2016年预算执行情况

2016年，面对经济持续下行的严峻形势，全市上下围绕市委总体决策部署和市十七届人大及其常委会决议，主动适应经济发展新常态，按照稳增长、调结构、促改革、保民生、防风险的工作思路，认真落实积极的财政政策，着力深化财税体制改革，强化预算管理，全市预算执行情况良好，圆满完成了经市十七届人大五次会议批准，并经市十七届人大常委会第四十一次会议审议通过的调整后的预算任务。

（一）一般公共预算执行情况

1. 全市一般公共预算执行情况

2016年，全市一般公共预算收入690018万元，完成调整预算（以下简称预算）的100%，比上年同口径增长1.2%，加上税收返还、转移支付补助、债券转贷收入、调入资金（从政府性基金预算调入）及上年结转收入等733985万元，收入总计1424003万元。全市一般公共预算支出881582万元，完成预算的103.7%，比上年增长3.3%，加上上解上级支出、债务还本支出及结转下年支出等542421万元，支出总计1424003万元。全市总收入等于总支出，连续32年实现财政收支平衡。

2. 市级一般公共预算执行情况

2016年，市级一般公共预算收入276000万元，完成预算的100.4%，比上年同口径下降6.2%，加上税收返还、转移支付补助、下级上解收入、债券转贷收入、调入资金（从政府性基金预算调入）及上年结转收入等841221万元，收入总计1117221万元。市级一般公共预算支出482863万元，完成预算的108.3%，比上年增长13.9%，加上上解上级支出、补助下级支出、债务还本支出及结转下年支出等634358万元，支出总计1117221万元。市级总收入等于总支出，财政收支平衡。

3. 市级一般公共预算主要支出项目完成情况

——教育支出142652万元，完成预算的111.2%。足额安排义务教育保障经费13160万元，拨付高中生均公用经费1169万元；拨付资金85933万元，将镇街公办和聘任制教师工资及保险纳入市级财政统筹发放与缴纳，为合理调配教师资源奠定了良好基础；积极融通资金，支持解决城镇中小学大班额问题，完成11处学校建设；拨付薄弱学校改造资金3957万元，支持枣庄科技职业学院实训设施建设，城乡办学条件进一步改善。

——文化体育与传媒支出7682万元，完成预算的100.9%。大力支持公共文化服务体系建设，拨付资金260万元，积极开展免费送戏下乡和农村电影免费放映活动；拨付资金345万元，对6个镇街综合文化站进行了提升改造，为村居文化大院配备文化娱乐和体育器材；拨付资金533万元，继续支持博物馆、鲁班纪念馆等公益文化设施免费开放；拨付资金398万元，支持龙泉塔、博物馆青铜器等文物修复保护工作。

——社会保障和就业支出74399万元，完成预算的102%。严格落实各项社会保障和救助政策，拨付资金12898万元，保障了抚恤、高龄、低保、五保、困境儿童等特殊群体生活需要；拨付城乡居民养老保险财政补助18740万元，将基础养老金发放标准由每人每月80元提高到100元；拨付行政事业单位养老保险和职业年金32600万元，及时兑付了离退休人员增资；拨付资金1616万元，开展职业培训，购买公益性岗位，发放高校毕业生见习补贴，加大了对就业再就业的支持力度。

——医疗卫生与计划生育支出70934万元，完成预算的104.7%。拨付基本公共卫生服务补助资金5485万元，拨付基层医疗机构补助和村卫生室实施基本药物制度补助资金5400万元，支持深化基层医疗卫生综合改革；拨付资金359万元，免费实施农村妇女“两癌”筛查；拨付资金2910万元，落实独生子女奖励、免费婚前检查等计划生育政策；拨付资金35702万元，将居民基本医疗保险政府补助标准从每人每年380元提高到420元。

——节能环保支出19157万元，完成预算的106.2%。拨付资金950万元，打造薛河、幸福河、微山湖等湿地片区生态修复体系；拨付资金5670万元，启动全市农村环境综合治理工程；拨付资金1100万元，启动采煤塌陷地治理项目；拨付污水处理服务费8668万元、垃圾处理服务费1500万元、污泥处理服务费700万元，支持启动滨湖污水处理厂建设和级索污水处理厂改造，支持改善城乡卫生环境。

——农林水支出39804万元，完成预算的102.8%。拨付扶贫资金2532万元，支持实施精准扶贫；发放各项涉农补贴资金9603万元，农机购置补贴资金2588万元，确保强农惠农政策有效落实；拨付资金2484万元，支持农村公益事业建设；争取上级资金3700万元，支持洪绪镇开展扶持村级集体经济发展试点；筹措资金13682万元，实施农村旱厕和旅游厕所改造；积极融通资金，支持实施南水北调续建配套、庄里水库等重点水利工程建设，启动4万吨地表水厂建设，缓解了城乡供水压力。

——城乡社区事务支出21520万元，完成预算的110.6%。支持城乡环境卫生综合整治，拨付资金3433万元，全力支持创建国家级卫生城市，推进城乡环卫一体化，对环卫设施进行升级改造；加大公共事业投入力度，拨付供电线路建设资金1350万元，新能源工程建设资金1600万元，供热亏损补贴

6616万元，高铁新区地下管廊建设资金1435万元；继续支持实施老旧小区和背街小巷改造工程。

——交通运输支出15782万元，完成预算的181.7%。拨付农村公路养护资金613万元；拨付公交一体化资金729万元，收购停运老旧车辆67部，新开通城乡公交线路6条；拨付资金816万元，实施公共自行车二期工程，新增45个站点和1000辆自行车；拨付公交亏损补贴676万元，拨付纯电动公交车购置补贴980万元，拨付成品油价格补贴3037万元，支持城市公交、出租车和农村客运发展。

（二）政府性基金预算执行情况

2016年，全市政府性基金收入275029万元，完成预算的100%，比上年增长18%，按规定全部纳入市级预算管理。加上结算财力，全市政府性基金支出287242万元，完成预算的100.1%，比上年增长23.5%。

2016年，市级政府性基金收入275029万元，完成预算的100%，比上年增长18%，加上上级补助收入、债券转贷收入及上年结转收入等537878万元，收入总计812907万元。市级政府性基金支出282021万元，完成预算的100%，比上年增长24.8%，加上上解上级支出、补助下级支出、债务还本支出、调出资金（调出至一般公共预算）等520924万元，支出总计802945万元。收支相抵，结转下年支出9962万元。

（三）市级社会保险基金预算执行情况

市级社会保险基金，包括企业基本养老保险、机关事业养老保险、城乡居民养老保险、职工基本医疗保险、城乡居民基本医疗保险、失业保险、工伤保险和生育保险等八项内容。2016年，市级社会保险基金收入327858万元，完成预算的100.8%，比上年增长9.7%。市级社会保险基金支出327387万元，完成预算的100.9%，比上年增长9.8%。当年收支结余471万元，年末滚存结余81858万元。

上述各项预算执行数据为快报统计数，2016年财政决算编制完成后，部分数据可能略有调整，我们将按规定及时向市人大常委会报告。

（四）市十七届人大五次会议决议落实情况

过去的一年，全市各级财税部门按照市委决策部署，全面落实市十七届人大五次会议决议，不断深化财税改革，切实加强收支管理，较好地保障了各项民生和重点支出需要。

1. 落实积极财政政策，助推企业转型发展。一是严格落实各项减税降费政策。全面实施“营改增”改革，全市新纳入“营改增”范围的纳税人5784户，减轻企业税负3.8亿元；企业固定资产投资全部纳入增值税抵扣范围，新增进项抵扣额1.5亿元；按照上级政策共减免税收和办理退税4.3亿元，为企业加快发展营造了宽松环境。二是发挥财政政策资金扶持作用。帮助企业争取上级专项资金2.8亿元，支持企业技改、科技研发，引导企业加快产业结构转型升级步伐。三是引导撬动信贷资金支持企业发展。通过“助保贷”累计为91家小微企业发放贷款3.7亿元；至能投资担保公司累计完成担保额18亿元；聚诚信用管理公司为54家企业提供还贷周转服务12亿元，有效降低了企业融资成本。四是支持发挥中小企业服务平台作用。目前已有100多家中介服务机构入驻平台，服务企业近千家，帮助企业查找制约发展的瓶颈问题，提出管理升级的具体措施，增强了企业的发展信心。

2. 组织收入与筹集资金并重，聚财能力显著提升。一是依法加强收入征管。成立了市税收共治领导小组和财税管理服务中心，开展全市税源普查，搭建涉税信息共享网络，支持国地税联合办税，联合国土、工商等职能部门，统筹推进税收共治工作。积极采取清理欠税、稽查评估、强化征收等有效措施，集中入库税款3.5亿元。二是积极盘活存量资金。全年收回两年以上结转结余资金5000万元，统筹用于人员增资和民生支出，最大限度地发挥好财政资金使用效益。三是争取上级资金成效明显。全年共争取到位上级资金32.5亿元，比上年增长8.7%，有效扩充了我市可用财力。四是积极争取地方政府债券额度。全年共争取置换债券85.8亿元，全部用于偿还地方政府存量债务；争取新增债券4亿元，统筹用于扶贫、水利、教育、环保、交通、保障性住房等项目建设，降低了利息成本，减轻了政府偿债压力，保障了民生支出和重点支出需要。五是拓宽融资渠道。认真研究上级政策支持方向，多方融通资金加快民生工程建设，全年争取到位城镇中小学大班额贷款5亿元、S343省道贷款2.7亿元、棚改贷款19.7亿元。六是创新机制吸引社会资本投入。储备政府和社会资本合作（PPP）项目7个，2个项目入选省市示范项目。灵活运用政府购买服务等方式，积极争取国家和省专项建设基金，较好地保障了新上项目资金需求。

3. 突出财政保障重点，民生投入持续加大。一是进一步压减行政运行成本。认真贯彻落实上级厉行节约有关要求，大力压缩“三公经费”等一般性开支，将更多的资金用于民生事业。二是优先保障人员工资发放。市财政多方筹集资金，落实了职务职级并行、公车改革补贴、警衔津贴、人员增资等各项政策，提高了企业离退休人员工资标准。三是加大对镇街的补助力度。将上级补助市镇两级增资的转移支付全部分配给镇街，市本级又拿出部分财力，当年共新增补助5882万元，帮助镇街兑现增资政策。安排4600万元，兑现镇街社会保险缴费奖励政策。四是继续加大民生投入。全市民生支出完成60.8亿元，增长6.9%，占一般公共预算支出的68.9%，公共财政的普惠性进一步显现。

4. 加快推进财税改革，理财水平不断提高。一是将政府债务纳入预算管理，严格按规定向市人大常委会报告地方政府债券规模和使用方案。二是市对镇街财政体制不断完善。建立镇街基本财力保障机制，综合考虑镇街人均可用财力、基本支出需求、财力缺口、困难程度等，采取因素法分配补助资金，提高镇街保障能力。支持强镇扩权试点，实施滨湖镇财政体制改革，推进高铁新区建设，支持西岗镇创建新生小城市，调动了试点镇加快发展的积极性。三是提高国有资产监管水平。创新国有资产管理模式，对16家国有企业实施了股权重组，支持鲁南机床与中国机床总公司合作，促进国有企业发展壮大。四是注重提高财政资金使用效益。组织实施政府采购项目228项，采购额30.8亿元，节约资金1.3亿元，节支率4.2%；完成财政投资评审项目325个，评审额

12.8亿元，审减额1.4亿元，审减率10.9%，有效节约了财政资金。推进公务用车管理改革，开展全市行政事业单位资产清查工作，摸清了单位“家底”。不断深化绩效管理、财政监督、会计信息等各项改革，注重源头控制，促进节支增效。

各位代表，尽管2016年全市预算执行情况良好，我们也清醒地认识到，财政运行中还存在一些矛盾和问题，主要表现在：一是财源建设成效不明显，税源结构不够优化，税收征管有待加强，落实“营改增”等减税降费政策，财政增收难度加大。二是兑现各类增资政策，社保民生提标扩面，偿还政府债务本息，财政刚性支出增长较快，收支矛盾较为突出，预算平衡压力加大。三是镇街之间经济发展不平衡，部分镇街财源基础比较薄弱，收入质量不高，可统筹财力不足。四是预算管理还不够规范，绩效评价体系不够健全，财政监督力度尚需加强，等等。对此，我们将高度重视，采取有力措施，认真加以解决。

二、2017年预算草案

2017年是实施“十三五”规划的重要一年，是供给侧结构性改革的深化之年。中央经济工作会议提出，财政政策要更加积极有效，预算安排要适应推进供给侧结构性改革、降低企业税费负担、保障民生兜底的需要。贯彻落实中央去产能、去库存、去杠杆和降成本、补短板五大任务，财政减收和增支因素并存，收支矛盾将更加突出。我们将认真贯彻落实市委各项决策部署，精心做好“生财、聚财、用财、理财”文章，着力深化财税改革，优化支出结构，细化预算编制，严格预算执行，完善投融资体制，防范化解债务风险，切实增强财政综合保障能力。

（一）预算安排的指导思想和基本原则

根据当前财政经济形势，按照市委总体部署，2017年预算编制的指导思想是：全面贯彻党的十八大和十八届三中、四中、五中、六中全会和中央、省、市经济工作会议精神，牢固树立五大发展理念，继续落实积极的财政政策，充分发挥财税引导作用，坚持稳增长、调结构、促改革、保民生、防风险；支持推动工业经济、城市经济、农业经济、民生经济、生态经济转型发展；加强财源建设，强化税收共治，深挖增收潜力；调整优化支出结构，加大民生保障力度；坚持依法理财，强化预算约束，实施有效监督，促进宜居宜业富裕美丽文明新滕州建设。

落实上述指导思想，2017年全市财政预算编制遵循以下原则：收入安排上，综合考虑我市主要经济预期指标和各项收支增减因素，坚持实事求是、积极稳妥，体现经济发展成果及提高收入质量的要求。支出安排上，优化支出结构，大力压减一般性支出，统筹财力保工资、保运转、保民生、保重点，利用财政资金引导带动社会资本投入，增加基本公共服务供给。

（二）2017年预算安排

根据上述指导思想和基本原则，2017年全市一般公共预算收入安排70.87亿元，比上年同口径增长3.5%；加上结算财力，一般公共预算支出安排87.8亿元，剔除上年新增债券因素，比上年同口径增长1.1%。按照《预算法》要求，市级分别编制了一般公共预算、政府性基金预算和社会保险基金预算，具体如下：

1. 市级一般公共预算安排

2017年，市级一般公共预算收入安排280300万元，比上年同口径增长1.5%，加上预计税收返还、转移支付补助、下级上解收入、调入资金（从政府性基金预算调入）及上年结转收入等493598万元，收入总计773898万元。市级一般公共预算支出安排499700万元，剔除上年新增债券因素，比上年同口径增长6.4%，加上上解上级支出、补助下级支出、结转下年支出等274198万元，支出总计773898万元。收支相抵，预算安排是平衡的。

2. 市级政府性基金预算安排

2017年，市级政府性基金预算收入安排297000万元，比上年增长8%，加上预计上级补助收入和上年结转收入等23605万元，收入总计320605万元。市级政府性基金预算支出安排278800万元，剔除上年新增债券因素，比上年同口径增长9.2%，加上补助下级支出、调出资金（调出至一般公共预算）及结转下年支出等41805万元，支出总计320605万元。收支相抵，预算安排是平衡的。

3. 市级社会保险基金预算安排

2017年，市级社会保险基金收入安排371091万元，比上年增长13.2%。市级社会保险基金支出安排370902万元，比上年增长13.3%。当年收支结余189万元，年末滚存结余82047万元。

（三）市级重点支出预算安排

统筹上述一般公共预算、政府性基金预算的所有财力，除保证部门人员经费和基本运转外，按照支出政策需求和市委、市政府确定的重点工作，市级财政安排的重点支出（不含上级专项转移支付）主要体现在以下方面：

1. 农林水方面。安排7746万元，主要包括扶贫专项资金，农村公益事业建设资金，农业政策性保险；创森和绿化提升工程资金，秀美荆河建设资金，水源地保护资金；村级组织运转经费，在职村书记基本报酬，离任村书记生活补贴，高校毕业生到村任职补助等。

2. 教育方面。安排28986万元，主要包括义务教育保障经费，高中生均公用经费，义务教育段寄宿生生活补助，高中家庭经济困难生资助，学前教育家庭困难生活补助，中职免学费和助学金；原民办教师教龄补贴；解决城镇学校大班额及薄弱学校改造资金，中职实训楼建设及实训设备采购资金等。

3. 社会保障和就业方面。安排58898万元，主要包括抚恤、五保、低保、残疾人、困境儿童、高龄老人等补贴救助资金；城乡居民养老保险财政补助，行政事业单位养老保险及职业年金，离退休人员住房补贴；失地农民补助；军转干部生活补助，义务兵优待金，自主就业一次性经济补助；就业再就业补助资金；城市社区服务群众专项经费等。

4. 医疗卫生与计划生育方面。安排42498万元，主要包括基本公共卫生服务经费补助，镇街卫生院经费补助，村卫生室实施基本药物制度补助，公立医院改革补助；城乡居民医疗保险财政补助，行政事业单位医疗保险；老年乡村医生生活补助；优抚对象医疗补助，城乡医疗救助；农村孕产妇分娩补助、农村妇女增补叶酸和“两癌”筛查资金，新生儿遗传代谢性疾病免费筛查；农村计划生育奖励扶助支出等。

5. 文化体育科技方面。安

排4253万元，主要包括文化场馆免费开放经费，鲁班文化发展扶持资金，墨子纪念馆和墨砚馆改造配套资金；博物馆青铜器修复保护资金，免费送戏下乡、农村公益电影放映等农村公共文化服务经费；体育场馆运营补助，全民健身工程资金；科技专项资金，高校产学研合作专项资金等。

6. 节能环保方面。安排12767万元，主要包括城乡污水处理、污泥处置和垃圾处理服务费，燃煤锅炉综合整治补贴资金等。

7. 城市建设及维护方面。安排8600万元，主要包括城市基本维护支出，市政设施维护，城区绿地养护和城区道路保洁经费，城乡环卫一体化保洁费用；供电线路工程建设资金；公交线路运行亏损补贴等。

8. 公共安全方面。安排5885万元，主要包括公检法司部门办案及装备经费，全城“租赁模式”社会治安视频监控资金，城区和乡镇消防经费，法律援助办案补贴等。

9. 财源建设及支持企业发展资金。安排6305万元，主要包括企业技改奖补资金；招商引资经费；收购国有企业非国有股权资金；电子商务发展资金等。

10. 预备费。根据《预算法》规定，按市级一般公共预算支出的1%，安排预备费5000万元。

三、完成2017年预算任务的主要措施

2017年，我们将按照市委总体决策部署，密切关注上级财税改革政策，充分发挥财政职能，支持加强财源建设，坚持依法科学理财，努力完成全年各项预算任务目标，更好地服务全市经济社会发展。

（一）全力支持财源建设，扶持振兴实体经济。牢固树立工业强市理念，发挥科技创新引领作用，做实做强工业经济实力。大力扶持煤化工、机械机床、玻璃深加工等主导产业发展，支持与中科院、北航、北理工等高校及科研院所产学研合作，建立企业技改奖补机制，引导企业提档升级。探索建立政府股权投资引导基金，发挥好财政杠杆作用，整合有限资源支持优质成长型企业加快发展。建立项目论证机制、优惠政策评估和退出机制，加大招商引资支持力度，支持引进一批有实力的大企业，落地一批贡献率高、产业链长、发展前景好的大项目。支持发展“飞地经济”，推动项目向园区集中。发挥减税降费、贷款贴息、还贷周转等财税政策引导作用，支持加快经济发展动能转换。研究建立财源建设考核激励机制，调动全市各部门和镇街加强财源建设的积极性。

（二）强化收入征管措施，增强财政综合实力。全面实行国地税部门联合办税，共建镇街联合办税厅，深化国地税委托代征合作，堵塞征管漏洞，提升征管效能。深入推进税收共治，建立涉税信息共享平台，组织发票摇奖活动，建立违法举报奖励机制，形成综合治税合力。开展企业会计信息质量专项检查，严厉打击偷税漏税行为，深挖增收潜力，严肃财经纪律。建立镇街收入增长激励机制，调动镇街加强税源管理的积极性，促进镇街提高保障能力。抓好政府非税收入征管，健全奖惩机制，收足用好非税收入；加大土地储备和出让力度，努力完成年度收入目标。密切关注中央与地方财政事权和支出责任划分改革、中央和地方收入划分总体方案、健全地方税体系等财税改革进

展，积极向上对接，及时提出应对措施，争取改革最大利益。

（三）优化财政支出结构，提高民生保障能力。从严控制一般性支出，进一步降低行政运行成本，保障人员工资正常发放。落实各项惠农利民政策，扎实推进脱贫攻坚，深入开展农民住房财产权抵押贷款试点，支持推进农村人口市民化，帮助群众解决实际问题。提高城乡居民基本医疗保险财政补助标准，保障城乡低保、农村五保等资金及时足额发放。加大教育投入力度，支持解决好城镇中小学大班额问题。大力支持“大众创业、万众创新”，完善公共就业创业服务体系建设。支持城乡基础设施建设和城乡环卫一体化，进一步改善人居环境，促进城乡协调发展。大力支持群众关心的医疗、环保、交通等社会事业，进一步提高公共服务水平。

（四）创新财政投入方式，积极拓宽融资渠道。准确把握上级出台的新政策，围绕上级支持方向精心谋划项目，加强部门协调配合，完善争取上级资金奖励机制，调动全市上下争跑积极性，保障我市各项重点支出需要。积极争取地方政府新增债券额度，保障民生公益性项目和市委、市政府确定的重点项目需求。创新投融资机制，通过特许经营、设立基金等方式，拉动社会资本进入公共服务领域，大力推广政府与社会资本合作模式，积极拓宽公共产品和服务融资渠道。加强政府投融资管理，树立预算意识、法制意识和底线思维，根据我市实际需要筹备筛选项目，严控投资风险。加强政府债务管理，建立债务风险预警及应急处置机制，全面构建政府债务监管体系，真正做到“借得了、用得好、还得上”。

（五）坚持依法为民理财，夯实财政管理基础。完善政府预算体系，加大政府性基金预算与一般公共预算的统筹力度，定期清理结余结转资金。健全财政资金跟踪问效机制，加强财政监督检查、政府采购、投资评审、绩效评价力度。加大预决算信息公开力度，规范细化公开内容，提高预决算透明度。推进企业国有资产管理改革，整合国有企业资源，稳步开展国有资本投资运营公司改革试点，加强经营性国有资产集中统一监管，构建以管资本为主的国资监管机制。加强财税干部队伍建设，进一步提升财税管理效能和服务群众水平。

各位代表，2017年财税改革发展任务繁重而艰巨。我们将在市委的正确领导和市人大、市政协的监督支持下，认真落实本次大会决议，进一步解放思想，开拓创新，攻坚克难，真抓实干，努力完成会议确定的目标任务，为加快建设宜居宜业富裕美丽文明新滕州做出新的更大贡献！

附录Ⅲ

滕发〔2016〕文件目录

序号	文　件　名
1	关于加快农业现代化实现全面小康目标的意见
2	关于印发《滕州市2016年经济工作要点》的通知
3	关于滕州市综合行政执法体制改革试点的实施意见
4	关于表彰2015年度全市安全生产工作先进集体和先进个人的决定
5	关于调整县级领导干部帮包镇街的通知
6	关于表彰2015年度全市先进集体和先进个人的决定
7	关于公布2016年全市重点项目及帮包帮扶工作组成员名单的通知
8	关于印发《2016年城乡建设实施方案》的通知
9	关于表彰2015年度全市城乡建设工作先进集体和先进个人的决定
10	关于表彰全市创建国家园林城市工作先进集体和先进个人的决定
11	关于表彰全市创建全国绿化模范市先进单位和先进个人的决定
12	关于表彰2015年度“平安滕州”建设工作先进集体和先进个人的决定
13	关于表彰2015年度全市信访工作先进集体和先进个人的决定
14	关于印发《滕州市落实党风廉政建设“两个责任”清单（试行）》的通知
15	印发《关于实行市纪委常委同镇街、市直部门党政正职廉政谈话制度的意见》的通知
16	关于表彰2015年度全市农业农村工作先进集体和先进个人的决定
17	关于表彰2015年度环境保护工作先进集体和先进个人的决定
18	关于完善矛盾纠纷多元化解机制的意见
19	关于表彰2015年度滕州市优秀企业家的决定
20	关于表彰2015年度“十佳金融服务单位”“十佳金融服务标兵”的决定
21	关于做好2016年招商引资工作的意见
22	关于开展工业经济提质量增效益活动的实施意见
23	关于优化金融生态环境支持经济发展的意见
24	关于深化供销合作社综合改革的实施意见
25	关于调整县级领导干部帮包镇街的通知
26	关于调整2016年滕州市部分重点项目帮包帮扶工作组成员的通知
27	关于印发《滕州市新型城镇化规划（2016—2020年）》的通知
28	关于开展市党政班子成员向市纪委全委会述廉述责工作的实施意见
29	关于印发《第十一届国际墨子鲁班学术研讨会暨第六届墨子文化节活动方案》的通知
30	关于表彰2015年度人口和计划生育责任目标管理先进集体和先进个人的决定
31	关于对未完成2015年度人口和计划生育责任目标单位的处理决定
32	关于加强和改进新形势下党校工作的实施意见
33	关于坚决打赢脱贫攻坚战的实施意见
34	关于复制推广滨湖镇行政管理体制改革试点模式的意见

续表

序号	文 件 名
35	关于命名表彰三星级及以上村（居）党组织书记的决定
36	关于印发《2016年度市直部门(单位)经济社会发展综合考核办法》《2016年度镇(街道)经济社会发展综合考核办法》的通知
37	关于表彰尊师重教先进单位、素质教育先进单位、优秀教学团队和尊师重教先进个人、三“十佳”教师、滕州名师的决定
38	关于对重点上市（挂牌）后备资源企业实行帮包责任制的通知
39	关于推进城市街道、社区区域化党建工作的意见（试行）
40	关于印发《滕州市环境保护“党政同责、一岗双责”管理机制实施意见》的通知
41	关于贯彻落实鲁发〔2016〕14号文件进一步做好计划生育工作的实施意见
42	关于调整2016年部分重点建设项目及帮扶人员名单的通知
43	关于做好镇领导班子换届工作的通知（秘密）
44	关于印发《滕州市创建新一轮全国计划生育优质服务先进单位实施方案》的通知
45	关于表彰2016年度全市环境卫生工作先进集体和先进个人的决定
46	转发《中共滕州市人大常委会党组关于市镇两级人大换届选举工作的请示》的通知
47	转发《市委宣传部、市司法局关于在全市公民中开展法治宣传教育的第七个五年规划（2016—2020年）》的通知
48	关于深入学习贯彻党的十八届六中全会精神的意见
49	关于印发《滕州市法治政府建设实施纲要（2016—2020年）》的通知

附录Ⅳ

滕政发〔2016〕文件目录

文号	文件题目
1	关于2016年度安全生产工作的意见
2	关于印发《第十一届国际墨子鲁班学术研讨会暨第六届墨子文化节活动方案》的通知
3	关于授予滕州市滨湖镇人民政府实施微山湖古镇空气能供热BOT项目的意见
4	关于成立解决普通中小学大班额问题工作领导小组的通知
5	关于积极利用财政金融政策促投资稳增长的意见
6	关于2015年度全市安全生产目标责任完成情况的通报
7	关于下达2016年度全市安全生产控制指标的通知
8	关于印发《滕州市社会救助办法》的通知
9	关于印发《滕州市农村无害化厕所改造工作方案》的通知
10	关于表彰2015年度政务信息工作先进单位和先进个人的决定
11	关于促进全市房地产市场平稳健康发展的意见
12	关于加快推进建筑产业现代化发展的指导意见（试行）
13	关于成立滕州市海绵城市建设试点工作领导小组的通知
14	关于报送《滕州市开展创建全省社区治理暨养老服务创新试验区建设工作实施方案》的请示
15	关于开展第三次农业普查的通知

续表

文号	文件题目
16	关于公布《滕州市程堂居（荆河东路）区域改造工程实施方案》的通知
17	关于公布《滕州市文昌路（鲁南机床厂）区域改造工程实施方案》的通知
18	关于成立积极利用财政金融政策促投资稳增长工作领导小组的通知
19	关于印发《滕州市国民经济和社会发展第十三五规划纲要》的通知
20	关于印发2015年度全市卫片执法检查整改工作方案的通知
21	关于印发《推进基础教育改革工作联席会议制度》的通知
22	关于调整滕州市世行贷款洼地治理工程建设管理处成员的通知
23	关于印发《解决中小学大班额工作联席会议制度》的通知
24	关于印发《加强环境保护工作的实施意见》的通知
25	关于印发《滕州市科技创新专项资金管理暂行办法》的通知
26	关于印发《滕州市2015年度市级预算执行及其他财政收支审计工作方案》的通知
27	关于调整滕州市扶持村级集体经济发展试点工作领导小组的通知
28	关于新建房地产项目减免基础设施配套费的通知
29	关于调整滕州市规划委员会成员的通知
30	关于加快电子商务发展的意见
31	关于调整滕州市南水北调续建配套工程建设管理处组成人员的通知
32	关于深入推进国地税合作深化税收共治的意见
33	关于印发《滕州市国民经济和社会发展计划》的通知
34	关于印发《枣庄市庄里水库工程建设滕州市征地补偿和移民安置实施方案》的通知
35	关于调整滕州新港建设推进领导小组的通知
36	关于成立枣庄至滕州BRT滕州段工程建设指挥部的通知
37	关于成立S345枣济线枣庄至滕州段工程指挥部的通知
38	关于成立滕州市农村道路“户户通”建设工程指挥部的通知
39	关于调整省道343北留线山亭区枣树岭至滕州市前王晁段改建工程（滕州段）建设指挥部成员的通知
40	关于调整滕州市道路交通安全综合治理委员会的通知
41	关于印发《滕州市国有土地上房屋征收与补偿实施意见》的通知
42	关于印发《滕州市国有土地上房屋征收范围内未经登记的建筑调查认定处理实施细则》的通知
43	关于印发《滕州市国有土地上房屋征收与补偿工作规程》的通知
44	关于印发《滕州市“城中村”集体土地上房屋搬迁补偿办法》的通知
45	关于印发《滕州市棚户区改造货币化安置实施意见》的通知
46	关于公布《滕州市小清河（前后洪）区域改造工程实施方案》的通知
47	关于调整滕州市农田水利项目工作领导小组的通知
48	关于调整滕州市农田水利项目工程建设处的通知
49	关于同意对“墨子大道”道路命名的批复
50	关于印发《滕州市农村道路“户户通”建设工程实施方案》的通知
51	关于加快发展体育产业促进体育消费的实施意见
52	关于转发枣庄市政府《关于全面建立困难残疾人生活补贴和重度残疾人护理补贴制度的实施意见》的通知

续表

文号	文件题目
53	关于在全市开展向滕州国税局学习活动的通知
54	关于印发《企业安全生产主体责任落实年活动实施方案》的通知
55	关于印发《滕州市卷烟市场集中整治工作方案》的通知
56	关于进一步加快推进企业上市（挂牌）工作的意见
57	关于做好2016年“三夏”工作的意见
58	关于做好2016年防汛工作的意见
59	关于印发《枣庄市庄里水库工程建设滕州市征地移民生产安置实施细则》的通知
60	关于印发《滕州市金融生态环境整治暨滕州农商行不良贷款联合清收活动实施方案》的通知
61	关于成立滕州市公务用车制度改革领导小组的通知
62	关于核定滕州市中小学教职工编制的方案报告
63	关于印发《滕州市金融助推脱贫攻坚“1122”工程实施方案》的通知
64	关于印发《滕州市农民住房财产权抵押贷款试点实施方案》的通知
65	关于加快质量强市建设工作的意见
66	关于印发《滕州市社区性农村信用互助合作社试点实施方案》的通知
67	关于调整城市防汛分部领导小组成员的通知
68	关于调整市直部门（单位）行政审批中介服务收费项目清单的通知
69	关于成立滕州市建筑垃圾管理工作领导小组的通知
70	关于进一步加强城市建筑垃圾管理工作的实施意见
71	关于创建国家卫生城市的申请报告
72	关于印发《滕州市城市建筑垃圾管理工作细则》的通知
73	关于印发《枣庄市庄里水库工程建设滕州市移民房屋搬迁安置补偿实施意见》的通知
74	关于调整滕州市水利移民扶持项目建设管理处的通知
75	关于印发《滕州市“门前三包”责任制管理办法》的通知
76	关于做好2016年节能工作的意见
77	关于调整全市治理车辆超限超载工作领导小组成员的通知
78	关于成立现代农业生产发展资金元宝枫产业项目领导小组的通知
79	关于现代农业生产发展资金元宝枫产业项目实施的承诺函
80	关于成立滕州市现代农业生产发展资金苗木花卉产业项目领导小组的通知
81	关于对滕州市现代农业生产发展资金苗木花卉产业项目实施的承诺函
82	关于成立滕州市现代渔业发展平台项目建设领导小组的通知
83	关于进一步完善现代职业教育体系的意见
84	关于成立“门前三包”责任制工作领导小组的通知
85	关于印发《滕州市开展铁路沿线环境综合治理工作实施方案》的通知
86	关于成立滕州奥林匹克中心全民健身中心游泳馆工程建设领导小组的通知
87	关于成立盛隆化工公司安全防护距离村庄搬迁指挥部的通知
88	关于印发《2016第三届中国滕州微山湖湿地马拉松比赛实施方案》的通知
89	关于2016年第一批调整行政权力清单的通知

续表

文号	文件题目
90	关于同意龙泉街道设立科圣路社区居民委员会的批复
91	关于公布市政府领导成员分工的通知
92	关于印发《滕州市郭河下游段治理工程实施方案》的通知
93	关于印发《山东省滕州市林地保护利用（2010—2020 年）修编规划》的通知
94	关于做好 2016 年三秋工作的意见
95	关于加快推进化工园区审核认定和化工企业“三评级一评价”工作的通知
96	关于加快推进装修住宅建设的意见
97	关于加快推动全市股份制改制工作的意见
98	关于成立滕州市企业上市（挂牌）暨企业股份改制工作领导小组的通知
99	印发《城市管理三年提质行动实施方案》的通知
100	关于调整环境保护安委会成员的通知
101	关于印发《山东省滕州市国家森林城市建设总体规划（2016—2025）》的通知
102	关于印发《全市房产税、城镇土地使用税专项清查实施方案》的通知
103	关于印发《滕州市人民政府重大行政决策程序规定的通知》
104	关于调整滕州市道路交通安全综合治理委员会的通知
105	关于成立滕州市马河水库增容工程领导小组的通知
106	关于做好房屋交易管理与不动产统一登记工作衔接相关事宜的通知
107	关于农村环境综合整治工作实施方案的通知
108	关于进一步做好未经登记建筑调查认定处理工作的补充意见
109	成立滕州市迎接中央环保督察工作领导小组的通知
110	关于印发《滕州市今冬明春农田水利基本建设意见》的通知
111	关于成立推进税收共治工作领导小组的通知
112	关于推进税收共治工作的实施意见
113	关于印发《省道 345 枣济线枣庄至滕州段工程（滕州段）建设实施方案》的通知
114	关于省道 345 枣济线枣庄至滕州段工程项目建设有关问题的通知
115	关于印发扶贫协作重庆市丰都县专项规划的通知
116	关于印发《日照（岚山）至菏泽高速公路（滕州段）工程建设实施方案》的通知
117	关于印发《滕州市安全生产举报受理及奖励办法》的通知
118	关于工业供水综合水价改革的意见
119	关于实施工业企业南水北调水源置换工作的通知
120	关于 2016 年第二批调整行政权力清单的通知
121	关于印发《滕州市全民健身实施计划（2016—2020 年）》的通知
122	关于印发《滕州市十三五基础测绘规划》的通知
123	关于公布市政府规范性文件清理结果的决定
124	关于推进“先证后照”改革加强事中事后监管的实施意见
125	关于成立“山东滕州滨湖红荷花”农业文化遗产保护与发展工作领导小组的通知

索　引

说明：

一、本索引采用主题分析方法编制，按主题词第一字汉语拼音顺序排列，首字相同者按第二字排列，依次类推。

二、索引名称后的阿拉伯数字表示索引内容所在的页码。

三、“特载”“大事记”“附录”内容及表格、随文图片、彩色插页不作索引。

A

B

C

D

F

G

H

K

L

M

N

X

图书在版编目（CIP）数据

滕州年鉴. 2017 / 滕州市地方志编纂委员会办公室编. -- 天津 : 天津古籍出版社, 2017.12
ISBN 978-7-5528-0652-6

Ⅰ. ①滕… Ⅱ. ①滕… Ⅲ. ①滕州－2017－年鉴
Ⅳ. ①Z525.24

中国版本图书馆CIP数据核字(2017)第020628号

滕州年鉴 2017

滕州市地方史志办公室　编
出版人 / 张玮

天津古籍出版社出版
（天津市西康路 35 号　邮编 300051）
http://www.tjabc.net

济南黄氏印务有限公司印刷
全国新华书店发行
开本 889 × 1194 毫米　1/16　印张 22.25　字数 460 千字
2017 年 12 月第 1 版　2017 年 12 月第 1 次印刷

ISBN　978 – 7 – 5528 – 0652 – 6　定价：286.00 元